中国社会科学院学部委员专题文集
ZHONGGUOSHEHUIKEXUEYUAN XUEBUWEIYUAN ZHUANTI WENJI

中国价格改革研究

杨圣明◎著

中国社会科学出版社

图书在版编目（CIP）数据

中国价格改革研究／杨圣明著．—北京：中国社会科学出版社，
2013.1
（中国社会科学院学部委员专题文集）
ISBN 978 - 7 - 5161 - 2003 - 3

Ⅰ.①中…　Ⅱ.①杨…　Ⅲ.①改革—价格研究—中国
Ⅳ.①D616

中国版本图书馆 CIP 数据核字（2013）第 005857 号

出 版 人	赵剑英
出版策划	曹宏举
责任编辑	王　曦
责任校对	林福国
责任印制	戴　宽

出　　版	中国社会科学出版社
社　　址	北京鼓楼西大街甲 158 号（邮编100720）
网　　址	http://www.csspw.cn
	中文域名:中国社科网　　010 - 64070619
发 行 部	010 - 84083685
门 市 部	010 - 84029450
经　　销	新华书店及其他书店

印刷装订	环球印刷（北京）有限公司
版　　次	2013 年 1 月第 1 版
印　　次	2013 年 1 月第 1 次印刷

开　　本	710×1000　1/16
印　　张	25
插　　页	2
字　　数	418 千字
定　　价	76.00 元

前 言

　　哲学社会科学是人们认识世界、改造世界的重要工具，是推动历史发展和社会进步的重要力量。哲学社会科学的研究能力和成果是综合国力的重要组成部分。在全面建设小康社会、开创中国特色社会主义事业新局面、实现中华民族伟大复兴的历史进程中，哲学社会科学具有不可替代的作用。繁荣发展哲学社会科学事关党和国家事业发展的全局，对建设和形成有中国特色、中国风格、中国气派的哲学社会科学事业，具有重大的现实意义和深远的历史意义。

　　中国社会科学院在贯彻落实党中央《关于进一步繁荣发展哲学社会科学的意见》的进程中，根据党中央关于把中国社会科学院建设成为马克思主义的坚强阵地、中国哲学社会科学最高殿堂、党中央和国务院重要的思想库和智囊团的职能定位，努力推进学术研究制度、科研管理体制的改革和创新，2006 年建立的中国社会科学院学部即是践行"三个定位"、改革创新的产物。

　　中国社会科学院学部是一项学术制度，是在中国社会科学院党组领导下依据《中国社会科学院学部章程》运行的高端学术组织，常设领导机构为学部主席团，设立文哲、历史、经济、国际研究、社会政法、马克思主义研究学部。学部委员是中国社会科学院的最高学术称号，为终生荣誉。2010 年中国社会科学院学部主席团主持进行了学部委员增选、荣誉学部委员增补，现有学部委员 57 名（含已故）、荣誉学部委员 133 名（含已故），均为中国社会科学院学养深厚、贡献突出、成就卓著的学者。编辑出版《中国社会科学院学部委员专题文集》，即是从一个侧面展示这些学者治学之道的重要举措。

　　《中国社会科学院学部委员专题文集》（下称《专题文集》），是中国社会科学院学部主席团主持编辑的学术论著汇集，作者均为中国社会科学院学部委员、荣誉学部委员，内容集中反映学部委员、荣誉学部委员在相关学科、专业方向中的专题性研究成果。《专题文集》体现了著作者在科学研究实践中长期关注的某一专业方向或研究主题，历时动态地展现了著作者在这一专题中不断深化的研究路径和学术心得，从中不难体味治学道路之铢积寸累、循序渐进、与时俱进、未有穷期的孜孜以求，感知学问有道之修养理论、注重实证、坚持真理、服务社会的学者责任。

2011年，中国社会科学院启动了哲学社会科学创新工程，中国社会科学院学部作为实施创新工程的重要学术平台，需要在聚集高端人才、发挥精英才智、推出优质成果、引领学术风尚等方面起到强化创新意识、激发创新动力、推进创新实践的作用。因此，中国社会科学院学部主席团编辑出版这套《专题文集》，不仅在于展示"过去"，更重要的是面对现实和展望未来。

这套《专题文集》列为中国社会科学院创新工程学术出版资助项目，体现了中国社会科学院对学部工作的高度重视和对这套《专题文集》给予的学术评价。在这套《专题文集》付梓之际，我们感谢各位学部委员、荣誉学部委员对《专题文集》征集给予的支持，感谢学部工作局及相关同志为此所做的组织协调工作，特别要感谢中国社会科学出版社为这套《专题文集》的面世做出的努力。

《中国社会科学院学部委员专题文集》编辑委员会

2012年8月

目　　录

序

　　改革的洪流把我卷进了价格问题的旋涡里。从 1980 年发表第一篇有关价格改革的文章起，至今 32 年间，共发表这方面的文章 60 余篇。从中选出 37 篇组成这本文集。文是心声，又是足迹。文集中的这些文章是在三个不同时期写的，因而反映出各个时期的烙印。第一个时期（1980 年至 1985 年 6 月），我在中国社会科学院经济所宏观经济研究室工作，主要任务是研究国民经济综合平衡问题，国民收入生产、分配和使用问题。这些宏观问题都涉及价格问题。文集中的前七篇文章反映着价格与宏观经济的相互关系。第二时期（1985 年 7 月至 1995 年 1 月），我由经济所调入财贸所价格室，主要任务是研究价格问题。文集中的大部分文章都是这个时期写的。这些文章除了反映 1987—1989 年的通货膨胀和 1993—1996 年通货膨胀外，主要探讨了价格改革中提出的新问题。比如，双轨制及其多元化问题、宏观价格问题、土地价格问题等。第三个时期（1995 年 1 月至今），我在财贸所国际贸易与投资研究室工作，主要任务是研究国际贸易问题。因此，更多地关注国际价格形成基础即国际价值问题，以及人民币的价格即人民币汇率问题。这方面的文章未收入这本文集。收入文集的只有这个时期的三篇有关国内价格问题的文章。

　　文集中的大部分文章是二十多年前写的，分散在多处，又没有电子版，有的还是未发表过的手稿。整理这些东西很费时间。出版社的同志尤其是王曦同志费了很多精力，学部工作局的黄英同志也为这本书的出版做了不少工作，在此，特致谢意。

杨圣明

2012 年 12 月 8 日

关于物价管理的几个理论问题

价格这一社会经济现象，是在商品及其价值发展到一定历史阶段，随着货币的出现而产生的。价格是商品的一种交换价值，是商品价值的货币表现。只要商品与货币存在，就不能没有价格。由于我国目前实行的是商品制度和货币交换，所以在生产、分配、交换与消费的各个领域里必然遇到价格问题。价格关系着千家万户，关系着国民经济的全局以及各个方面。当我们改革国民经济的管理体制和经营管理方法时，应当十分重视物价管理的改革问题。物价管理的改革涉及许多重大理论问题和现实政策问题，本文仅从价格的地位与作用、价格形成的基础、价格管理的基本政策与体制等方面谈谈个人的意见，不妥之处，请同志们指教。

一

自然经济论是一种国际性的思潮，在我国尤为突出，因为封建主义的自然经济在我国存在了几千年，这就使自然经济论深深地存在于人们的意识之中。虽然我们已经进入社会主义时代，这种封建性的自然经济论的影响仍然严重存在。例如，领导与管理社会主义经济不是依据社会化大生产的客观经济规律，而是单凭脱离实际的长官意志；宗法式的家长统治代替人民群众的当家做主；不搞专业化协作，而搞"大而全"、"小而全"，把社会主义企业或部门办成封建的庄园或城堡；否定市场、否定流通，把社会主义的商品、货币当做资本主义的"尾巴"加以割掉，等等。自然经济论根本否定价格，把价格看成是消极的东西。在自然经济论的影响下，长期以来，仅仅把价格看成一种计算工具或外在的形式，否定价格对生产与流通的调节作用，尤其否定价格对全民所有制企业之间交换的生产资料的生产与流通的调节作用。这种观点已经对我国的社会主义建设产生了不良作用，对今后加快实现"四个现代化"也有很大妨碍，有必要加以澄清。

价格在社会主义经济中的地位，是由社会主义经济的本质决定的。从十月革命到现在，国内外几十年的实践反复证明了，社会主义阶段的生产力水平、生产资料的两种公有制和物质利益上的差别决定了社会主义商品生产和商品流通存在的必然性。社会主义经济在本质上是商品经济，而不是自然经济。凡是用自然经济论对待社会主义经济的，不论在外国，还是在我国，没有不失败的。我们要实现"四个现代化"，建立强大的社会主义经济，必须大力发展商品经济，充分利用市场机制。社会主义商品经济的运动，绝不是靠某人拨动的，而是靠有计划、按比例发展规律和价值规律调节的。价格是价值规律作用的形式，价值规律也只有通过价格才能发生作用。显然，价格是价值规律调节社会主义经济的重要机制和杠杆。

社会主义商品价值与货币的本质决定了价格在社会主义经济中具有两种基本的职能，或者说，起着两种基本的作用。一是核算的职能，用价格做核算的工具，计量劳动消耗与成果，作各种分析与比较；二是调节的职能，或曰刺激的职能，即价格调节社会主义生产与流通，刺激生产者以最少的劳动消耗生产出更多、质量更好的社会必需的劳动产品。价格的这两种职能是互相制约、互相促进的。价格越能准确地反映社会必要劳动消耗，也就越能刺激生产与流通；反之，价格越是刺激生产与流通，也就越使价格接近于社会必要劳动消耗，更好地起到核算的作用。鉴于长期以来，人们只承认价格的核算作用，而否定价格的调节作用，甚至把二者对立起来，今天我们有必要更多地强调价格对生产与流通的调节作用。

价格从两个方面调节着社会主义生产与流通。价格高于或等于社会必要劳动消耗，生产者有利可图，这就促进生产的发展；价格低于社会必要劳动消耗，生产者不仅无利可图，还要亏本，这就要阻碍生产的发展。价格促进生产和阻碍生产这两种情况，在我国的实践中都是存在的。"谷贱伤农"，我国农业发展不快同农产品价格偏低有很大关系。据四川省大足县邮亭公社调查资料，1978 年每斤粮食的成本是一角五分左右，而国家收购的价格每斤粮食只有一角上下，每斤粮食要亏四五分钱。江苏省武进县洛阳公社池塘养鱼的成本，每斤青鱼仅饲料就需要六七角钱，而国家的收购价格每斤只有五角四分。据有人计算，喂肥一头牛要一万四千斤草，草价每斤三分八厘，合五百三十多元，而一头牛的价格不足三百元。养羊也有类似的问题，羊的收购价格每斤一角九分，只有五斤草钱。由于农产品价格低，往往出现"增产不增收"或"增产还减收"的现象，这不能不是农民弃农经商、弃农经工的重要原因之一。党的十一届三中全会决定大幅度地提高粮食和其他农副产品的价格，必将促进农业生产的发展。这是价格调节生产的生动体现。一般的说，价格高有利于生产，但是，价格过高，表面上似乎有利于生产，实际也会阻碍生产，我国化纤纺织品的生产就属于这种情况。进口涤纶短纤维的价格比棉花低；但国产涤棉布的价格却要高于同种纯棉布二至三倍，而利润几乎和成本相等。由于价格过高，大量化纤纺织品积压。如浙江省去年的库存量增加四倍，河北省的库存量相当于本省两年的销售量。不少工厂因为产品卖不出去而有停工的危险。价格问题已经严重地阻碍着化纤纺织品的生产。在这种情况下，只有降低价格才能促进生产。

　　长期以来一直否认全民所有制企业生产出来的生产资料是商品，并否认价格对这种生产资料的生产与流通的调节作用，这就束缚了我们的手脚，使主要生产资料只能调拨，而不能在市场上流通，造成一方面物资严重积压，另一方面又物资奇缺的怪现象。价格对生产资料的生产与流通的调节作用是客观存在的，是不以人们的意志为转移的。我们的仓库里堆放着上千万吨的大型钢材，而这种钢材的生产还在大幅度上升，可是国家急需的小型钢材和特种钢材的生产又上不去。造成这种状况的重要原因之一是价格不合理，大型钢材的价格偏高，而小型钢材和特种钢材的价格偏低。我们的采掘工业与加工工业之间有尖锐的矛盾，其原因是多方面的，但是，加工工业产品的价格偏高，不能不是我们仓库里积压着几百亿元机电产品的原因之一。实践证明，不管是否承认价格对生产与流通起调节作用，事实上，生产总是跟着价格走，哪一种产品的价格高，生产有利可求，哪一种生产就会迅速发展；反之，生产就会下降，即使靠长官意志去强迫生产，也是不能长久下去的。

　　价格背离价值，为价格调节生产与流通提供了可能。价格与价值的关系是现象与本质、形式与内容的关系。价值决定价格，价格反映价值。这绝不是说任何一种商品的价格与价值都是完全相符的。如果每件商品的价格与价值完全一致，价格不仅毫无作用，也没有存在的必要。价格对价值的背离，是价值规律作用的形式。正是通过这种背离，价格才调节生产与流通。当某种商品的价格高于价值时，不仅生产上消耗的社会必要劳动会得到社会承认，而且还能带来较多的利润，生产者当然会乐意进行这种生产，并力图将这种生产加以扩大。当某种商品的价格低于价值时，生产上的劳动消耗不仅不能得到社会的承认，还要亏本，连简单再生产也无法维持，生产者当然不会从事这种劳民伤财的生产，他们总想把生产资料和劳动力转移到其他生产上去。

　　在社会主义条件下，生产资料和劳动力的所有权与使用权、管理权的分离，使生产者能够变相地转移生产资料和劳动力，这就为价格调节生产提供了必要的条件。有的同志认为，在社会主义条件下根本不存在生产资料和劳动力的自由转移，所以价格不能调节生产。这是表面地看问题。在社会主义条件下，生产资料是公有的，但是它的使用权、管理权和支配权却属于企业或部门的领导者。在企业和部门生产多种产品时，企业或部门的领导者，有权决定在哪一种产品上投放多少生产资料和劳动力。这就要看哪一种产品的生产对企业或部门有利。有个很大的机床厂，年年完不成国家急需的大型机床的生产任务，却用一定的力量去生产饺子机，因为生产饺子机比生产大型机床更加有利。这实际上就把生产资料和劳动力从生产资料的生产转移到消费品的生产上去了。再如，每斤铁水，用来浇铸铁锅只有三角钱，而用来浇铸机器零件就可得八角钱。这就使不少的锅厂不务正业，而去生产机器零件。这就把生产资料和劳动力从消费品的生产转移到生产资料的生产上去了。我们应当使这些合理而不合法的现象正常化、合法化，公开承认价格的调节作用，使之更好地促进生产。

　　我们的企业必须禁止"统收统支"、"吃大锅饭"的现象，坚决实行严格的经济核算制。这就要求每个企业以其收入补偿消耗外，必须获得一定的利润，并把利润的多少与企业和职工的物质利益直接挂起钩来。这样做，会促使企业十分注意价格问题。因为价格的高低，直接关系着企业和全体职工的物质利益。在产品成本一定的条件下，价格越高，企业的利润就越大，企业与职工的物质利益就越多，这就推动企业和职工更加努力地进行这种生产。相反，产品价格低，利润小，甚至亏本，企业和职工的物质利益受到损害，谁也不会干这种得不偿失的蠢事。由此可见，企业和职工的物质利益是价格能够调节生产与流通的基本原因。

我们肯定价格的调节作用，是否意味着否定国家计划的调节作用呢？这就取决于计划自身。假如我们的计划不是主观臆造的，而是客观实际的反映，符合社会主义经济规律，其中包括价值规律的要求，那么它在价格计划的制订上，就要使各种商品的价格如实地反映（或接近于）社会必要劳动消耗。这样切合实际的计划，当然是生产的调节者，生产者也乐意按照这种计划从事自己的生产活动。这时，计划调节与价格调节是相辅相成的。如果我们的计划是脱离实际的，凭长官意志杜撰的，不符合社会主义经济规律的要求，即使把这样的计划用长官命令强加于生产者，那也只能是一相情愿。这样的计划调节是无法实现的。这当然不是价格调节否定计划调节，而是主观臆造的计划的被抛弃，是计划调节的自我否定。当前，我们的计划调节同价格调节存在着尖锐的矛盾。由于我们的计划中存在着"高指标"、"留缺口"、"战线长"等问题，不符合客观经济规律的要求，致使许多企业的领导者不愿接受分配的计划任务，或者表面接受而背后另干一套。这当然使产品品种计划、质量计划难以完成。当前的问题是，口头上不承认价格的调节，实际上生产却跟着价格走，价格调节经常冲击着计划，使计划不能完全实现或根本不能实现。我们的任务是制订切实可行的计划，使价格符合价值规律的要求，把计划调节与价格调节统一起来。

有的人一听到价格调节生产与流通，马上就同资本主义联系起来，这是完全不对的。我们的价格调节与资本主义的价格调节有着原则上的区别。我们用价格调节生产与流通是自觉地有计划地进行的。我们依据马列主义、毛泽东思想，对实际情况深入调查研究，充分认识和利用价值规律，制定出合乎实际的价格，并以这种合理的价格去指导生产与流通。资本主义的价格调节是盲目的、无政府状态的。资产阶级的历史局限性使它不能正确地认识和利用经济规律，只能在盲目竞争中，使生产与流通被迫跟着市场价格走。

二

当前物价工作存在着一个严重的问题，就是许多产品比价不合理，已经影响到生产的发展，特别是农业和原材料燃料工业的发展。要解决这个问题，制定出合理的价格，首先必须科学地解决价格形成的基础问题。有了正确的价格基础，就易于制定出合理的价格，易于发挥价格的作用。

目前我国的价格形成基础，基本上是以部门的中等成本加上以成本利润率计算的利润额（其中包括税金）。这种价格基础，在理论上没有科学根据，不符合马克思的劳动价值理论；在实践上是造成价格不合理的基本因素。采用这种价格基础，对产品定价时，有的部门不管产品成本高低，都是在成本之上加5%的利润。这样成本越高，利润就越大，结果不是鼓励降低生产成本，而是浪费了国家资产。这样的价格基础是要不得的。

今后怎样改变价格形成的基础？国内经济学界有三种意见：一是认为价值是价格的基础；二是认为价值的变形即生产价格是价格的基础；三是维持目前的做法，仍在部门的中等成本之上加上以成本利润率计算的利润额。此外，在苏联，还有人认为，"再生产的社会费用是计划价格的基础"。在南斯拉夫还有"收入价格"派。我认为，社会主义商品经济的本质决定了社会主义商品价值的变形即生产价格是价格形成的基础。为说明这个问题，必须回答对生产价格的三种责难：

一曰："异己"。反对社会主义生产价格的同志，硬要把它打成资本主义的，说它是社会主义的"异己"力量。诚然在资本主义商品经济中存在着生产价格，但这绝不排斥在社会主义商品经济中也存在着生产价格。社会主义生产价格不是人们主观臆造的，而是社会主义生产关系与生产力矛盾运动的结果。

以生产价格作为定价的基础，是生产资料公有制在价格形成问题上的一种体现。生产资料的价值表现就是生产基金。所谓生产资料的公有制，就是生产基金的公有制。生产基金是公有制的实体，公有制则是生产基金的一种社会形式。生产基金的增长，意味着公有制的扩大；生产基金的减少，反映着公有制的削弱；生产基金如果不存在了，公有制也就只能是名存实亡。因此，为了巩固和发展社会主义公有制，必须保证公有制的实体即生产基金的不断扩大。这就要求国民经济各部门、各企业不仅不能浪费公有的生产基金，保证它的完整无缺，更要使生产基金不断增加。一面高喊公有制神圣不可侵犯，一面又把生产基金这个公有制的实体浪费掉，这种自相矛盾的现象还能够容许下去吗？不能。生产资料公有制不是空的，而是有实实在在的内容，它要在各个方面体现出来。在价格形成上，只有以生产价格作为定价的基础，才能体现生产资料的公有制。如果说等量资本带来等量利润的客观要求是资本主义生产价格形成的重要原因，那么在今天，在我们的国家内，为了巩固和发展社会主义的公有制，在客观上就要求价值转化为生产价格。

有的同志断言："生产价格的产生，是资本主义生产关系发展的必然结果"，"根本不是生产力发展的结果。"[①] 还有的同志说："马克思对于价值转化为生产价格的论述，从来也没有从生产的物质条件的变化上去寻找原因。"[②] 这不仅割裂了生产力与生产关系的辩证关系，也严重地歪曲了马克思的原意。马克思和恩格斯都一再指出，生产价格不是在资本主义生产关系刚刚产生或有一定的发展时产生的，而是在资本主义的生产力发展到大机器工业之后，适应生产关系的要求而产生的。没有生产力的巨大发展，生产价格是不会出现的。在资本主义的协作和工场手工业阶段，是没有形成生产价格的，因为那时的生产力水平还不够高。生产价格的形成，固然有生产关系方面的原因，但是，归根到底，是由生产力决定的。恩格斯最清楚不过地指出过这一点，他写道："大工业通过它的不断更新的生产革命，使商品的生产费用越降越低，并且无情地排挤掉以往的一切生产方式。它还由此最终地为资本征服了国内市场，使自给自足的农民家庭的小生产和自然经济走上绝路，把小生产者间的直接交换排挤掉，使整个民族为资本服务。它还使不同商业部门和工业部门的利润率平均化为一个一般的利润率，最后，它在这个平均化过程中保证工业取得应有的支配地位，因为它把一向阻碍资本从一个部门转移到另一个部门的绝大部分障碍

① 《经济研究》1964 年第 11 期，第 4 页。
② 《经济研究》1964 年第 4 期，第 3 页。

清除掉。这样，对整个交换来说，价值转化为生产价格的过程就大致完成了。"① 从恩格斯的这段论述中可以得出如下结论：机器大工业的出现，社会化大生产的发展，乃是价值转化为生产价格的决定性原因。这种原因，在社会主义条件下，不仅没有消失，更有发展。社会主义商品经济较之资本主义商品经济，是更加社会化的大规模经济，各部门之间的联系日益加深，生产的有机构成不断提高，物的因素，特别是劳动的技术装备，在生产中起着越来越大的作用。生产力的这种发展趋势，就是价值转化为生产价格的决定性原因。

二曰："有害"。反对生产价格的同志硬把社会主义生产价格说成有百害而无一利，似乎它是破坏社会主义的洪水猛兽。这就把事情弄颠倒了。事实上，生产价格对社会主义事业是大有益处的。

生产价格和平均资金利润率是进行社会经济比较的客观标准。要有效地管理国民经济，必须把各个部门在经济上置于同等的地位，必须消除主观上厚此薄彼的"长官意志"，而代之以服从于客观经济规律。国民经济各部门的劳动技术装备程度和资金占用量是很不相同的，因而劳动生产率的提高速度也是不同的。在这种情况下，只有计量资金利润率，以平均利润为尺度，以生产价格作为定价的基础，才能把各部门置于同等的地位，才能正确地衡量各部门对社会的贡献，才能使各部门的经济效果成为可比的。各个部门、各个企业在生产价格和平均资金利润率面前是完全平等的，谁个优，谁个劣，比一比，就完全清楚了。这就能够有力地促使部门和企业承担经济责任、讲求经济效果、搞好经济核算，以便用最少的资金取得最大的经济效果。目前经济上存在的不讲效果、不讲核算、浪费资金等现象，就是客观上存在的生产价格从反面给我们的惩罚。如果我们自觉地去利用生产价格，岂不比目前忍受"惩罚"更好吗？

生产价格和平均资金利润率是促进技术进步、加快实现"四个现代化"的有力工具。加速实现四个现代化，用先进的技术装备国民经济的各个部门，是我们今后的根本任务。从现在起，全党工作的着重点要转移到社会主义现代化建设上来。从价格形成的角度看，如何适应这个战略性的

---

① 《马克思恩格斯全集》第25卷，人民出版社1974年版，第1027页。

转移？这就不能以价值作为定价的基础，而必须以生产价格作为定价的基础。以价值作为定价的基础，是以手工劳动占主导地位的社会（社会发展的低级阶段）的事情。以价值为价格的直接基础，以工资利润率来计量价格中的利润额，谁的工资多，谁的利润就多，谁的贡献就大，这是鼓励手工劳动的办法，适合于简单商品经济和资本主义商品经济的初期阶段。随着劳动机械化程度的提高，特别是机器大工业的出现，价格形成的基础发生了变化，不能再以价值而必须以生产价格作为定价的基础。只有如此，才能鼓励技术进步，促进劳动过程的机械化。研制和采用新技术需要大量的资金；用先进的机器代替手工操作，实现生产过程的机械化、自动化和电气化，没有大量的资金是万万办不到的。这种情况不能不在产品价格的形成上反映出来。如果要从价格形成的基础上去鼓励技术进步，去推动四个现代化，除生产价格外，别无它哉！

三曰："难行"。这是反对生产价格的同志近来提出的一个理由。他们说，生产价格是难以计算出来的，当企业或部门生产多种产品时，无法在各种产品之间划清谁占用了多少资金，有些综合费用也难以分摊。应当承认，计算出各部门的生产价格水平，是一件很复杂的工作，但这绝不是完全不可能办的事。随着各种核算资料的完善和计算工具的现代化，再加上我们深入细致的调查研究，这个任务是能够逐步完成的。反对生产价格的同志往往主张以价值作为价格形成的基础。价值同生产价格一样，都是很难计算出来的。显然以计算困难为理由反对生产价格作为定价的基础，是难以立足的。

商品的价值由 C、V、M 三部分组成，相应的，价值的变形即生产价格也是由三部分组成，这就是物化劳动消耗、必要劳动消耗和剩余劳动。物化劳动消耗与必要劳动消耗这两部分构成产品的成本。这是生产价格中的主要部分。这一部分很重要。如何计算出成本这个部分，有两种意见。一种意见认为，它应是部门平均成本；另一种意见认为，它应是部门内的中等成本。至于部门平均成本怎样计算，有的主张采用简单算术平均数，有的主张采用加权算术平均数。我觉得，采用部门简单算术平均数最好，好处有三：第一，简便易行，只要把部门内各企业的成本简单地平均一下就行了；第二，代表性强，它比仅用一个具有中等生产条件企业的成本有更大的代表性；第三，它不受个别大企业在权数上所占很大比重的影响。

计算生产价格中的第三部分，即剩余劳动部分，要解决两个问题。首先，要计算出社会资金利润率。这个问题比较容易解决，只要找出全年的利润总额，再找出全部生产资金数，将二者加以对比，就是全社会的平均资金利润率。其次，要在各种产品之间划分所占资金的多少。在单一产品的部门，如电力部门，根本不存在这个问题。当部门生产多种产品时，为了计算出每种产品占用资金的多少，应当先通过各种核算资料和典型调查，确定出每种产品的资金占用系数。每个部门的各种产品的资金占用系数之和应等于100。要随着情况的变化，经常注意调整这些系数。新产品的资金占用系数要适当参照老产品的情况。只要产品的资金占用系数确定得比较合适，那就不难在产品之间划分谁占用了多少资金。

改变价格形成的基础，是一件重大而复杂的工作，涉及各个方面，绝不能草率从事，要有计划、有组织、分阶段、按步骤地去进行。当前我们工农业生产力水平相差很大，为照顾这种情况，暂且可以把工业品的价格基础与农产品的价格基础区分开来。换言之，工业品的定价应以生产价格为基础，而农产品的定价则以价值为基础。今后随着农业生产力的发展和农业现代化的实现，农业的资金有机构成会逐渐接近工业的资金有机构成。那时就可以把价格的基础统一起来，全部以生产价格作为定价的基础。在工业范围内，各部门的差别也是很大的。为了照顾当前这种情况，应根据各部门资金有机构成方面的差别，分别规定出三种不同水平的资金利润率。随着生产力的发展，这三种资金利润率将逐渐接近，最后统一起来，按照统一的价格基础来定价。各部门、各企业由于自然条件的优越而产生的级差收益，应当通过税收杠杆集中到国家手中，不要使它影响价格的形成。

三

许多产品的价格所以不合理，除了价格形成的基础缺乏科学根据之外，另一个重要原因就是把稳定物价的政策在一定程度上变成冻结物价。由于过分强调物价的稳定，不根据生产的发展、供求的改变等情况适时地调整价格，其结果造成许多产品的价格长期地大幅度地背离它的客观基础，成为"长官意志"的价格。由这种不合理价格引起的亏本或盈利，不能反映企业经营的优劣。为了解决这些问题，需要对稳定物价有个正确的认识。

新中国成立以前，在国民党反动统治下，我国经历了12年的恶性通货膨胀，物价经常波动，给生产和人民生活都造成了恶劣影响。新中国成立后，针对这些情况，为了保证经济的发展和人民生活的安定，党采取了稳定物价的方针，这就是说，不管当时某些物价是否合理，首先要使各种物价在1950年3、4月份的水平上稳定下来。然后在稳定的基础上，对某些不合理的价格逐步进行若干调整。党的这个方针是适合当时情况的，是必要的和正确的，对稳定市场、促进生产的发展和保障人民生活的改善，都起了巨大的作用。我们执行这个方针已近三十年了，既有许多好经验，又有不少教训，认真加以总结，很有必要。我们已经开始了实现"四个现代化"的新长征，在新的历史时期，价格变化的趋势如何？这是需要加以研究的重要课题。

价格是反映社会经济关系变化的一种机制。随着社会经济条件的变化，价格是经常变动的。影响价格变动的因素，首先就是价值。价值变化了，价格或迟或早必然要随之改变。所谓商品的价值，就是生产商品时所消耗的社会必要劳动量。一种商品，如果生产它所需要的社会必要劳动量不变，它的价值也就不变。但是，生产商品的社会必要劳动量，是随着劳动生产力的变化而不断地变动着。劳动生产力是由许多因素决定的，其中有劳动者的平均劳动熟练程度，科学及其技术应用的发展程度，生产过程的社会结合，生产资料的数量和效力，以及各种自然状况，等等。这些因素的变化，都会使劳动生产力发生变化，从而使生产商品时的社会必要劳动量发生变化。我们将要实现的"四个现代化"，必然几倍、几十倍甚至几百倍地提高社会劳动生产力，从而使商品的社会必要劳动量发生很大变化。这就是说，商品的价值要发生巨大的变动。这种情况能够允许价格稳定不变吗？不能。事实上，物价是经常变动的，是稳不住的。

影响价格变动的除价值这个根本性的因素以外，还有供求的状况。社会生产与社会需要的矛盾将会长期存在，解决这个矛盾的根本途径是发展生产，当然价格也不失为一个手段。某些商品的生产暂时满足不了需求，出现缺货现象，这时可以使这些商品的价格稍高于价值，暂时限制消费；当某些商品供过于求，出现积压时，就可以使售价降低，低于价值出售，以刺激消费。供求状况是不断发展变化的，这也使价格不能稳定在一个水平上。

国民收入的分配与再分配也是影响价格变动的重要因素。像目前我国的农业有机构成低，活劳动创造的价值有一部分在工业部门实现，国家在制定农产品价格时，有意地使价格低于价值，把农民创造的一部分国民收入转入国家手中。这不能不是目前农产品价格偏低的一个原因。国家在规定消费品的价格时，既要考虑工业、商业和服务行业必要的利润，又要照顾到消费者的利益，使价格尽量合理。否则，消费品的价格偏高，会使劳动者的一部分（按劳分配的）收入，经过再分配的渠道，又转入国家手中。国家对不同产品规定的不同税率，也会从分配的角度影响产品的价格。随着生产的发展和国家面临的政治经济任务的变更，国民收入的分配与再分配是经常变化的，在这种分配与再分配中利用价格杠杆的程度也是不断变化的，这就不能不影响价格的变化。

此外，既然价格是商品价值的货币表现，那么当货币这种特殊商品的价值随着开采黄金的社会必要劳动量的变化而变动时，必然也会影响其他一般商品的价格。

我国近三十年的实践证明，价格也是不易稳住的。1977 年同 1950 年相比，农产品的收购价格提高了一倍以上。1978 年棉花的收购价格又调高10％，1979 年再调高 15％—20％。粮食的收购价格 1979 年又调高 20％，对超购部分还要再加价 50％。煤炭的价格，从 1953 年到 1978 年底，大约提高 65％，今年再调高大约 30％。即使这样，粮、棉、煤炭等产品的价格水平仍然偏低。化纤纺织品的价格、味精的价格今年一次性下调 20％—25％。这样大幅度地调整价格绝不是偶然的，是由于过去太"稳"了。物极必反。"稳"到了极点，就要大变。今天这样的大变是由过去的太"稳"造成的。今后如果还要长久稳定，必然会有更大的变动。至于某些商品的销售价格暂时不动，继续稳定，也是不得已的办法。价格上的倒挂、财政补贴以及优待价格，都不符合经济规律的要求，既不能促进生产的发展，也不利于商业上的经营，那些办法只能是权宜之计，且不可定为国策。如果按照客观经济规律办事，销售价格必然会随着收购价格的变动而变动。我们应当看到，随着"四个现代化"的前进，社会劳动生产力发展的速度会远远超过已往的30年，这就要求我们要根据变化了的情况适时地调整价格。

根据我国30年的实践和其他国家的情况可以预料，今后相当长的时期内，我国物价的总趋势仍然是继续上升的，而不是下降的。基本原因在于农产品和重要的工业原料燃料的价格本来就是偏低的，而这些产品的成本还有上升的趋势，这就迫使这些产品的价格不能不上升。以煤炭来说，1953—1960年，每吨原煤成本在10元左右。1961年上升为14元1角。1978年国家统配煤矿的原煤，每吨成本为16元4角3分。农产品也有类似情况。重要工业原材料和燃料、农产品等的价格上涨会产生连锁反应，引起不少产品价格的上升。当然有些商品，主要是加工工业的产品和化工产品的价格，将会下降。这种下降不足以抵消另一些商品价格的上升。所以价格变动的总趋势是上升的。不少国家的情况都是如此。

对工业产品与农业产品价格变动的趋势应该特别注意，这关系着工农两大阶级的联盟，关系着工农业的比例。新中国成立以前，城乡对立，工业剥削农业，在价格上有很大的"剪刀差"。新中国成立后，城乡关系的性质根本改变了，工农业产品的"剪刀差"也在缩小。1977年同1952年相比，农产品收购价格提高68.8%，供应农村的工业品零售价格降低0.5%，这标志着历史上遗留下来的工农业产品价格的"剪刀差"有所缩小。但是，从1952年到1977年，工业劳动生产率提高一倍半，农业劳动生产率只提高半倍，工业产品的价值下降比农产品大，再加上林彪、"四人帮"的干扰破坏，农产品价格很少调整，这就使已经缩小的"剪刀差"又有扩大。解决"剪刀差"的根本办法是加速实现农业现代化，大力提高农业劳动生产率。当然有计划地调整工农业产品的价格，也是一项重要的措施。从长期看，应以提高农产品价格为主，降低农用工业品的价格为辅。

价格水平关系着消费，关系着千百万人民的切身利益。在货币收入一定的情况下，劳动人民的生活水平直接依赖于价格的高低。过去有一种观点认为，提高人民生活水平，主要不是提高他们的收入，而是降低物价，甚至把降低物价看成是客观规律。这种片面的观点已被实践证明是行不通的。普遍降价是办不到的，即使一时能办到，也不能坚持长久。不断降价不利于生产，也不利于按劳分配。因此在物价的总趋势是上升而不是下降的前提下，提高人民生活的主要途径应是提高他们的收入水平。这样物价即使有些上升，只要物价指数小于劳动人民货币收入增长指数，仍能保证人民生活水平的逐步提高。

在价格问题上，我们既反对凝固论者借口稳定物价，实际上冻结了物价；同时也反对任意提价，甚至搞通货膨胀。这些都不符合计划经济的要求，不利于发展生产和人民生活的安定，同搞"四个现代化"是相矛盾的，我们不能那样做。物价同任何事物一样，既处于经常的变化中，又具有相对的独立性和稳定性。当然商品价值的变化并不那么急速，不需要我们天天去调整价格。同时保持商品价格的相对稳定性，又是十分必要的。因此我们要在保持物价相对稳定的条件下，通过调查研究，经常注意商品价值量的变动与商品的供求状况，并根据变化了的情况适时地调整价格。

四

当前物价管理上存在着散和乱的问题。有些地区和单位不按物价管理权限办事，不执行统一的价格，各行其是，自由定价，随意提价。有的单位乱收费用，乱定协作物资价格。有的单位低价自销，削价处理，变相提价。还有的企业不顾上边的规定，擅自用提价的办法来扭亏增盈。这些现象的存在，固然有无政府主义和纪律松弛方面的原因，然而主要的原因则在于物价管理权限过于集中。党的十一届三中全会的公报指出，我国经济管理体制的一个严重缺点在于权力过于集中。在物价管理体制上，这个过于集中就更加突出。如果说企业或生产队在产供销、人财物等方面尚有一点权力的话，在价格问题上他们则是一无所有。在这种情况下，企业对上边规定的不合理价格，犯点"自由主义"也是可以理解的。这就是说，过于集中已经向它的反面转化。在物价管理方面，当前的问题是，表面上的高度集中与实际上的分散、混乱交织在一起，互相牵制，恶性循环，应该集中的集中不起来，理应制止的混乱又制止不了。这种状况，严重地影响了国民经济的发展，也妨碍着价格发挥它应有的作用。这种情况必须加以改变。

为了改变物价管理权限过于集中的现象，首先应该将物价管理权限下放，特别要给予直接生产者和消费者一定的权力。

有的同志认为，物价大权应集中于中央，地方和企业不能分权，尤其不能给企业任何的权力，否则将会造成物价上的混乱。其实这种顾虑是多余的。只有集权，没有分权，就是只要一个积极性，否定地方和企业的积极性。我们的国家这样大，情况又复杂，产品的价格不止几百万种，任何一个机关都不可能正确地规定出这么多产品的价格，更没有能力管理这么多产品的价格。企业和生产队是直接的生产者和消费者，他们对价格问题最有发言权，哪些价格合理，哪些价格不合理，他们最清楚。而且价格的高低直接关系着他们的物质利益，他们比任何机关都更关心价格问题。给予他们一定的权力，会使价格更接近合理，也易于适合经常变化的情况，使价格更好地发挥作用，促进生产的发展。

我国广大劳动人民既是生产资料的主人，又是生活资料的消费者。确立"消费者权力"很有必要。在物价管理方面，给予消费者一定的权力也是有利而无害的。消费者参与管理和监督物价，可以使价格定得更合理，减少或杜绝自由提价或变相提价的现象，保护消费者的利益，促进工商企业改善经营。应当在较大的基层商店里，设立物价监督流动岗，由劳动人民的代表行使物价监督与管理权。

把物价管理权限下放，并不是完全否定价格管理上的集中统一。没有价格上的集权，就没有社会主义价格。集中统一性是社会主义价格区别于资本主义价格的显著标志之一。全国性的物价机构是十分必要的，它要负责研究物价的方针政策，掌握主要产品的价格总水平，综合平衡全国范围的出厂价、收购价、销售价和运价，处理涉及范围广的少数重大价格问题。各部门、各地区和所有的企业单位都必须贯彻执行国家规定的价格政策，遵守划定的价格权限，执行某些极重要产品的统一价格。

为了消除价格管理上过于集中的现象应当实行固定价格、浮动价格与自由价格相结合的制度，提倡价格上一定程度的竞争性。

　　适应商品的不同情况，实行多种定价原则。采取多元化价格，要比单一的价格好。过去我们实行两种市场、两种价格的时候，由于价格上有一定的竞争性，使价格发挥了很好的作用。单一的固定价格，不能及时反映劳动生产率的变化和供求状况的改变，使价格失去竞争性，不仅不能促进生产与流通，反而阻碍生产的发展。把价格上的竞争统统斥为资本主义，是极其错误的。不容否认，资本主义的价格竞争是你死我活的斗争，而社会主义的价格竞争是在根本利益一致的基础上有一定程度限制的竞争，竞争的目的不是为了把对方打垮，而是互相促进，努力改善经营，为国家为人民多作贡献。

　　我们要根据各种商品对促进国民经济的发展程度和改善人民生活的重要性，分别采取不同的定价办法。对少数重要的为人民经常需要的消费品和对生产成本有很大影响的重要原材料，应该继续由国家制定统一的固定价格，以保证人民生活的安定和国民经济有计划的发展。对于国计民生关系不大的小商品，不论是集体所有制企业生产的，还是全民所有制企业生产的，都可以由生产者自由定价，充分允许他们根据价格水平组织生产。除以上两部分外，大量的商品都可以采取浮动价格或协议价格。先由国家的价格机关根据各种商品的情况规定出一般的价格水平和一定的浮动幅度，然后产销双方直接见面，生产者与消费者直接见面，议定价格。并将议定的结果，在合同中加以规定，双方共同遵守，报国家物价机关备案。如再发生争执，由经济法院仲裁。浮动价格可以增加商品的竞争性，是利用市场机制不可缺少的环节。

　　提倡浮动价格和价格上一定的竞争性，并不是价格的自由化。我们仍然需要价格控制。价格完全自由化，同计划经济是不相适应的。问题在于用什么办法不使价格自由化，是用单纯的行政办法，还是通过正确的价格政策。只要国家的价格政策正确，只要国家规定的产品价格大体上接近社会必要劳动消耗，就一定能够掌握住价格控制的主动权，绝不会导致价格的自由化。

　　为了消除价格管理上过于集中的现象，应当恢复和健全质量价差、季节价差和地区价差，保证价格上的灵活性。

　　按质论价，分等定价，优质优价，既有利于生产，也有利于消费，必须坚持这一正确的原则。质量问题主要在生产者。有些畅销产品，往往出现"萝卜快了不洗泥"的现象，单纯追求数量而不顾质量。当然销售部门不能故意压价。产品优质不优价，同质不同价，或同价不同质，都不能鼓励技术进步，只能是保护落后。对于新产品的价格，产销双方如果矛盾很大，不易解决，应由生产者自销或试销。对名牌产品的价格，只要质量有保证，应允许稍高的价格，以资鼓励。

有些生产是季节性的，有些生产受气候影响较大。产品成本中有不少季节性的因素，这种因素应该在价格上反映出来。新中国成立后，我们取消了粮食和经济作物等许多农产品的季节差价，这对于增加农民收入，打击囤积居奇、投机倒把，都有好处。但是许多鲜活商品（蔬菜、水果、禽蛋等）供求的季节变化大，贮存费用多，保留季节差价很有必要。近十多年来，有的季节差价取消了，有的也很不合理，需要调整。季节差价的制定，一要照顾生产者的收益，二要使消费者能够接受。季节差价在不同的商品之间区别很大，要分别掌握。

各地生产力发展的水平是不一样的，保持一定的地区差价是有利于生产的。从有利于生产出发，销地价格要服从产地，而不是产地价格服从销地。地区差价不要太大，相当于运杂费外加损耗即可。在贫瘠山区和边远少数民族地区，经全国物价机构的批准，对少数重要产品，可以执行保护价格，以利于这些地区经济的发展。

保持一定的质量差价、季节差价和地区差价，可以增强价格的灵活性，对各方面都有利。

（原载《社会主义制度下价格形成问题》，中国社会科学出版社 1980 年版）

关于改革物价管理的几个问题

　　为了加速实现"四个现代化"，适应全党工作着重点的转移，对我国的国民经济管理体制和经营管理方法必须进行重大的改革。在这个改革中，物价管理的改革占有极其重要的地位。有的国家的经验证明，物价管理的改革，是整个国民经济管理体制改革的前提和突破口。我国的实践也证明，国民经济中的许多矛盾在价格上得到集中的反映。我国的经济改革离开价格改革是不行的。价格问题确实是牵一发而动全身的大问题。在生产、分配、交换与消费的各个领域里，无不存在着价格问题。如果不能正确地解决价格问题，我们的经济改革就难以顺利进行。所以应当十分重视物价管理的改革问题。

一　改革物价管理势在必行

　　我国的物价管理在稳定物价、促进生产发展和商品流通等方面取得了很大成绩。但仍然有必要进行认真的改革。这是因为它有许多严重的缺点和弊病，如果不加以纠正，就无法更好地为实现"四个现代化"服务。

　　目前我国价格体系和价格管理方面的弊病主要是：

　　第一，各类产品的比价很不合理，整个价格体系比例失调。在制定各类产品价格时，忽视价值规律的客观要求，使许多产品的计划价格长期地、大幅度地背离价值，这就造成大量产品的比价不合理。工农业产品价格比例失调，农产品价格低，工业品价格高，"剪刀差"过大。1979 年农产品提价后，这个问题有了缓和。农业内部，各类农产品的比价还有很大问题，农、林、牧、副、渔各业的产品价格仍不协调，不符合全面发展农业的要求。工业内部，原材料、燃料工业多年都是短线，而加工工业却是长线，至今仅机电产品的库存已达几百亿元，造成这种状况的原因，当然不限于价格，也不能说没有价格上的不合理情况。即使在原材料、燃料工业内部，价格也是不协调的，如煤炭的价格低，石油的价格就高；矿石、生铁的价格低，特殊钢材的价格就高。在轻工业内部，价格问题也很严重，像化纤纺织品、味精、乒乓球等，因为价高利大，造成大量积压，而有的产品，比如铁锅、文化用纸，又因价格低，影响生产的发展。北京二锅头酒，每吨的工业利润为58元，而商业利润（其中包括税收）却高达680元，比工业利润高出10倍，这也是工业价格与商业价格不合理造成的。猪肉价格与肉皮价格不协调，商店不愿费工剥肉皮，居民只好吃带皮肉，这既影响皮革工业的发展，又影响商品的流通和人民生活。有些工农业产品必要的品质差价、地区差价和季节差价被不适当地缩小或取消了。更为严重的是，许多产品的购销价格倒挂，既不利于生产和经营，又迫使国家每年付出大笔财政补贴，仅粮、油每年就要几十亿元的补贴。上述种种情况证明，不是个别产品价格不合理，也不是个别环节上的问题，而是许多产品的比价不合理，或者说，整个价格体系比例失调。其中，主要是工农业产品比价，原材料、燃料和加工工业产品比价不合理，这两种价格比例失调。因此，"我们要认真研究工农业产品比价，原材料、燃料和加工工业产品的比价，适当提高农产品的收购价格，在降低成本的基础上适当降低工业品特别是支农产品的销售价格，以促进生产发展"。[①]

　　第二，价格管理过严、过死、过于集中，使价格缺乏灵活性和竞争性。长期以来，仅仅把价格看做是一种计算工具或形式，以便于核算为理由，主张价格长期固定不变，甚至在很长一段时期内把物价冻结起来，反对必要的调整和波动，这就使得本来不合理的比价关系，不仅不能得到及时的调整，反而有愈演愈烈的趋势。我国现在的大部分物价是承袭新中国成立初期或"三大改造"时期的价格，也有一部分产品的价格是60年代制定的。在这样长的时期内，经济生活发生了重大变化，而反映这种变化的"晴雨表"——价格却很少变化，这不能说是正常的现象。人为地冻结

---

　　① 华国锋：《团结起来，为建设社会主义的现代化强国而奋斗——1978年2月26日在第五届全国人民代表大会第一次会议上的政府工作报告》，人民出版社1978年版，第24页。

物价，自然会使价格越来越脱离实际。由劳动生产率的变化而引起的商品价值的变化，是影响价格的决定性因素。从 1952 年到 1977 年，我国工业劳动生产率提高一倍半，农业劳动生产率才提高 1/2 倍。这就使工业品的价值下降得比农产品的要大。在这种情况下，把价格长期固定下来，怎么能使各类产品的比价关系反映劳动生产率的变化呢？怎么能不使工农业产品的"剪刀差"扩大呢？

供求关系也是影响价格变动的一个重要因素。但是，把价格长期固定不变，硬性规定同一市场必须统一价格，不容许价格波动，更不容许价格竞争，当然就无法通过价格反映供求关系的变化，或者说，在解决供求矛盾时，把价格抛到九霄云外。对于供不应求而价格又很低的产品，我们一般都不使用价格手段解决问题，而往往是用财政补贴的办法支持生产，并用票证的办法去限制消费。过去为了保证价格的固定不变，不论在财政补贴上，还是在发票证和排长队上，都付出了很大的代价。其结果，非但没有解决供求矛盾，反而出现事与愿违的现象，什么东西越实行票证，什么东西也就越紧张；什么东西越给财政补贴，它的亏损也就越大。这种反常的现象，难道不是违背价值规律所必然出现的吗？

党的十一届三中全会公报指出，我国经济管理体制的一个严重缺点在于权力过于集中。在物价管理上，这个过于集中更加突出。如果说企业或生产队在产供销、人财物等方面尚有一点权力的话，那么在价格上他们则毫无权力。在这种情况下，对上边规定的许多不合理价格，明知不对，很难执行，也毫无办法。价格管理方面的过于集中已经开始向它的反面转化。当前的问题是，表面的高度集中与实际的分散混乱交织在一起，互相牵制，恶性循环，应该集中的集中不起来，理应制止的混乱又制止不了。这种情况，严重影响国民经济的发展，也妨碍价格发挥应有的作用。

第三，目前的价格体系不利于生产的发展和商品的流通，不利于改善国民经济管理，不利于调动广大人民群众的积极性。

各类产品的比价不合理，已严重影响到某些部门特别是农业和原材料、燃料工业的发展，影响到农、轻、重比例关系的协调。过去我们的农业出现"增产不增收"或"增产却减收"的现象，固然有经营不善的原因，然而不容否认，农产品价格偏低，不能不是重要原因之一。20 年来，我国农业发展缓慢，同农产品价格偏低有很大关系。当前国家急需的产品，例如煤炭、粮食等的价格偏低，而不急需的产品价格偏高，如果不调整价格，让企业自负盈亏，国家急需的产品就会减产，而不急需的产品又会盲目发展，使现在的比例失调更为严重。

多年来，我们的工资提高很少，而物价却有些上涨，物价与工资的比例关系也很不协调，这就使相当一部分职工的实际生活水平有所下降，不利于调动广大职工的生产积极性。二十几年来，我们的经济几起几落，物价上涨一些也是符合实际情况的。由于工资欠账太多，群众对物价有意见是可以理解的。今后一定要把调价与调资结合起来，保证职工生活水平不下降。

合理的正确的价格体系是经济核算的前提条件。价格不符合实际，由不合理价格造成的企业亏损或盈利，不能反映企业经营的好坏，也不能利用产值、利润、利润率等指标去评价企业经营的优劣。有的企业之所以亏损，主要不是经营管理问题，而是价格问题。不变更价格，这类企业是无法搞经济核算的。

当前国民经济各部门之间的利润率水平相差是很悬殊的，高者达70%以上，低者几乎等于零。其所以如此，价格不合理是重要原因之一。这对发展国民经济是十分不利的。利大的行业容易掩盖经营不善和技术落后等问题，而有的部门利润很少，甚至亏损，就会形成生产越多，亏损越多的不正常现象。一定要使各部门在价格上有一个比较平等的竞争机会。

为了把企业和部门的经营成果，同企业、部门和职工的物质利益挂上钩，正在试行利润分成制度。可是目前一些企业和部门盈利多少主要不决定于企业和部门的生产经营，而决定于价格。如果不根据价值规律的要求调整价格，在各部门就会出现"苦乐不均"，利润分成制度就难以实行。

由于价格背离价值，各项指标不能如实地反映国民经济各部门的规模、比例和发展速度，也就难以进行国民经济综合平衡；在编制计划时，无法把价格作为选择各种经济方案的依据，价格起不了合理分配和利用资源的作用。

我们正在提出和试行市场调节与计划调节相结合的问题，但是目前我们的价格体系无法施行市场调节。有的价高利大，有的价低利小，还有的购销价格倒挂。在价格没有调整到基本合理之前，如果实行市场调节，给企业某些价格权，可能会引起国民经济的一些混乱。

不难理解，价格管理的改革，不仅是十分必要的，还是应该先行的，应该走在其他各项改革的前面；否则，它将会拖住整个改革的后腿。去年中央决定除了大幅度调整农产品价格外，还大幅度调整煤炭、矿石、生铁等的价格。这是改革物价管理的重要一步。这一重大措施，会大大促进国民经济的调整与改革。

物价管理上和价格体系上存在上述种种问题的原因，主要是林彪、"四人帮"的干扰破坏，使国民经济濒临崩溃的边缘，经济比例严重失调，引起价格体系的比例失调。就我们的工作来说，之所以造成上面的各种问题，归根到底是由于否定或忽视价值规律的要求。列宁指出："价格是价值规律的表现。"[1] 这就告诉我们，在制定价格时，必须按照价值规律的要求。可是，我们并没有做到这一点。有的人把价值规律看成是资本主义的东西，以为它是有害于社会主义的洪水猛兽；有的人认为价值规律已被国民经济有计划、按比例发展规律所代替，对生产和流通已不起调节作用；还有的人把价值规律只当做可用可不用的工具。既然如此，就把价值规律从物价领域内赶了出去。制定价格所依据的不是价值规律的要求，而是主观随意性，是行政命令。难怪有的同志把我们的价格叫做"长官意志"价格。这种情况，同加速实现"四个现代化"的要求是很不相称的，确有改革的必要。

总而言之，物价管理的改革是势在必行的，是注定了的。问题在于，怎样进行改革？从哪些地方进行改革？

二　生产价格是社会主义价格形成的基础

对整个价格体系作通盘调整，改变目前许多产品价格不合理现象，制定出一套科学的适应"四个现代化"要求的价格体系，是今后改革物价管理的头等重要任务。

---

① 《列宁全集》第20卷，第194页。

要完成这个光荣而艰巨的任务，需要做大量的工作，需要对科学的价格体系的标准、内容、制定的依据和方法等问题做深入细致的调查研究。在这大量的工作中，我觉得，关键在于正确地解决价格形成的基础问题。有了正确的价格基础，各类产品比价不合理的问题就可以迎刃而解了，科学的价格体系也就易于建立了。所以，在物价管理的改革中，一定要抓住价格形成的基础问题。

目前我国的价格形成的基础，是正常生产、合理经营情况下的中等成本加合理利润（其中包括税金）。有的同志又把它说成是：部门中等成本加上以成本利润率计算的利润额（其中包括税金）。事实上，一般不这样计算，通常都是以中等成本加合理利润来定价。这种价格基础，在理论上没有科学根据，不符合马克思的劳动价值理论；在实践上是造成价格不合理的基本因素。什么叫"合理利润"，多少才是"合理"，没有科学的标准，主观随意性就会起作用。这种价格基础的唯一优点是简便易行。我们不能图省事而安于现状，应当改变这种不合理的价格基础。

怎样改变价格形成的基础？国内经济学界有三种意见：一是认为价值是价格的基础；二是认为价值的变形即生产价格是价格的基础；三是维持目前的做法，仍在中等成本之上加合理利润。此外，在苏联，还有人认为，"再生产的社会费用是计划价格的基础"。[①] 在南斯拉夫还有"收入价格"派。[②] 我认为，社会主义商品经济的本质决定了社会主义商品价值的变形即生产价格是我国价格形成的基础。

有的同志写道："在社会主义经济中，平均利润和生产价格是不是一种客观的必然性呢？它们是从什么经济条件中产生的呢？无论从理论上或从社会实践的历史经验来看，都还不能说明这种必然性是存在的。所以，在社会主义制度下，制定价格的基础是价值而不是生产价格。"[③] 这段话的意思很清楚，无非是说，社会主义生产价格在客观上并不存在，而是某些

---

① 详见［苏联］B. C. 维奇卡诺夫《社会主义再生产效果的尺度》第二章第二节，（莫斯科）思想出版社 1978 年俄文版。

② 详见《南斯拉夫经济学关于社会主义自治制度下价值规律作用的看法》一文，《经济学动态》1979 年第 4 期，第 28 页。

③ 周春：《关于制定价格的基础的探讨》，《社会科学研究》1979 年第 1 期，第 59 页。

人臆造出来、硬塞进社会主义经济中的。这种看法值得进一步商榷。

先从社会主义生产关系来看。生产资料公有制是社会主义生产关系的基础和主要部分。生产资料的价值表现是生产基金。所谓生产资料公有制就是生产基金公有制。生产基金是公有制的实体,公有制则是生产基金的一种社会形式。生产基金的增长,意味着公有制的扩大;生产基金的减少,反映着公有制的削弱;生产基金如果不存在了,公有制岂不落空?为了巩固和发展社会主义公有制,必须保证公有制的实体即生产基金的不断扩大。这就要求各部门、各企业不仅不能浪费公有的生产基金,保证它的完整无缺,更有责任使生产基金不断增加,力争超过社会的平均增长速度,在价格不变的条件下,还应该超过本部门、本企业以往的增长速度。只有如此,才能使社会主义经济基础不断巩固和发展。一面说公有制是神圣不可侵犯的,一面又把生产基金这个公有制的实体浪费掉,这种自相矛盾的现象还能够容许下去吗?不能。生产资料公有制不是空的,而是实实在在的,它要在各个方面体现出来。在价格形成上,只有以生产价格作为定价的基础,才能体现生产资料的公有制。以价值为基础,或以中等成本加合理利润为基础,都没有顾及全部生产基金及其利用效果,在维护与发展社会主义公有制方面,都不可能起到生产价格的那种作用。以生产价格为定价的基础,在价格基础内不仅顾及所消耗的资金,也包括所占用的资金,它能促使生产者以最少的资金取得最大的效果。因此说,巩固和发展社会主义公有制的客观必然性,就决定了价格的基础是生产价格而不是价值。

在社会主义社会,各部门、各企业之间的关系是平等互助的关系。要处理好这种关系,在经济方面,必须坚持平等的原则,必须消除主观上厚此薄彼的“长官意志”,代之以服从客观经济规律。国民经济各部门的劳动技术装备程度和资金占用量是很不相同的,因而劳动生产率的提高速度也是不同的。在这种情况下,只有计量资金利润率[①],以平均利润为尺度,以生产价格作为定价的基础,才能把各个部门置于同等的地位,才能正确

---

① 资金利润率、成本利润率与工资利润率的说法并不科学。利润率本来是 M 对资本(C＋V)而言的。M 与 V 之比是剥削率,而不是利润率。工资利润率是不通的,资金利润率也不通。本文沿用习惯用语。

地衡量各部门对社会的贡献，才能正确地处理生产、分配、交换与消费各个环节上的矛盾，才能使各部门的经济效果成为可比的。生产价格和平均资金利润率是进行社会经济比较的客观标准。各部门、各企业在生产价格和平均资金利润率面前是一律平等的，谁个优，谁个劣，比一比，看一看，就完全清楚了。如果说价值规律是一个伟大的学校，那么生产价格和平均资金利润率则是学校之中的高等院校，我们可以从中学到不少建设社会主义和共产主义的本领。生产价格和平均资金利润率是我们加快实现"四个现代化"的有力武器之一，不可不用！① 目前经济上存在的不讲效果、不讲核算、浪费资金等现象，就是客观上存在的生产价格从反面给我们的惩罚。生产价格是客观经济规律，违反了它，它就会从另一面显示它不可抗拒的力量。

再从社会主义生产力方面来说。有的同志断言："生产价格的产生，是资本主义关系发展的必然结果"，"根本不是生产力发展的结果。"② 还有的同志说："马克思对于价值转化为生产价格的论述，从来也没有从生产的物质条件的变化上去寻找原因。"③ 这不仅割裂了生产力与生产关系的辩证关系，也严重歪曲了马克思的原意。马克思和恩格斯都一再指出，生产价格不是在资本主义生产关系刚刚诞生或有一定的发展时产生的，而是在资本主义生产力发展到大机器工业之后，适应生产关系的要求而产生的。没有生产力的巨大发展，没有大机器工业的出现，是不会出现生产价格的。在资本主义的协作和工场手工业阶段，没有形成生产价格，因为那时的生产力水平还不高。生产价格的形成，固然有生产关系方面的原因，

---

① 马克思在《资本论》第3卷（《马克思恩格斯全集》第25卷）第196—197页上写道："如果把问题看成是工人各自占有自己的生产资料，并且互相交换他们的商品，……在这种假定下，利润率的差别是一件无所谓的事情。"有的同志据此反对我们在社会主义经济中使用利润率这个指标，并否定生产价格的存在。其实，马克思指的是简单商品生产的情况，那种生产基本上属于简单再生产类型，只要补偿了生产消耗，至于利润的多少那是无关紧要的。恩格斯在《〈资本论〉第三卷增补》（《马克思恩格斯全集》第25卷）一文中详细说明了马克思的原意。我们的社会主义生产是属于扩大再生产的类型，没有利润就没有扩大再生产，利润的多少直接关系着扩大再生产的速度。因此，利润率对社会主义是至关重要的。

② 恽希良：《社会主义经济不存在什么生产价格》，《经济研究》1964年第11期，第4页。

③ 何桂林等：《生产价格不能成为社会主义价格形成的基础》，《经济研究》1964年第4期，第3页。

然而不能不承认，也有生产力方面的原因，而且，归根到底，是由生产力的水平决定的。恩格斯最清楚不过地指出过这一点。他写道："大工业通过它的不断更新的生产革命，使商品的生产费用越降越低，并且无情地排挤掉以往的一切生产方式。它还由此最终地为资本征服了国内市场，使自给自足的农民家庭的小生产和自然经济走上绝路，把小生产者间的直接交换排挤掉，使整个民族为资本服务。它还使不同商业部门和工业部门的利润率平均化为一个一般的利润率，最后，它在这个平均化过程中保证工业取得应有的支配地位，因为它把一向阻碍资本从一个部门转移到另一个部门的绝大部分障碍清除掉。这样，对整个交换来说，价值转化为生产价格的过程就大致完成了。"① 从恩格斯的这段精辟论述中可以得出如下的结论：机器大工业的出现，社会化大生产的发展，乃是价值转化为生产价格的决定性原因。这种因素，在社会主义条件下，非但没有消失，更有发展。社会主义商品经济较之资本主义商品经济，是更加社会化的大规模经济，各部门之间的联系日益加深，生产的有机构成不断提高，物的因素，特别是劳动的技术装备，在生产中起着越来越大的作用。生产力的这种发展趋势，是社会主义商品价值转化为生产价格的决定性原因。

今后我们的根本任务是大力发展生产力，加速实现"四个现代化"，用先进的技术装备国民经济的各个部门。从现在起，全党工作的着重点要转移到社会主义现代化建设上来。从价格形成的角度看，如何适应这个战略性转移？这就不能以价值，而必须以生产价格作为定价的基础。以价值作为定价的基础，是手工劳动占主导地位的社会发展低级阶段上的事情。以价值为价格的直接基础，即按产品成本加工资利润率②乘产品成本中的工资额而得的利润额来制定价格，就会出现谁的产品成本中的工资多，谁的价格中包含的利润就多这种情况，这是鼓励手工劳动的，适合于简单商品经济和资本主义商品经济的初期阶段。随着劳动机械化程度的提高，特别是大机器工业的出现，价格形成的基础发生了变化，

① 《马克思恩格斯全集》第25卷，人民出版社1974年版，第1027页。

② 商品价值中的 M 部分，同以工资利润率计算出的 M 部分，不论在质上，还是在量上都是不同的。有的文章把二者简单地等同起来，是值得研究的。

不能再以价值为基础，必须以生产价格作为定价的基础。只有如此，才能适应生产力发展的要求，才能从经济上鼓励技术进步，促进劳动过程的机械化。研制和采用新技术需要大量的资金；用先进的机器代替手工劳动，实现生产过程的机械化、自动化和电气化，没有大量的资金也是办不到的。这些情况不能不在产品价格的形成上反映出来。如果要从价格形成的基础上去鼓励技术进步，去推动"四个现代化"，除了生产价格之外，是没有更好的东西的。因此说，生产价格是推动技术革命、推动生产力发展的强有力的杠杆。

从以上分析可以看出，社会主义生产价格既是社会主义生产关系发展的客观要求，又是社会主义生产力发展的必然结果，因而是社会主义生产关系与生产力辩证运动的必然产物。以生产价格作为定价的基础，绝不是某些人的臆造，而是社会主义经济内部的一种客观必然性。从其他国家改革物价管理的经验来看，或迟或早都要改变价格基础，都要以生产价格为基础。在这方面，我国的物价管理的改革，也不会例外，只是时间的迟早而已。

当然，改变价格形成的基础，是一件重大而复杂的工作，涉及各个方面，绝不能草率从事，要有计划、有组织、分阶段、按步骤地去进行。当前我们的工农业生产力水平相差很大，为照顾这种情况，可以暂且把工业品的价格基础与农产品的价格基础区分开来，换言之，工业品的定价以生产价格为基础，而农产品的定价则以价值为基础。今后随着农业生产力的发展和农业现代化的实现，农业的资金有机构成会逐渐接近工业的资金有机构成，那时就可以把价格的基础统一起来，全部以生产价格作为定价的基础。在工业范围内，各部门的差别也是很大的，也只能逐步实行生产价格。首先应根据各部门资金有机构成方面的差别，分别规定出三种不同水平的资金利润率（当然，严格说来，这不是以生产价格为基础，但这是向以生产价格为基础过渡的重要一步）。随着生产力的发展及其在全国的均衡分布，这三种资金利润率将逐渐接近，最后归于统一，真正实行生产价格。总之，我国的价格基础，应逐渐转向生产价格。

三　价格应富有较大的灵活性和竞争性

改革物价管理的另一项重要任务，是改变物价管理过严、过死、过于集中的问题，使价格富有较大的灵活性和竞争性。

社会主义经济是有计划的商品经济。在社会主义经济中，必须实行计划调节与市场调节相结合，以计划调节为主，充分重视市场调节的作用。要发挥市场机制的作用，商品的价格必须富有较大的灵活性和竞争性。否则，市场调节不过徒具虚名。

在新中国成立初期和第一个五年计划期间，我们比较重视市场的作用，实行两种市场、两种价格，使价格富有较大的灵活性和竞争性，因而价格发挥了很好的作用。"三大改造"基本完成以后，市场单一化了，价格也单一化了，并且规定，同一市场内必须有统一的价格。其结果，灵活的价格逐渐被单一的、固定的价格所代替。这样做的弊病，陈云同志在1956年就预见到了。他说："目前在我国物价政策上存在着一种不利于生产的现象，就是在出售价格方面，把稳定物价简单地看成是必须'统一物价'，或者'冻结物价'。"① 二十多年来的实践证明，这种"统一物价"和"冻结物价"，使价格丧失了灵活性和竞争性，使价格不能反映劳动生产率的变化和供求状况的改变，因而不利于生产的发展和商品的流通。在我国50年代，灵活的价格制度曾经被单一的固定的价格制度所否定。现在，灵活的价格制度又要否定单一的固定的价格制度。这个"否定之否定"的过程，是我国价格制度发展的必然趋势，是我国物价管理方面的一大进步。

商品世界本来就是"花花世界"。商品的属性和用途，的确名目繁多，各种各样。因此，在制定商品的价格时，既要根据价值规律的要求、供求状况、党和政府的有关规定，又要考虑到商品的各种使用价值对人们的作用和意义。要适应商品的不同情况，分别采取不同的定价办法，实行多元

---

① 陈云同志在中共"八大"上的发言，载中共中央办公厅编《中国共产党第八次全国代表大会文献》，人民出版社1956年版，第333页。

化价格。为了保证人民生活的安定和国民经济有计划、按比例发展，对少数主要的居民消费品和对生产成本有很大影响的重要原材料、燃料，应该继续由国家制定统一的价格。对这些产品的价格，在保持相对稳定的前提下，也要根据劳动生产率的变化和供求状况，进行相应的调整，不要实行所谓"十年一贯制"。对国计民生关系不大的小商品，不论是集体所有制企业生产的，还是全民所有制企业生产的，都可以由生产者自由定价，充分允许他们根据价格水平组织生产。除了上述两部分商品以外，大量的商品都可以采取浮动价格或协议价格。先由国家的价格机关根据各种商品的情况规定出一般的价格水平和一定的浮动幅度，然后产销双方直接见面，议定价格。将议定的结果，在经济合同中加以规定，双方共同遵守，并报国家物价机关备案。如再发生争执，由经济立法机关仲裁。

竞争是商品经济固有的规律。社会主义商品经济中同样存在着竞争规律。竞争是多方面的，价格竞争是其中很重要的一个方面。在浮动价格和自由价格中，都包含着一定程度的竞争性。我们要实行浮动价格和自由价格，就应当提倡价格上的竞争。相同产品在企业之间的价格可以有高有低，进行竞争。企业根据竞争的需要，可以在一定范围内提高价格或降低价格。把价格上的竞争统统斥为资本主义，是不对的。资本主义的价格竞争是你死我活的，而社会主义的价格竞争是在根本利益一致基础上的、有国家在一定程度上限制的竞争，竞争的目的不是为了把对方搞垮，而是互相促进、共同提高，使那些产品质量好、价格低、品种对路的企业得到更快的发展，也迫使落后的企业向先进者学习，努力改善经营，把生产搞上去。当然，价格竞争也会淘汰那些不求上进、浪费国家资财的极少数企业，这对社会主义事业并没有什么害处。

为了使价格富有较大的灵活性和竞争性，还必须恢复和健全质量差价、季节差价和地区差价。

任何商品都是使用价值和价值的矛盾对立统一体。使用价值与价值是互相依存、互相制约的。在制定产品价格时，是不能离开使用价值的。按质论价，分等定价，优质优价，劣质扣价，正是坚持使用价值与价值相统一的观点，既有利于生产，也有利于消费。质量第一，必须在价格上反映出来。质量问题主要在生产者。有些畅销产品，往往出现单纯追求数量而不顾质量。价格杠杆是制止这种不良现象的极好办法。当然，销售部门也不要故意压级压价，像有的工厂反映的"萝卜削去一层"也不要。产品优质不优价，劣质不扣价，或同质不同价，同价不同质，都不能鼓励技术进步，反而保护落后。对于新产品的价格，产销双方如果矛盾很大，不易解决，应由生产者自销或试销。对名牌产品，只要质量有保证，要允许稍高的价格，以资鼓励。

有些商品的生产是有季节性的，有些商品的生产受气候影响较大。产品成本中有不少季节性的因素，应该在价格上反映出来。新中国成立后，我们取消了粮食和经济作物等许多农产品的季节差价，这对于增加农民收入，打击囤积居奇、投机倒把，都有好处。但是许多鲜活商品（蔬菜、水果、蛋品、鱼等）供应的季节变化大，贮存费用多，保留季节差价很有必要。季节差价的确定，一要照顾生产者的收益，二要使消费者能够接受。季节差价在不同商品之间的区别很大，要分别掌握，还要随时注意调整。

各地生产力的水平是不平衡的，因此，保持一定的地区差价有利于生产。从有利于生产出发，销地价格要服从产地，而不是相反。地区差价不要太大，相当于运杂费外加损耗即可。在贫瘠山区和边远少数民族地区，经全国物价机关的批准，对少数重要产品，可以实行保护价格，以利于这些地区经济的发展。

为了使价格富有较大的灵活性和竞争性，还必须将物价管理权限下放，要给予直接生产者和消费者一定的物价权力。

有的同志认为，物价大权应集中于中央，地方和企业不能分权，尤其不能给企业和生产队以任何的物价权力，否则将会造成物价管理上的混乱。这种顾虑是多余的。只有集权，没有分权，就是只要一个积极性，否定地方和企业的积极性。我们的国家这样大，情况又复杂，产品的价格不止几十万种，任何一个机关都不可能正确地规定出这么多的产品价格，也根本没有能力管理这么多的产品价格。企业和生产队是直接的生产者和消费者，哪些价格合理，哪些价格不合理，他们最清楚，他们对价格问题是有发言权的。况且，价格的高低直接关系着他们的物质利益，他们比任何机关都更关心价格问题。给予他们一定的物价权力，不但不会削弱价格管理上的集中统一，相反的，还会在发挥企业和生产队积极性的基础上更有成效地集中起来。给予他们一定的物价权力，是实行浮动价格和自由价格的前提条件。没有这项组织措施作保证，浮动价格和自由价格也是空的。给予他们一定的物价权力，一定会使价格比较灵活，比较合理，易于发挥价格的作用。

我国广大劳动人民既是生产资料的主人，又是生活资料的消费者。确立"消费者权力"很有必要。在物价管理方面，给予消费者一定的权力是大有益处的。消费者参与管理和监督物价，可以使价格更合理，减少或杜绝随便提价或变相提价的现象，保护消费者的利益，促进工商企业改善生产经营。应当在较大的基层商店里设立物价监督流动哨，由劳动人民的代表行使物价监督与管理权。

把物价管理权限下放，并不是完全否定价格管理上的集中统一。没有价格上的集权，就没有社会主义价格。集中统一性是社会主义价格区别于资本主义价格的显著标志之一。全国性的物价机构是十分必要的，它要负责研究物价的方针政策，掌握有关国计民生的主要产品的价格总水平，综合平衡全国范围的出厂价、收购价、销售价和运价，处理涉及范围广的少数重大价格问题。各部门、各地区和所有的企业单位都必须贯彻执行国家规定的价格政策，遵守划定的价格管理权限，执行某些重要产品的统一价格。

四　充分发挥价格对社会主义生产与流通的调节作用

改革物价管理的目的是什么？对价格体系作通盘的调整和改革，消除价格管理上的过严、过死、过于集中的现象，使价格富有较大的灵活性和竞争性，其目的都是为了充分发挥价格在社会主义经济中的作用，以利于生产的发展和商品的流通，利于改善国民经济管理，利于推进"四个现代化"。因此，正确认识价格在社会主义经济中的地位与作用，充分发挥价格机制对生产与流通的调节作用，不能不是物价管理改革的又一项重要任务。

长期以来流行着一种观点，否定价格对社会主义生产与流通的调节作用，尤其否定价格对全民所有制经济内部的生产资料的生产与流通的调节作用，甚至把价格的调节作用与资本主义复辟挂上钩，似乎价格的调节作用一定会导致资本主义复辟。这样就大大削弱了价格在社会主义经济中的地位与作用，对社会主义建设事业造成了不良后果。

价格在社会主义经济中的地位与作用，是由社会主义经济的本质决定的。从十月革命到现在，苏联、我国和其他国家几十年的实践反复证明了，社会主义经济在本质上是商品经济，不是自然经济。凡是用自然经济论对待社会主义经济的，不论在外国，还是在我国，都是行不通的。我们要实现"四个现代化"，建立强大的社会主义经济，必须大力发展商品经济。社会主义商品经济的运动，绝不是靠某人拨动的，而是靠国民经济有计划、按比例发展规律和价值规律调节的。不论是有计划、按比例发展规律的调节，还是价值规律的调节，都必须依靠价格机制。价格是社会的一面镜子。在社会再生产中，生产、分配、交换与消费的各方面关系，都要通过价格反映出来。当然，价格又会反过来指导生产、分配、交换和消费，起着极其重要的作用。

价格在社会主义经济中有两种基本的职能，或者说，起着两种基本的作用。一是核算的职能，用价格做核算的工具，计量劳动消耗与成果，作各种分析与比较；二是调节的职能或者叫刺激的职能，即价格调节社会主义生产与流通，刺激生产者以最少的劳动消耗，生产出更多更好的社会必需的劳动产品。价格的这两种职能是互相制约、互相促进的。价格越能准确地反映社会必要劳动消耗，也就越能刺激生产与流通；反之，价格越是刺激生产与流通，也就越使价格接近社会必要劳动消耗，更好地起到核算的作用。鉴于长期以来，人们只承认价格的核算作用，而否定价格的调节作用，今后有必要更多地强调价格对生产与流通的调节作用。

国家对集体所有制的农业如何进行管理？过去我们主要依靠行政手段。实践证明，这样做的效果并不好。应当认识到，国家下达的各项农产品生产计划都是参考性的计划，国家可以把这些计划指标层层分配下去，但是究竟生产什么和生产多少，最后还是要由各生产队自己决定。在这方面，任何的强迫命令和瞎指挥，都只能造成祸国殃民的后果，我们已经吃够了这种苦头。那么，如何保证农业生产计划的实现？主要应当靠价值规律，也就是说，主要依靠价格的调节作用。第一个五年计划期间，我们在这方面有许多成功的经验。当时为了增产棉花，曾经大幅地提高了棉花的价格。结果，棉花增产过多，又不得不降低价格。四川省的生猪头数 1956 年春季比 1955 年同期减少 5%，这同生猪收购价格偏低有关。1956 年春季采取了措施，提高了收购价格，到 1956 年 9 月，生猪头数已达到 1955 年同期水平。[①] 有些国家之所以能把农业很快搞上去，价格政策起了不小的作用。有的国家改革经济管理时，十分重视农产品价格，这是很有道理的。价格问题，一抓就灵。价格对农业生产的调节作用是非常灵敏的。我们必须学会利用政策，尤其是物价政策来指导和管理农业生产。为了促进我国农业的发展，在今后相当长的时期内，都应该逐步提高农产品的收购价格。

正确的价格政策对管理好全民所有制的企业也有重大的意义。国家给企业下达的计划指标，大多数都应该是参考性和指导性的，只有关系到国计民生的少数极重要产品的生产计划例外。在这种情况下，如何保证国家计划的实现？应当以价格、税收、信贷、投资等经济手段为主，辅之以必要的行政办法。制定正确的价格政策，用价格调节生产与流通，是其中很重要的一环。

原则地说，需要限制生产的就减价，需要增加生产的就提价。具体地说，要区分几种情况：（一）产品有销路，销量稳定，而生产近期又无大的变化者，要力求价格的稳定；（二）产品有销路、生产又能够大幅度上升的，应该降价，刺激消费；（三）产品销路不畅，又有大量积压的，应坚决降价或削价处理，用价格手段制止生产的盲目发展；（四）产品有销路，但生产难以上去者，要适当提高价格，以刺激生产和限制消费。一句话，价格虽然受生产决定，反过来又要用价格去指导生产。要做到这一点是不容易的，既要有全面观点，看到生产与流通各方面的情况，又要有发展的观点，不要看到一点积压或脱销，就不加分析，匆忙采取降价或提价的措施。

---

① 李井泉同志在中共"八大"上的发言，中共中央办公厅编：《中国共产党第八次全国代表大会文献》，人民出版社 1956 年版，第 168 页。

过去一直否认全民所有制企业之间交换的生产资料是商品，并否认价格对这类生产资料的生产与流通起调节作用。这就束缚了我们的手脚，使这类生产资料只能搞调拨，不能在市场上流通，造成一面严重积压物资，一面又物资奇缺的怪现象。价格对生产资料的生产与流通的调节作用是客观存在的，不以人们的意志为转移。这是因为，全民所有制的各企业单位之间存在着价值补偿和物质利益上的差别。在经济核算的条件下，每个企业都要以其收入补偿其生产过程中的消耗，此外还必须获得一定的利润，并把利润的多少与企业和职工的物质利益直接挂起钩来。这样做的结果，会促使企业与职工十分重视产品的价格问题。因为价格高低直接关系着企业与职工的切身利益。在产品成本一定时，价格越高，企业的利润就越大，企业与职工的物质利益也就越多。这就会推动企业和职工更加努力地进行这种生产；反之，产品价格低，利润小，甚至亏本，企业和职工的物质利益受到损害，谁也不会乐意干这种劳民伤财的事。

实践证明，不管人们是否承认价格对生产与流通的调节作用，事实上，生产总是跟着价格走，哪一种产品的价格高，生产有利可图，哪一种生产就会发展，否则，生产就下降，即使靠行政命令强迫生产，那也只是一时景气，不能久长。这种情况就决定了制定价格的基本原则之一应该是："必须使我们的价格政策有利于生产。"[1]

我们肯定价格的调节作用，是否意味着否定国家计划的调节作用呢？这要取决于计划本身。假如我们的计划不是主观臆造的，而是客观实际的反映，符合社会主义经济规律，其中包括价值规律的要求，那么它在价格计划的制订上，就要使各种产品的价格如实地反映（或接近）社会必要劳动消耗。这样切合实际的计划，当然是生产的调节者，生产者也乐意按照这种计划从事自己的生产活动。这时，计划调节与价格调节是相辅相成的。如果我们的计划是脱离实际的，不符合社会主义经济规律的要求，即使把这样的计划用长官命令强加于生产者，那也只是一相情愿。这样的计

---

① 陈云同志在中共"八大"上的发言，中共中央办公厅编：《中国共产党第八次全国代表大会文献》，人民出版社 1956 年版，第 333 页。

划调节是无法实现的。这不是价格调节否定计划调节，而是主观臆造的计划因为没有科学根据而被抛弃。我们的计划调节同价格调节存在着尖锐的矛盾。由于我们的计划是高指标、留缺口、战线长，不符合客观经济规律的要求，所以许多企业的领导者不愿接受分配的计划任务，或者表面接受而实际另干一套。这当然使产品品种计划、质量计划难以完成。当前的问题是，口头上不承认价格的调节作用，实际上生产却跟着价格走，价格调节经常冲击着计划，使计划不能完全实现或根本不能实现。我们的任务是制订切实可行的计划，使价格符合价值规律的要求，把计划调节与价格调节统一起来。

有的人一听到价格调节生产与流通，马上就同资本主义联系起来，这是完全不对的。我们的价格调节与资本主义的价格调节有原则的区别。我们用价格调节生产与流通是自觉地、有计划地进行的。我们依据马列主义、毛泽东思想，对实际情况进行深入调查研究，充分认识和利用价值规律，制定出合乎实际的价格，并以这种合理的价格去指导生产与流通。资本主义的价格调节是盲目的、无政府状态的。资产阶级的历史局限性使它不能正确地认识和利用经济规律，只能在盲目竞争中，使生产与流通被迫地跟着市场价格走。

在社会主义社会，价格还是国民收入分配与再分配的重要杠杆。目前我国的农业有机构成低，活劳动创造的价值有一部分在工业部门实现，国家在制定农产品价格时，有意地使价格低于价值，把农民创造的一部分国民收入转入国家手中。在轻重工业之间也有类似的情况。国家在制定消费品的价格时，既要考虑到工业、商业和服务行业的必要的利润，又要照顾到消费者的利益，使价格尽量合理。否则，消费品价格过高，会使劳动者的一部分按劳分配的收入，经过再分配的渠道，又转入国家手中。随着生产的发展，随着党和国家面临的政治经济任务的变更，国民收入的分配与再分配是不断变化的，在这种分配与再分配中利用价格杠杆的程度也是不断变化的。我们应当利用价格调节各方面的关系，兼顾国家、集体与个人的经济利益。

物价管理的改革不是孤立的，它既是国民经济各个方面改革的前提，又是其他各方面改革的结果。物价方面的改革同其他方面的改革是互相联系、互相制约的。为了搞好我国的经济改革，必须全面规划、加强领导、实事求是、逐步进行，而不应简单从事。只有经过各方面的周密工作，我们的改革才能取得成功。

（原载《国民经济管理体制改革的若干理论问题》，
中国社会科学出版社 1980 年版）

略论物价管理的改革问题

一

在我国国民经济管理体制和经营管理方法的改革中，物价管理的改革占有极其重要的地位。物价管理的改革是整个经济改革的重要一环。这是由价格在国民经济中的地位决定的。价格问题是焦点，不解决它，许多问题不好解决，各方面的改革就难以顺利进行。

第一，价格的高低直接关系到各部门、各企业的经济利益，正确的价格体系是实行利润分成制和经济核算制的前提条件。

为了发挥职工、企业和部门的积极性，把他们的生产经营成果同物质利益挂上钩，目前已经试行利润分成制度。然而，现在一些企业和部门的盈利多少，除了与它们的生产经营好坏有关以外，还决定于价格水平的高低。现在，各企业、各部门之间的利润水平相差悬殊。据统计，1978 年全国国营工业企业的平均成本利润率为 24%，其中石油工业为 73%，电力工业为 69%，工业设备制造业为 25%，而煤炭工业仅为 0.7%；1978 年全国国营工业企业的平均资金利润率为 16%，其中石油工业为 70%，而煤炭工业仅为 0.3%。1979 年煤炭提价后，煤炭企业的亏损面仍在三分之一以上。各企业、各部门的利润水平所以相差很大，固然有经营管理方面的原因，但是大部分是由价格不合理造成的。如果不根据价值规律的要求调整价格，在各部门、各企业之间就会出现"苦乐不均"，利润分成制度就难以实行。生产资料的价格，对部门和企业的生产成本有很大影响，由于物质消耗的变化，成本就会跟着升降，利润也会变动，原定的利润分成比例就不能反映实际情况了。而调整各部门和各企业的利润分成比例，是十分复杂的事情，不可能每年进行。这样，各部门、各企业在一定时期内仍然存在"苦乐不均"的问题。因此，根本出路在于调整目前许多不合理的价格，使价格大体符合价值。只有这样，才能使各部门、各企业在经济上处于平等的地位，才能正确实行利润分成制度。

利润分成制度是企业向实行全面的经济核算、自负盈亏方向前进的重要步骤。但是，如果价格不符合实际，长期地、大幅度地背离价值，由不合理价格造成的部门、企业的亏损或盈利，不能反映它们经营的好坏，也不能利用产值、利润、利润率等指标去评价它们的工作的优劣。有的部门和企业，之所以盈利很多或有亏损，固然有经营管理的问题，但主要还是价格问题。据计算，一吨原煤（发热量按 4500—5000 大卡计算）用来发电，电力部门可获得 34—51 元的利润，而煤炭部门生产一吨原煤则亏损一元多，增产越多，亏损越大。天津直沽酒厂每生产一吨要亏损 30 元，而商业每售一吨要赢利 1080 元，这是不合理的。许多情况都证明，不对价格进行调整，企业就无法实行经济核算制和自负盈亏。

第二，价格是反映和制约国民经济中各种主要比例关系的重要机制，正确的价格体系是国民经济综合平衡和完善国民经济结构的前提条件。

各类产品的比价不合理，特别是工农业产品价格上的"剪刀差"过大，已严重影响到某些部门尤其是农业和原材料、燃料工业的发展，影响到农、轻、重比例关系的协调。过去农业出现的"增产不增收"或"增产反减收"，是造成二十多年来我国农业发展缓慢的主要原因之一。党中央决定大幅度地提高农产品收购价格是十分正确的。国家急需的产品，如煤炭、粮食、棉花等价格偏低，而不急需的产品价格偏高，如不调整价格，其结果必然是国家急需的产品上不去，甚至继续减产，而国家不急需的产品，又会盲目发展，使目前的比例失调更为严重。因此，要贯彻"调整、改革、整顿、提高"八字方针，要调整好国民经济中的各种比例关系，就要制定合理的比价。

同时，由于价格背离价值，国民经济中的各项价值指标不能如实地反映各部门的规模、比例和发展速度，这就难以测定和研究国民经济的结构，无法正确地进行国民经济的综合平衡。按价格计算的和按价值计算的国民经济中的重大比例关系是不同的。我国当前生产资料的价格一般说来高于价值，而消费品的价格一般说来低于价值。由于这种情况，按价值计算的生产资料生产与消费品生产的比例假定是60：40，那么按价格计算的这种比例就可能是 70：30。以价值计算的积累与消费的比例假若是70：30，而以价格计算的这种比例可能是 80：20。凡是产品价格低于价值的部门，它在国民经济中的比重就会相对低一些，其发展速度也会慢一些；反之，凡产品价格高于价值的部门，它在国民经济中的比重就会相对高一些，其发展速度也会快一些。由此可见，价格背离价值，就会使国民经济中的主要比例关系产生种种虚假现象，这种价格当然不能作为国民经济综合平衡的工具，不能作为评价各种经济方案，并从中选择最优方案的依据。不难看出，正确的合理的价格体系，也是完善国民经济结构和正确进行国民经济综合平衡的前提。

第三，价格是市场的"晴雨表"，正确的价格体系是实行计划调节与市场调节相结合的前提条件。

我们正在研究和试验计划调节与市场调节相结合的体制。所谓市场调节，主要是发挥价格机制的作用，让价格调节生产与流通。可是，在当前的价格体系和价格管理体制下，无法施行市场调节。有的商品价高利大，有的商品价低利小；还有的商品购销价格倒挂，谁销售得多，谁的亏损就大。在重要的产品价格没有调整到与价值基本一致之前，如果实行市场调节，就可能会引起混乱。如果不改变目前的价格管理体制，一切都实行固定的计划价格，不允许一部分产品实行浮动价格和自由价格，所谓的市场调节也只能是"纸上谈兵"。目前试行市场调节的企业，已经强烈地提出了价格问题，它们要求一定的价格权。所以，要对经济管理体制进行全面改革，让计划调节与市场调节有机地结合起来，也要首先从价格管理开刀，对价格体系和价格管理体制进行重大的改革。

第四，价格问题直接关系到按劳分配原则的贯彻和人民生活的改善。

劳动者贡献的大小，是通过价格计算的。按现行价格计算，当前在国家财政收入中，2.9亿农业劳动者提供的只占3%—4%，而8000万职工提供的却占90%以上。按现行价格计算，1977年，一个工人1年创造的价值，等于八个半农民一年创造的价值。这显然是因为农产品价格偏低，而工业品价格偏高造成的。价格不合理，就无法正确地衡量劳动者的贡献，也就难于贯彻按劳分配。

按劳分配的原则要在生产、分配、交换与消费的各个阶段上贯彻。假若在分配阶段上每个劳动者所得到的报酬符合按劳分配的原则，而在交换阶段上，消费品的价格高于社会必要劳动量，那么劳动者的货币收入所体现的劳动量，就会少于他应当从社会领得和他所提供的劳动量相当的一部分消费资料。林彪、"四人帮"横行时期，按劳分配的原则不仅在生产和分配阶段上没有贯彻，在交换阶段上同样遭到破坏。粉碎"四人帮"后，人们对前者已经有了认识，采取了许多措施加以纠正，但对后者尚未引起重视。

人民生活水平主要取决于两个因素，一是货币收入，二是物价水平。在货币收入一定的条件下，物价水平与生活水平成反比。我们的经济几起几落，物价在一定程度上有所上升，而改善人民生活方面欠账甚多，群众有意见是可以理解的。生活资料的价格和各种劳务的付费，都直接关系着千家万户的切身利益，必须慎重对待。现在有些企业打着"扭亏增盈"的旗号，随意提价和变相提价。这是直接侵占人民利益，绝不能容许，应坚决制止。由于工资和物价是决定职工生活水平的主要因素，今后一定要把调价和调资结合进行，使工资的增长速度超过物价上涨的速度，保证职工生活在生产发展的基础上逐步有所提高。

总之，国家要增加积累，企业要"扭亏增盈"，职工要改善生活，农民要增加收入，这四个方面既有统一的地方，又有矛盾的地方，其矛盾的焦点集中在价格上。这种情况说明，物价方面的改革，不仅是必要的，而且应当是先行的，应当走在国民经济其他各项改革的前面，否则，它将拖住整个经济改革的后腿。1979 年中央决定大幅度调整农副产品和煤炭、矿石等的价格，是改革物价管理的重大步骤，也是整个国民经济改革的重大步骤。这个事实也证明，价格方面的改革已经走在其他各项改革的前面。

二

物价管理改革面临的头等任务就是对整个价格体系进行通盘调整，改变目前许多产品价格不合理现象，制定出一套既能调节生产与流通，又能指导消费，适应"四个现代化"要求的价格体系来。

这个任务的提出是由客观情况决定的。长期以来，在制定各类产品价格时，忽视或否定价值规律的客观要求，认为价格高低没关系，反正利润全部上交，亏损由国家补贴，致使许多产品价格长期地、大幅度地背离价值，造成整个价格体系的严重比例失调。以工农业产品比价来说，农产品价格偏低，工业品价格偏高，"剪刀差"过大，农业长期处于亏损状态。例如，黑龙江省 1971—1978 年的 8 年间，玉米、大豆、谷子、小麦、高粱五大粮食作物的总产量是 1465.8 亿斤，总成本额为 181.98 亿元，平均每斤粮食成本 0.124 元，而每斤粮食的售价为 0.1 元，农民生产 1 斤粮食赔 0.024 元。1979 年农产品提价后，这个问题有了缓和，但尚未从根本上解决。农业内部，各类产品的比价也还有很多问题，农、林、牧、副、渔各业的产品价格仍不协调，有些产品价格仍然偏低，不符合全面发展农业的要求。在工业内部，原材料、燃料和加工工业产品的比价也不合理，多数加工工业产品价格偏高，普通机电产品的库存已达几百亿元，不能说没有价格方面的原因。即使在原材料、燃料工业内部，价格也不协调，比如煤炭的价格低，石油的价格同煤炭相比是很高的，因而利润大得多。多年来生铁、矿石的价格低，而特殊钢材的价格就高。在轻工业内部，价格问题也很严重。由于农副产品和煤、铁、木材的提价，使不少轻工业品的利润大幅度下降，肥皂、罐头、甜菜、糖出现了全行业亏损，像铁锅、文化用纸等群众迫切需要的东西，因价格太低，企业无利可图，影响生产的发展。反之，像化纤纺织品、理发工具、乒乓球等，因价高利大，又造成大量积压。在工、商之间，也有不少的价格问题。有的产品工业利润很低，而商业和外贸部门的利润却很高。或者相反，工业利润很高，而商业和外贸部门的利润却很低。这都是工业价格与商业价格、外贸价格不合理造成的。还有许多产品的品质差价、季节差价和地区差价也不符合实际情况。更为严重的是，不少产品的购销价格倒挂，既不利于生产和经营，又迫使国家每年付出大笔财政补贴，仅粮、油每年就要补贴几十亿元之多。以上种种情况说明，不是个别价格不合理，也不是个别环节上出了问题，而是整个价格体系发生了严重的比例失调。所以，物价管理的改革，首先必须解决价格体系上的这一问题。

价格体系的改革必须着眼于整个国民经济的发展，从农轻重、积累与消费等主要比例协调一致的关系上，去探索价格体系上的各种比例关系。整个价格体系所以发生比例失调，绝不是一时造成的偶然现象，而是国民经济中各种根本性的比例长期失调所造成的结果。价格是社会的一面镜子，国民经济各个方面的问题，国民经济重大比例的失调，生产、分配、交换与消费各个环节上的许多混乱现象，必然在价格上反映出来。在工农业比例失调、工业劳动生产率的提高快于农业劳动生产率提高的情况下，我们没有相应调整工农业产品的价格，这必然会使"剪刀差"扩大。多年的经验证明，凡是片面强调积累时，必然压低消费。欲达此目的，或者冻结工资，或者冻结农产品收购价格，或者提高消费品零售价格。积累与消费比例的失调，必然造成价格比例的失调。当然，价格比例失调，价格上的许多不合理问题，又反过来进一步加剧农轻重、积累与消费这些根本性比例的失调。国民经济的主要比例关系与价格比例关系互相制约的情况告诉我们，在解决价格体系上的比例失调时，不能就价格论价格，必须从国民经济的整体出发，使价格既有利于农业、轻工业和重工业的协调发展，又有利于积累与消费的比例协调。

为了制定出合理的价格体系，必须科学地解决价格形成的基础问题。关于这个问题，理论界众说不一，实践上也相当混乱。现行的价格基础可称为中等成本加合理利润。何谓"合理利润"？没有标准，多少才算合理，也没有个数量界限，所以实行起来相当混乱。最突出的是军工产品的价格形成问题。不管产品质量如何，成本高低，一律按各厂的个别产品成本加按成本的5%的利润计算出厂价格。还有的是工业中的所谓临时价格。这些价格，鼓励不计成本、不讲效果的行为，根本起不到促进经济核算和加强经济管理的作用。从巩固和发展社会主义公有制，促进技术进步和实现四个现代化来看，社会主义价格形成的基础应当是生产价格。生产价格和平均资金利润率是进行社会经济比较的客观标准。各部门、各企业在生产价格和平均资金利润率面前一律平等，谁个优、谁个劣，比一比就完全清楚了。这就能够鞭策各部门、各企业承担经济责任，讲求经济效果，严格经济核算，以便用最少的劳动消耗取得最大的有用效果。

要建立起符合价值规律和社会主义生产价格规律要求的合理的价格体系，还要正确看待价格总水平问题。可以预料，今后一个历史时期内，我国物价的总水平将是稳步上升的，而不是下降的。主要的原因在于，农产品和采掘工业产品的价格，原来偏低，今后有逐步上升的趋势。由于这种情况，其他产品价格会有连锁反应，要相应地提高。当然，有的工业品价格会下降，但这种下降不足以弥补农产品和采掘工业产品价格的上升，因此，价格总水平是逐步上升的。物价总水平的上升以及消费品零售价格的上升，并不一定是坏事。"一五"期间，零售商品物价指数每年递增1.7%，同时，国民收入每年递增8.9%，职工平均工资每年递增7.9%，农民收入每年递增5.1%。这就说明，只要物价上涨的速度不超过居民货币收入增长的速度，它就能促进国民经济有计划、按比例地发展。

价格体系上的问题甚多，应抓主要的矛盾。当前主要是工农业产品比价，原材料、燃料和加工工业产品比价不合理，是这两种价格比例失调。所以，"我们要认真研究工农业产品比价，原材料、燃料和加工工业产品的比价。适当提高农产品的收购价格，在降低成本的基础上适当降低工业品特别是支农产品的销售价格，以促进生产发展"。① 今年虽然对这几方面的价格作了一些调整，使问题有了一定的缓和，但还没有彻底解决问题，需要继续抓紧解决。

价格体系中的环节也是很多的，首先应抓基础的一环，即首先应抓农产品价格和采掘工业产品的价格。对这两类产品的价格，要通过大量的调查研究，分析对比，确定其合理的价格水平。把基础环节抓好了，再循着产品在社会生产过程中的逐次加工的顺序，一步一步地制定出各个环节上的价格。有些产品的价格，并不需要物价机关去制定，可以让它们自发地形成。但是，国家物价机关在研究价格问题时，也应当遵循上述原则。

科学的价格体系，应当是既能调节生产和流通，又能指导消费、促进国民经济各部门、社会再生产各环节有计划、按比例地向前发展。过去我们对生产、流通、消费的指导，主要靠行政命令。实践证明，这样做的效

---

① 华国锋：《团结起来，为建设社会主义现代化强国而奋斗》，载《中华人民共和国第五届全国人民代表大会第一次会议文件》，人民出版社1978年版，第27页。

果并不好。今后除了必不可少的行政手段之外，主要应靠经济办法，由价格等机制发挥调节作用。价格问题，一抓就灵。今年农副产品提高收购价格后，农民兴高采烈，生产积极性大为高涨，出售的各种农产品都大幅度增加。我们必须学会利用价格来指导生产和流通，必须用价格杠杆去推动成千上万个企业合理使用资源，降低成本，提高劳动生产率。

三

物价管理的改革，除了解决价格体系上的问题以外，还要解决价格管理体制上的问题，建立起适应四个现代化要求的科学的价格管理体制。

现行的物价管理体制弊病不少。党的十一届三中全会公报指出，我国经济管理体制的一个严重缺点在于权力过于集中。在物价管理方面，这个过于集中更加突出。因而使得物价管理体制显得过严、过死、过于集中，使价格失去灵活性和竞争性，因而使价格不能发挥应有的作用。

长期以来，仅仅把价格当做一种计算工具或外在的形式，并以便于核算为理由，主张价格长期固定不变，甚至在一个相当长的时期内把物价冻结起来。这是物价管理上"唯意志论"的表现，从根本上违背了客观经济规律的要求。马克思主义的劳动价值学说告诉我们，随着社会劳动生产率的提高，单位产品价值会逐渐下降。这就要求我们，不要把价格固定下来，要随着劳动生产率的变化，及时进行调整。我国社会主义建设历史经验证明，不同部门生产单位产品所需的全部劳动消耗变化程度有较大的不同。在这种情况下，硬要把价格长期固定不变，这就不能不使价格失去经济机制的作用，必然使已经不合理的比价关系愈演愈烈。

供求关系与物价水平本来是互相制约的。然而，把价格长期固定不变，硬性规定同一市场必须统一价格，既不允许价格波动，更不允许价格竞争，这就无法通过价格反映供求关系和调整供求关系。对于供不应求而价格又很低的商品，我们一般都不采用价格手段来解决问题，往往采用财政补贴的办法支持生产，又用票证的办法去限制消费。过去为了保证物价的长期固定不变，不论是财政补贴，还是采用票证供给，都付出了很大的代价。其结果，非但没有解决供求矛盾，反而出现事与愿违的现象：什么东西越实行票证，什么东西也就越紧张；什么东西越靠财政补贴，它的亏损也就更大。对于这种反常的现象，久而久之，习以为常，有的同志甚至把不得已的财政补贴和票证配给制度说成是社会主义计划经济的优越性。其实，这同社会主义优越性是风马牛不相及的。当前立即取消财政补贴和票证配给制度还缺乏必要的条件，但是，逐步采用价格手段，建立灵活的价格制度，用价格调节供求关系，则是应该着手进行的。

我国的工业品出厂价格管理办法，基本上是 50 年代从苏联照搬过来的。市场物价的管理办法是在对私营工商业社会主义改造过程中逐步形成的。"三大改造"基本完成后，本应根据情况的变化，改进物价管理体制，使价格富于灵活性，使地方和企业具有较大的机动权。但实际上，价格管理权限日益走向集中。不但各类重要产品的价格由国家统一规定，许多次要产品的价格也由国家统一规定，其他商品也由国家制定了统一的计价办法。30 年来的实践证明，计划价格范围过大，价格审批权限过于集中，价格管得过严、过死，其结果是，价格不能得到及时调整，使价格体系上的不合理现象有增无减、日趋严重。

为了改变上述情况，必须建立灵活的价格制度。要适应商品的不同情况，分别采取不同的定价办法，实行多元化价格。对少数主要的消费品和对生产成本有很大影响的重要原材料、燃料，应该继续由国家物价机关制定统一的固定价格。对国计民生关系不大的商品，不论是集体所有制企业生产的，还是全民所有制企业生产的，都可以由生产者自由定价，允许他们根据价格水平组织生产。另一部分商品实行浮动价格，即由国家规定价格的上限或下限，或两者兼而有之，让价格在规定的范围内波动。只有把统一的固定价格、浮动价格和自由价格有机地结合起来，才能使社会主义的计划价格制度完善起来。

在三种价格并存的条件下，国家制定的固定价格会对浮动价格和自由价格起很大的制约作用，不会导致价格的自由化。当然，这里所说的固定价格，是指相对的稳定性，它也要随着劳动生产率的变化和供求状况的改变及时进行调整。浮动价格和自由价格的存在与发展，将为合理地调整固定价格提供重要的依据。

提倡浮动价格和自由价格，就是提倡竞争。竞争是商品经济固有的规律。商品经济存在一天，竞争也就存在一天。社会主义商品经济是不能没有竞争的，而价格竞争是其中很重要的方面。相同产品的价格在企业之间可以有高有低。企业根据竞争的需要，可以在一定范围内提高价格或降低价格。价格上的竞争，一定能促使企业讲求经济效果，严格进行经济核算，加强企业管理。

为了建立灵活的价格制度，使价格富有较大的灵活性和竞争性，必须下放物价管理权限，要给予地方以更大的物价权，特别要给予直接生产者和消费者以一定的物价权。企业和生产队是直接的生产者和消费者，哪些价格合理，哪些价格不合理，他们最清楚，他们对价格问题是有发言权的。况且，价格水平的高低，直接关系着他们的物质利益，他们比任何行政机关都更关心价格问题。给予他们以一定的物价权，不但不会削弱价格管理上的集中统一，相反的，还会在发挥企业和生产队积极性的基础上，使价格比较合理，因而更有效地集中起来。给予他们以一定的物价权，也是实行自由价格和浮动价格的前提条件，没有这项组织措施的保证，自由价格和浮动价格不过是徒具虚名而已。

我国广大劳动人民既是生产资料的主人，又是生活资料的消费者。消费品价格水平的高低，直接关系着他们的切身利益。在物价管理方面，给予消费者以一定的权力是大有益处的。消费者参与管理和监督物价，可以使价格更加合理，减少或杜绝随意提价和变相提价的现象，保护消费者的利益，促进工商企业改善经营，应当在较大的基层商店里设立物价监督流动岗，由劳动人民的代表行使物价管理与监督权。

下放物价管理权限，并不是完全否定价格上的集中统一。没有集中统一，就没有社会主义价格。问题在于，集中统一的内容是什么？我们所说的集中统一，主要是指物价管理上的方针政策的统一，而不是指一切价格由国家统一规定。我们认为，统一的计划价格在数量上应大大缩减，价格上的审批权限应该大部分下放给地方或部门。全国性的物价机构主要负责研究物价的方针政策，掌握物价的总水平，综合平衡全国范围内的出厂价、收购价、销售价和运价，处理涉及范围广的有关国计民生的价格问题。各地区、各部门和所有的企业单位都必须贯彻执行国家规定的价格政策，遵守划定的价格权限，执行某些极重要产品的统一价格。

四

在改革物价管理的方法步骤上，要注意解决好下面几个问题。

第一，全面规划、加强领导。物价管理的改革虽然可以先行，但不是孤立的。它既是国民经济管理各个方面改革的前提，又是其他各方面改革的结果。物价方面的改革，同其他方面的改革是互相联系、互相制约的，要配合计划、财政、税收、物资、商业、外贸等方面的改革，作出相应的改革。物价管理本身也是很复杂的，各个环节上也要互相配合。所以，为了搞好物价管理的改革，必须全面规划，加强领导，脚踏实地，逐步进行，不应简单从事。

第二，在改革的次序上，应该是先生产资料，后消费品的价格的改革。生产资料的价格直接关系着生产者之间的物质利益，而消费品的价格直接关系着劳动者个人的利益，这就要求我们在处理消费品价格问题时，要比处理生产资料价格问题时更加慎重。物价的改革，最好先从生产资料价格着手，从中取得经验，然后再扩大到消费品价格方面。在下放物价管理权限时，应首先下放生产资料价格管理方面的权限，在这方面取得经验之后，再下放消费品价格管理方面的权限。实行浮动价格和自由价格，最好也要先从生产资料价格方面开始。人民生活必需品的价格，特别是基本生活必需品的价格，必须保持稳定和统一。只有如此，才能使人民生活安定。否则，物价波动严重影响人民生活，物价管理的改革是无法进行的。

第三，大搞调查研究，掌握确实的成本资料。产品成本是物价的基础，是物价中的主要构成部分。即使以生产价格作为定价的基础，也要注意价格与成本的关系。价格高于成本，才有可能获取利润，以便扩大再生产。如果价格低于成本，简单再生产也无法维持。因此，在研究价格问题时，一定要十分重视成本资料。没有成本资料，价格也就没有根据。工业品的成本资料比较易于取得，难得的是农产品的成本资料。只有深入实际，做大量的调查研究，通过反复的分析对比，才能最后找出比较正确的农产品成本资料。

第四，坚决刹住滥涨物价之风。物价管理的改革，不是全面涨价。目前各行业、各部门、各企业要求涨价的劲头很大，有的已经涨了价或变相涨了价，千百双手都想伸进老百姓的腰包里捞一把。不刹住这股歪风，物价管理的改革是难以顺利进行的。

第五，大量回笼货币。现在的情况是，居民货币购买力大于商品的可供量，实际上有某种程度的通货膨胀。如果在这种情况下，搞全面的物价改革，容易造成混乱。当前只能够小改小革，不易全面铺开。应该尽量回笼货币，待居民货币购买力与商品可供量大体平衡后，再着手物价方面的全面改革。

第六，制定物价管理条例和价格法。为了确保物价管理改革的顺利进行，并不断巩固所取得的成果，要制定比较完备的物价管理条例和价格法，明确规定各级物价管理机构的权限、物价纪律，以及对违反物价纪律者必须采取的经济制裁和法律制裁。

（原载《关于我国经济管理体制改革的探讨》，
山东人民出版社 1980 年版，与张守一合写）

论价格在国民经济综合平衡中的作用

　　社会主义劳动的两重性决定着社会产品具有两重性，从而也决定着社会产品经过生产、分配、交换与消费各个阶段所形成的运动过程，必然采取两种运动形式，一种是使用价值或实物的运动形式，另一种是价值或货币的运动形式。这两种运动形式是互相联系、互相制约的，同时它们又各自保持着相对的独立性。由价值运动和实物运动所引起的国民经济中的价值比例与实物比例的变动，既有统一的方面，又有矛盾的方面。而社会主义扩大再生产的实物补偿和价值补偿又必须同时进行，并且要互相适应。这在客观上就要求必须从使用价值与价值两个方面及其相互联系上进行国民经济的综合平衡。这就是说，不但需要进行实物平衡，还要进行价值平衡，并使实物与价值之间也保持平衡。价值与使用价值是矛盾的对立统一，使用价值是价值的物质承担者，所以，使用价值的平衡是基础，价值平衡则是使用价值平衡的反映。就国民经济综合平衡来说，归根到底，集中表现为价值平衡。

　　价值与价格的关系是对立统一的关系。价值是内容，价格是形式。价格是价值的货币表现。由于目前还难以计算出价值，所以国民经济的价值平衡只能借助于价格进行。在实物平衡中，有时也要利用价格进行加总或动态对比。所以，要想正确地进行国民经济综合平衡，必须正确认识价格在国民经济综合平衡中的作用，科学地处理国民经济综合平衡中的各种价格问题，真正把国民经济综合平衡置于合理的价格体系之上。

一　价格在国民经济综合平衡中的两种作用

　　价格在国民经济综合平衡中的作用，是由国民经济综合平衡所要完成的任务决定的。国民经济综合平衡的根本任务在于，科学地计量和比较社会劳动，有计划、按比例地在各部门、各地区间分配社会劳动，以最优的经济效果，求得社会生产与社会需要之间的平衡，促进国民经济高速度发展。为实现这个任务，价格在国民经济综合平衡中必须起到以下两方面的作用。

首先，价格应成为计量价值或社会劳动的尺度。

国民经济的价值平衡，顾名思义，是按价值进行的平衡。而价值，不外乎就是生产产品所消耗的社会必要劳动。在这种意义上可以说，价值平衡的实质是社会劳动平衡问题。要按价值或社会劳动进行平衡，自然就产生了如何计量价值或社会劳动的问题。

计量价值或劳动的尺度有两种，一种是内在的尺度，即劳动时间；另一种是外部的尺度，即货币。这两种尺度有密切的联系。正如马克思指出的："货币作为价值尺度，是商品内在的价值尺度即劳动时间的必然表现形式。"[①] 价值或劳动的这两种尺度，对于国民经济综合平衡有着不同的意义。

直接以劳动时间的长短来计量价值或劳动的多少，无疑是能够比较准确地反映价值量或劳动量的，因而有助于正确地进行国民经济综合平衡。然而，在目前，这是办不到的，因为社会上的千百万种简单劳动与复杂劳动还有重大的本质差别，暂且还难以把复杂劳动换算为简单劳动，当然也就难以直接以劳动时间的长短来计量国民经济总体上的及各部门、各地区的劳动总量或价值总量。所以也就不能直接采用以劳动时间计量的价值量或劳动量去进行国民经济综合平衡。有人曾建议，通过工资等级，把各种复杂劳动折算为简单劳动，以便用劳动时间去计量价值或劳动的总量。可惜，工资方面存在着严重的平均主义和许多不合理因素，工资的实际等级并不能准确地体现劳动的差别，况且集体农业尚无工资制度。因此，这个建议是行不通的。唯有将来，随着社会生产力的高度发展，复杂劳动与简单劳动的重大差别基本消失之后，那时就可以直接用劳动时间去计量价值

---

① 马克思：《资本论》第 1 卷，《马克思恩格斯全集》第 23 卷，人民出版社 1972 年版，第 112 页。

或劳动的总量，因而也就可以用劳动时间计量的价值量或劳动量去进行国民经济的综合平衡。

当前，计量劳动或价值的多少，只能用货币这个尺度。也就是说，只能采用价格。为了进行物质资料的生产活动，必须投入活劳动与物化劳动。而投入的活劳动是千差万别的具体劳动，投入的物化劳动是各种不同的生产设备、原材料、燃料等。至于生产出来的产品，又具有各种不同的形式。在这种情况下，要想知道某企业生产的规模及其变化，以及生产的经济效果如何，首先必须把消耗的活劳动与物化劳动，以及生产出来的产品，都化为抽象劳动或价值，并用货币这个尺度把它计量出来、表现出来，然后才能进行比较、分析和判断，作出结论。一个企业的生产情况是这样，一个部门或地区的生产情况也是这样，整个社会的生产情况更是如此。在单一生产的企业和部门，生产规模可以用生产能力、产品产量等实物指标表示。但这种生产不多。绝大多数的企业和部门都是综合性的，它们的生产能力和产品产量也要通过货币计量。它们离开价格，都不能计量其生产的规模及其变化，都不能把消耗的劳动与成果进行比较。在国民经济综合平衡中，举凡国民经济总体上的和生产、分配、交换与消费各个环节的规模、水平、比例与速度，以及国民经济各部门、各地区、各时期的规模、水平、比例与速度，都必须借助于价格，才能计算和反映出来，才能进行分析、比较和判断。在国民经济综合平衡中，要计算和运用像社会总产品、国民收入、积累率、农轻重的比重等综合性指标，如果不借助于价格，把千差万别的使用价值化为可比的、用价格表现的统一单位，任何综合指标都无法计量和应用。由此可见，价格对于国民经济综合平衡不是可有可无、可用可不用的，而是必须使用的，须臾不可离开的。

在国民经济综合平衡中，要使价格成为计量价值或社会劳动的尺度，以便准确地反映国民经济的规模、水平、比例与速度，那就必须在价格与劳动之间建立起必然的联系。任何一种产品的价格，都不能随意规定，必须根据它消耗的和占用的社会劳动来制定各种价格，实质上意味着用货币计量或表现这些产品生产上所消耗的和占用的劳动量。各种产品之间的差价，应当反映出这些产品所消耗的和占用的社会劳动在量上的差别。譬如，一米棉织品与一米化纤织品的差价，一吨煤和一吨石油的差价，一吨粮食和一吨棉花的差价，都必须反映出这些产品所消耗的和占用的社会劳动量的不同。两种不同的产品，如果它们消耗的和占用的社会劳动一样，它们的价格也就必须相同；或者说，价格相同的两种产品，必须体现出等量的社会劳动。只有这样，价格才是正确的。借助于这样的价格所进行的国民经济综合平衡，也才是准确的；否则，价格不反映社会劳动，那就不能正确地进行国民经济综合平衡。

应当明确指出，国民经济综合平衡中的价格，不仅应当反映出产品生产中所消耗的社会必要劳动，还必须表现出为生产某种产品所占用的社会劳动。要做到这一点，必须采用资金利润率指标，以生产价格作为定价的基础。这就是说，从国民经济综合平衡的角度看，价格的形成基础应当是生产价格，而不是价值。应当把国民经济综合平衡建立在生产价格的基础上。国民经济综合平衡与生产价格有内在的必然联系，并不像某些同志所说的是某人把它们硬拉在一起的。[①] 事实上，国民经济各部门的基金装备程度是很不相同的。只有以生产价格为基础，计量和考核资金利润率，才能把国民经济各部门置于同等的地位，使各部门的成绩成为可比的，从而有助于正确处理各部门之间的经济联系。如果对各部门没有一个一视同仁的原则，厚此薄彼，怎么能够正确地进行国民经济综合平衡呢?!

其次，价格应成为国民经济比例关系的调节者。

国民经济综合平衡中安排的各种比例关系，不能停留在口头上，写在纸面上，还有个实现的问题。各种比例关系如何实现？既要靠计划调节，又要靠市场调节。无论是计划调节，还是市场调节，都离不开价格。国民经济综合平衡中安排的各种比例关系能否实现，以及实现到何种程度，在很大程度上取决于价格是否合理。正确的价格，有利于按比例发展，使国民经济综合平衡中安排的各种比例关系能够顺利实现，这就能够加强国民经济综合平衡；反之，不合理的价格也能够阻碍国民经济综合平衡中所安排的各种比例关系的实现，从而削弱或破坏国民经济综合平衡。价格在国民经济综合平衡中起的调节作用有两种情况，一种是现行价格定价不合理，通过调整价格，以显示价格对生产与流通的调节作用；另一种是根据

---

① 刘成瑞：《不能把国民经济平衡建立在生产价格的基础上》，《中国经济问题》1965 年第 1 期。

供求关系以及党和政府的物价政策，利用价格与价值的背离，调高或调低价格，以显示价格的调节作用。在实践中，我们要区分不同情况，灵活地加以应用。

在农业生产方面，集体所有制的生产单位是自负盈亏的。它们在安排生产时，必然要考虑现行价格能否补偿生产费用，能否为扩大再生产提供资金，能否在生产发展的基础上增加社员收入、改善社员生活。如果农产品价格偏低，非但不能保证集体积累和社员收入的增加，甚至发生亏损，自然谁都不会从事这种劳民伤财的事。在这种情况下，倘若不解决农产品价格问题，农业是上不去的，农轻重的比例关系是不会协调的。国家急需黑龙江省扩大大豆种植面积，1974 年要求种植 2372 万亩，比上年增加 143 万亩，而实际只种了 2107 万亩，比上年不仅没有增加，反而减少了 122 万亩。1975 年、1976 年、1977 年的情况均是如此。而 1978 年大豆播种面积却超过计划 64 万亩，这主要是由于 1977 年把大豆收购价格上调了 21% 所起的作用。价格一抓就灵，价格对农业生产的调节作用非常显著。我们的农业计划能否实现，主要应靠价格的调节。在制定农产品收购价格时，一定要保证集体的积累和社员应得的劳动报酬，并用提价或降价的办法调节农业生产。这对于保证农轻重比例关系以及农业内部比例关系的协调有重大的作用。

在全民所有制生产单位，随着"统收统支"的废除和利润提成的实行，都会日益关心价格的高低。价高利大的，它们会主动生产；价低利小，或亏损的，如果不采取其他措施，计划任务是难以完成的。我们仅仅承认生产资料是商品还是不够的，必须进一步认识价格不仅对消费品的生产与流通起调节作用，而且对生产资料的生产与流通也起调节作用。要解决工业内部的各种比例失调问题，使工业纳入有计划、按比例发展的轨道，离开合理的价格是不行的。对于短线产品要适当提价，以刺激生产和限制消费；对于长线产品要适当降价，以刺激消费和限制生产。不然的话，长线压不短，短线拉不长，比例失调问题仍然解决不了，国民经济综合平衡也很难加强。

在流通领域，价格对比例关系的调节作用更是明显。价格的升降，对商品可供量与社会购买力之间的总体平衡和构成平衡有重大的作用。对生产资料的供求来说，迫切需要增产的，可以适当提价，以刺激生产；反之，已经积压的，则要降价。尤其在市场调节的条件下，价格的作用很重要。消费品零售价格的降低，会提高居民的购买力；与此相反，零售价格的上升，则会削弱居民的购买力。农产品收购价格的提高，会提高农民的购买力。价格的变动也会引起居民需求构成的变化。有些商品价格上升，会使消费者转移购买力去购买那些价格便宜的可以代用的其他商品；某些商品价格的下降，也会吸引更多的购买力增加对这些商品的需求。例如，川棉一厂了解到每尺一元五角以内的涤卡最受群众欢迎，他们决定生产一种售价为一元四角九分的涤卡，并且根据这个价格进行设计，由于比较适合大多数消费者的支付能力，所以这种涤卡非常畅销。在国民经济综合平衡中，一定要利用价格来扩大或缩小某些消费品供应量以及改变其构成，来调节居民需求总量及其构成，以求得消费品供求之间的平衡。当然，利用价格调节供求在目前是有一定限度的。对于人民生活基本必需品，仍然要凭证限量供应，保持物价的基本稳定。

　　价格之所以能够成为国民经济比例关系的调节者，就是因为它是按比例分配社会劳动的工具。在全民所有制的国营企业之间的交换中，在各部门之间的交换中，价格的高低，会引起一个企业或部门所创造的价值的一部分转移到另一个企业或部门。比如，木材的价格偏低，以木材为原料的产品价格偏高，木材生产部门所创造的价值就有一部分转移到以木材为原料的部门中去。在国家与集体所有制单位之间，价格的高低，有极其显著的再分配作用，直接影响着国家的积累、集体生产的发展和个人生活的改善。如果提高农产品收购价格，或降低供应农村的生产资料和生活资料的价格，就会减少国家的积累，增加集体单位和社员的收入；反之，则会增加国家的积累，减少集体和个人的收入。在国家与职工之间，商品零售价格的变动，直接影响国家积累与职工实际收入，影响按劳分配原则的贯彻。假如商品价格偏高，就会增加国家积累，减少职工的实际收入；反之，消费品价格偏低，职工的实际收入会相对增加，而国家的积累也会相对减少。由于价格直接关系着各方面的经济利益，所以各个社会集团对价格的要求往往是互相抵触的。一般地说，生产者对其自身的产品要求涨价，而这种产品的消费者则要求降价。有时，生产者对其自身的产品也要求降价，但财政部门往往又不同意，怕减少收入。因此，在国民经济综合平衡中，一定要正确地处理价格问题，使价格有利于正确处理积累与消费的比例关系，以及国家、集体与个人的关系，以保证国民经济有计划、按比例地协调发展。

　　上面指出的价格在国民经济综合平衡中的计量与调节这两个方面的作用，不是孤立的、彼此对立的，而是辩证统一的。价格越能准确地计量社会劳动，也就越能正确地调节各种比例关系。而价格越能起调节的作用，也就越能准确地计量社会劳动。有的同志认为，价格的这两方面的作用是根本对立的，无法统一起来。要么起计量的作用，要么起调节的作用。在他们看来，价格要起计量的作用，它必须与价值（或生产价格）完全一致；而价格要起调节的作用，又必须背离价值。所以，价格不能同时起到计量与调节的作用。这是机械地理解价格与价值关系的结果。价格的计量作用与调节作用，虽然在某些具体场合有一定的矛盾，但是在根本上是一致的，这是因为，价格与价值的关系是辩证的统一，而不是机械地相等或不相等。既然价格与价值是形式与内容、现象与本质的关系，它们在基本上应该相符，只有这样，价格才能正确地计量价值或社会劳动，才能正确地分配社会劳动，以调节国民经济的比例关系。但是，价格与价值又经常变化，不可能绝对地相等。我们平常所说的价格符合价值，只是指价格尽可能地接近价值，而不是指二者完全等同。完全符合价值的价格一般是没有的，也是不可能的。即使有这种情况，也是偶然的。价格围绕价值上下波动，或者说，价格接近价值，是一个无休止的过程。在这个过程中，一方面我们利用价格逐渐接近价值的一面，使价格尽可能准确地计量价值或社会劳动，另一方面，我们又利用价格不能完全与价值相等的一面，有计划地分配社会劳动和调节各种比例关系。这就是价格在国民经济综合平衡中的两种作用能够统一的基础。

二　价格在我国国民经济综合平衡中发生作用的情况与问题

　　30 年来，价格对我国的国民经济综合平衡所起的作用是错综复杂的。

一方面，当价格合理时，它促进了国民经济有计划、按比例发展，有利于国民经济综合平衡；另一方面，价格不合理时，它又是造成国民经济两度严重比例失调的重要原因之一，削弱或破坏了国民经济综合平衡。

众所周知，"一五"期间我国的国民经济综合平衡是比较好的。这同价格所起的促进作用是分不开的。当时由于几种经济成分同时并存，国家对非社会主义经济主要靠市场调节，所以很重视价格问题。国家规定价格的时候，充分考虑价值规律和剩余价值规律的要求，随着成本和供求关系的变化有所升降。对资本主义工业实行加工订货，不但要正确计算产品成本，还要掌握好价格，以便给资本家合理的利益。国家规定的农产品收购价格，兼顾了国家、集体与个人的利益，保证了农民应得的劳动报酬，保证了农业有扩大再生产的资金。市场零售价格的上升幅度与居民货币收入增长的速度也是适应的。"一五"期间，零售物价每年递增 1.7%，工农业总产值每年递增 10.9%，国民收入每年递增 8.9%，职工平均工资每年递增 7.9%，农民收入每年递增 5.1%。在这个时期，虽然物价是稳步上升的，但由于这种上升与工农业生产的发展，与人民生活的改善保持了比较合理的比例关系，所以它不仅没有破坏国民经济综合平衡，反而促进了国民经济有计划、按比例发展，实现了国民经济综合平衡。

生产资料私有制社会主义改造基本完成后，尤其是 1958 年以后，国营工业企业实行"统收统支"，利润全部上交，亏损由国家补贴，企业毫无经济利益，也毫无经济责任，企业当然不会关心价格的高低，即使价格不合理，谁也不愿主动去解决价格问题。解决农产品的供求矛盾，不是靠经济手段，不利用价格机制，而是用征购、统购、派购等行政办法。更有甚者，"文化大革命"期间，用行政命令冻结了物价。这些做法，造成了严重恶果，使许多产品的价格背离价值越来越远，有的价格不仅大大低于价值，还低于成本。农业的"增产不增收"或"增产还减收"就是这方面最好的证明。1979 年虽然大幅度提高农产品收购价格，这方面的问题有所缓和，但并没有根本解决。我国农产品价格依然背离价值很远。至于部分矿产品、原材料工业品的价格，建筑业的价格，交通运输业的价格，等等，也有类似的问题。物价方面的问题，归结起来，一是各种产品价格背离价值太远，有的很高，有的很低，致使整个价格体系严重比例失调；二是价格管理过严过死过于集中。这两个问题，又互相牵制，恶性循环。管理越严越死。不及时调整，价格也就更加不合理，而价格越不合理，各种"自由主义"的行动也就增多，所以也就更加要求管严管死。这种恶性循环，是我国物价问题的症结所在。

大量事实表明，许多产品的价格，都是背离价值的。这个问题给国民经济综合平衡造成了严重的影响。价格本来是一面镜子，它反映着国民经济中的各种比例关系。然而，我国的现行价格不是平面镜，而是"哈哈镜"，它没有反映出产品生产上消耗和占用的社会劳动，歪曲了事实真相。据此计算的国民经济的规模、水平、比例和速度，都是不真实的，这当然无法正确地进行国民经济综合平衡。

农轻重的关系在国民经济综合平衡中占有突出的地位。这种关系是以现行价格计算的。而现行的农产品收购价格低于价值，部分工业品的价格高于价值。所以，当前计算的农轻重的比例关系是不准确的，应当加以校正。在目前我国的财政收入中，农民提供的税金所占的比重不足10%，而工业提供的税金和利润却占90%以上。这似乎表明工人给国家的贡献很大，农民的贡献是微小的。难道8亿多农民给国家的贡献只有这样少吗？实际情况并不是这样。这是因为，农产品的价格低于价值，农民给国家的贡献，有相当大的一部分是通过不等价交换转移到工业里面去了，把农民的贡献计算到工人提供的积累里面了。这种情况，在国民经济综合平衡中是必须考虑到的，也应当设法加以校正。否则，那就很难正确处理工农之间的比例关系。

积累与消费的比例关系对于国民经济综合平衡无疑是十分重要的。要正确地计算这个比例，也要有合理的价格。按照不同价格计算的积累与消费的比例，会有相当大的出入。我国"一五"期间，部分地提高了农产品收购价格，降低了某些重工业产品的调拨价格，因此积累与消费的比例关系有了显著的变化。以1952年的价格计算，积累率为24%；如果按1957年的价格计算，积累率仅为21%，二者相差3个百分点。"一五"时期的价格变动是不大的，积累与消费的比例尚且有一些变化。如果价格变动较大，这个比例关系也会有较大的变化。可见，研究积累与消费的比例关系，必须顾及价格变化的因素。近来，有的文章以"一五"时期积累率

25%左右为宜，来论证目前和今后的积累率也要保持在25%左右时，忽视了二十多年来的价格变化。仅"一五"时期的价格变化就使积累率相差3个百分点，二十多年来的价格变化究竟带给积累与消费的比例关系多大的影响呢？这是应当弄清楚的问题。否则，我们确定的积累率也是不够科学的。另外，我国的生产资料价格较高，而消费品价格（尤其是农产品价格）偏低，这是我国积累率偏高的一个重要因素。如果把我国的积累率同外国的积累率作比较时，这种情况是不能忽视的。有的文章也忽视了这一点。

价格本来是比较社会经济效果，促进节约社会劳动，选择最优经济方案的依据。可是，现行价格难以起到这种作用。在价格合理的条件下，利润的多少反映着经济效果的好坏。现在的价格不合理，使利润的多少不能反映生产经营的优劣。1971—1978 年的 8 年间，黑龙江省的玉米、大豆、谷子、高粱、小麦五大粮食作物的总产量是 1465.8 亿斤，成本总额为 181亿 9756 万元，平均每斤粮食成本为 0.124 元，而每斤粮食的售价为 0.1元，农民每生产一斤粮食就赔 0.024 元。1978 年一吨统配原煤的成本是16.34 元，售价为 15.96 元，纳税后，每吨亏损 1.67 元，亏损率 10%；一吨汽油的成本为 246.7 元，售价为 560 元，盈利 313.3 元，盈利率为127%。一吨发热量为 4500—5000 大卡的原煤可发电 1000—1500 度，电力部门获利 34—51 元，煤炭部门却亏损 1 元多。1978 年全国统配煤矿的工人有 210 多万，给国家上交的利润和税金不足 10 亿元，而燕山石油化学总公司只有三万三千多职工，一年上交的利润和税金超过 10 亿元。以上这些情况充分证明，以现行价格无法正确计算和比较经济效果，或者说，现行价格已经成为计算和比较经济效果的严重障碍。由于价格不合理，进行经济技术论证时，很难得出正确的判断，难以说明哪种设计方案更好，经济效果更大，有时会得出相反的结论。为了更好地讲求经济效果，提高设计质量，必须解决价格问题。

价格不合理，妨碍采用先进的技术。在铁路运输上，电动机车、内燃机车当然要比蒸汽机车先进。可是，电动机车、内燃机车在目前却推广不开。这除了产品本身的质量和能源的供求因素外，一个重要原因是煤、电、石油之间的比价不合理。煤价偏低，电、石油价格偏高，再加上铁路运价长期固定不变，这就使得蒸汽机车得以长期使用。

　　价格不合理，地区平衡也无从谈起，地区优势也不易发挥。拿苏南和苏北来说，苏南主要是轻工业，而轻工业的产品价格是偏高的；苏北产煤，而煤价偏低。它们之间进行交换，当然是不等价的。如果不摆平价格，它们之间的经济关系就不好处理。发挥地区优势，也要以合理的价格为前提条件之一。要把山西建成强大的煤炭基地，必须正确解决煤炭与其他产品的比价问题。30年来，山西调出煤炭8亿吨，仅因价格不合理所造成的损失，有人认为达96亿元，有人认为达180亿—360亿元。今后如果山西运出大量的煤，又要运进大量的轻工业品，不把价格摆平，势必使山西蒙受损失，给山西的财政造成困难，煤炭发展越多，他们也就越穷。在"分灶吃饭"的财政体制下，中央不给山西特殊照顾，问题会更严重。这样，无论如何也发挥不了地区优势，也难以进行正确的地区平衡。当前，凡是购销价格"倒挂"的产品，在地区之间调拨，都发生严重困难，有的宁愿忍受缺货的痛苦，也不愿从其他地区调入，因为调入越多，补贴越多，财政支出也越多。不解决价格问题，地区之间的关系也处理不好。

　　现行的不合理价格对国民经济综合平衡影响的例子，还可以举出不少。这方面的问题当然应该充分估计到。现在，进一步要问，这些问题是由何种原因引起的？我们认为，这主要是由于在国民经济综合平衡中把价值规律与国民经济有计划、按比例发展规律截然对立起来造成的。长期以来，有一种观点认为，凡是国民经济有计划、按比例发展规律起作用的地方，价值规律就丧失作用；反过来，凡是价值规律起作用的地方，国民经济有计划、按比例发展规律就退避三舍。在这种观点支配下，国民经济综合平衡中，据说依据的是国民经济有计划、按比例发展规律，至于价格高低，是否合理，对国民经济综合平衡是无所谓的，价值规律是没有地位，起不了什么作用的。然而，价值规律是客观存在，谁也否定不了的。价格不能起促进国民经济综合平衡的作用，它就从反面显示力量，削弱或破坏国民经济综合平衡。价格对我国国民经济综合平衡所造成的许多不良后果，是价值规律对我们的惩罚。它从反面教训了我们，在国民经济综合平衡中，必须充分尊重价值规律，把价值规律的要求与国民经济有计划、按比例发展规律的要求统一起来。

在国民经济综合平衡中，把价值规律同国民经济有计划、按比例发展规律看成水火不相容的东西，是完全错误的。这两个规律有一致性的地方。价值规律的客观要求，就一种商品来说，是指商品的生产和交换必须符合生产它的社会必要劳动量；就整个商品生产来说，是指社会必须把它所支配的总劳动时间按比例地分配到各种商品的生产上去。正是在后一种意义上，马克思指出："商品的价值规律决定社会在它所支配的全部劳动时间中能够用多少时间去生产每一种特殊商品。"① 价值规律的这个要求同国民经济有计划、按比例发展规律的要求是一致的。所以，我们不能人为地把它们对立起来。

在国民经济综合平衡中，价值规律的作用与国民经济有计划、按比例发展规律的作用是彼此渗透、相辅相成的。为了保证国民经济各部门、各环节、各地区有计划、按比例发展，必须尊重价值规律，实行等价交换；而社会主义的等价交换又不是盲目进行的，它是根据国民经济有计划、按比例发展规律的要求，有计划、有组织地进行的。国民经济各方面的比例关系，既有实物的一面，又有价值的一面。如果不讲等价交换，价值补偿和实物补偿都会发生困难，国民经济有计划、按比例发展是不可能的。不尊重客观存在的价值规律，也就不能遵守国民经济有计划、按比例发展规律。价值规律从来都不是单独地发挥作用，在私有制度下，它同竞争、生产无政府状态规律结合在一起，调节着商品生产和流通；而在公有制度下，它就和国民经济有计划、按比例发展规律结合在一起，调节着社会主义生产与流通。这是价值规律在社会主义制度下发生作用的一个显著特点。在国民经济综合平衡中，我们要很好地利用这一点，而不是否定它。

不论是价值规律，还是国民经济有计划、按比例发展规律，都是客观存在的，又都是可以认识和利用的。当我们没有认识或认识得不正确的时候，它们都起自发的作用，而一旦被认识和利用之后，它们的自发性也就随之消失。我们不能说，只有价值规律有自发性，而国民经济有计划、按比例发展规律却有自觉性；也不能认为价值规律的自发性比国民经济有计

---

① 马克思：《资本论》第 1 卷，《马克思恩格斯全集》第 23 卷，人民出版社 1972 年版，第 394 页。

划、按比例发展规律的自发性更多一些。在这一方面，有许多同志往往不能以平等的态度对待上述两个规律，片面强调价值规律的自发性，甚至用"自发性"与"自觉性"来区分上述两个规律作用的特点。[①] 事实上，我们绝不可能仅仅认识和利用国民经济有计划、按比例发展规律，使它的自发性消失，却不去认识和利用价值规律，让它的自发性保留下来，贻害人民的事业。所以，用"自发性"与"自觉性"来区分上述两个规律的做法是不妥当的。不弄清这一点，在国民经济综合平衡中，依然会把价值规律看得低人一等，依然会贬低价格的作用。当然，我们也不要把价值规律看得高人一等，对价值规律也要正确运用，否则，也会受到惩罚。

三　怎样发挥价格在国民经济综合平衡中的作用

为了更好地发挥价格在国民经济综合平衡中的作用，使国民经济综合平衡真正置于合理的价格体系之上，必须对现行价格体系进行改革，逐步解决价格大幅度背离价值的问题。具体来说，应当从以下几方面努力。

第一，正确处理稳定物价与调整物价的关系。

价格同世界上的任何事物一样，既处于不断运动的状态，又处于相对静止的状态。由于价格与价值矛盾的运动，物价不断由第一种状态转为第二种状态，再由第二种状态转为第一种状态，循环往复，以至无穷。适应这种情况，在物价方面，既要坚持稳定，又必须经常调整，把稳定物价与调整物价有机地结合起来。物价不稳，经常变动，不利于国民经济综合平衡。当然，价格大幅度背离价值，不进行调整，也使国民经济综合平衡不准确。所以，国民经济综合平衡也要求把稳定物价与调整物价正确地结合起来。

稳定物价与调整物价之间，一方面存在着一定的矛盾，稳定有时影响调整，调整有时也影响稳定；另一方面它们之间又有统一的、相互转化的

---

① 例如，许涤新同志写道："国民经济有计划、按比例发展规律同价值规律，在作用上，是矛盾的，是相互对立的。价值规律起着自发的、盲目的调节作用；而国民经济有计划、按比例发展规律的作用，则是按比例的计划性。"（许涤新：《论社会主义的生产、流通与分配——读〈资本论〉笔记》，人民出版社 1979 年版，第 167 页。）

一面。没有物价的稳定，就没有物价的调整。新中国刚成立时，面对旧社会遗留下来的通货膨胀、物价飞涨的局面，如果不把物价稳定下来，根本不能提出调整物价的任务。没有一个物价稳定的局面，也不可能进行物价的调整。所以当时不管某些物价是否合理，首先使它们在 1950 年 3、4 月份的水平上稳定下来。这种稳定为以后的调整奠定了基础、提供了条件。今后的情况也是这样，只有在稳定的基础上才能进行调整。另外也必须看到，没有物价的调整，也就没有物价的稳定。当前，许多产品的计划价格大幅度地背离价值，表面上看似乎是稳定的，实际上并不稳定，一旦实行市场调节和利润分成，必定使这部分价格发生大的波动，或者使生产单位不去努力完成计划调拨任务，而去争取议价出售，使计划价格实际上失去作用。在这种情况下，物价的调整有利于物价的稳定，促进了物价的稳定，转化为物价的稳定。我们要在物价稳定的基础上调整，在调整过程中求得物价的稳定。

在稳定物价与调整物价这一对矛盾中，矛盾的主要方面是可以转化的。在过去相当长的时期内，稳定物价一直处于矛盾的主要方面，而调整物价则处于次要方面。应当看到，客观情况正在使调整物价上升为矛盾的主要方面。这是因为，长期以来很少随着生产的变化和供求关系的改变而调整物价，致使许多产品价格长期地、大幅度地背离价值或生产价格。这种状况如果不改变，实行经济管理体制改革后，必然要受到价值规律的严厉惩罚。不及时抓住调整物价这个主导环节，物价工作就会丧失主动权，陷入被动局面。不进行物价的调整，国民经济综合平衡也很难加强。

过去为了保持物价稳定，付出了巨额价格补贴。价格补贴作为权宜之计，为世界各国所通用，我们当然也是可以采用的。在当前调整时期，价格不能大动，仍然需要坚持价格补贴。不过，这是个背包袱的办法。如果越背越大，实在背不动时再想卸下来，势必会有大涨价。从根本上说，价格补贴不利于处理国民经济中的各种关系，有碍于国民经济综合平衡。所以，从长计议，不可靠补贴，要经常注意调整价格。

调整价格事关重大，既要有利于生产和流通，又要有利于安定团结，因此不能一哄而上，要有计划分步骤进行。1979 年大幅度调高了农产品收购价格，现在应抓紧工业品价格的调整。在这方面，有三种方案可供选择。第一种是先调整工业生产资料的价格，即我们一般所说的重工业品的价格，暂时不调工业消费品价格；第二种是全面调整工业生产资料和工业消费品的出厂价格，对工业消费品的零售价格可暂不调整；第三种是全面调整工业品的出厂价格和零售价格，同时要调整工资或给职工补贴。从彻底解决问题看，全面调整价格和工资是比较好的，但目前国家财力有限，不能大幅度提高工资，所以第三种方案目前难以实行，待条件具备后，一定要实行。第二种方案次之，但它是目前最能够行得通的，就目前条件来说，它也是最好的，它把生产资料价格与消费品价格一并解决，减少生产过程中的许多矛盾，也不影响人民生活，至于商业经营工业消费品而发生的政策亏损，可由国家补贴。第一种方案是下策，因为它割裂了生产资料价格与消费品价格之间的有机联系。必须看到，价格互相制约，牵一发而动全身。调整生产资料的价格，必然要影响消费品的价格。如果我们仅仅调整工业生产资料价格，而对工业消费品价格置之不顾，或不作充分准备以应付由于工业生产资料价格的调整而引起的工业消费品价格可能出现的波动，那就会陷入被动。如果采用第一种方案，一定要切实注意工业消费品价格所受的影响。

调整物价是否会引起价格上升？这是许多人担心的问题。今后相当长的时期内，不管调整价格与否，价格的总趋势是稳中有升。生产资料的价格是这样，消费品的价格也是如此，这个总趋势是一样的。这种客观趋势，不以任何人的意志为转移。这是因为，农产品和采掘工业产品的价格本来偏低，而且成本又有上升的趋势，它们的提价必然引起连锁反应。当然，像化工、机械等行业的产品价格可以下降，这种下降不足以抵补价格上升的部分。从流通领域来说，商品供应量与社会购买力之间存在着差额，也就是说，货币发行量超过货币的需要量，也会引起价格的上升，这种情况在我国短期内是不易消失的。价格的上升，不是调价造成的，也不能靠调整价格去消灭。因此，不能因害怕价格上升而不调整价格。

物价的经常调整，会给国民经济综合平衡中的动态对比造成很大的不便。为了观察国民收入、社会总产品等指标的变化，必须剔除价格变化的因素。解决这个问题，过去一直采用不变价格（可比价格），比如 1952 年、1957 年、1970 年的不变价格等。编制五年计划、十年规划时要用不变价格，但事后对经济活动进行总结分析时，尤其是对几十年的工作进行总结时，由于这个时期中采用了几次不变价格，所以很难进行换算。在这种情况下，用不变价格这个办法不够理想，它不如经常分别编制各种价格指数，用物价指数进行换算。

第二，迫切需要解决各种产品的比价关系。

工农业产品的比价、农产品之间的比价、工业产品内部的比价、高档商品与普通商品的比价、新产品与老产品的比价、可以互相代用的商品的比价，以及农产品分散产区与集中产区的比价、老工业地区与新工业地区之间的产品比价等，都必须兼顾国家、集体与个人的利益，有利于国民经济有计划、按比例发展，有助于加强国民经济综合平衡。

工农业产品的比价很重要，它关系着工农业比例能否协调发展，直接影响国民经济综合平衡。在旧社会，工业品价格高于价值，农产品价格低于价值，二者相交换，形成"剪刀差"。"剪刀差"反映着帝国主义和资产阶级通过价格杠杆对农民的剥削。1950 年同 1930—1936 年的平均水平相比，"剪刀差"扩大 31.8%；1934 年和 1935 年的口岸城市工农产品批发价格"剪刀差"与 1926 年相比，天津、上海分别扩大 50%、30% 以上。在新中国成立前，农民用同样数量的农产品所换得的工业品，以 1926 年为最多。这说明 1926 年的"剪刀差"最小，至于有多大，则众说纷纭。新中国成立后，我们采取逐步提高农产品收购价格和稳定工业品价格的政策。1978 年同 1950 年相比，农产品收购价格提高 107.3%，农村工业品零售价格只上升 9.8%。据此计算，工农产品交换比价缩小 47%。然而，从 1957 年到 1978 年，工业劳动生产率提高 75% 左右，而农业劳动生产率仅提高 15%，因而工业品价值的下降比农产品的更大，这样又形成 50% 左右的新的交换差距。如果综合考察工农业产品的价格和价值变动情况，不能说我们缩小了"剪刀差"，应该说还有些扩大。在 1961—1978 年的 17 年间，黑龙江省的"剪刀差"扩大 46%，平均每年扩大 2.4%。其他省、区也有类似问题。我国的农产品价格，不仅比发达资本主义国家的低得多，就是比第三世界的许多国家的价格也低。今后，为了促进农业的发展，使农轻重比例关系协调起来，在国家财力许可的时候，还要继续提高农产品收购价格。缩小以至消灭"剪刀差"的根本途径是实现农业现代化，大大提高农业劳动生产率。经常注意调整工农业产品的比价也不失为一个重要手段。

在工业方面，原材料、燃料的价格与加工工业品的价格之间的比例关系急需加以调整。国家目前迫切需要的煤炭、矿石、生铁、木材等的价格偏低。煤炭虽然在 1979 年每吨提价 5 元，但仍有 1/3 左右的煤矿亏本，主要原因还是价格偏低。我国煤炭的价格比国际市场价格大约低一半，整个煤炭行业仅能保本，维持简单再生产，无力扩大生产。据鞍山矿山公司、攀枝花矿山公司和邯郸矿山局调查，1978 年平均每吨铁精成本 34 元，而售价仅为 31 元。这三个单位一年净亏损五千余万元。与此相反，加工工业的某些产品却因价高利大、盲目发展，造成大量积压。国家早已三令五申要压缩钢材和普通机电产品的库存，可是，1979 年末全国钢材库存仍比上年同期增长 22%；机电设备库存总值比上年同期增长 11.7%。这当然不能完全归于价格不合理，也不能说没有价格上的原因。所以，今后提高原材料、燃料的价格，降低某些加工工业产品的价格，调整二者的比价关系，是势在必行的，也是国民经济平衡要求的。

现在生产与流通之间在价格问题上的矛盾也相当尖锐。不合理的价格已经影响到生产与流通的发展，需要进行解决。否则，不利于生产与流通之间的平衡。工商利润的分配，过去一直实行"工大于商"的原则。如今看来，对工商两家应当一视同仁、公平合理。这样，才有利于流通的发展。在调整价格的过程中，由于原材料提价，凡工业利润大于商业利润的产品，工业出厂价格可以不动，工业让一点利给商业；凡商业利润比工业利润大的产品，适当提高出厂价格，商业让一点利给工业；如果工商利润的调整都有困难，可以适当降低税率，财政让一点税。调整这三家的关系仍不能解决问题时，再调整市场零售价格或用其他办法。总之，要在尽可能不影响市场零售价格的前提下，将原材料提价金额由工业、商业、财政三家合理负担，以便解决工商之间的矛盾，促进生产与流通的发展，以利于生产与流通的平衡。

随着我国对外经济联系的扩大，正确处理国内价格与国际价格之间的比例关系日益显得重要。价值规律在世界市场上依然起着支配的作用，所不同的是，价值量不是由个别国家的社会必要劳动时间决定，而是由世界必要劳动时间决定，因而国内价值转化为国际价值。各国的个别价值不论是高于还是低于国际价值，只要国际贸易是在国际价值或它的转化形态——国际生产价格——的基础上进行，而不附加其他条件，那么这种国际贸易就是等价交换，就是平等互利的。从这一方面说，国内价格同国际价格应该"挂钩"，应该使国内价格逐渐接近国际价格，逐渐实现按国际价值或国际生产价格进行交换。这样，有利于在世界范围内合理分配社会劳动和节约社会劳动，也会促进发展中国家提高劳动生产率。但是，从另一方面看，目前的国际价格除受国际价值制约外，还受世界上的政治、经济、军事等因素的影响，呈现急剧上升的情况。在这种国际条件下，对于我国来说，国内价格与国际价格采取"脱钩"的办法更好一些。如果直接"挂钩"，会受国外通货膨胀的冲击，引起国内价格波动。但是，我们现在采取的国内价格与国际价格"脱钩"的办法有缺点，一方面，出口产品换取的外汇，一律按一美元兑换1.56元人民币折算，绝大多数产品要亏损，这是不利于扩大出口的；另一方面，进口产品的盈亏，统一由外贸部门负责，订货单位不关心国际市场价格的变化和盈亏情况，所以也不利于限制进口。为了贯彻奖出限入的外贸价格政策，贸易外汇要实行另外的结算价格，进口商品的亏损要由用货单位负担，国内有同类产品的进口商品，其销售价格不能比国内的价格便宜。

由上可见，要处理好各种产品的比价关系，必须从国民经济综合平衡出发，统筹兼顾，适当安排；一旦各种产品的比价关系合理，它又会促进国民经济有计划、按比例发展，加强国民经济综合平衡。我们一定要利用它们之间的这种互相联系、互相促进的作用，做好国民经济综合平衡的工作。

第三，要逐步计算出价值和生产价格。

价格形成的基础是价值，还是生产价格？目前有不同的意见。所以，既要计算出价值，又要计算出生产价格，以适应不同的要求。只有把价值和生产价格计算出来，树立个标准，才能判断价格是否合理，以及价格背离价值或生产价格的程度，以便校正现行价格，更准确地进行国民经济平衡。

当然，精确地计算出价值和生产价格是很困难的。这不仅因为复杂劳动难以换算为简单劳动，还因为社会再生产过程的各个环节、各个部门、各个单位之间是一种连环式的联系，你中有我，我中有你，难解难分，要计算出任何一种产品的价值和生产价格，必然涉及整个社会再生产过程。这用简单的数学公式和一般的计算工具无论如何都是计算不出来的。将来，随着复杂劳动与简单劳动的重大差别消失后，运用各种数学模型和电子计算机之类的工具，有可能计算出价值和生产价格。当前，虽然不能准确地计算出它们来，但是作个粗略计算，甚至匡算一下，也是能够办到的，对计划工作也是大有益处的。

商品的价值由 C、V、M 三部分组成，相应的，价值的变形即生产价格也是由三部分组成，这就是物化劳动消耗、必要劳动消耗和剩余劳动。前两部分构成产品的成本。计算这种成本有两种办法。一种是选择部门内某种产品的各企业单位成本的众数或中位数，以代表该产品的部门中等成本。另一种是，用简单算术平均数的方法，计算出部门内某种产品的平均成本。为了计算出部门成本，必须加强成本核算，尤其是农业的成本核算。目前，在工业中迫切需要恢复和健全各企业编制的生产费用表及明细表，在农业中急需建立和健全生产费用的账目，并在此基础上逐步编制生产费用表。

计算价值中的第三部分，即剩余劳动部分，暂且可根据它与必要劳动报酬的比率进行。整个社会的剩余劳动的价值表现即利润总额与劳动报酬总额之比，再乘以某种产品中包含的必要劳动报酬额，即可求出某种产品中应包含的剩余劳动部分。[①]

计算生产价格中的第三部分，即剩余劳动部分，要解决两个问题。先要计算出社会平均资金利润率。这个问题不难解决，只要找出全年的利润总额（其中包括税金），再找出全部生产基金数，将二者对比，就可以求出社会平均资金利润率。另一个问题是比较困难的，这就是在生产多种产品的部门和企业里，如何确定每种产品占用了多少资金。在目前的条件下，这只能粗估，或者通过产品成本加以换算。此外，还可以采用资金占

[①]　用这种方法计算出的某种产品中包括的剩余劳动部分，是经过了全社会的平均化，因而它不完全等于商品价值中的 M 部分。

用系数的办法。在部门和企业里，要通过业务核算、会计核算与统计核算的各种资料和典型调查，确定出每种产品的资金占用系数。并随着情况的变化，经常注意调整这些系数。只要这些系数比较合适，那就不难根据它们在产品之间划分谁占用了多少资金，进而根据产品占用资金的多少和社会平均资金利润率来确定其应包含的剩余劳动部分。

计算价值和生产价格亦可采用另一种方法，先计算出 V + M，再计算 C。如果采用这个办法，就要先计算出整个社会的单位活劳动的货币表现，或者说，找出单位货币所代表的活劳动量。这个指标反映着社会范围内活劳动的效果，它与反映物化劳动效果的社会资金利润率互相补充，相辅相成。我们应该把这两个指标结合使用。从整个社会来说，劳动者的一日或一时的劳动，究竟等于多少人民币呢？这可用一定时期的劳动的总日数或总时数去除以货币表现的一定时期的国民收入总额。假定一年的国民收入总额为 4000 亿元，劳动的总日数为 2000 亿个，这样每个劳动日就等于 2 元，或者说，每元货币代表半个劳动日。当然，这里的总劳动日数，不是每个单位实际消耗的劳动日的简单加总，而是用中等熟练程度的劳动者的劳动日数进行折算后的社会总劳动日数。有了单位活劳动的货币表现，再计算出每种产品消耗的劳动时间，就可以算出产品价值中的 V 与 M 部分。在此基础上，再加进物化劳动消耗，也可以大体算出产品价值和生产价格。

在计算价值和生产价格时，是先计算 C + V，再计算 M；还是先计算 V + M，再计算 C，这是两种不同的方法，可以殊途同归、互相验证。

第四，要逐步实行现行价格与计算价格并行的双轨价格制度。

以现行价格对社会总产品、国民收入以及其他各项指标作出的估价，不是按价值的生产地点，而是按价值的实现地点进行的。采用现行价格，可以使国民经济综合平衡中的各项指标互相衔接，也便于计算和比较。然而，现行价格严重背离价值和生产价格，不能正确反映产品所消耗的和占用的社会劳动，据此不能考核企业工作的优劣，也不能正确进行国民经济综合平衡。因此，有必要根据上面指出的大体计算的价值和生产价格，制定出一套尽可能接近价值和生产价格的价格。我们暂且称这套价格为计算价格，以区别于现行价格。

　　以计算价格对社会总产品、国民收入以及其他各项指标进行估价，是按生产地点，而不是按实现地点反映产品的价值量。这种估价，表明国民经济中的最终的经济联系，揭示着社会产品的实际构成。借助于它，能够了解国民经济各部门之间、城乡之间、各社会集团之间的分配与再分配情况。这套计算价格，既然更接近价值或生产价格，也就有助于正确地进行国民经济综合平衡。

　　这套计算价格，除了有利于国民经济综合平衡外，还有利于经济管理体制的改革。实行市场调节和利润分成制度，都要求改变现行的不合理价格，要有一个合理的价格体系。可是，改革价格体系，全面调整物价，又影响太大，国家的财力不容许。在这种情况下，只能采取逐步过渡的措施。这就是要在现行价格之外，研究出一套计算价格，在内部使用，用来进行经济核算，考核企业和部门的工作成果，计算利润留成和奖励等。用这个办法解决"苦乐不均"的问题，要比按企业利润高低规定不同留成比例的办法好得多。

　　制定计算价格，要依据两方面的情况。主要应当依据上面指出的经过粗略计算的价值和生产价格。要使计算价格尽可能接近价值或生产价格。这是我们之所以要制定计算价格的基本出发点。同时，又要依据现行价格水平，照顾当前的实际情况，不能使计算价格与现行价格相差过于悬殊。价格向价值或生产价格的接近，是一个长久的过程，不是一朝一夕能够实现的。既要根据生产的发展，使价格逐渐接近价值或生产价格，又要根据每个历史阶段上生产力水平和国家财力的许可，恰当地掌握这种接近的速度。

　　计算价格是解决价格问题的过渡性措施，它主要应用于那种产品价格大幅度高于价值或低于价值的情况。由于价格背离价值较远，对价格即使进行若干调整，也难于全部解决问题，这样，就可以应用计算价格。

（原载《国民经济综合平衡的若干理论问题》，中国社会科学出版社 1981 年版）

收入·物价·生活

居民货币收入、商品零售价格与人民生活的关系十分密切。若商品零售价格不变，居民货币收入越多，生活水平也就越高。这是一种正比例的关系。而当居民货币收入一定时，物价水平与人民生活水平则成反比。这时，物价水平的上升，意味着生活水平的下降；物价水平的下降，则反映着生活水平的提高。人们对这些复杂的关系往往缺乏全面观察与正确认识，容易产生片面性：或者忽视收入增加使生活水平提高，而仅仅根据物价的上升断言生活水平下降；或者忽视物价上升对人民生活水平的影响，而仅仅根据收入增加断言人民生活水平提高。这两种片面性在现实生活中都有。不过，前一种片面性目前较多，所以对它要作些剖析。

人民生活水平是由多种因素决定的，它首先取决于社会生产的发展，特别是消费资料生产的发展。在生产发展为一定的条件下，人民生活水平主要取决于居民货币收入和商品零售价格这两个因素。物价水平是影响人民生活的重要因素，但不是唯一的因素。除物价因素外，还有居民货币收入增减的因素。因此，判断一定时期内生活水平是上升还是下降，不能仅仅根据物价水平的变动，必须联系居民货币收入的增减情况，进行全面观察，综合分析。

居民货币收入和商品零售价格这两个因素可以有各种不同的组合，从而对人民生活水平产生不同的影响。主要有这样几种情况：一、收入增加，物价降低，人民生活水平提高；二、收入减少，物价上升，人民生活水平下降；三、收入增长的速度超过物价上升的幅度，人民生活水平提高；四、物价上升的幅度超过收入增长的速度，人民生活水平下降。一般说来，第三种情况是社会主义制度建立后，几十年来在不少社会主义国家普遍存在的。我国近几年来的情况就是如此，物价水平有些上升，但居民货币收入增长更多，超过物价上升的幅度。

我国居民货币收入自1979年以来大大加快了增长速度。从1979年到1981年，国家提高农副产品收购价格，减轻部分地区农村税收负担，使农民增加收入520亿元。预计1981年平均每个农民的全部收入约215元，比1978年增长80多元，增加近60%，这比"文化大革命"十年农民收入增加的总和还多一倍。三年来，城镇安排就业2600多万人，加上提高职工工资和实行奖励制度，使职工增加收入405亿元。全国工资总额1981年预计达到820多亿元，比1978年的569亿元增加251亿元，增长44%左右。全民所有制单位职工的平均货币工资1981年预计达到820多元，比1978年的644元增加176元以上，增长27%强。这样高的增长速度在我国历史上是少有的。

在商品零售价格方面，国家总是力求基本稳定，以保障人民生活随着居民货币收入增加而提高。1979年以来，国家为了增加农民收入，鼓励农民的生产积极性，缩小工农产品价格"剪刀差"，大幅度提高了农副产品收购价格。但为了保持市场零售价格稳定，国家拿出大批资金用于两个方面的补贴。一方面，由于肉、禽、蛋等副食品销售价格提高，每月给职工副食品价格补贴5元，三年累计约160亿元；另一方面，由于粮油销售价格不动，出现销售价格低于收购价格的"倒挂"问题，给粮油经营单位价格补贴，三年累计约300多亿元。近三年中，国家向城市居民每供应一斤粮食，就要补贴约一角钱；每供应一斤食油，要补贴八角钱左右。由于国家采取价格补贴及其他有力措施，三年来零售物价上升的幅度不是很大的。1979年上升5.8%，1980年上升6%，1981年上升2%。当然，城乡各类商品价格上升的情况是不一样的，有的多些，有的少些。比如，1980年包括国营牌价、议价、集市贸易价格在内的全国零售物价总水平全年平均比上年上升6%，其中，城市上升8.1%，农村上升4.4%；在消费品价格变动中，食品价格上升10.5%，而国营商业经营的副食品牌价上升13.8%。由于食品支出在生活费中占有相当大的部分，而它的价格上升又比较多，所以人们的感受更深切。

上述材料表明，1979年以来，商品零售价格上升不少，而居民货币收入增加更多。将这两方面的事实进行综合分析，可以得出这样的结论：物价的上升加重了人民生活的经济负担，对收入水平较低的家庭有一定的影响，但是，总的说来，由于居民货币收入增加更多，大大超过物价上升幅度，所以人民生活水平并没有因物价上升而下降，仍然有显著提高。据国家统计局对京沪津等46个城市调查，1981年职工家庭每人每月可用做生活费的货币收入为38.64元，比1978年的26.33元增加12.31元，提高46.8%，剔除职工生活费用价格上涨因素，实际收入提高31.3%。可见，忽视居民货币收入增加，仅仅根据物价上升而断言人民生活水平下降，无疑具有片面性。

值得注意的是，的确有少数职工的工资级别从1956年以来一直没有调整，物价上升对他们的生活当然有较大的影响。这是毫无疑问的。今后调整工资时，应予以适当照顾。同时也要看到，在考察人们的生活水平时，除个人消费外，还应考虑到社会集体消费。从1979年到1981年，国家用于文教卫生、城市公共事业、职工住宅等人民生活方面的建设投资共达470亿元，比过去有大幅度的增加。三年中建成居民住宅2.2亿平方米，相当于1966—1977年12年的总和。许多职工，包括一部分工资级别长期未曾调整的职工，都享受到了这方面的福利，这对他们生活的改善具有重要的作用。

今后我国物价变动的总趋势将是稳中有升。在这种条件下，如何保证人民生活在稳定中逐步提高，是一个很重要的问题。为了避免物价上升影响人民生活，必须保证居民货币收入增长速度超过物价上升幅度。这一点是能够做到的。"一五"时期，职工平均工资增长42.8%，农民收入增长27.9%，而商品零售价格仅上升8.6%。近三年来我们也做到了这一点。然而，自1958年至1976年的近二十年中，物价上升的幅度却大于职工平均工资增长速度。只要我们汲取上述正反两方面的经验，正确处理居民货币收入增长速度与物价上升幅度的关系，即使物价有所上升，也不会因此而影响人民生活的逐步改善。

一般说来，居民货币收入增长速度超过物价上升幅度是好的，有利于人民生活的提高。但绝不能由此得出结论说，居民货币收入增长速度越快越好。在一定时期内，居民货币收入不能过分增长，它要受许多因素的制约，特别是要受劳动生产率增长速度的限制。居民平均货币收入增长速度原则上只能低于而不能高于劳动生产率增长速度。唯有这样，才能保证在物价基本稳定的条件下，国家除了改善人民生活外，能够有更多的资金用于扩大再生产，用于科研、文教、卫生、国防等事业。还应当看到，居民平均货币收入增长速度长期超过劳动生产率提高速度，必然形成货币过多，有钱买不到东西，或者引起物价上升，这样又不利于人民生活的改善。"一五"时期，工业企业全员劳动生产率提高52%，高于职工平均工资增长速度，这是比较正常的。可是，近几年来，职工平均工资增长速度却超过劳动生产率增长速度。这种情况长期发展下去，不利于提高生活水平，也不利于生产发展，应当尽快改变过来。办法之一是适当抑制居民平均货币收入增长速度，如严格控制农副产品价格和奖金的发放；二是努力提高劳动生产率，使它的增长速度一定要超过居民平均货币收入增长速度。发展生产是改善生活的基础。归根到底，只有搞好生产，提高劳动生产率，提高经济效益，才能使我们的生活水平逐步提高。

（原载《人民日报》1982年4月16日）

谈谈我国生活消费与价格的关系

　　生活消费与价格之间的关系是一种相互制约、相互作用的辩证关系。价格对生活消费起两种作用，一种是计量作用，另一种是调节作用。计量生活消费，除了使用实物指标外，还使用价值指标。这两类指标各有特点。一般地说，实物指标属于单项指标，表明生活消费某一方面的规模、水平、动态等；价值指标属于综合指标，反映生活消费的总体规模、水平、动态等。由于目前价值难于准确地计算出来，所以有关生活消费的价值指标均借助于价格进行计量，这就使价格成为计量消费的重要尺度。只有价格大体符合价值，才能很好地发挥价格的计量作用；否则，以价格计量的消费规模与水平必然要偏低或偏高。这两种情况都是应该防止和纠正的。

　　随着生产的发展，生活水平不断提高。用价值指标测定这种提高的幅度时，由于价格不断变化，因而有关生活消费的价值指标的变动中包含着价格变化的因素在内，这就不能准确地反映人民生活水平提高的真实情况。所以，必须剔除价格因素变动对生活消费的影响。消除价格变动因素的办法有两种，一种是不变价格（又称可比价格）法；另一种是价格指数法。所谓不变价格法，就是把某一年的价格作为固定不变的东西，用以计算一定时期内人民生活的变动情况。价格指数法是指每年编制出生活费用价格指数，据此把居民货币收入和支出换算为实际收入和支出，以表明生活消费的实际变化情况。

　　由于劳动生产率不断变化，某一年的不变价格将随着时间的推移离实际情况越来越远。所以一般五年，至多十年必须变换一次不变价格。这样，在比较长的时期内，可能使用了几种不变价格。在这种情况下，若要反映该时期内人民生活的变化，又必须利用价格指数将几种不变价格进行换算。可见，不变价格法与价格指数法要结合使用，不可偏废。

当前在编制生活费用价格指数方面存在不少问题。比如，主副食品的权数太小；代表性商品没有随着生活消费构成的变化而改变；议价、集市贸易价以及产品质量下降、变相涨价等因素没有充分反映出来。要认真解决这类问题，进一步完善生活费用价格指数和商品零售物价指数，使价格成为测定生活变化的准确尺度。

价格对生活消费的另一种作用是调节作用。在居民个人货币收入一定的条件下，物价上升意味着生活水平的降低，而物价下降则反映着实际生活水平的提高。这种情况使价格成为调节生活消费的重要工具。在这方面，有三种情况：

一是价格刺激消费。降低某些商品价格，使一定的货币收入购买更多的消费品，这会促进生活水平的提高，刺激人们更多地消费这类商品。近几年来，我国多次降低电视机、收音机、电冰箱、涤棉布及其制品的价格，起到了刺激消费的作用。

二是价格限制消费。提高某些商品价格，会使一定的货币收入购买较少的消费品，从而降低生活水平，这就会限制人们对这类商品的消费。用价格限制消费，似乎违背社会主义生产目的，其实不然。在社会发展的现阶段上，各种资源和生产能力是既定的，它们规定着某些产品的生产数量。所以，对生活消费要有限制。价格就是限制生活消费的一种手段。我国对高级烟、酒、呢绒等制定较高的价格，就是为了限制这方面的消费。对于某些短线产品和名牌产品，除了继续从生产方面加强工作、增加产量外，有必要利用价格杠杆限制消费。

三是价格转移消费。生产结构决定消费结构，但消费结构同生产结构并不完全一致。有的产品供过于求，而另外的产品则供不应求。解决这方面的问题，除了调整生产结构外，亦可利用价格调节消费结构。对于供不应求的商品可以稍为提高价格，对于供过于求的商品则可以降低价格，使居民消费的能力从前者向后者转移一部分，以解决消费结构与生产结构不适应的问题。

以上分析了价格对生活消费的作用，这仅仅是问题的一个方面。问题的另一方面是消费对价格的作用。生活消费有三种类型，一是过度型，二是不足型，三是适度型。这三种不同类型的生活消费对价格所起的作用是不同的。

过度型的消费是指消费的增长速度超过生产的发展速度，有支付能力的需求大于消费品的可供量。这种情况从两个方面引起商品价格的上升。一方面，由于有支付能力的需求大于消费品可供量，必然出现市场紧张，物价上升。另一方面，由于消费的增长速度超过生产发展速度，生产者的劳动报酬基金在产品价值中不仅相对增长，也会绝对增长。这种绝对增长乃是引起价格上升的因素之一。

不足型的消费是指生产虽然发展了，但人民生活水平没有改善，或者生活水平改善的程度同生产发展的情况很不适应。这种类型的消费，初期可以使物价平稳，甚至下降，因为居民购买力不足，商品供过于求。可是，过不了多久，由于人民生活水平没有相应改善，劳动积极性不高，生产难以发展，结果必然引起物价上升。

适度型的消费是指在生产发展的基础上不断改善人民生活水平，生产发展的速度与生活改善的程度比较协调。我国的"一五"时期就是这种情况。1957 年比 1952 年，工农业总产值增长 67.7%，工业企业全员劳动生产率提高 52%，职工年平均工资增长 42.8%，农民收入增长 27.9%，全国居民每人年平均消费额增长 34.2%。这样，生产既发展了，生活又有了相应的改善，生产与生活的比例比较协调。在这种条件下，尽管生活有明显提高，不会引起物价上升。

总之，生活消费与价格之间存在着辩证关系。我们不仅应该看到价格变动对消费的影响，而且也不能忽视生活消费对价格的作用。既要力求物价稳定，使物价不影响或少影响生活，又要保持适度消费，不使消费过度或不足而促使物价上升。

上面着重从静态的角度分析了生活消费与价格的关系，下面将进一步从动态的角度考察生活消费与价格的关系。

市场上各类商品的价格总的趋势如何？在今后相当长的时期内，我国物价变动的总趋势将是稳中有升。这是因为：（1）农产品和采掘工业产品的价格本来较低，而它们的成本又有上升的趋势。这不仅导致农产品和采掘工业品的价格上升，而且会引起连锁反应，使不少产品价格上升；（2）流通中货币过多，商品供不应求，必然引起物价上升；（3）国家财政分配中，收入小于支出，出现赤字；（4）国外价格的上升。当然，有些产品的价格，尤其是化工产品和某些加工工业产品的价格将是下降的，但这种下降不足以抵消那些产品价格的上升。所以，价格变动的总趋势是上升的。

在价格上升的情况下，如何保证人民生活水平的稳定和逐步提高？关键在于居民货币收入的增长速度。过去有一种理论认为，人民生活水平的提高主要不是靠收入的增长，而是靠物价的下降。实践证明，主要靠降价来提高人民生活的办法是行不通的。并且这种办法不利于贯彻按劳分配原则，不利于生产发展和商业经营。我们要想提高人民生活水平，当然可以降低某些消费品的价格，但主要的手段应当在生产发展的基础上增加收入，使居民货币收入增长速度大于物价上升的速度，并且尽可能地要大得多一些。例如，"一五"期间商品零售物价上升8.6%，而职工平均工资增长42.8%，这就充分保证了职工生活水平的提高。

既然要求居民货币收入增长速度超过物价上升速度，那么能不能认为超过越多越有利于提高人民生活呢？不能。在一定时期内，居民货币收入不能无限增长，它要受劳动生产率的限制。一般地说，居民货币收入增长速度不能超过劳动生产率增长速度。只有这样，才能保证国家除了改善人民生活外，能够有更多的资金用于扩大再生产，用于文化教育、科学、卫生、国防等事业。

物价上升的幅度、居民货币收入增长速度和劳动生产率提高速度这三者之间的比例关系究竟怎样才合适，究竟怎样才能保证物价与生活消费之间的比例协调，必须根据具体情况作具体分析，很难定出数量界限。不过，根据我国过去30年的实践，也可以计算出它们之间的大体比例关系。计算结果见下表。

时间	工业企业全员劳动生产率提高速度（%）	职工平均货币工资增长速度（%）	商品零售物价上升幅度（%）	三者的比例关系
1952—1957 年	52.1	42.8	8.6	1：0.82：0.17
1957—1976 年	44.2	−5.1	5.9	1：−0.12：0.13

时间	工业企业全员劳动生产率提高速度（%）	职工平均货币工资增长速度（%）	商品零售物价上升幅度（%）	三者的比例关系
1976—1980 年	31.7	32.7	12.4	1：1.03：0.39
1952—1980 年	288.7	72.3	24.1	1：0.25：0.08

上表表明，这三者之间的动态关系出现了三种类型。"一五"时期的情况属于第一种类型，职工平均货币工资增长速度大于物价上升幅度，而小于工业企业全员劳动生产率提高速度，这种类型可称为"协调型"。1976—1980 年的情况属于第二种类型，职工平均货币工资增长速度大于物价上升幅度，也大于工业企业全员劳动生产率提高速度；这种类型可称为"工资过速型"。1957—1976 年的情况属于第三种类型，职工平均货币工资不仅没有增长，反而下降，尽管劳动生产率提高了，物价也上升了，这种类型可称为"工资萎缩型"。在上面的这三种类型中，只有第一种可取，而第二种不可取，第三种是特殊情况。从"一五"时期的情况看，工业企业全员劳动生产率提高 1%，而职工平均货币工资可以提高 0.82%，商品零售物价可以上升 0.17%。这样的经验数据是值得参考的。如果今后在一定时期内三者之间保持这样的比例，就可以使生活消费与价格的关系比较协调。

最后，在生活消费与价格之间还有一个价格补贴问题。过去我们为了保持市场零售物价基本稳定，不使价格影响人民生活，付出了巨额价格补贴。不过，这是个"背包袱"的办法。只能一边背，一边放，不能把包袱越背越大。若越背越大，实在背不动时，一旦要放下，可能会引起物价大幅度上升，会引起人民生活不安。在当前调整时期，价格不能大动，仍然需要坚持价格补贴。同时，要准备解决价格补贴问题，至少不要使其继续增加，以利于正确处理生活消费与价格的关系。

（原载《财贸经济》1982 年第 8 期）

国民收入计算和对比中的价格问题

目前商品的价值还难以准确地计算出来，所以国民收入也就不能直接地通过价值来计量和比较，而必须借助于价格。国民收入包括千百万种产品，而这些产品的自然属性各不相同，计量单位也千差万别，只有借助于价格才能把它们加总与对比。毫不夸张地说，当前离开了价格，国民收入便无法计算和比较。当然，并非任何价格都能起到这样的作用。合理的价格有助于国民收入的正确计算和对比，不合理的价格则会造成种种假象，歪曲国民收入。价格要在国民收入计算和对比中发挥应有的作用，它必须符合一定的要求。本文试图分析一下这些要求。

一　科学的价格形成基础

价格要在国民收入计算和对比中发挥应有的作用，首先它必须有科学的基础。有了科学的价格形成基础，也就易于建立合理的价格体系，从而有助于发挥价格的作用。

关于我国价格形成的基础，众说不一，大体说来有三种意见。第一种意见认为应以价值为基础；第二种意见认为应以价值的变形即生产价格为基础；第三种意见认为应以部门平均成本加合理利润为基础。后一种价格形成基础是我国目前实行的。它的优点是简便易行。然而它是不科学的，在理论上不符合马克思的劳动价值学说，在实践上难以确定所谓"合理利润"，即使勉强确定下来，也带有很大的主观性，自然也是不合理的。这种不科学的价格形成基础乃是目前许多价格不合理的重要原因。改变这种价格形成基础是势在必行的。现在的问题是，今后我国的价格形成基础如何改革？究竟是以价值，还是以生产价格为基础？就本文论述的问题说，哪一种价格形成基础有利于正确计算和对比国民收入？要回答这样的问题，必须从计算和对比国民收入的角度，去分析价格形成的基础。

马克思在《资本论》第三卷中科学地论证了社会总产品的价值总额与生产价格总额的辩证关系。他指出，尽管一些部门的商品的生产价格高于它的价值，而另一些部门的商品的生产价格低于它的价值，但是，从全社会看，生产价格总额与价值总额还是相等的。不仅如此，生产价格总额与价值总额的构成也是相同的。价值总额由 C、V、M 三部分组成，相应的生产价格总额也是由 C、V、M 三部分组成。C 部分是生产过程中的物质消耗，属于价值转移，不是新创造的价值。从价值总额（C＋V＋M）中减去物质消耗（C），即可求出国民收入总额（V＋M）。同样，从生产价格总额（C＋V＋M）中减去物质消耗（C），也能获得国民收入总额（V＋M）。上述情况说明，如果我们仅仅计算与对比全社会的国民收入总额，可以不考虑国内价格形成的基础问题。这是因为，不论价格是以生产价格为基础，还是以价值为基础，借助于价格计算出来的国民收入总额都是一样的。这就是说，不论价格形成基础如何变化，它对国民收入总额不会发生什么影响，无须进一步考察。

事实上，我们研究国民收入，绝不会仅仅停留在计算和对比国民收入总额这一步上，还要进一步研究国民收入的部门结构以及分配、再分配过程中的许多经济关系。而国民收入的部门结构以及分配过程中的各种经济关系直接、间接地受价格形成基础变化的影响。以价值为基础的价格条件下，国民收入的部门结构以及分配过程中的各种经济关系，绝不同于以生产价格为基础的价格条件下的国民收入部门结构以及分配过程中的各种经济关系。之所以如此，是因为产品价值中的剩余产品价值部分即 M 部分，在生产价格的条件下又经过了重新分配，因而有些部门的产品的生产价格高于价值，而另一些部门的产品的生产价格低于价值。这样，我们必须弄清楚哪一种价格形成基础有利于正确计算和对比各个部门的国民收入，以及正确处理分配、再分配中的各种经济关系。

国民收入是劳动者的活劳动新创造的价值。每个部门的国民收入多少，可以说明该部门劳动者对社会贡献的大小。要把这种贡献大小计算出来，并使社会予以承认，那就应当以每个部门的生产过程中活劳动的消耗

来确定产品价格中的 M 部分。也就是说，要以工资利润率计算产品价值中
应包括的利润额，或者说以价值作为价格的基础。

　　这样认识问题还仅仅是一方面，而不是全部。现在的社会生产，不是
简单的手工劳动，而是机械化的社会大生产。劳动者要创造出国民收入，
要对社会作出贡献，仅仅凭自己的活劳动是不够的，必须有一定的劳动对
象和劳动手段。当然，这绝不是说劳动对象和劳动手段所代表的物化劳动
也创造国民收入。我们仅仅想指出，劳动对象与劳动手段的使用也是劳动
者创造国民收入的不可缺少的条件。没有这个条件，任何劳动者都无法劳
动，当然也不可能创造出国民收入。况且，劳动对象质量的好坏，劳动手
段的先进与否，劳动者技术装备程度的高低，对劳动者的劳动生产率有显
著的影响，从而对劳动者所创造的国民收入多少也有不可忽视的作用。如
果仅仅根据劳动者的活劳动多少，不顾劳动者进行劳动必须具备的物质条
件，去评价他们创造的国民收入多少以及对社会的贡献大小，那是不全面
的。尤其今后，在实现"四个现代化"的过程中，评价劳动者对社会贡献
的大小，评价每个生产部门创造国民收入的多少，一定要联系到他们对物
化劳动的占用与消耗情况。这样有助于节约物化劳动，可以在最少的物化
劳动条件下，创造出更多的国民收入。否则，不利于手工劳动的机械化，
不利于劳动者技术装备程度的提高，不符合实现"四个现代化"的要求。

　　生产过程中的物质条件即劳动对象和劳动手段在价值形态上表现为一
定的资金。资金的多少，表明劳动者的物质技术条件的优劣。要联系劳动
者进行劳动的物质技术条件去评价他们创造国民收入的多少以及对社会作
出的贡献，那就必须依据每个部门的资金占用量的大小来确定产品价格中
的 M 部分。只有这样，才能在价格中不仅反映出活劳动的消耗情况，也反
映出物化劳动的消耗和占用情况。从这里看出，要全面评价劳动者对社会
的贡献，要正确比较各部门的国民收入，价格形成的基础就不应当是价
值，而必须是生产价格。

　　价格既是计量社会劳动和国民收入的尺度，又是分配国民收入的重要
工具。在各企业、部门和地区的商品交换中，价格的高低会引起一个企
业、部门和地区创造的国民收入转入另一个企业、部门和地区。为了鼓励
某些部门的发展，可以把它们的产品价格定得高一些，以便从其他部门转

入一部分国民收入；反之，为了限制某些部门的发展，可以把它们的产品价格定得低一些，以便把它们创造的国民收入转出一部分。这里所说的把价格定得低一些或高一些，有没有一个客观标准呢？或者说，客观上应当高多少或低多少呢？过去对这个问题的研究甚少，单纯由主观愿望决定，以致有些产品价格很高，而另一些产品价格却太低，不但低于价值，也低于成本，出现增产不增收或增产反减收的问题。这种情况说明，利用价格对国民收入进行分配和再分配时，不能随心所欲地把价格定得低一些或高一些，必须有客观的标准。这个客观标准应当是平均利润。凡是符合社会需要的生产部门，为它的产品规定价格时，必须保证这样的部门大体上获得平均利润，既不能使它创造的国民收入过多地转给其他部门，也不要使它过多地占用其他部门创造的国民收入。对超过社会需要的那些生产部门的产品价格，要规定得低一些，使它们的利润水平低于平均水平，以限制它们过分发展，并使它们创造的国民收入转出一部分，用于发展国家急需的产品。对国家急需的短线产品和新产品的价格，要规定得高一些，使它们的利润水平高于平均水平，以刺激这些部门的发展。很明显，只要利用好平均利润这个社会尺度，既可鼓励某些部门的发展，又可限制某些部门的发展，有助于国民经济有计划、按比例协调发展。上述情况说明，价格要在国民收入分配与再分配中发挥应有的作用，它必须符合平均利润的原则，必须以生产价格作为它的科学基础。

要贯彻平均利润的原则，计算出每种产品价格中应包含的利润额，必须解决好两个问题。首先要计算出社会平均资金利润率。这个问题不难解决，只要找出全年的利润总额（其中包括税金），再找出全部生产基金数，将二者对比，就可以求出社会平均资金利润率。另一个问题是比较困难的，这就是在生产多种产品的部门和企业里，如何确定每种产品占用了多少资金。在目前的条件下，这只能粗估，或者通过产品成本加以换算。此外，还可以采用资金占用系数的办法。在部门和企业里，要通过业务核算、会计核算和统计核算的各种资料和典型调查，确定出每种产品的资金占用系数，并随着情况的变化，经常注意调整这些系数。只要这些系数比较合适，那就不难根据它们在产品之间划分谁占用了多少资金，进而根据产品占用资金的多少和社会平均资金利润率来确定其应包含的利润额。

二　现行价格和可比价格同时并用

在国民收入计算和对比中对价格的另一项要求是，既要使用现行价格，又要使用可比价格，二者密切结合，不可偏废。

在现实经济活动中，一切产品的生产、分配、交换和消费都是按现行价格进行的。国民收入的生产、分配和再分配也是在现行价格条件下进行的。因此，只有用现行价格计算和对比国民收入，才能了解当前条件下的国民收入的生产规模，以及分配、再分配过程中的各种经济关系。国家的财政计划、信贷计划、基本建设投资计划、成本计划等综合性计划都是在现行价格计算的基础上编制的，因而国民收入计划首先要根据以现行价格计算的结果进行编制，并使之与其他有关计划衔接起来。尽管现行价格存在着种种缺点和弊病，有碍于正确计算和对比国民收入，需要加以改进，然而我们绝不能由此否定用现行价格计算和对比国民收入的必要性。

当然，仅仅用现行价格计算和对比国民收入还是不够的。像世间一切事物都是运动变化的一样，国民收入也处于经常的运动变化之中。对于已往的国民收入我们要分析它运动变化的过程，找出其规律性；对于未来的国民收入我们要预测它运动变化的趋势以及必须采取的相应措施。国民收入的运动变化是由多种因素引起的，其中主要是由劳动量、劳动生产率及物质消耗的节约这三个因素的变化引起的。如果仅仅以现行价格计算国民收入，那么国民收入的运动变化中也必然包括价格因素的变化在内。价格因素的变化并不增加或减少国民收入的实物量。为了观察与研究国民收入实物量的动态变化，以及分析制约国民收入的各种因素，必须消除价格因素的影响。这就要求根据可比价格编制国民收入计划。消除价格变动因素的方法大致有两种，一种是价格指数法，另一种是可比价格法。这两种方法各有利弊，可以选用一种，也可以二者结合使用。

所谓价格指数法就是按各个物质生产部门分别编制主要生产资料和主要消费资料的价格指数，用以换算各部门按现行价格计算的总产值和物质消耗，以消除价格变动对国民收入的影响。每年编制许多种产品的价格指数当然是一项艰巨而复杂的工作，需要花很大的力气。不过，有了这样一套完整的价格指数，不仅对于研究国民收入，而且对于研究国民经济中的各种问题都会大有益处。应当按照经济工作越做越细的要求，随着统计工作和物价工作的逐步加强，力争早日编制这样一套完整的价格指数。目前，我国统计工作中编制的价格指数主要有商品零售物价指数、农副产品收购价格指数、职工生活费用价格指数等。这些指数对于研究国民收入的动态当然是必要的，但是远远不够，还需要编制许多价格指数。例如，要编制主要工业品的价格指数、建筑成本价格指数、建筑材料价格指数、主要机器设备价格指数、各种运输费用价格指数，等等。

在我国统计工作中，为了消除价格因素对国民收入动态的影响，过去一直采用可比价格（不变价格）法。这个方法的实质就是把过去某一年的现行价格作为不变的东西固定下来，用以计算以后各年的国民收入。我们曾经以 1952 年、1957 年、1970 年的现行价格作为可比价格计算历年的国民收入。目前又以 1980 年的现行价格作为可比价格计算今后一定时期的国民收入。

使用可比价格计算国民收入时，各部门可以有三种不同的做法。第一种是先用可比价格计算出报告期的总产值，再乘以可比价格计算的基期净产值占总产值的比重，即可求出报告期的净产值；或者以可比价格计算的基期净产值，再乘以可比价格计算的总产值动态指数，也可求出报告期的净产值。这种做法曾被称为"总产值动态法"。第二种是以现行价格计算出净产值，再除总产值价格指数，或者现价净产值 X（按不变价格计算的总产值/按现行价格计算的总产值），均可求出报告期的净产值。这种方法曾被称为"总产值价格指数法"。第三种做法被称为"净产值直接计算法"，即以可比价格计算出总产值，再减去以可比价格计算的物质消耗。这三种方法相比较，第三种是最好的，较为合理。前两种都有一定的假定成分。第一种把净产值占总值的比例固定化了。第二种用总产值的价格指数代替了净产值的价格指数。如果第三种实行起来较困难，可以采用第二种，这是目前的变通办法。

借助于可比价格之所以能够表明国民收入实物量（即使用价值量）的动态，归根到底是由于商品的价值与使用价值具有辩证统一的关系。商品是价值与使用价值的矛盾对立统一体。任何商品既不能没有使用价值，也不能没有价值。价值与使用价值互相依存、密切联系，二者处于经常的运动之中。在劳动生产率变化的条件下，价值与使用价值进行相反方向的运动，即"随着物质财富的量的增长，它的价值量可能同时下降。"[①] 当劳动生产率不变时，价值与使用价值作同一方向的相同比例的运动，即价值与使用价值都按同样的速度增加或减少。既然如此，价值的变化可以借助于使用价值的变化加以测定；而使用价值的变化也可以借助于价值的变化进行计算。用统计学的语言来说那就是，在劳动生产率不变的条件下，价值量可以成为使用价值量的指数，而使用价值量又可成为价值量的指数，这就是说，二者互为指数。目前由于价值还不能准确地计算出来，所以在实际工作中一般用价格代表价值。这样，价格与使用价值自然也就互为指数。这就是我们能够借助于可比价格表明国民收入实物量（使用价值量）变动的理论根据。

从上面的分析可以看出，运用可比价格的前提条件是假定劳动生产率不变，或者说假定价值与使用价值运动的方向和速度是相同的，它们之间的比例关系是不变的。事实上，劳动生产率是经常发生变化的。由于这种变化，价值与使用价值的运动方向是不同的，运动的速度是不一样的，它们之间的比例关系也是发生变化的。这些变化越大，价值与使用价值互为指数也就越不准确，使用可比价格的局限性也就越大。要尽力减少这种局限性，使可比价格较为准确地成为使用价值的指数，那就必须随着劳动生产率的变化和商品价值量的变化，不断地废除旧的可比价格而采用新的可比价格。如果很长时期不变换可比价格，那就会影响计算结果的准确性。新中国成立30年来，我国曾经变换过三次可比价格，今后也还要随着劳动生产率的变化而使用新的可比价格。

由于可比价格的变化，当我们分析和研究长时期的国民收入动态时，在该时期中可能已经使用过几种可比价格，这样，如何消除可比价格变化对国民收入动态的影响又将成为一大难题。从这一点看，可比价格最好长久不变，即使变换，也要尽量减少次数，力求稳定一些。一般可以五年，至多十年，变更一次。这样可以适应编制和检查五年计划以及更长计划的

---

① 《马克思恩格斯全集》第23卷，人民出版社1972年版，第59页。

要求。当然，在实际工作中也可以利用价格指数把前一种可比价格换算为后一种可比价格，使各种可比价格之间成为可比的，以便消除价格因素对国民收入动态的影响。仅就这一点说，可比价格与价格指数法二者又是相通的，离开价格指数，可比价格也难以换算，难以在很长时期内发生作用。在这种情况下，运用可比价格法不如使用价格指数法。当然，前者较之后者简便、省事得多。

此外，我们在这里想顺便谈一谈可比价格在其他方面的作用问题。过去我们把可比价格的作用仅仅局限于计算与对比国民收入动态方面，而忽视了它在其他方面的作用。这种片面性在实际工作中存在，在经济理论研究中也出现过。有的同志认为，按不变价格计算的 C、V、M，对社会主义生产中人与人的关系，例如社会主义制度下的经济核算制，既没有实际意义又没有理论意义。但是在研究社会主义的再生产时，研究社会主义物质生产的速度等问题时，它是既有实际意义又有理论意义的。对于这种意见的后一半我们是赞同的，应当肯定可比价格的理论意义与实际意义；对于这种意见的前一半我们不同意。因为可比价格对于加强社会主义经济核算制有重要的作用，不应全盘否定。为了准确地表明经济核算单位的工作成绩与缺点，应当消除外在因素对其工作的影响，其中尤其应当消除价格因素的变动对其工作的影响。如上所述，消除价格因素影响的方法除了价格指数法以外，那就是可比价格法。对于经济核算单位的工作成果，既要以现行价格计算，又要以可比价格计算，二者结合使用。用可比价格计算的经济核算单位的工作成果，消除了价格变动的因素，较为准确地反映了主观努力程度。在这方面，罗马尼亚的同志已经开展了工作，把可比价格应用于经济核算的实践中。为了加强我国的经济核算工作，我们也应力争早日做到这一点。

三　把国内价格换算为国际价格的几种方法

为了研究世界各国的经济发展水平及其经验教训，需要将各国的国民收入总额以及按人口平均计算的国民收入额进行对比。要使这种对比具有科学性，至少必须解决两个问题，一个是国民收入的内涵范围问题，即哪些项目应该包括在国民收入之内，哪些项目不应该包括在国民收入之内，这在世界各国之间要有一个统一的口径；另一个是国民收入的估价方式问题，即国民收入中的各项指标用什么价格进行计算的问题。每个国家都是用本国的价格计算自己的国民收入，而各国的价格水平彼此之间差别很大，无法直接对比，即使勉强直接对比，也不能反映实际情况。因此，要使各国的国民收入成为可比的，那就不能采用某一国家的价格，而必须寻找出一种适用于国际对比的价格。

从科学的观点看，适用于国际对比的价格只能是国际价格。国际价格是国际范围内商品生产和商品交换发展到一定阶段的产物。商品生产和交换不是一国的事情，而是国际现象。所以，商品生产和交换的基本规律即价值规律是不受国界限制的，它既在各国的商品经济中起作用，又在国际商品经济中起作用。各国的商品生产和交换，如果进入国际范围，那就必须按照国际价值或国际生产价格进行。国际价值是由世界各国生产某种商品的国际社会必要劳动时间决定的。至于各个国家生产某种商品的社会必要劳动时间，在国际范围内仅仅是个别劳动时间，它们不决定商品的国际价值。国际生产价格是国际价值的转化形态。根据商品的国际价值或国际生产价格而形成的价格，我们称之为国际价格。各国生产的商品在国际上的盈亏，取决于它是否符合国际价值或国际生产价格。国际价值或国际生产价格是进行国际比较的尺度。只有根据国际价值或国际生产价格而制定的国际价格，才能准确地衡量各国的劳动成果。正因如此，国际价格是正确计算与对比各国国民收入的唯一的正确的尺度。换言之，只有用国际价格计算与对比国民收入才是科学的。

但是，正像各国的商品价值和生产价格暂且还不易准确地计算出来一样，商品的国际价值和国际生产价格目前也难以准确地计算出来。如何计算国际价值和国际生产价格，如何根据商品的国际价值或国际生产价格制定出国际价格，尚处于理论探索阶段，在实践中如何办还没有解决。因此，目前计算和对比世界各国的国民收入还不能依据国际价格。鉴于这种情况，我们认为，应当采取下列一些办法，逐步把各国的国内价格换算为国际对比适用的价格。这些办法大体有以下几种。

（一）汇率换算法

就是根据各国的官方年平均汇率换算各国的价格。这种方法的实质是以一种所谓"优势汇率"把各国的货币计量单位换算为全世界统一的货币计量单位，以便计量各国的价格水平。联合国曾经把美元汇率确定为"优势汇率"。这样，世界各国的物价水平要以美元计量。为此，必须把英镑、法郎、马克、日元、卢布等世界各国的货币以其对美元的汇率，换算为美元，然后用美元去计量各国的价格水平。既然各国的价格水平都以美元计量，那么各国的价格当然也就可以对比了。

汇率换算法是联合国统计组织提出的，本来是为了使联合国的成员国按其国民收入的数额缴纳经费，需要以统一的货币单位和统一的价格去衡量各国的国民收入。这种方法后来逐渐被普遍用于计算与对比各国的国民收入。目前我国也采用这种方法。苏联中央统计局编辑的《苏联国民经济六十年》中列举了78个国家的国民收入对比的资料，都是使用汇率换算法的，也都是按官方汇率换算为美元的。

汇率换算法的优点在于简便易行。然而它有严重的缺点。汇率本来是用于外贸结算与货币业务的，不是用于换算各国价格的。各国的官方汇率不能准确地反映各国在价格方面的差别。尤其"优势汇率"的确定，不单依据经济条件，还取决于政治因素，具有很大的主观性，往往歪曲各国之间的经济关系。因此，用汇率换算各国的价格是不理想的，需要寻求更科学的方法。

（二）货币购买力指数法

根据各国货币在国内购买的商品数量，即货币购买力指数，计算出各国货币购买力之间的比例关系，以此去换算各国的价格。例如，一美元在美国可以买到二斤小麦，一卢比在印度可以买到四斤小麦。二斤小麦是美元的购买力指数，四斤小麦是卢比的购买力指数。后者比前者高出一倍。用这样的比率去换算美国的价格和印度的价格，当然以美元计算的美国的价格要压缩二分之一，或者说以卢比计算的印度的价格要提高一倍。以上是就一种商品来说的。事实上，国民收入中包括成千上万的商品，仅用一种商品是不能代表的。因此，必须选出许多有代表性的商品，分别计算出多种货币购买力指数，然后用几何平均数的公式加以平均化，使之成为一种综合性的货币购买力指数，最后用这种综合性的购买力指数去换算价格。

货币购买力指数法把货币与商品直接联系起来，较之汇率换算法更为合理一些。不过这个方法实行起来难度较大，仍不够准确。各国货币购买力以不同的商品去计量是大不一样的。例如印度7卢比买到的食品与2美元买到的食品是一样的，也就是说，以食品计量的货币购买力指数，美元为卢比的3.5倍。可是，7卢比买到的机器设备只等于0.5美元买到的机器设备，换言之，以机器设备计量的货币购买力指数，美元为卢比的14倍。这样看来，以哪种商品计量货币购买力指数，对计算结果关系甚大，这样就会影响计算的准确性。另外，各国货币购买力除受经济发展水平制约外，还受供求关系、政府更迭、经济危机以及其他政治因素的影响。这些情况表明，货币购买力指数法也有很大的局限性。

（三）实物分类加权指数法

这种方法的第一步是将每个国家的社会产品按最终用途加以分类，如食品类、衣着类等，并从每一类中选出有代表性的商品。第二步找出每个国家的每种代表性商品的价格以及代表性商品在各国分类商品组中所占比重，据此计算出每个国家的价格加权算术平均数，即综合价格指数；如果缺乏代表性商品在分类商品组中所占比重的资料，也可利用几何平均数的公式把代表性商品的个体价格指数加以平均化，求出综合价格指数。第三步将求出的各国的综合价格指数加以对比，并以此比率去换算各国的价格水平，这样使各国的价格成为可比的。

这种方法较之前两种方法更好一些，由于划类选点，代表性更强，计算结果也会较为准确。不过，工作量相当大，要有一定的国际组织负责研究这种方法实施过程中的许多问题。各国的经济发展水平和人民生活水平不同，如何在各国之间选择有代表性商品也是很难的。比如小汽车在美国是普通的交通工具，以美国的经济水平来说可以成为一种代表性商品，而在我国则是高级商品，一般人都没有，不能成为代表性商品。至于代表性商品所占比重的资料更要根据全面统计才能计算出来，要搜集到这方面的全套资料也是不易的。

（四）家庭消费法

这是中国银行曾经使用过的方法。它把一个"四口之家"一年的消费量（包括64种消费品和劳务），分别用北京市价格和纽约市价格计算，然后求出二者之比，以此比率去换算中国与美国的价格水平。他们计算的结果，1978年1美元合人民币0.76元，比1978年12月18日的官方汇率1美元合人民币1.6368元，上升54%。

这种计算方法只计算消费资料的价格，不计算生产资料的价格，因而它顶多也只适用于简单再生产。只有简单再生产条件下，国民收入的实物量才等于全部消费资料。在扩大再生产的条件下，国民收入实物量中既有消费资料，又有生产资料。如果使用家庭消费法，只计算消费资料的价格，那就不够全面。再者，仅选用一个或几个家庭的消费量，能否代表全国的情况也是值得商榷的。

除以上四种方法外，还有所谓价格互换法，即先用甲国的价格计算乙国的国民收入，再用乙国的价格计算甲国的国民收入，最后进行两国的国民收入对比。近来，也有的学者倡导使用非贸易汇率换算法，以及地区价格加权指数法等。

以上介绍的各种换算方法都不是十全十美的，各有利弊。在实践中可以选用一种，也可以把几种结合起来使用，使它们互相验证，使计算的结果更接近实际。

（原载《社会主义社会国民收入的若干理论问题》，中国社会科学出版社1983年版）

价格改革中的居民收入政策分析

　　"七五"期间价格改革究竟能够迈出多大的步伐，除了取决于主观条件外，在客观上还取决于国家财政负担能力、企业消化能力和群众承受能力。本文不打算全面分析和估量这三种能力，而着重分析估量群众的承受能力。群众承受能力的大小，是由价格政策和居民收入政策决定的。所以，我们要从分析价格政策和居民收入政策入手，探索"七五"期间群众对价格改革的承受能力。

一　面临着价格与收入轮番上升的危险

　　"六五"期间我国市场零售物价总水平上升18.7%，每年递升3.5%。其中，农村零售物价上升15.4%，每年递升2.9%；城镇零售物价上升22.4%，每年递升4.1%。这样的速度显著高于1950—1980年30年间平均每年递升1.1%的速度。不仅如此，从"六五"期间各个年度来看，价格上升的速度似有加快之势。与上年相比，1981年上升2.4%，1982年上升1.9%，1983年上升1.5%，1984年上升2.8%，1985年上升8.8%。1985年价格上升幅度较大，开始引起人们的注意和思考。

　　一般说来，价格上升分为需求牵动型与成本推动型两大类。由于总需求超过总供给或者说由于供不应求而引起的价格上升，一般称为需求牵动型的价格上升；而由于成本上升而使价格上升，一般则称为成本推动型的价格上升。"六五"期间的价格上升由何种因素引起？它属于哪种类型？我认为，引起"六五"期间价格上升的因素既有供不应求，又有成本上升，因而它具有需求牵动型与成本推动型的双重性质。对于因总需求超过总供给所引起的种种问题，其中包括它所引起的价格上升问题，已经引起了人们的注意，并采取各种措施抑制需求，以求供给与需求的基本平衡。然而，对于因成本上升而引起的各种问题，其中包括它所引起的价格上升问题，尚未引起人们的足够重视。本文想强调指出，这个自然对于"七五"期间价格改革以及其他改革（如工资改革）具有重要意义。

"六五"计划原来要求工业产品可比成本每年降低1%—2%。在五年中，没有任何一年完成这个计划。除1983年下降0.24%外，其余四个年头都是上升的。与上年相比，1980年上升1.1%，1981年上升1.17%，1982年上升0.38%，1984年上升1.97%，1985年前8个月比上年同期上升5%。产品成本是价格的基础。成本在价格中一般占80%以上。成本如此大面积大幅度地上升，又要求企业提供更多的税利，必然推动产品价格大幅度上升，这是毫无疑问的。对于成本推动型的价格上升，已经到了予以足够重视的时候了。否则，如果继续容忍成本与价格之间轮番上升，使其形成恶性循环，将使价格改革难以迈出较大的步伐。

成本之所以上升，是由两方面的因素促成的。一方面是成本要素（亦称生产费用要素）的单位消耗上升，另一方面是成本要素的价格上升。"六五"期间，由于种种原因，不少物耗指标都上升了。1985年1—8月，全国105项主要的单位产品物耗指标，上升的就有41项。这是推动成本上升不可忽视的因素。如何采取措施降低物耗指标，将是重要的任务。就成本要素价格与产品成本的关系来看，"六五"期间确实存在着轮番上升的问题，即成本要素价格上升，推动成本上升，而成本的上升又推动成本要素价格的上升。

成本要素分为主观要素与客观要素，或人力要素与物力要素。"六五"期间的产品成本之所以上升，固然同物力要素价格上升有关，也同人力要素价格上升有联系。"六五"期间人力要素价格上升过快，是产品成本上升的重要因素，从而也是产品价格上升的重要因素。如果我们把人力要素价格理解为工资或居民收入，那么在工资与价格之间，或者在居民收入与价格之间，"六五"期间并未展现良性循环的前景，甚至可以说存在轮番上升的恶性循环的危险。

让我们看一看"六五"期间工资和农民纯收入的增长速度。工资总额平均每年递增12.2%，平均工资每年递增8.5%。农民的收入增加更快，平均每年递增 15.9%。居民收入如此高速增长，有其合理的部分，有归还"欠账"的因素，但是，不论职工收入增长速度，还是农民收入增长速度，都显著高于劳动生产率提高的速度。这样，工资和农民收入增长的过快部分，企业就消化不了，发生层层转移，形成人力成本上升，最后导致整个成本上升和产品价格上升。这就是说，在工资（居民收入）—成本—价格之间，由于工资（居民收入）增长过快，出现了一种轮番上升的恶性循环。工资增长越来越快，成本上升越来越多，产品价格上升越来越多；而产品价格上升越多，工资上升就要更多。这种恶性循环刚刚形成，危害尚未全部暴露出来，所以还未引起人们的足够重视。

　　工资（居民收入）与价格的轮番上升还有可能继续发展。这是因为，对于工资（居民收入）和价格，正在由直接控制向间接控制过渡，由微观控制向宏观控制过渡，由行政手段控制向经济手段控制过渡。在这个新旧转换时期，旧的一套不灵了，新的一套还不完备，有许多空隙可钻。在这种情况下，不少企业和个人，乘机哄抬物价，攀比收入，自觉或不自觉地置国家的价格政策与收入政策而不顾，把低价推向高价，把低收入推向高收入。国家虽然采取了一些措施，力求控制物价和居民收入上升的速度，但是与国家指示的方向背道而驰的种种行为屡见不鲜。当前经济生活中的种种迹象表明，制止工资（居民收入）与物价的轮番上涨，将是"七五"期间价格改革面临的重要任务之一。

二　价格政策与收入政策的对应性

　　要解决上述的价格与居民收入轮番上涨的问题，首先必须使价格政策与收入政策配套。这两项政策是国民经济宏观管理的重要政策。最有效的财政货币政策也只能对付需求牵动型的物价上升，而战胜工资（成本）推动型的物价上升的武器则是居民收入政策。因此，要根据物价变动的不同情况来制定收入政策。与价格总水平上升、下降和基本稳定三种态势相适应，可以分别实行三种不同的居民收入政策。

　　与价格总水平明显下降相适应的是降价政策，而与这种价格政策相对应的则是居民收入低速增长的政策。国内外有这种先例。苏联的零售物价在第二次世界大战期间大幅度上升，国家零售商品物价水平 1947 年为 1940 年的 3.2 倍。第二次世界大战后，从 40 年代末至 50 年代初，苏联着重采取了降价的政策。经过连续七次降价，1954 年 4 月 1 日的零售价格水平比 1947 年第四季度低 57%，其中食品低 62%，非食品低 47%。在价格大幅度降低的条件下，居民收入增加虽然不多，也使居民生活有明显改善。在我国也有类似情况。历史已经证明，在一定的条件下，把降价政策与居民收入低速增加政策结合起来，并侧重使用降价政策是可行的、成功的。

与价格总水平基本稳定相适应的是稳定物价的政策，而与这种物价政策相对应的则是居民收入中速增加的政策，我国长期以来执行的价格政策和收入政策就属于这种类型。我国的零售物价指数 1984 年比 1952 年上升 34.6%，平均每年上升 0.85%。物价总水平如此之稳定在世界上是不多见的。近几年来，物价上升速度加快了。1978 年至 1984 年期间零售物价指数平均每年上升 2.6%，还是不多的，也可以说仍然保持了物价的基本稳定。在价格基本稳定的基础上，人民生活的改善主要依靠居民收入的增加。

与价格总水平大幅度上升相适应的是高物价政策，而与这种政策相对应的是居民高收入政策。50 年代和 60 年代，西方不少国家的物价大幅度上升，物价指数年上升幅度一般是两位数，有的达到三位数，甚至四位数。由于物价急剧上升，不得不采取高收入政策。有些国家使工资指数化，工资随着物价上升而自由浮动。由于收入随着物价急剧上升而大幅度增加，必然出现产品成本升高，形成成本推动型的物价上升。结果，工资与物价之间恶性循环，轮番上涨。在这种情况下，居民收入的增加一般抵不上物价的上升，人民生活难以改善，甚至有所下降。这自然遭到群众的反对。政府又不得不控制物价上升幅度，力求物价基本稳定。实践证明，高物价、高收入政策不行。

我国"七五"期间价格总水平的趋势如何？采取哪种类型的价格政策以及与之相对应的居民收入政策？在我国"七五"期间，虽然经济生活中存在着使价格下降的因素，但是使价格上升的因素仍然居多，并起主导作用，所以价格总水平不可能下降。在这种条件下，不可能实行降价政策以及与之相对应的收入政策。高物价与高收入政策在国外尚且行不通，在我国更不行。我国企业的消化能力与发达国家相比弱得多。如果实行高物价政策，所引起的连锁反应更加厉害，物价与收入之间的恶性循环更加严重，轮番上涨的速度更加猛烈。我们必须力求避免这种局面的出现。从我国国情出发，"七五"期间的正确抉择只能是继续实行物价基本稳定的政策以及与之相对应的居民收入中速增长政策。实行这种类型的政策，既有过去的成功经验，又面临着新的情况和新的问题。对工资奖金的增长封不封顶，是"六五"期间争论的问题。对个人收入增长幅度实行封顶，会限制职工积极性的充分发挥；而不封顶，又会导致居民收入增长过快。工资奖金增长是否与税利挂钩，工资奖金增长是否与零售物价挂钩。诸如此类的问题还很多，有待于继续解决。

过去几年改革中，对于价格政策比较重视。相比之下，对居民收入政策则重视不够。这两项政策虽然各有其独立性，各自具有特殊的作用，但是，二者的关系极为密切，既互相制约，又互相促进。因此，这两种政策要相互为用，同步协调，保持二者的对应性。当然，这并不排斥在某个历史时期侧重使用某种政策。

下面着重谈谈"七五"时期如何把收入政策与价格政策结合得更好，以获得最佳效果。

三　制止物价与收入轮番上涨的关键在于不断提高劳动生产率

有一种观点认为，工资与物价挂钩，或者说，工资指数化，工资按物价上升的幅度而浮动，是防止物价与收入轮番上涨、消除物价上升对人民生活影响的有效措施。不容否认，工资与物价挂钩在通货膨胀的条件下有一定的积极作用，可以消除物价上涨对工资收入者的一部分影响。正因为有这种作用，在五六十年代，西方一些国家的工会代表工人阶级的利益要求政府和企业主实行工资与物价挂钩的制度。至今仍有一些国家和企业还在实行这种制度。但是，这种制度的消极作用已经引起了注意。据法国《费加罗报》报道，在意大利，按指数确定工资的方法在1983年受到了非议。1984 年，按指数计算工资部分降到了 10％；在荷兰，在某些部门，按指数计算工资要部分取决于工时的减少。[①] 有的国家和企业已经废止了这种制度。现在的问题是，我国是否宜于实行这种制度？它能否有效地制止物价与收入（工资）的轮番上升？

根据各种情况分析，在我国实行工资与物价挂钩的制度，可能是利少弊多。我国的工资总额 1985 年为 1370 亿元，如果实行工资与物价挂钩的制度，按当年零售物价指数上升 8.8％增加工资 110 亿元，这对国家和企业来说，是难以承受的。即使物价指数不那么高，譬如说 3％—5％，每年也要拿出几十亿元用于工资的补偿。这样就会捆住国家和企业的手脚，难以有更多的力量去调整不合理的工资结构。我国的工资结构还有许多不合理的地方。如果把工资与物价挂起钩来，将使这种不合理的工资结构更难以改革。工资与物价挂钩的主张，过分强调了工资水平方面，而忽视了调整工资结构的必要性。而困难恰恰在于，如何在工资水平中速增长的同时，把工资结构调整到基本合理的程度。还有，在我国 10 亿人口中，有 8 亿多农民；农民生活支出中的商品部分已经达到 60％左右。如果职工的工资与物价挂钩，那么农民的收入是否也与物价挂钩？不挂钩，将会影响工农关系、城乡关系；而挂钩，姑且不论尚无具体办法，要国家拿出巨额价格补贴恐怕根本行不通。

把工资与物价挂钩，本想防止工资与物价的轮番上升，其实不然，甚至恰恰相反，有可能促成这种恶性循环的出现和发展。工资与物价挂钩大体有两种办法，一种是以上年度的物价指数计算本年度的工资，另一种是以本年度预计的物价指数计算本年度的工资，而本年度预计物价指数时又必须参考上年度的物价指数。由此看出，上年度的物价指数对于下年度工资的增长幅度具有决定性的意义。因种种原因某年度物价指数上升很多，用这种指数去计算下年度工资增长速度，可能促成工资过快增长。以我国 1985 年来说，物价指数上升 8.8％，据此计算 1986 年的工资增长幅度，即使不考虑其他任何因素，也必须使 1986 年的工资增长 110 亿以上。将此巨额工资加入产品成本，若企业消化不了，必然发生层层转移，最后导

---

① 参见《西方国家的价格制度与工资政策》，《参考消息》1984 年 11 月 28 日。

致零售物价的再度上升。这种上升，又推动着工资过快增长；而工资的过快增长，又促成物价上升。这样循环往复，必然造成经济生活紊乱。西方某些国家六七十年代通货膨胀、物价大幅度上升的原因是很复杂的，其中工资与价格挂钩便是一个。有的国家已经体会到工资与物价挂钩的危害，已经取消或正在逐步取消这种制度。我们绝不应该实行这种利少弊多的制度。

　　工资与物价挂钩之所以会促成工资与物价的轮番上升，根本原因在于这种办法仅仅注重工资与物价的关系，而没有重视工资与劳动生产率的关系，或者说，它忽视了工资的增长与企业消化能力的关系。一般来说，工资增长速度超过物价上升幅度是好的，有利于人民生活提高。但是，绝不能由此得出结论：工资增长速度越快越好。工资增长受许多因素制约，特别要受劳动生产率增长速度的限制。我们不仅要看到工资增长速度高于物价上升速度的重要性，同时也要看到工资增长速度低于劳动生产率增长速度的必要性。只有工资增长速度低于劳动生产率增长速度，才能保证在物价基本稳定的条件下，国家除了改善人民生活外，能够有更多的资金用于扩大再生产，用于科研、文教、卫生、国防等事业。还应看到，工资增长速度长期超过劳动生产率增长速度，必然形成货币过多，有钱买不到东西，或者引起物价上升，这样又不利于改善人民生活。在物价、工资、劳动生产率三者的关系中，工资与劳动生产率的关系较之工资与物价的关系是更根本性的，处理好前者有利于后者，甚至可以说，处理好前者，后者才可以迎刃而解。

　　从"六五"时期的实绩看，要使"七五"期间的工资、物价、劳动生产率三者的关系比较协调，关键在于不断提高劳动生产率。"六五"期间劳动生产率提高的速度远远低于"一五"时期，甚至低于"五五"时期，而工资和物价的上升速度却远远高于"一五"时期和"五五"时期。由于劳动生产率提高得慢，企业的消化能力很弱，工资大幅度上升，必然引起产品成本和物价的上升，而成本和物价的上升反过来又推动工资上升。由此可知，工资与价格轮番上升的恶性循环的根本原因在于劳动生产率提高的速度慢。"七五"期间，只有狠抓劳动生产率，才能从根本上防止工资与物价的轮番上升。

"六五"前几年放松了对工资总额的控制，已被实践证明是不行的。从 1985 年开始，又恢复了对工资总额的控制，实践证明，这样做是对的。不仅要对工资总额增长幅度严加控制，还要对平均工资或小时工资加以控制。平均工资或小时工资的增长速度，应以物价上升的幅度为最低限，以劳动生产率提高的幅度为最高限。在这个界限之内，根据各企业贡献的大小，有的高于平均水平，有的低于平均水平。凡平均工资高于社会平均水平的企业，必须是真正作出了超额贡献者。从目前情况看，要把互相攀比工资和收入，逐渐引到攀比劳动生产率。要加强宣传工作，使广大群众认识到，生产是生活的基础，只有搞好生产，提高劳动生产率，才能使收入增加，使生活改善，从而使广大群众自觉地支持对个人收入的控制。

群众对"七五"期间价格改革的承受能力，不仅取决于工资（收入）增长速度高于物价上升幅度，还取决于劳动生产率提高速度高于工资（收入）增长速度。劳动生产率提高速度越快，工资（收入）增长速度也就可以越高，群众对物价改革的承受能力越大；反之，劳动生产率提高速度越慢，工资（收入）增长速度越低，群众对物价改革的承受能力就越小。由此可知，"七五"期间群众对价格改革的承受能力，从根本上说，是由劳动生产率提高的速度决定的。根据"六五"的经验，"七五"期间劳动生产率提高的速度可能更快一些，因此，群众的承受能力也会更大一些。但是，也要看到，"七五"期间劳动生产率也不可能大幅度提高，群众的承受能力也不会很大。

四　要重视和区分不同阶层、不同地区的群众的承受能力

从社会各阶层、各地区来说，不同收入水平的群众对价格改革的承受能力是不一样的。这个问题也是价格改革不容忽视的。要针对不同群众，采取更加灵活的政策。

"让一部分人先富起来"，即让勤于劳动或善于经营的人得到较多的收入的政策是完全正确的，使平均主义有所克服。但是，由于"六五"期间收入政策的配套性不足，协调不够，加之不正之风的蔓延，在不同所有

制、行业、部门、企业以及个人之间的收入分配上也出现了不合理的问题，甚至有高低悬殊的问题。收入分配上的差别在不同地区间也很明显。特区、开放地区以及某些大城市郊区的居民收入显著高于一般地区。而边远山区、少数民族地区以及几个老革命根据地的居民收入水平则远远低于一般水平。

居民收入上高低不齐的差异性与商品价格的平等性之间具有一定的矛盾。马克思曾经指出，商品、货币是天生的平等主义者，而作为商品价值货币表现的价格，自然具有平等性。这就是说，人们在价格面前是平等的。不管什么人，必须按商品的价格进行支付，才能取得商品的使用价值。这一点，在同一地区、同一市场上看得比较明显；在不同地区、不同市场上可能还不那么清楚。不过，随着交通的发展，市场调节的加强，地区之间、市场之间的价格差异日趋缩小，价格的平等性将更充分地显露出来。前几年广东的物价率先上升，仅波及附近几个省区，而到 1985 年，全国各地的物价越来越向广东的价格靠近，各地价格水平上的差距逐渐缩小，全国价格水平逐渐一致。随着收入差距的扩大和价格平等性的发挥，即使对同样速度的价格上升，反应也不一样，承受能力也不相同。

就社会各阶层来说，"六五"期间由于农民收入增长速度高于职工收入增长速度，所以，对于物价的上升，农民的承受能力比职工要大些，反应不那么强烈。当然，在农民内部也不一样，收入增长较慢的那部分农民对物价上升反应较强烈，而收入增长较快的那部分农民，特别是那些少数的"万元户"，对于物价的上升完全能够承受，所以反应不大。在城市居民内部，对物价上升的承受能力也随着收入增长幅度不同而异。

就各地区来说，由于"六五"期间各地区经济发展速度不同，居民收入增长速度不同，对物价上升的承受能力就不一，反应也各异。一般说来，收入增长快的地区，承受能力较大，对价格上升反应较少；收入增长慢的地区，承受能力较小，对价格上升反应较强烈；在一些温饱还没有解决的地区，群众对价格上升基本上没有承受能力，所以反应最强烈。还有一种情况值得注意，在六七十年代，东北和西南地区投放的货币，要在京、津、沪等大城市实现出来，即东北和西南地区因重工业过多，轻工业不足，缺乏商品、价格又高，群众不得不把货币投放到大城市。而今天，在地区间价格尚有一定差异的条件下，收入较高和价格较高地区把一部分货币投放到收入较低和价格较低地区，这样就会增大前者对价格改革的承受能力，而削弱后者对价格改革的承受能力。对于这种承受能力的转移，我们也要有正确的估量。

　　鉴于社会各阶层、各地区居民收入水平不同，对价格变动的承受能力不一样，要使价格改革方案较为稳妥、能够顺利地实现出来，就不能立足于收入高、承受能力大的一部分居民和一部分地区上，必须把立足点放在中等收入、有一般承受能力的多数居民和地区上。据一些地区调查，"万元户"仅有千分之一二，比较富裕户也不很多；职工工资水平虽然有明显提高，但仍属低工资水平；城市中的个体户赚大钱者不多，多数的收入水平并不高。所以，不能把群众对价格改革的承受能力估计过高。

五　从消费和储蓄的结构上估量群众的承受能力

　　居民的收入分别用于消费和储蓄两方面。据统计，近几年居民收入的80%左右用于生活消费。因此，我们要着重从消费结构方面估量群众对价格改革的承受能力。

　　恩格斯曾经把生活资料划分为生存资料、发展资料和享受资料三部分。这三种资料在生活消费中所占比重的大小，同群众对价格变动的承受能力有密切的关系。一般来说，在生存资料所占比重很大的地区和国度里，群众对价格上升的承受能力较小，而在发展资料和享受资料所占比重很大的地区与国度里，群众对价格上升的承受能力较大。人们的生存资料具有刚性，而发展资料和享受资料则具有弹性。同样的价格上升幅度，对于生存资料可能难以容忍，而对于发展资料和享受资料则可能接受。与发达国家相比，在我国人民生活消费中，生存资料所占比重高得多，而发展资料和享受资料所占比重则低得多，因此，我国人民对价格上升的承受能力比发达国家低得多。

　　据城市职工家计调查，1984年食品支出在职工家庭和农民家庭生活费中占近60%，而1985年食品价格上升的幅度最大（鲜菜价格上升34.5%，肉禽蛋上升22%，水产品上升32.5%，鲜果上升35.9%，粮食上升 10.9%），所以群众对价格问题的反应相当强烈。由此使我们更清楚地认识到，考察群众对价格的承受能力，应主要集中在食品价格方面，尤其是副食品价格方面。

　　分析价格上升对居民消费的影响，不能限于价格总指数与居民收入指数的对比上，必须深入一层，运用消费品物价分类指数，尤其是食品物价的分类指数，去考察价格上升对居民消费的影响程度。"七五"期间群众对价格改革承受能力的大小，主要取决于食品价格上升的幅度与居民收入增长幅度的对比关系。在居民收入一定的条件下，食品价格上升幅度与群众承受能力成反比，食品价格上升的幅度小些，群众承受能力就大些，反之亦然。在这种意义上可以说，价格改革进行的深度和广度，在很大的程度上依赖于农业基础作用发挥得如何。我们制定和实施的各种价格改革方案，都应当置于农业这个国民经济基础之上。

　　估量群众对价格改革的承受能力还要注意城乡居民储蓄的结构。有一种观点认为，1985 年的价格上升虽然较多，但城乡居民储蓄还有大幅度增长，这说明价格的上升是群众可以接受的，并没有促使群众减少储蓄、抢购东西。这样估量群众的承受能力，忽视了储蓄结构问题。1985 年的价格上升使利率实际上成了负数，按照常规，群众不会存款，而要抢购东西，而事实却相反。形成这种情况的原因主要应从居民储蓄结构上分析和寻找。据调查，农民储蓄除少量用于生产和养老之外，主要用于盖房和儿女结婚。盖房和儿女结婚都属于一次性的。尽管物价上升幅度较大，如果盖房的钱还没有积累足够多，或者说儿女还没有到结婚日期，就仍然要继续储蓄。这时，不能拿储蓄的增长说明群众对价格上升具有承受能力。在城市，居民储蓄主要用于购置耐用消费品、儿女结婚和养老。质量好、群众信得过的耐用消费品在 1985 年供不应求，有的长期缺货，群众有钱买不到东西，这就迫使居民不得不储蓄。从价格上看，1985 年对耐用消费品价格控制很严，多次进行这方面价格的检查，因而它们的价格上升幅度很小，对群众的压力不太大，所以没有形成抢购之风，没有减少储蓄。至于用于儿女结婚和养老的储蓄，也绝不会因为价格上升幅度较大，而改作他用，甚至抢购暂时用不着的东西。假若居民的储蓄主要是为了解决吃饭问题，而在食品价格大幅度上升的条件下，储蓄就可能大幅度减少，而不会增加。所以，要从居民储蓄结构上、而不能笼统地用储蓄的增减来分析和说明群众对价格上升的承受能力。1985 年储蓄的增加，并不能说明群众对价格上升幅度超过利率还具有承受能力。我们宁可说，在 1985 年价格大幅度上升的条件下，储蓄的增加具有被动性。

总之，从各个方面分析，群众对价格改革的承受能力是有限的，不大的。与此相适应，价格改革的步子不能太大，仍要继续贯彻小步走的方针。要在总体规划下，积小改成大改，而大改必然成功。

（原载《社会科学评论》1986 年第 6 期）

八年中国价格改革小结与展望

一　价格改革的起因

中国原有的价格体系（价格结构）很不合理：（1）农副产品收购价格偏低，尤其粮食收购价格从 1966 年到 1978 年基本未动，普遍存在种粮亏损问题。（2）工业品比价不合理，部分能源、原材料价格偏低，部分加工工业品价格偏高。如 1979 年县及县以上国营工业企业的资金利润率，在能源、原材料部门中，煤炭为 2.1%，铁矿为 1.6%，水泥为 4.4%，化工原料为 3.2%，木材为 4.8%，而在加工工业部门中，橡胶加工为 44.9%，染料油漆为 38.4%，手表为 61.1%，自行车为 39.8%，化学药品为 33.1%。（3）建筑产品价格不完整，成本就是价格，不含利润。（4）交通、城市、公用事业、服务行业价格偏低。全国 273 个城市每年收回的房租仅为房产管理和维修费的四分之一。（5）价格补贴量大。1971—1980 年国家用于价格补贴金额为 1908.9 亿元，相当于同期财政收入的 22%。

使价格体系严重扭曲的原因是多方面的，其中重要原因之一是价格管理体制过分集中，价格形成机制十分僵化。主要表现是：（1）产品和劳务的定价权集中在政府特别是中央政府手中，企业没有定价权；（2）价格形式单调，计划固定价格占统治地位；（3）价格管得过死，价格一经制定，就很难重新调整。调整一次价格，往往需要 3—5 年时间。

不合理的、僵化的价格，不利于社会资源的节约，无法正确评价企业和部门的经济效益，阻碍技术进步，妨碍国民经济按比例发展，也难以发挥市场机制的作用。因此，改革价格势在必行。

二 价格改革的内容和进程

在价格体系方面，从 1979 年至 1985 年进行了六次全国范围的较大的价格调整：

1. 从 1979 年起大幅度提高粮食、棉花等主要农副产品收购价格。农副产品收购价格总指数 1979 年比 1978 年上升 22.1%，1985 年比 1978 年上升 66.8%。

2. 在农副产品收购价格提高的同时，1979 年提高了城市 8 类副食品及其相应制品的销售价格，提高幅度为 30% 左右，并相应地提高了 40% 职工的工资和发给每个职工副食品提价补贴。

3. 从 1979 年起，陆续调整了煤炭和部分重工业产品出厂价格：原煤提价 30.5%，生铁提价 33%，钢材提价 20%。

4. 1981 年 11 月提高烟酒价格，降低涤棉布价格。1983 年 1 月再次降低涤棉布价格，同时提高纯棉布价格。提价和降价幅度一般在 20% 以上。

5. 1984 年调高铁路货运价 21.6%，调高水运货价 56.7%，调高水运客票价 40%。1985 年进一步提高了铁路短途运价。

6. 1985 年取消了农副产品统购派购，粮食实行合同收购价，同时放开生猪收购价格，放开城市蔬菜等副食品价格。

在价格管理体制方面，几年来扩大了地方政府的价格管理权，将一部分定价权下放给企业，缩小了国家计划价格的范围，扩大了市场机制参与价格调节的范围，具体说来，有这样几项改革：

1. 在农产品价格上，除国家合同定购的粮棉油以外，大部分农副产品收购价格已放开。据有关部门统计，在农民出售农副产品总额中，国家定价（包括加价）部分的比重，已由 1978 年的 92.6%，降低到 1985 年的 37%；国家指导价格部分的比重已由 1978 年的 1.8% 上升到 1985 年的 23%；市场自由价格部分的比重已由 1978 年的 5.6% 上升到 1985 年的 40%。

2. 轻工业品中的纺织品和工业生产资料中的机电产品基本上取消了国家计划固定价，实行浮动价。

3. 工业消费品中的小商品价格已全部取消国家计划固定价，全部实行市场自由价，即全部放开了。

4. 能源、原材料等生产资料价格逐步走上了调（有计划调整）与放（实行市场调节）相结合的"双轨制"价格改革的道路。

由于进行了以上改革，中国的价格体制发生了重大变化，开始走出传统的计划固定价格模式，形成具有中国特色的"板块—双轨"制价格过渡模式。所谓"板块"制，就是不同产品具有计划固定价、浮动价和自由价等几种并行的价格形式。在 1984 年以前的价格调整，基本采用了这种"板块"模式。从 1984 年开始了同一种产品价格调与放同时进行的新的价格改革模式，即"双轨"制模式。所谓"双轨"制，就是指同一种产品计划内部分实行计划固定价，计划外部分实行市场自由价。

三　价格改革的成果与问题

七年来的价格改革取得了很大成绩。旧的不合理价格体系下的企业苦乐不均状况有所缓和，一些亏损行业开始盈利；工农业产品价格"剪刀差"有所缩小；品质差价、地区差价和季节差价有所扩大；价格补贴的品种和金额有所减少；价格部分地开始成为调节生产、流通、投资和消费的一个重要参数。农产品价格的调整促进了农业生产的发展，使我国主要农产品从依靠进口变为粮食已经自给、棉花自给有余。工业消费品价格改革促进了工业生产发展，许多最主要的产品基本上满足了人民生活需要。工业生产资料价格改革增强了企业活力和竞争能力，也为理顺价格体系起到一定的作用。

中国的价格改革尽管取得了显著成绩，但是仍然存在着许多问题，在价格体系上还有严重扭曲的现象，能源、交通、通信等基础设施和某些基本原材料计划价格偏低，而市场自由价格畸高，例如，钢材每吨计划价格 600 元，而市场自由价高达 2000 元左右；房租过低，粮油购销价格"倒挂"以及部分公用事业收费很低，使国家财政要拿出巨额资金用于价格补贴，在价格形成机制方面，有些可以放给企业的价格权，或者可以由地方政府调整和管理的价格，还没有放下去，仍然统得过多，集中过多；计划固定价格的部分在工农业总产值中的比重至今仍占 40%—50%，还偏大。市场零售物价总水平上升速度加快，与上年相比，1981 年上升 2.4%，1982 年上升 1.9%，1983 年上升 1.5%，1984 年上升 2.8%，1985 年上升 8.8%，1986 年预计在 6% 以上。对于物价的上升，低收入居民反映强烈。

四　价格改革的展望

当前，在中国，计划固定价格、浮动价格和市场自由价格三种价格形式并存。今后将以何者为主体？有三种意见。第一种认为应以计划固定价格为主体，浮动价格为辅助，市场自由价格为补充。这种价格模式实质上仍是传统的价格体制；第二种认为应以浮动价格为主体，市场自由价格为辅助，计划固定价格为补充。这种价格模式的问题在于，国家规定浮动价格的基准价和浮动幅度，难以摆脱计划固定价的内在痼疾；第三种认为应以市场自由价为主体，浮动价格和计划固定价格为辅助。这种价格模式符合有计划商品经济的要求，符合整个经济体制改革的长远目标。因此它是中国价格改革比较理想的目标模式。

中国的价格改革不能"毕其功于一役"，不能"一揽子"解决，要有计划、分步骤进行。下一步的改革从何入手？有的认为应从解决粮油购销价格倒挂和房租过低入手，从而解决财政对价格的补贴问题。多数经济学家认为应从生产资料价格改革入手，解决能源、交通、原材料等基础产品价格低的问题。现在正按后一种意见制定改革方案，准备明年和后年在生产资料价格改革方面迈出较大的步子。

（写于 1986 年 9 月 20 日，系首次公开发表）

价格改革促进了生活的改善

　　我国八年来的价格改革尽管还有这样那样的缺点和不足，甚至还有比较严重的问题亟待解决。但是，总的说来，它还是成功的，至少基本上是成功的。成功之一就在于它促进了人民生活的改善。

　　人民生活的改善取决于多种因素。首先取决于社会生产的发展，特别是消费资料生产的发展。在生产发展一定的条件下，人民生活水平主要取决于居民货币收入和商品零售价格这两个因素。若商品零售物价不变，居民货币收入越多，生活水平也就越高，这是一种正比例的关系。当居民货币收入一定时，物价水平与人民生活水平则成反比。这时，物价水平的下降，反映着生活水平的提高；物价水平的上升，意味着生活水平的下降，面对这些复杂的经济关系，人们往往缺乏全面的观察与正确的认识，容易产生片面性，或者忽视收入增加使生活水平提高的现象，而仅仅根据物价的上升断言生活水平下降；或者忽视物价上升对人民生活的影响，而仅仅根据收入增加而断言人民生活水平的提高。这两种片面性在现实经济生活中都存在。只不过前一种片面性目前较多，已经成为某些人非难价格改革的口实，很有必要着重对它解剖一下。

　　价格改革以来，我国的商品零售物价总水平是上升的，上升的速度不仅高于过去二十多年的速度，而且似有加快之势。全国零售物价总指数1978年为100，1986年达到135.8，平均每年上升3.9%，显著高于1950—1978年平均每年递增0.95%的速度；按年度看，1979年2%，1980年6%，1981年2.4%，1982年1.9%，1983年1.5%，1984年2.8%，1985年8.8%，1986年6%。尽管增长的速度高低有起伏，但有加速之势。对物价上升这个事实，我们要承认。同时，还要看到这种上升对人民生活有影响。以1986年来说，社会商品零售总额已达4950亿元，物价上升 1%。意味着消费者多支出 50 亿元；价格上升 6%，则意味着消费者多支出 300 亿元，这是个不小的数字。因此，应尽可能控制物价上升的幅度，力求使它小一点。任何轻视物价上升对人民生活影响的观点都是不妥的。

在肯定物价对人民生活有影响的同时，能否得出价格改革降低了人民生活或是妨碍了人民生活水平提高的结论呢？不能。恰恰相反，价格改革促进了人民生活的改善。

在我国 10 亿多人口中有 8 亿农民。价格改革是否促进了人民生活水平的提高，应当首先看价格改革对农民生活有何影响。全国农民的消费水平由 1978 年的 132 元增加到 1985 年的 324 元，增长了 1.5 倍，大大超过以往任何时期的增长速度。这样大幅度的提高，一靠农业生产的发展，即农产品数量的增加；二靠国家提高了农产品收购价格，改革了农产品价格体制。1979—1985 年期间，按 1978 年价格计算，全国农副产品收购价格的总水平提高了 66.8%，农民因此增加收入 2304 亿元，平均每个农民增加收入 278 元。同一时期，全国农村社会商品零售价格提高了 23.5%，农民因此增加支出 870.4 亿元，平均每个农民增加支出 104.8 元。其中，消费品价格提高了 23.5%，农民因此增加支出 634 亿元，平均每个农民增支 76.3 元；农业用工业生产资料价格提高 23.6%，农民因此增加支出 236.4 亿元，平均每个农民增加支出 28.5 元。收支相抵，农民净增加收入 1433.6 亿元，平均每个农民增加 172.7 元，占全部新增收入的 62%[①]。这就是说，农民的新增收入以及由此而提高生活水平的大部分是靠农产品收购价格的提高和农产品价格体制的改革而得到的。还应当指出，农业生产的发展，即农产品数量的增加，固然是由科学技术、党的农村政策等多种因素促成的，但不可否认其中也有价格的功劳。如果不改革农产品价格体制，不提高农产品价格，试问：8 年来农产品的数量会大幅度增加吗？农业生产能高速发展吗？由以上分析可知，农产品价格改革通过两条途径促进农民生活的改善：一是改变了农产品收购价格偏低的问题，或者说，农

---

① 郭世勤、王志孝：《1979 年以来商品价格政策与购销政策对农民收入与支出影响的基本估计》，《成本与价格资料》1987 年第 6 期。

产品收购价格的上升，使农民直接增加了收入，进而提高了生活水平；二是农产品价格改革与其他改革一起促进了农业生产的发展和农产品数量的增加，农民由此增加了收入，进而改善了生活。将以上两方面综合起来观察，可以毫不夸张地说，8 年来农民收入的增加和农民生活的改善，主要依靠农产品价格的改革以及由此而形成的农产品价格的上升。

有人说，价格改革富了农民，苦了职工。在他们看来，价格改革只有利于农民生活的改善而不利于职工生活的改善，甚至降低了职工生活水平。这种看法也不妥。价格改革既有利于农民生活的提高，也促进了城市职工及其家庭生活的改善。目前，在城市居民家庭生活消费中，仅吃的一项就占一半以上，而吃的东西是农业提供的。如果再加上穿的和用的来自农业的部分，可以说，城市居民生活消费品的 70% 左右来自农业。在我国，城市居民生活如何，基本上是由农业决定的，如上所述，价格改革促进了农业生产的发展，而农业的发展为城市人民生活的改善奠定了基础。在这种意义上，难道不可以说价格改革促进了城市居民生活的改善吗？我们不会忘记，从 50 年代末至 70 年代末的近二十年中，虽然物价较为稳定，但农业处于停滞状态，各种农产品匮乏，"票证满街飞"，人民生活不仅没有提高，反而受票证的限制而产生诸多不便。价格改革 8 年来，随着农业生产的发展，城市居民消费的农产品大量增加，即使最普遍的瓜子、花生过去每人每年凭证供应二两或半斤，而今天瓜子、花生哪里没有呢？再没有人为这样的食品发愁。票证基本上取消了，这本身就说明了农产品增加了，城市居民生活改善了。让我们再从城市消费品价格改革来看看，这方面的改革主要有：放开小商品价格，放开蔬菜和主要副食品价格，放开自行车等 7 种工业消费品价格。这些改革措施虽然还有需要进一步完善的地方，但总的来说，方向是对的，是成功的。成功主要表现在工商企业增强了活力，促进了生产发展，活跃了市场，改善了人民生活，减少了国家财政补贴，这些成就无疑有利于人民生活的改善。当然，这些消费品价格的改革，使物价水平明显上升，居民因此而增加了支出，这是必须肯定的事实。不过也要承认，一般说来居民收入的增长速度高于价格上升的速度，居民生活水平还是逐步提高的。所以，价格改革并没有影响人民生活水平的提高。

据各地调查，近几年来在城市居民中，有 5%—10% 的人生活提高很慢或没有提高，甚至有所下降。这些情况形成的原因是多方面的，单纯归于价格改革是不公平的。马克思曾经指出，商品、货币是天生的平等主义者，而作为商品价值货币表现的价格必然具有平等性。在价格面前人人平等。不管什么人，必须按价格支付，否则，不能取得商品。所以不管生活是富裕的，还是困难的；是上升的，还是下降的，这些情况形成的原因不在价格方面，而在居民收入方面。扩大收入差距后，有的人收入较多，有的人收入较少。收入增加较少的人与收入增加较多的人相比，在价格面前自然感到不平等，对价格产生意见，甚至不满。这些人不理解，在价格这个天生的平等主义者面前之所以出现不平等，是因为社会分配模式发生了转换。在一种分配模式替代另一种分配模式时，社会各阶层的收入不可能同步前进，这就会形成生活上的差距。目前，生活上的差别既不是价格改革造成的，也不能用价格改革去解决。只要收入的差异性与价格的平等性这对矛盾存在，就会有非难价格的人。某些发达国家为了解决这个矛盾，针对收入的差异性，在某些商品上采用不同的价格，即用价格的差异性解决收入的差异性。我国目前的收入差距还比较小，没有达到发达国家那样的程度，还不需要从价格方面去寻找解决生活差别问题的途径。对于生活水平下降或生活有困难的人，要给予补助或社会救济。

"宁愿不提工资，也不要物价上涨。"这是某些人不切实际的幻想。物价上升虽然不是客观规律，但在我国目前条件下实在难以避免，在相当大的程度上具有客观必然性。原来我国的农产品、矿产品以及能源价格偏低，阻碍这些产业的发展。如今要解决这个问题，必须提高这些基础产品的价格。这些产品价格的提高又遇到了加工企业消化能力弱的问题。企业消化不了，发生层层转移，推动着零售价格总水平上升。再加上货币发行过多，国民收入超分配，不少商品供不应求等因素，要想使价格总水平不上涨，那是根本办不到的。在价格上升面前，要保证人民生活不仅不下降，还要提高，就必须使居民货币收入增长速度超过物价上升的速度。价格改革以来，我国正是这样做的。1986 年每个职工的年平均工资 1332 元，比 1978 年的 614 元增加一倍多，扣除物价上升因素后，1986 年每个职工的年平均实际工资比 1978 年增加 51.1%。

　　价格改革"负效应"论一度颇为流行。这种观点认为改革对人民生活产生影响，只有负效应，没有正效应。这种观点只片面强调了价格改革中难以避免的价格上升与人民生活水平提高相矛盾的方面，而没有看到二者统一的方面。价格上升所起的作用往往是二律背反的。一方面它限制消费，另一方面它又促进生产，而生产的发展又有利于消费。对于这种双重作用，不能只看到前者，或者只宣传前者，而否定或贬低后者。作为消费者个人，往往只体会到价格上升的不利方面，而作为生产者个人，又常常只体会到价格上升的有利方面。我们应成为全面论者，充分利用价格与消费的统一性，使价格与消费之间形成良性循环，不断克服人们心目中的负效应，扩大正效应。

　　还有一种现象值得注意，有些人在家庭内作为消费者埋怨价格上升，而在工厂或商店里作为生产者或经营者又埋怨价格太低，千方百计地提高自己商品的价格。同一个人，对价格持两种截然相反的态度，这说明了什么呢？说明我们有些同志还不理解价格与生活消费的辩证关系。人既是消费者，又是生产者或经营者。如果在外要求提价，切断价格与消费之间的关系，而回到家里又期望降价，把价格与消费拉在一起，岂不有点实用主义的嫌疑吗？我们希望一切商品的生产者和经营者，制定自己的商品价格时，一定要从消费出发，多想想自己这个消费者，多想想千百万个消费者。

（原载《成本与价格资料》1987 年第 17 期）

论粮食收购价格双轨制的新阶段

在 8 年来的价格改革中，尽管我们十分关心粮食收购价格，使 1985 年的粮食收购价格比 1978 年提高 101.7%，但是，粮食收购价格却由 1978 年的"锅底"，又回到 1987 年的"锅底"，这成为人们焦虑的问题。这个问题难道不发人深省吗？本文是作者近来反省的结果。

一

粮食收购价格由"锅底"到"锅底"的主要原因是价格方面的双轨制。为说明这一点，不妨先回顾一下历史；总结一下双轨制的经验教训。

新中国成立以来，粮食收购价格一直存在双轨制。不过，随着主客观条件的变化，它在各个历史时期呈现出明显的差异。形成既有联系又相对独立的几个阶段，在每个阶段上又独具特色。第一阶段，从 1949 年至 1953 年。在这个阶段上，个体生产者像汪洋大海。而全民所有制国营农场和集体所有制的农业生产者则刚刚诞生，为数甚少。与生产关系的这种状况相适应，对个体和集体所有制农业生产者的粮食实行市场收购和市场自由价格，对全民所有制农业生产者的粮食则实行计划收购和计划价格。显然，这个阶段上的粮食价格的双轨制，是以不同所有制区分的。故可称为所有制异型双轨制。这个阶段上的计划轨极其微弱，还不可能与市场轨发生严重摩擦。

第二阶段，从 1954 年至 1978 年。1953 年开始的大规模、有计划的经济建设，使粮食的供求矛盾趋向尖锐，客观上要求对粮食实行计划收购和计划价格。同时，随着农业社会主义改造的全面展开，个体农民大批成为集体农民，为粮食收购全面转向计划轨道提供了社会条件。根据需要和可能，国家从 1953 年 10 月起对粮食实行统购制度。这种制度的实质是将粮食的收购和价格完全置于计划的轨道上。可是，即使在统购统销最严格的时期，农民也在集市贸易中出售一部分粮食；当集市贸易被取消后，也还存在着"黑市"，而粮食则是"黑市"交易中的主要商品之一。所以，在这个阶段上，粮食的绝大部分在计划轨道上运行，而少量的在市场轨道上运行。不过，这个时期的市场轨道是隐蔽的、暗含的，只有计划轨道才是正大光明的。故可把这个阶段上的粮食价格双轨制称为阴阳型双轨制。

第三阶段，从 1979 年至 1984 年。在党的十一届三中全会精神指引下，市场机制的作用日益强烈地渗进粮食价格中，而计划的作用则从粮价中逐渐削弱。在这个阶段上，粮食统购部分实行计划价格，而市场部分则实行议价和自由价格。由于把粮食截然分割成统购部分与市场部分，把粮价分成计划价与市场价两种，所以，可把这种情况称为板块双轨制。在这种制度中，高于计划价的市场价，不仅把农民，也把农村基层干部引向追求市场价，迫使统购的粮食年年减少，难以保证国家的粮食需要。这就是说，粮食价格双轨制之间的矛盾猛烈地冲击着统购制度，使之面临灭顶之灾。

第四阶段，从 1985 年至今。根据粮食形势的发展，国家决定从 1985 年起废除粮食统购制度，而实行合同定购制度。在这种制度下，合同定购与市场收购并行，即国家以合同形式按规定价格收购一部分，合同定购以外的按市场自由价格购进。这种办法亦称"死一块、活一块"。但是，又不能把这种办法简单地称为板块双轨制，因为合同收购部分的价格不再是以往的统购价格，而是比例计价。所以，可把这种制度称为板块—比例双轨制。在这种制度中，合同价与市场价的矛盾依然严重存在，市场价极其顽强地冲击着定购合同，使合同难以立足。

粮食统购制度为什么被冲垮？粮食合同定购制度为什么难以推行？根本的原因在于两种价格机制的矛盾与摩擦。不论是过去的统购价格，还是今日的合同定购价格，都是计划价格。这种计划价格与市场价格既有统一的方面，又有矛盾的方面。在粮食供不应求的条件下，市场价必然高于计划价，两种价格之间的矛盾必然愈演愈烈。粮食的计划价与市场价之间的"差区"越大，合同越难实行。

　　实践证明，在粮食收购价格中，不宜长久地置入两种不同的运行机制，不宜采取多种价格形式。可是，近几年来，我们在议论粮食收购价格（以及全部农产品价格）改革时，总是把精力放在几种价格形式之间的比例上，不是争论以哪种价格形式为主，就是争论哪种价格形式应占多大比重。现在看来，这种思路行不通，只要在粮食收购中保留两种价格形成机制，保留多种价格形式，它们总是不以人们的意志为转移，经常发生矛盾，并使矛盾日趋尖锐，导致经济生活紊乱。

　　几年来农民强烈地要求提高粮食收购价格，要求粮食的计划价格向市场价格看齐，或者说要求实行市场价，废除计划价。如果我们顺应了农民的这个要求，粮价不会从"锅底"又到"锅底"。可是，我们在粮食收购价格方面，却把计划价定得低于市场价，又企图以计划价压住市场价。尽管粮食的市场价不甘居下，像洪水一般冲击着合同定购制度，冲击着合同价格，然而冲不出牢笼，带不起计划价格。所以，整个粮食收购价格必然偏低。显而易见，粮价的双轨制是粮价由"锅底"到"锅底"的根源。

　　寻求粮价由"锅底"到"锅底"的根源，绝不能仅限于粮价的双轨制，还应把视线扩大到整个农产品价格的双轨制。在全部农产品中，粮棉油以及木材等少数基本生活资料仍保留着计划收购和计划价格，而绝大多数农产品则已放开，实行市场收购和市场价格。几年来，放开了的市场价格上升较快，而粮食的计划价则上升较慢。所以，粮价相对价低。正像有的同志所说，捆住的当然赶不上放开的，粮价不在"锅底"才怪哩！

二

　　马克思指出："问题和解决问题的手段同时产生。"[①] 以上的分析说明，粮价以及全部农产品价格的双轨制是粮价由"锅底"到"锅底"的根源。这就是说，要使粮价走出"锅底"，必须从双轨制上开刀，从双轨制上寻找解决问题的手段。

　　在我国今后相当长的历史时期内，粮食的双轨制是不可避免的。所以

---

① 《马克思恩格斯全集》第23卷，人民出版社1972年版，第106页。

对双轨制不能简单地否定，而应加以改造，使之进入新阶段，以促进粮食生产。

如何改造粮食的双轨制？首先要从粮食收购领域中的主要矛盾出发。粮食收购领域中的主要矛盾是粮食的使用价值与价值的矛盾，在粮食收购问题上，国家与农民的矛盾，工业与农业的矛盾，城市与农村的矛盾都集中反映在粮食的使用价值与价值的矛盾上。国家总希望以较少代价取得较多的粮食，或者说，以较少的价值取得较多的使用价值，而农民则与此相反，总想以较少的粮食取得较多的收入，或者说，以较少的使用价值换回较多的价值。在工业与农业，城市与农村的关系上，亦是如此。不论哪个工业企业，当它需要从农民那里获得粮食时，总想以较少的代价取得较多的粮食，或者说，以较少的价值取得较多的使用价值，而农民则相反，总想以较少的粮食取得较多的收入，或者说，以较少的使用价值换回较多的价值。基于这种情况，只有抓住粮食收购领域中的主要矛盾，正确处理粮食的使用价值与价值的关系，才能顺利地解决粮食收购价格问题。可是，过去我们探索粮价改革的途径时，总是在几种价格形式之间的关系上做文章，也就是说，总是在价值的范围内兜圈子，而没有突破价值的框框，抓住价值与使用价值的矛盾，寻求这个矛盾的解决办法。毛泽东同志曾经深刻地指出："研究任何过程，如果是存在着两个以上矛盾的复杂过程的话，就要用全力找出它的主要矛盾。捉住了这个主要矛盾，一切问题就迎刃而解了"。"万千的学问家和实行家，不懂得这种方法，结果如堕烟海，找不到中心，也就找不到解决矛盾的方法。"[1] 在粮食收购价格问题上，我们曾经苦思冥想，拯救粮价出"锅底"。结果，事与愿违，粮价又回到"锅底"。这说明，我们没有抓住粮食收购领域中的主要矛盾，没有找到科学的方法。

任何一种粮食，作为商品，都是使用价值与价值的矛盾对立统一体。这种矛盾的统一性在于，使用价值与价值互相依存，互为条件，并在一定条件下相互转化。这种矛盾的对立性在于，使用价值与价值互相排斥、不可兼得。农民要想获得粮食的价值，必须放弃粮食的使用价值，并让渡给

---

[1] 《毛泽东选集》第1卷，人民出版社1952年版，第310页。

国家；反之，国家要想取得农产品的使用价值，必须把价值让渡给农民。在农民与任何的需要粮食企业之间都是如此。这些情况表明，在交换过程中，粮食的使用价值与价值按照各自的独立运行轨道不断地进行着逆向的运动。尽管粮食的使用价值及其运动过程与粮食的价值及其运动过程之间存在着千丝万缕的联系，但是它们却各自具有相对的独立性，具有不同的运动规律和特点。粮食使用价值的恒久性以及它对国家的实用性，使计划机制宜于在粮食的使用价值及其运动过程中活动，具有生命力；粮食价值的易变性以及它对农民的有用性，使市场机制适于在粮食的价值及其运动过程中活动，并充分发挥其作用。从这种情况出发，应把粮食的使用价值及其运动放在计划的轨道上，把粮食的价值及其运动放在市场的轨道上。这样的双轨制可称为使用价值与价值的双轨制。这就是我国粮食价格双轨制即将进入的新阶段。

在有计划的商品经济中，解决计划与市场的结合这个重大问题时，要从实际情况出发，具体问题具体分析。有时按产品区分，有些产品宜于放在计划轨道上，而另一些产品则宜于放在市场轨道上；有时按生产资料所有制性质区分，全民所有制企业的产品宜于放在计划轨道上，而个体所有制企业的产品则宜于放在市场轨道上；有时按企业规模大小区分，大中型企业宜于放在计划轨道上，而小型企业则宜于放在市场轨道上；有时按产品序列区分，基础产品宜于放在计划轨道上，而中间产品和最终产品宜于放在市场轨道上。对于粮食这种商品来说，完全靠市场调节不行，单纯靠计划调节也不行，必须由这两种机制来调节。如上所述，在粮食收购这个领域内，过去计划机制与市场机制经常发生矛盾和对立，搅乱正常的经济生活秩序。现在看来，针对粮食的特点，为了实现计划与市场的有机结合，还需要划定计划、机制与市场机制各自的活动范围。尽管这被视为板块式，而不是渗透融合式，也是目前所能寻求到的较好办法。根据这样的认识，粮食的使用价值靠计划运行，而粮食的价值（价格）靠市场运行，可能是行得通的。如果我们管住粮食的使用价值，而放开粮食的价值（价格），那就抓住了粮食收购领域中的主要矛盾。既可满足国家对粮食使用价值的需要，又可满足农民对粮食价值的需要，可能形成具有中国特色的粮食收购价格制度。

　　粮食使用价值与价值双轨制的形成，并不是偶然的，它是我国农业生产关系变革的结果。当前，我国农业生产关系最显著的特征是所有权与经营权的分离。这是农产品收购价格双轨制的客观基础。农业的主要生产资料是公有的。国家的土地、集体的大型生产资料要求粮食仍要受国家控制，在使用价值上必须满足国家的需要。农业的主要经营管理权又是家庭的或个人的，应该把粮食价格权交给农民。国家掌握粮食的使用价值，农民利用粮食的价值，具有定价权。这正是农业生产关系中所有权与经营权分离在价格领域中的反映。

　　把粮食的使用价值放在计划轨道上，由计划机制调节其运行，可能争议不大。而把价值（价格）放在市场轨道上，靠市场机制调节其运行，则可能成为颇有争议的问题。为此，想再多说几句。把一种产品的价格放在两种不同的运行轨道上，由计划与市场（还有行政）来调节，不论在粮食中，还是在工业生产资料中，都日益显示出严重的问题。价格双轨制不能久留。要尽快二者归一。在理论工作者面前的重要任务之一就是要进一步探索由目前的粮食价格运行机制和价格形式多元化向单一化过渡的可能性以及具体途径。在粮食价格问题上，向单一化的运行机制和价格形式过渡有两种可供选择的途径：一是计划机制和计划价格形式；二是市场机制和市场价格形式。选择哪一种？不能单凭主观愿望，要从我国农业生产关系的实际情况出发。在农业社会主义改造之前，与当时农业生产的个体经营相适应，粮食的收购依靠市场机制，采取市场价格形式。农业合作化尤其是公社化之后，与农业生产的集体经营相适应，粮食的收购依靠计划机制，采取计划价格形式。目前，农村全面实现了以家庭为单位的联产承包责任制，集体生产和集体经营已经很少了，而个体生产和个体经营有了很大发展。与生产关系的这种大转变相适应，粮食的收购应该依靠市场机制，采取市场价格形式。如果说，农业合作化以后粮食收购中的计划价格形式是对 50 年代初期市场价格形式的否定，那么目前的市场价格形式则是对统购中的计划价格形式的否定。这个否定之否定，是生产关系变革的结果，又是历史进步的象征。

三

在粮食收购价格制度上，由目前的板块—比例双轨制向使用价值与价值双轨制过渡，要经历一个过程，要做许多工作。大家知道，50 年代中期，粮食由市场收购和市场价格转向计划收购和计划价格时，各方面做了大量工作；1985 年废除统购，改成合同定购时，我们又做了许多工作。可见，实行粮食收购制度和收购价格的转轨，并非轻而易举。今后，要把我国的粮食收购置于使用价值与价值的双轨制之上。务必准备做更多的工作。仅就目前认识，主要应抓住以下几个问题。

第一，在理论上和思想认识上要突破传统体制下的任何商品的使用价值与价值只能由单一运行机制调节的观念。在旧体制下，任何一种商品的使用价值与价值都只能放在一种轨道上，靠一种机制来运行。比如说，计划调拨的钢材或煤炭，其使用价值放在计划轨道上，而价值亦必须放在计划轨道上，实行固定计划价格，这就是说，计划调拨与计划价格结下了不解之缘。反之，市场上自由买卖的任何一种消费品，其使用价值放在市场轨道上，而价值也必然放在市场轨道上，实行市场自由价格，这就是说，市场买卖与市场价格结下了不解之缘。这是道道地地的板块—比例双轨制，它把计划与市场的关系限制在商品与商品之间。应该把计划与市场的关系再往前发展一步，使其深入到每一种商品内部，而不能停留在一种商品与另一种商品之间的关系上。把计划与市场的关系引入粮食这种商品的内部，将粮食的使用价值放在计划轨道上，而粮食的价值（价格）放在市场的轨道上。这是计划与市场关系的进一步发展。在这种情况下，实行计划调拨的粮食可以实行市场自由价，或者说，实行市场价的粮食可以进行计划调拨。过去把价格作为附属品依附在购销体制之下。凡指令性计划调拨的产品（钢材、煤炭、粮食等），都只能实行固定统一的计划价格；而凡自由购销的产品（手表、收音机、家具等），都只能实行市场自由价格。现在我们强调价格的独立作用，不让粮价依附在购销体制之上。而使粮价与购销体制二者并驾齐驱，各自独立发挥作用。当然，这种观点同样适用于像钢材、煤炭等计划调拨的生产资料方面。

第二，用科学的严密的计划管住粮食的使用价值。粮食是宝中之宝，是国民经济基础的基础。对于有十亿以上人口的我国来说，粮食有特别重要的意义。千方百计地满足城乡居民以及各行各业对粮食的需要，是一项十分艰巨的任务。为了完成这样的任务，首先要在粮食方面施行极严密的计划。粮食的购、销、调、储、加诸环节都应该执行指令性的计划。仅收购方面来说，国家计划机关要本着节约用粮的原则，核准各方面对粮食的需要量。根据需要和各地粮食生产的条件，向地方计划机关下达指令性的粮食收购任务。层层下达到乡政府之后，乡人民政府代表国家与农民签订粮食收购合同。在合同中要明确规定农民必须卖给国家的粮食品种、数量和质量以及奖罚的条件。反过来，根据与农民签订的粮食收购合同，各级计划机关再由下而上地修改自己的粮食收购计划。经过先上后下和先下后上这样两个过程，将会形成科学的严密的粮食收购计划。用这样的计划可以管住粮食的使用价值。

第三，解放思想，放开放活粮食收购价格。与粮食的价值上的严密计划相对应的就是粮食价值（价格）上的放开放活。如上所述，粮食收购价格上的多轨制和多种形式已暴露出严重的问题，应该尽快向单一的市场轨道和市场价格过渡。在货币制度方面，虽然在某些国家名义上存在过复本位制，但实际上还是单本位制。价格方面亦是如此，虽然存在多种价格形式，但真正起作用的只有一种。在粮价方面，尽管有合同价与市场价之分，但如果合同价低于市场价，合同价就难起作用，真正起作用的还是市场价。国家为了保住合同价，避免以较高的市场价购入粮食，常常用低价的化肥、柴油等（准确说，用这些商品的市价与计划价之差）去弥补粮食合同价与市场价之差，这在事实上还是承认市场价，而不承认合同价。与其让粮食的市场价在幕后起支配作用，还不如干脆让它出来，正大光明地起作用。粮食实行市场价后，如果不提高销售价，粮食经营部门的亏损会增大。这当然要由国家补贴。不过，这样补贴要比国家给化肥厂、柴油厂或化肥、柴油的经营部门的补贴好得多。过去实行工厂支农，把农机、化肥、柴油等的价格压低，以低价卖给农民。现在，这种政策越来越不利于工厂，妨碍企业成为相对独立的商品生产者和经营者，难以为继。有必要将工厂支农改成国家支农。既然国家支农，就要支在明处，不必经过化肥、农机、农药这些暗道去支农。

放开放活粮食收购价格，要分步分批进行。所谓分批，就是把粮食价格，按品种加以分类，一类一类地放开；所谓分步，可先放至省和自治区一级，然后再放至地区或县一级。在地区或县，应成立粮价评议委员会，由价格部门、粮食收购部门、工商管理部门、农业部门、粮农代表以及科研部门等参加。每年在粮食播种之前公布经粮价评议委员会评定的下个年度的粮食价格。如果粮食生产遇到特大自然灾害，经评议委员会复议，可提高一定幅度。当然，如遇大丰收，粮食生产超过了合同规定的数量，国家要保证按议定的价格收购。

第四，认真研究和学习某些城市放开蔬菜价格的经验。上面提出的管住粮食的使用价值，放开粮食的价值或价格，在某些同志看来，可能是奇谈怪论，不值一驳。可是，这样的做法在实践中还是不乏先例的。前几年某些城市在放开蔬菜价格时，却管住蔬菜数量（即蔬菜的使用价值）。这样做的结果，既放活了价格，又保证了居民对蔬菜的需要，受到好评。这样的经验值得注意。如果将它移植到粮食收购领域里来，很可能取得较好的成果。

（原载《成本与价格资料》1987 年第 15 期）

通货膨胀的经济效应问题

对目前我国出现的通货膨胀问题，有的同志认为它有百害而无一利，只具有负效应；有的同志则强调它的正效应，认为它是我国经济发展的一种推动力量。鉴于这种情况，有必要认真分析一下通货膨胀的经济效应问题，以决定取舍。

一　通货膨胀的收入分配效应问题

通货膨胀对居民货币收入具有强烈的分配效应。货币收入增长速度高于物价上升速度的那一部分居民将成为受益者，而货币收入增长速度低于物价上升速度的另一部分居民将是受害者。在我国，通货膨胀的受害者主要是事业单位中领取固定工资的职工及其家属、退休者和离休者，以及极少数靠利息和租金维持生计的居民；受益者主要是从企业利润中取得收入的人。通货膨胀的这种收入分配效应将加剧社会各阶层之间的矛盾，打乱已有的分配政策和分配关系。已有的分配政策和分配关系如果是正确的，经过通货膨胀的再分配效应，将成为扭曲的。如果现行的分配有毛病，对它们进行改革和调整就是了，何必又要借助通货膨胀去纠正呢？用通货膨胀的手段对居民货币收入进行一次再分配，不是破坏按劳分配原则，就是与正确的收入分配政策唱对台戏。

二　通货膨胀的财富分配效应问题

社会财富有实物财富与货币财富之分。货币财富又称可变价格资产，它包括手持现金、银行储蓄以及各种证券。这些货币财富的实在价值与通货膨胀率的大小成反比。在通货膨胀过程中，货币财富必然发生贬值，并发生价值的转移，可使一些集团的财富减少，另一些集团的财富增加。1987 年底，我国居民储蓄已超过 3000 亿元，手持现金已超过 1000 亿元，再加上国库券和其他债券，居民的货币财富估计可达 4500 亿元左右。在这种条件下，即使每年的通货膨胀率超过年平均利息率一个百分点，也将使居民的货币财富贬值 45 亿元之多，或者说，这 45 亿元将从居民那里经过银行转入国家。显而易见，通货膨胀是无偿剥夺的手段，是刮"共产风"的一员猛将。

有一种观点认为，不管物价上升多少，只要居民货币收入增长速度高于物价上升速度，居民就可以承受。实践证明，这种观点不够全面。它不仅忽视了居民货币收入增长的非均衡性，而且忽视了价格上升对居民货币财富贬值的效应。近几年来，货币收入增长速度超过物价上升速度的那一部分居民，虽然在收入上和生活上具有承受物价的能力，但是对其货币财富的贬值则叫苦不迭。这是物价呼声甚高的重要原因。通货膨胀对货币财富的分配效应，已引起相当一部分居民坐卧不安。

三 通货膨胀的经济增长效应问题

赞扬通货膨胀者无不断言，通货膨胀可以加快经济增长的速度，甚至认为通货膨胀是经济起飞的前提。他们的主要论据在于，在通货膨胀中，由于工资增长速度低于物价上升速度，工资的调整一般都滞后于物价的上升，可以借助于这两个因素把一部分消费基金转入积累基金，加速发展经济。这是 18 世纪和 19 世纪西方国家发展经济的一种"秘方"，而在今天的西方世界，它已经行不通了。强大的工会不允许也能够消除工资落后于物价的问题。所以，70 年代以来的西方的通货膨胀不仅不能加速经济的发展，反而与经济停滞结合起来，形成众所周知的"滞胀"。可是，有的同志还想把西方过去用通货膨胀刺激经济发展的"秘方"引进中国，这叫我们说什么好呢？西方好的东西我们一定要学会，而西方的历史垃圾一定要抛弃，切不可引进中国。我国是社会主义国家，人民当家做主。根本不必借助于通货膨胀从居民身上"暗拿"什么东西。如果资金紧张，要向人民说清楚，动员大家节衣缩食支援国家建设。通过国库券和储蓄这些手段动员了大批资金不是很好吗？为什么一定要偷偷摸摸地用通货膨胀这种非正当的手段去挖居民的"墙角"呢？

通过对通货膨胀的主要经济效应的分析，我们的结论是：必须坚决反对通货膨胀。当然，绝不会因为某人的反对，通货膨胀就销声匿迹。它是经济条件造成的。要消灭通货膨胀，必须改善经济环境。

（原载《财贸经济》1988 年第 3 期）

论社会主义初级阶段价格的若干特征

历史唯物主义认为，一切社会经济现象都根源于生产力与生产关系、经济基础与上层建筑的矛盾运动，价格当然也不例外。因此，本文试图从社会主义初级阶段的生产力与生产关系、经济基础与上层建筑的矛盾运动中寻求这个历史阶段上的价格的若干重要特征。

一

我国社会主义的初级阶段，是一个什么样的历史阶段呢？"它不是泛指任何国家进入社会主义都会经历的起始阶段，而是特指我国在生产力落后、商品经济不发达条件下建设社会主义必然要经历的特定阶段。"[①] 这就是说，社会主义初级阶段有两大特征，一是生产力落后，二是商品经济不发达。我们先分析前者对价格的决定作用，至于后者对价格的制约则放在本文的第二部分论述。

生产力是一切社会发展的最终决定力量，自然也是社会主义初级阶段价格的最终决定力量。生产力落后是社会主义初级阶段最根本最重要的特征。现阶段我国的生产力比旧中国有了巨大发展，但与目前发达国家相比，与未来社会主义更高阶段相比，仍然是落后的，甚至是相当落后的，这种落后的生产力内在地本质地、规定着社会主义初级阶段的价格是目前这样而不是另外的模样。像价格形成机制、价格运行机制、价格水平、价格结构、价格管理体制等，归根到底都是由生产力的状况决定的。不管我们观察与分析何种价格问题，制定何种价格改革方案，实施何种价格改革

[①]　赵紫阳：《沿着有中国特色的社会主义道路前进》，人民出版社 1987 年版，第 10 页。

的步骤与方式，都不能离开我国目前生产力落后的状况。对于生产力落后，我们是承认的，但是办起事来，有时就忘了。所以，从生产力落后的状况出发，来研究和考察我国的价格问题，仍然是要强调的。

我国生产力的落后表现在水平低和结构不合理两方面。生产力水平低决定着我国价格水平是低的，而不是高的，不可能在低生产力水平下形成高水平的价格。低水平的价格可能是社会主义初级阶段价格的首要特征。生产力结构不合理或者说畸形的生产力结构决定着初级阶段的价格结构是倾斜型的。这可能是我国社会主义初级阶段价格的另一个特征。对于这两个特征，让我们在下面作更详细的分析与研究。

低水平的生产力决定着低水平的价格。这是社会主义价格的一大中国特色。不论从生产力的两要素，还是从生产力的三要素来说，劳动者始终都是生产力最活跃最革命的因素。就劳动力这个生产力要素的数量来说，在世界上我国是无与伦比的，占有绝对的优势。要发挥这个优势而不是丢掉这个优势，并且要以这种优势去战胜其他国家的另外的优势，我们只能以廉价的劳动力，或者说以劳动密集型的产品，去参加国际经济大循环。日本、韩国、中国台湾地区和新加坡等都有这方面的成功经验。这就是说，在劳动力上，我们只能坚持低价政策。低工资、低物价是符合中国国情的，而高工资、高物价是行不通的，是违背中国国情的，是超越社会主义初级阶段的。如果这个前提能够成立的话，那么在价格方面将会引出一系列的政策。在消费品价格方面，由于劳动者的收入是低的，只能实行低价政策。若把消费品价格搞得很高（当然并不排斥个别品种的高价政策），离开了劳动者的低收入水平，群众生活将无法承受。所以，就消费品的价格水平来说，与发达国家相比，与中等发展国家相比，甚至与劳动力较少的发展中国家相比，我国只能在"低"字上做文章。这不仅是国内人民生活需要，也是对外出口的需要。我们一定要以劳动力和消费品的较低价格去占领更广阔的国际市场。在生产资料价格方面，与劳动者低收入相适应，尤其与消费品的低价政策相适应，我们也不能实行高价政策，不能把发达国家的高价水平引进中国。如果生产资料价格搞得很高，消费品加工企业消化不了，必然推进消费品价格大幅度上升，这与我国社会主义初级阶段的劳动力低价水平不相适应。鉴于以上情况，我们不能盲目地将国内价格与国际价格挂钩。在考虑是否或如何挂钩时，一定要注意发挥劳动力低价这个优势。相应的，原材料、能源价格也要低一些，以便于技术基础比较落后的我国加工工业产品在国际市场上有竞争能力。由于我们只能坚持劳动力的低价政策，所以对于价格总水平上升的幅度一定要从严控制。如果价格总水平每年上升很多，不用说二位数，就是百分之七、八、九，过不了多少年，我国的价格水平就会很高，那时将失去劳动力低价优势。同时，只有低工资收入的广大劳动者也承受不了。总之，生产力低水平决定着的价格低水平这个社会主义初级阶段价格的本质特征，将贯穿在价格领域的各个方位，又从不同的侧面表现出来。

如果说偏低是我国社会主义初级阶段价格水平的显著特征，那么倾斜就是我国社会主义初级阶段价格结构的明显特征。这个特征不是任何人的意志强加给价格结构的，而是根源于我国社会主义初级阶段的畸形的生产力结构。生产力结构决定着价格结构，有什么样的生产力结构，就有什么样的价格结构。只要存在着畸形的生产力结构，自然就使价格结构是倾斜型的。

社会主义初级阶段的生产力部门结构（即所谓的产业部门结构）的畸形突出地表现在农业的比重相当高。十亿人口，八亿农民，这是我国的国情。截至1986年底，农村集体和个体劳动者占全社会劳动者的比重仍高达74.1%，由农业所提供的食品在我国人民生活消费结构中仍然占50%以上。农业的这种举足轻重的地位决定了我国的价格结构向农产品价格倾斜，或者说，社会主义初级阶段的价格结构呈现出重农型的特色。所谓重农型的价格结构包含三层意义：（1）农产品价格在国民经济价格结构或价格体系中所占比重相对大，而其他产业部门的产品价格的比重相对小；（2）为解决工农产品价格"剪刀差"问题，农产品价格上升幅度大于工业品价格上升幅度；（3）解决农产品价格偏低问题，要比工业比重大农业比重小的发达国家解决类似问题更加困难更加长期。没有强大的工业做后盾，农产品价格问题是很难解决的。

从社会产品加工序列来说，有初级产品、中间产品和最终产品之分。在这种序列结构中，社会主义初级阶段的特点突出地表现在初级产品比重相对大，最终产品的比重相对小，这是社会再生产粗放型或外延式的集中表现。这个情况也将给价格体系或价格结构以重大影响。在社会产品加工序列结构中，初级产品价格的上升是必然的，这既是经济规律的驱使，又是自然规律作用的结果。它的这种上升，要靠中间产品生产部门和最终产品生产部门的消化。能否消化得了，不仅取决于中间产品生产部门和最终产品生产部门的消化能力，还取决于初级产品价格上升的幅度以及初级产品所占的比重。如上所说，我国初级产品的比重相对大，而价格水平由于过去太低而今后必然更多地上升，这就给中间产品部门和最终产品部门造成很大的压力。初级产品价格的比重相对大，而最终产品价格的比重相对小，这将使价格结构向前者倾斜。为改变初级产品价格原来偏低的状况，又必须使初级产品价格上升的幅度大于中间产品价格和最终产品价格上升的幅度，这又使价格结构向初级产品方面倾斜。说明了这两层意思之后，与发达国家相比，或者与未来社会主义更高阶段相比，把向初级产品价格倾斜定为社会主义初级阶段价格的一个特征，也许是能够成立的吧。从这一点出发，理顺初级产品同中间产品、最终产品之间的价格关系，对这几类产品的价格结构进行合理的调整，也是社会主义初级阶段必须解决的一个任务。

我国的生产力空间结构更是非均衡型的。它表现在东高西低，呈现梯度状态。任何国家的生产力布局都不可能使各个地区完全一样，也就是说，地区差别总是存在的。但是，我国的地区差别之大，东部、中部、西部之间的梯度之高，在世界各国中是少见的。再加上地区间交通不便，邮电通信落后，使地区间的不平衡性更加突出。这种局面将使我国的地区价格结构由东向西倾斜。自从改革开放以来，地区价格结构又由南向北倾斜。这就是说，在我国价格结构中东高西低，南高北低，可能是社会主义初级阶段价格上的一个特点。地区间经济上的差别可能要经过先扩大而后缩小的过程。与此相适应，地区价格结构上的差别也可能要经过这样的过程。社会主义初级阶段上地区价格结构的差别可能达不到缩小的阶段，因而将会呈现差别扩大的趋势。这与发达国家相比，与未来社会主义更高阶段相比，可能又有区别。

在初级阶段的生产力要素结构中，人力要素丰富，而物力要素不足，形成尖锐的矛盾。我国有丰富的劳动力资源，但生产资料不多，这就使劳动者的技术装备程度相对低得多。生产力要素结构的这种状况在整个社会主义初级阶段不会有根本性的变化。这种状况决定反映在价格结构上，也将使价格结构成为倾斜形的，表现在：在生产要素价格中，主观要素价格上升的幅度应相对小些，因而它的比重呈现下降趋势，客观要素价格上升的幅度应相对大些，因而它的比重将上升，这种情况目前尚表现得不够充分，随着经济的发展将日益暴露出来，也会为更多的人所认识。毋庸置疑的是，我国劳动力数量如此之多，而生产资料数量如此之少，如果开展竞争，将使后者的价格更多地上升，从目前城市土地这种生产资料价格的上升已经看出将来各种生产资料价格上升的势头。社会主义初级阶段生产力要素价格结构中，主观因素价格向客观因素价格倾斜，可能是个特点。

从以上对社会主义初级阶段生产力部门结构、序列结构、空间结构和要素结构的分析中可以看出，价格结构的倾斜性或者说倾斜型价格结构将是社会主义初级阶段价格的一个重要特征。这个特征是客观的，又是可以认识的，可以克服的。克服这种倾斜性，使各类价格协调起来，平稳地向前发展，将是价格改革的艰巨任务之一。

二

在生产关系方面，商品经济和国内市场不发达是社会主义初级阶段的另一个本质特征。这个特征从生产关系方面制约着价格，使社会主义初级阶段的价格区别于发达国家以及社会主义更高阶段的价格，呈现出若干特征。

社会主义初级阶段商品经济和国内市场不发达或很不发达首先表现在与它们相对立的自然经济和半自然经济还占相当的比重，这就使价格的社会覆盖率较低，使价格发挥作用的场所相对较小。

自从商品经济和市场在自然经济的缝隙里萌芽后，历经几千年曲折途程，不断向前发展，显示出强大的生命力。人类的文明史既是商品经济兴旺发展的历史，同时又是自然经济衰落消亡的历史。旧中国的商品经济内受封建主义的压榨、外受帝国主义的摧残，发展极其缓慢，因而自然经济始终占据统治地位。在这个基础上脱胎而生的社会主义的初级阶段，自然不可能有发达的商品经济和国内市场。直至 1978 年党的十一届三中全会前夕，在我国八亿农民生活消费中，商品性部分仅占 39.7%，而自给性部分却占 60.3%，其中食品的商品性部分仅占 24.1%，而自给性部分的比重高达 75.9%。这就是说，几千年来我国农民基本上生活在自给自足的自然经济之中。而城市的情况也差不多。各种不同形式的免费或减费的供给部分约占城市居民生活的一半左右，另一半名义上以商品形式出现，但又实行凭票定量供应，价格长期固定不变，实质上已不是商品。所以，城市居民的生活也不是商品经济型的，基本上是自然经济和半自然经济型的，党的十一届三中全会以来，我国城乡商品经济有了迅速发展。但是，由于历史的原因，商品经济远没有覆盖整个国民经济。在农村居民生活中，1986 年商品性部分也不过 62.8%，而自给性部分仍占 37.2%。城市的情况也大体类似，不论农村，还是城市，自然经济和半自然经济都还占有相当的比重。众所周知，自然经济是一种没有市场、没有货币、没有价格的经济；半自然经济是一种市场微弱、货币名存实亡、价格难以发挥作用的经济。由于这种经济目前还占有相当的地位，那就不能使价格覆盖整个国民经济，价格的作用也受到很大限制。商品经济的充分发展是社会经济发展不可逾越的阶段，是实现生产社会化、现代化的必不可少的条件。今后我们一定会大力发展商品经济。但是，在整个社会主义初级阶段，自然经济和半自然经济可能还要占一定的地位。这就使价格的社会覆盖率与发达国家相比，与社会主义更高阶段相比，可能属于较低类型，价格发生作用的场所自然也相对小些，价格作用的程度也相对低些。这可能是社会主义初级阶段价格的另一个特征。

其次，社会主义初级阶段商品经济和国内市场不发达或很不发达还表现在它的身旁有一种以传统的指令性计划为标志的计划经济，这就使价格的运行在一定时期内必然依靠指令性计划与市场两种不同的机制，使价格领域在一定时期内存在双轨并行的局面。

历史的经验已经证明，商品经济与计划经济各有优势，也各有缺陷。因此，正确处理这两种经济的关系，除弊趋利，是世界各国面临的重大课题。在西方市场经济（商品经济）的国家里，力求引入计划机制，实行某种程度的计划化，而在东方计划经济的国家里，自从改革以来，力求引入市场经济和市场机制。这就是说，不论何种国家都在寻找商品经济与计划经济、市场与计划的结合点。在这方面，我国自改革以来曾提出过不少理论与设想。比如，按企业规模分，大企业较多地实行计划调节，中小企业或小企业较多地实行市场调节；按所有制分，全民所有制企业较多地实行计划调节，而集体所有制、个体所有制以及其他所有制的企业较多地实行市场调节；按产品加工序列分，初级产品较多地实行计划调节，中间产品和最终产品较多地实行市场调节；按产品的重要性分，人民生活基本必需品或关系国民经济命脉的产品较多地实行计划调节，否则较多地实行市场调节；按产品的属性分，产品的使用价值（或数量）较多地实行计划调节，产品的价值（价格）则较多地由市场调节，等等。后来又提出"国家调节市场，市场引导企业"。这种提法表面上似乎取消了计划，实际上国家调节市场时必须使用计划，但主要的是指导性计划而不是指令性计划，即计划和计划调节的含义有所扩大和变化。从计划与市场的关系看，这就是在国家与企业之间划分计划调节与市场调节的界限，并找出二者的结合点。与前几种理论和设想相比，后者当然是一种新的理论和设想。现在并不想评论以上诸种理论的是非，而想从中受到启迪，弄清这样的问题：社会主义初级阶段价格领域中的计划与市场的关系如何？怎样发挥出二者的优越性，排除各自的弊病？我们认为，多元化的双轨价格制度可能是社会主义初级阶段价格领域中计划与市场关系的重要特征。在多元化的双轨价格制度中至少包含四种类型：（1）板块双轨型。按产品的生产特点划分，凡绝对垄断的行业，如自来水、煤气、铁路、邮电等行业，其产品和劳务一律实行计划价格；反之，其他非垄断行业的产品一律实行市场价格或比例双轨价格。（2）比例双轨型。就某一种产品说，例如钢材或煤炭，一部分实行计划价格，另一部分实行市场价格，二者各自所占的比例随着生产和市场状况的变化而变化。（3）商品二重性双轨型。就某一种商品而言，例如粮食或木材，其使用价值（或者说商品的数量）实行计划调节，而价值（或者说价格）实行市场调节，这种类型就是常说的"数量管住，价格放开"，在市场价格下实行使用价值计划。（4）现实与预测的双轨型。这是现实的交换价格与计算价格（又称核算价格、最优计划价格、影子价格、决策价格）并行的双轨型。没有计算价格就不可能有价格预测。计算价格是模拟的市场价格，它与现实的市场交换价格是对立的，又是统一的，二者相辅相成，并行不悖。以上四种类型各有其适用的范围，不能互相代替，也不能互相否定。它们的长期共存、互相补充、共同发展以及在商品经济发展和经济体制改革的进程中不断扩大市场价格和半市场价格（国家指导价）部分，可能是社会主义初级阶段价格的一个特征。

再次，社会主义初级阶段商品经济和国内市场不发达或很不发达还表现在它是一种短缺式的商品经济，是一种卖方市场，这就使价格水平易上难下，价格作用失真。

我国的社会主义初级阶段不是脱胎于发达的资本主义社会，而是脱胎于半封建半殖民地的极其落后的旧中国。它面临着百废待兴的艰巨任务。这是社会总需求经常大于总供给的历史原因。再加上难以遏制的投资饥饿症等因素，使社会主义初级阶段的市场总是卖方市场，商品经济总是短缺的商品经济。这种供求关系是推动价格易上难下的重要因素。同时，由于长期的全面的供不应求，价格以外的其他经济机制、计划机制、行政手段、法律手段以及各种非道德规范因素等都会更强烈地侵入商品交换之中，搅乱正常的供求对价格的作用和价格对供求的反作用，甚至难以分清哪些是价格的作用，哪些是非价格的作用。这就给运用价格机制和观察价格机制的效应增加了难度。由此推论可知，价格作用的失真，或者说，面目不清的浑浊的价格可能是社会主义初级阶段价格的特征。

复次，社会主义初级阶段商品经济和国内市场不发达或很不发达还表现在它们立足于多种生产资料所有制的基础上，这就要求国家政权更多地干预价格。

由于初级阶段的生产力落后，生产资料所有制必然是多元化的。这样，在统一的国内市场上自然形成多种经营主体，其中有国营的全民所有制单位，也有集体和个体的单位，既有国内的经营者，也有国外的经营者；既有单一的经营者，又有各种不同形式联合的经营者。商品经济和国内市场的多种形式和多元化的主体，一方面有助于开展竞争，推动商品经济和国内市场的发展，另一方面由于各自有其独特的经济利益，有强烈的扩张经济利益的冲动，它们之间自然经常互相蚕食。这类蚕食活动，有的是合法的，也有的是非法的；有的是公开的，也有的是隐蔽的；有的是直接的，也有的是间接的。在诸多的蚕食活动中，价格自然是强有力的武器。不管哪个经营主体，都会运用价格去侵吞其他经营单位的利益，而保护和扩充自身的经济利益。在这种情况下，价格纠纷特别多，价格歧视经常发生。这就有可能妨碍正常的商品经济活动，阻碍市场发育。面对这些情况，国家政权不能袖手旁观，置若罔闻，一定要进行干预。这类干预活动，比起发达国家或社会主义更高阶段，将更多更有力。否则，社会主义初级阶段的商品经济和国内市场的发展会遇到更大的障碍，价格体系更难于趋向合理。

最后，社会主义初级阶段商品经济和国内市场的不发达或很不发达还表现在它们内部各部分之间的发育程度相差悬殊，这就使价格体系的各个方位难以协调，或者说，更难形成合理的价格体系。

从历史上考察，在社会主义制度下消费品最早被正式承认为商品，消费品市场也最发达。至于生产资料是不是商品，有没有市场，是个长期有争议的问题，近几年才逐渐肯定下来。目前对于劳动力、土地、资金、股票等是不是商品，有没有这些商品的市场，尚有争议，产生分歧的原因固然有人们认识上的差异，不可否认，在客观上主要是由于商品经济和国内市场内部各部分之间的发育程度悬殊。在生活中有见树木不见森林的片面性，同样也有见森林不见树木的另一种片面性。在后一种片面性中，对于树木都视而不见，何况对于幼芽！我国的商品经济和国内市场的各部分中，的确还有不少是处于幼芽阶段，它们自然难以引起人们的重视，甚至被人加以否定。要统一认识，从根本上说，有待于社会主义商品经济和国内市场的发展。实践是常青的，而理论则是灰色的。实践发展了，人们的认识就会跟上来。目前来看，商品经济和国内市场的各部分中，有的成为森林，有的成为树木；有的处于幼芽阶段，还有的至今没有钻出地皮，真可谓参差不齐，发育程度各异。这种情况所决定的价格体系将是不完整、不对称、不协调的。不少商品的价格，例如住房价格、土地价格、技术价格，信息价格、股票价格等还处在萌芽阶段或胚胎阶段，它们究竟如何形成，尚待实践。至于这些价格如何与消费品价格、生产资料价格形成有机的联系，构成完整的价格体系，更有待于时日。还有，不论消费品市场，还是生产资料市场，就它们内部考察，各部分的发育程度也相差很大，有的尚难称为市场。所以，不仅社会生产两大部类产品价格存在着不协调，而且它们各自内部也存在着种种矛盾和对立的问题。如果用我们在本文第一部分的语言说，那就是价格体系的倾斜性处处可见。这种情况在社会主义初级阶段限于商品经济和国内市场的不发达而很难改变。也许随着商品经济和国内市场的发育程度增高，价格体系的倾斜度会逐渐降低，以至最后达到自身的相互协调。

总之，社会主义初级阶段商品经济和国内市场的不发达或很不发达给价格充分发挥调节经济活动的作用造成了种种限制。价格与商品经济、市场的关系，犹如鱼与水的关系。水少、池浅，鱼就缺乏起码的活动条件。现阶段我国价格方面存在的种种问题，固然有价格自身原因，但是在很大程度上是由于商品经济和国内市场不发达造成的。所谓价格问题在价格之外首先指的是这种情况。因此，在价格改革方面，不能就价格改革论价格改革，必须放宽视野，看到商品经济和国内市场不发达或很不发达给价格改革造成的困难或障碍。近几年价格改革所以难以迈出大步，价格改革方案所以难以出台，同我们对我国商品经济和国内市场状况的过高估量有很大的关系。在主观上，我们往往过高地估量了我国的商品经济和市场的发育程度，甚至站在发达国家的商品经济和市场发育的高度来观察和处理我国的价格改革问题，这就脱离了我国价格方面的基本国情。价格改革的某些方案设计或实施步骤可能超越了社会主义初级阶段。因此，其效应与预想的相差甚远。我们不能主观地给价格改革设想某种理想的或其他国家高度发展的行之有效的市场环境。必须把价格改革放在我国社会主义初级阶段商品经济和国内市场不发达或很不发达的环境里。这样，才能把脚跟站稳，脚踏实地地把价格改革推向前进。

三

由于社会主义初级阶段生产力落后和商品经济不发达，在上层建筑方面，特别是在意识形态方面，必然是商品经济观念淡薄，歧视价值规律，轻视价格以及与价格有密切关系的货币、成本、核算等的作用。这种问题也许是社会主义初级阶段独有的。在商品经济发达的国家里或者在社会主义发展更高阶段，即使有这类问题，肯定不会有这么严重、这么广泛、这么难以克服。

社会存在决定社会意识。在我国，商品经济观念的淡薄绝不是偶然的，而是由社会存在决定的，有深远的历史和社会的根源。众所周知，旧中国几千年里封建主义的自给自足的自然经济占统治地位。由这种社会存在决定的社会意识，必然是自然经济观占主宰的地位。在自然经济缝隙里诞生和成长的商品经济虽然顽强拼搏，却始终都没有强大起来，极其微弱。这反映在观念上，只能形成淡薄的商品经济观念。重农轻商，重工轻商，不足为奇。新中国成立后，商品经济虽然有所发展，水平仍然较低。在观念上，时而把商品经济等同于资本主义或资本主义尾巴，时而把商品经济斥责为修正主义货色，使得不少人觉得，似乎离商品越远，人的灵魂越纯洁，人的精神越革命，直至 80 年代的今天，经商低人一等的观念仍在作祟。在有的少数民族中，至今还把买卖活动，把经商视为神灵不可饶恕的。在淡薄的商品经济观念中，在鄙视商品的环境里，价值规律如若不被视为洪水猛兽，也被看做异己的怪物。我国马克思主义著名经济学家孙冶方 1956 年发表题为《把计划和统计放在价格规律的基础上》一文，有人看到后就说，仅凭这个题目，就可把孙冶方定为修正主义分子。可见，他们把价值规律视为何物。这类歧视商品和价值规律的观念，虽然随着我国商品经济和市场的发展有所收敛和减弱，但至今仍有相当的影响。在这种条件下，作为价值的货币表现的价格，自然难以受到普遍的重视，或者说，轻视价格，也就不足为怪了。由商品经济观念淡薄所导致的价格观念淡薄，目前还可见到不少。让我们列举一二稍加说明。

价格观念的淡薄首先表现在体制改革战略选择的争论上。有的同志认为整个经济体制改革成败的关键，不在于以价格改革为中心的经济运行机制的改革，而在于以所有制改革为中心的企业机制的改革。还有的同志认为，价格改革可以绕过去，至少可以在今后五至八年不动。这些观点反映出价格观念不仅在实践中是淡薄的，而且在理论界也是不强的。恩格斯曾经指出，价值规律是商品生产和商品交换的基本规律。这个论点不仅适用于私有制基础上的商品经济，也适用于公有制基础上的有计划的社会主义商品经济。只要承认价值规律是我国有计划商品经济的基本规律，那就要肯定这个规律发生作用的形式——价格机制必然是我国经济运行中的最根本最主要的机制。价格机制的这种作用和地位决定了价格改革是整个经济体制改革成败的关键，决定了价格改革是绕不过去的，是不能放在后期处理的。中央关于价格改革是体制改革成败关键的论断，如实地反映了价格的宏观地位与作用。而某些同志之所以对此提出怀疑，或持另外的主张，其中一个原因，则是由于价格观念淡薄，没有客观地反映出价格的地位与作用。

价格观念的淡薄还表现在微观经济基础的构造上。近几年我们进行了以所有制改革为中心的企业机制的改革，正在重新构造微观经济基础。在这项改革中，一个突出的问题就是商品经济观念淡薄、价格观念淡薄。大家可以看到，企业的"大而全"和"小而全"问题不仅没有解决，在一定程度上还有发展。相当多的企业并没有向专业化、协作化方向前进，而是向万事不求人的自给自足的自然经济方向前进。在一个企业中，什么都搞一点，不计成本，不管消耗，不管核算。这难道不是自然经济论作怪吗？不仅如此，我们的企业还负有各种社会职能。食堂、洗澡、理发、托儿所，学校不必说，就是医疗、退休、养老、交通、治安等，无所不有。真有点像封建的庄园或城堡。这种情况的出现虽然有许多客观上的原因，但也是商品经济观念淡薄和价格观念淡薄的表现和结果。

价格观念的淡薄又表现在过分迷信行政力量对经济的作用，而轻视与价格有密切关系的货币、成本、核算的作用。仅以成本来说，成本是价格的基础。价格中有成本，成本中有价格，二者互相渗透、水乳交融。如果重视价格，自然要强调成本。事实如何？为控制价格上涨，我们发布了不少命令、规定和条例，用行政力量把价格压住。然而在控制成本、考核成本、加强成本核算、进行成本的检查与监督方面，又进行了多少工作呢？少得很。企业乱摊成本的现象如此严重，价格哪里能听信行政命令，只能由成本摆布。轻视成本、不管成本、过分迷信行政力量，是商品经济观念淡薄和价格观念淡薄的一种表现。

存在决定意识，意识对存在具有反作用。商品经济和国内市场的不发达或很不发达决定了商品经济观念和价格观念的淡薄，而商品经济观念和价格观念的淡薄又对商品经济和国内市场的发展起阻碍作用。这种恶性循环，阻碍我国商品经济和国内市场的发展。我们要打破这种循环，首先必须加强商品经济观念和价格观念的教育，把这类观念灌输到亿万群众的思想里和行动中，以促进商品经济和国内市场的发展。

（原载《社会科学评论》1988 年第 8 期）

深化价格改革的三个理论问题

一　"板块"双轨制：价格改革的总方向

中共中央政治局第十次全体会议讨论并原则通过《关于价格、工资改革的初步方案》时曾经指出，价格改革的总方向是：少数重要商品和劳务价格由国家管理，绝大多数商品价格放开，由市场调节，以转换价格形成机制，逐步实现国家调控市场、市场引导企业的要求。[①] 这个指示与"十三大"的精神是一致的。对于价格改革的这个总方向，有两个问题值得进一步研究。

其一，"少数重要商品和劳务价格由国家管理"，这种提法不够准确，应该用"少数重要商品和劳务价格由国家定价或实行计划价格"这种提法取而代之。"国家管理"这种提法是一种泛指，相当模糊，不易划清少数重要商品和劳务价格与绝大多数商品和劳务价格的界限。绝大多数放开的由市场调节的价格，也需要国家进行一定程度的管理。放开价格并不等于放任自流，不管不问。既然如此，对少数重要商品和劳务价格仅冠之"国家管理"就不够了，不如用"国家定价或实行计划价格"更为明确。我国实行的是有计划的商品经济。在价格领域中，计划价格是必然存在的，不能回避它。完全否定计划价格是不妥的。当然，计划价格或国家定价一定要遵循价值规律的要求，使价格大体符合价值；不能十年、五年一贯制，使价格严重背离价值。当这类商品和劳务价格偏低时，国家要自觉地及时地进行调整，使其获得平均利润，或由国家补贴，使其职工和企业的

[①]　见《人民日报》1988 年 8 月 19 日。

利益不低于其他行业。

其二，"少数"与"绝大多数"的数量界限应该更加清晰。从我国社会主义初级阶段的生产力水平和市场发育程度出发，并参照其他国家的历史数据，我们认为，在商品价格总额中，国家定价或计划价格部分的比重宜保持在20%左右，而市场价格（包括半市场价格）的比重宜保持在80%左右。这种比例关系在不同商品和不同地区又应有所区别，在生产资料价格总额中，国家定价或计划价格的比重可稍低一点，而市场价格的比重则稍高一点；与此相反，在生活资料价格总额中，国家定价或计划价格的比重可略高一点，而市场价格的比重则略低一点，在特区和开放区，国家定价或计划价格的比重可稍低一点，而市场价格的比重则稍高一点；在一般地区，尤其在市场发育程度低的地区，国家定价或计划价格的比重可稍高一点，而市场价格的比重则稍低一点。这样，总的看来，将形成以市场价格为主、国家定价为辅的市场价格模式。

有的同志认为，在我国价格总额中，市场价格的比重可高达95%左右，而国家定价或计划价格的比重应降至5%左右。这种主张过高地估计了我国生产力水平、市场发育程度和国家的宏观间接调控能力。计划价格与市场价格在整个价格体系中各自所占比重的高低，并不是主观随意规定的，它主要是由各个国家或每个国家不同时期的生产力水平、市场发育程度和国家的宏观间接调控能力决定的。在西方市场经济高度发达的国家，政府定价的比重一般在15%—20%，而企业定价或市场调节价的比重不过80%—85%。我国生产力落后，市场发育程度低，国家的宏观间接调控能力不强，这些条件决定了市场价格的比重不宜过高，国家定价或计划价格的比重不宜太低。至于有的同志主张完全取消国家定价，一切商品和劳务百分之百地实行市场价格，更是脱离中国的国情。即使在当代商品经济和市场最发达的国家，也还保留着一小部分国家定价，没有纯而又纯的市场价格。我国商品经济和市场发育程度如此之低，岂能完全实行市场价格？况且像自来水、管道煤气、地铁交通等产品和劳务，生产上具有绝对的垄断性，而无竞争市场，其价格自然不能由市场决定，只能由政府或政府的代表者决定。

通过以上分析不难看出，价格改革总方向的实质是要在我国建立"板块"式的双轨价格制度。在这种制度中，少数重要商品和劳务（约20%）价格置于计划轨道上；绝大多数商品和劳务（约80%）价格置于市场轨道上。这就是说，整个国民经济价格体系受市场与计划两种不同机制的调节，当然以市场机制的调节为主。在价格领域如何使计划机制与市场机制结合起来，并行不悖，发挥出各自的优点，弱化各自的缺陷，过去和今后都将是我们面临的难题。我们的任务不是取消计划价格去实行市场价格，也不是取消市场价格去实行计划价格；而是寻求计划价格与市场价格的数量界限以及达到这种界限的可操作形式。不仅在价格总体上，而且在部门价格、地区价格、企业价格、产品价格等方面，一旦找到了计划与市场的最优组合的数量界限及其可操作的形式，我国价格改革的任务也就基本上完成了。

"板块"双轨价格制度是应当肯定的我国未来的基本价格制度。仅此还不够。与这个基本制度相伴随的还有一些双轨形式。例如：

1. "比例"双轨形式。所谓"比例"双轨是指同一种商品的价格受市场与计划两种不同机制的调节，一定比例的部分实行市场价，另外一定比例的部分实行计划价，二者的比例关系随着生产和市场状况而变化。这种"比例"双轨价格制度，近来受到不少谴责，想一举消灭之。然而，办不到。它的消亡正像它的产生那样，受客观条件的制约。自20世纪50年代以来，农产品价格一直是比例双轨制度，今后相当长时期内也难取消它。工业生产资料价格的比例双轨制的弊端较多，应尽力缩小这种制度的作用范围，但是，限于条件，短期内难以完全取消。如果命令式地强迫消灭它，可能由明的比例双轨变成暗的比例双轨。

2. "二重性"双轨形式。任何商品都有使用价值与价值的二重性。就某一种重要商品而言，例如粮食，其使用价值（或者说商品的数量）实行计划调节，置于计划轨道上；而价值（或者说价格）实行市场调节，置于市场轨道上。这种类型就是常说的"数量管住，价格放开"。它的实质是在市场价格下实行使用价值的计划调节。这种价格制度在短缺经济中对于保重点建设和重点生产有重要的作用。

3. "虚实"双轨形式。这是现实的交换价格与虚拟价格（又称核算价格、计算价格、会计价格、最优计划价格、理论价格、决策价格、影子价格等）并行的双轨型。为了辅助和校正计划价格与市场价格，需要利用各种资料、数学模型和电子计算机，测算出一套价格。这套价格是模拟的市场价格，它与现实的市场交换价格是对立的，又是统一的，并行不悖，相辅相成。不能用这套价格去替代市场价格，也不能因有市场价格的存在而否定这套价格。它们各自有自身存在的理由，有自身作用的范围和方式。

以上列举的这三种类型及其变形（石家庄市创造的生产资料价格的"差价返还"就是"比例"双轨制的变形，它是形式上的单轨，实质上的比例双轨），都将推动和辅助我国未来的"板块"双轨制度。而"板块"双轨制度又将指引其他双轨价格制度沿着正确的方向前进。在社会主义初级阶段上，我们的任务不是取消双轨价格制度，而要根据不同情况实行不同的双轨价格制度。多元化的双轨价格制度可能是社会主义初级阶段上价格领域中计划与市场关系的生动体现。

二　效率：价格改革成败的关键

我国的价格改革相当困难。多次想迈出较大的步伐，总是迈不出去。按照价格、工资改革方案的要求，明年要全面放开钢材价格。可是方案的墨迹未干，限于条件，又要改弦更张。什么东西困扰价格改革？当然是价格总水平的全面持续大幅度上升。价格改革变成了全面涨价，而涨价成了价格改革的拦路虎。不解决价格总水平的大幅度上升问题，不打掉这只拦路虎，价格改革很难深化下去。

引起价格总水平全面持续大幅度上升的直接原因当然是货币过多。因此，必须从紧缩通货入手，去解决价格总水平的大幅度上升问题。在这方面，道理已经阐明，航线已经开通，主要在于行动。本文不想就此多费笔墨，打算从另一个角度探讨价格总水平上升的原因及其治理的办法。

如果说从紧缩通货入手去解决价格总水平的上升是在流通领域做文章，那么为了把问题引向深入，必须进入生产领域和分配领域。从这两个领域看，价格总水平的上升幅度等于居民货币收入增长速度与劳动生产率增长速度之差。[①] 1987 年比 1978 年，我国职工实际工资总额增长 111.7%，工业企业全员劳动生产率提高 51.7%，社会劳动生产率提高 66.0%，而零售物价总水平上升 45.7%，职工生活费用价格总水平上升 56.2%。这些数字表明，职工工资总额增长速度与社会劳动生产率提高幅度之差，恰好等于零售物价总水平的上升幅度；职工工资总额增长速度与工业企业全员劳动生产率提高幅度之差，大体上等于职工生活费用价格总水平的上升幅度。其他国家的资料也证明了上述公式的正确性。例如，美国 1951 年劳动生产率增加 2.9%，每人·时的报酬增加 9.8%，而物价水平上升 7.3%；在十年后的 1961 年，劳动生产率增加 3.3%，报酬增加 3.5%，物价水平上升 0.6%；1972 年，劳动生产率增加 2.9%，报酬增加 5.7%，物价水平上升 3.6%；在 1976 年，相应的数字分别为 4.0%、7.7%、5.2%。[②] 这些资料说明，在一个货币工资增长快于劳动生产率增长的经济中，要从居民货币收入与劳动生产率这两个因素去寻求价格总水平上升的原因及其治理的办法。

居民货币收入和劳动生产率这两个因素对价格总水平的制动可能有这样几种组合方式：（1）劳动生产率不变，价格总水平的升降与居民货币收入增减成正比，居民货币收入增加的幅度等于价格总水平上升的幅度；反之，居民收入降低的幅度等于价格总水平下降的幅度。（2）居民收入不变，价格总水平的升降与劳动生产率增减成反比，劳动生产率提高的幅度，等于价格总水平下降的幅度；反之，劳动生产率下降的幅度，等于价格总水平上升的幅度。（3）劳动生产率提高，居民收入增加，前者的幅度大于后者的幅度，价格总水平下降；反之，后者的幅度大于前者的幅度价格总水平上升，其上升或下降的幅度等于二者上升幅度之差。（4）劳动生产率下降，居民货币收入减少，前者的幅度大于后者的幅度，价格总水平上升；反之，前者的幅度小于后者的幅度，价格总水平下降，其上升或下降的幅度等于二者下降幅度之差。（5）劳动生产率提高，居民收入下降，

---

① 美国经济学家托宾提出一个公式：假设其他条件不变，物价上涨率等于名义工资增长率和劳动生产率增长速度之间的差额。他认为，这个公式应当挂在经济主管机关办公室的墙上，时刻不忘。（见《宏观经济的管理与改革》，经济日报出版社 1986 年版，第 38 页）

② ［美］爱德华·夏皮罗：《宏观经济分析》，中国社会科学出版社 1985 年版，第 691 页。

价格总水平下降，其下降的幅度等于前者提高幅度与后者下降幅度之和。
（6）劳动生产率下降，居民货币收入增加，价格总水平上升的幅度等于前者下降幅度与后者增加幅度之和。以上六种方式说明，在现实经济生活中，只要掌握了劳动生产率和居民货币收入这两个因素的变动方向与幅度，就不难预测与控制价格总水平变动的方向与幅度。

从对价格总水平的制动作用程度看，劳动生产率这个因素比居民货币收入这个因素，具有更重要更根本的作用。劳动生产率是生产性的因素，而居民收入是分配性的因素，根据生产决定分配的原理，当然前者是更根本的。劳动生产率与单位商品的价值量成反比。随着劳动生产率的提高，单位商品的价值量下降，假设其他条件不变，相应的价格水平应下降。在劳动生产率大幅度提高的前提下，即使货币发行过多一些，居民收入增加快一点，由它们引起的价格水平的上升，也会被劳动生产率的提高对价格水平下降所起的作用所抵消，因而价格总水平并不一定上升。居民收入增长虽然对价格总水平的升降有密切关系，但它最终还是要受劳动生产率的限制。一般说来，劳动生产率提高幅度界定着居民收入增长幅度，而居民收入增长幅度又界定着价格上升的幅度。根据以上这些情况，在预测和控制价格总水平的上升幅度时，一定要从劳动生产率增长幅度出发。离开这个出发点，任何价格总水平的预期和控制都可能落空。

改革以来，我国劳动生产率的提高情况如下表所示：

我国九年来的劳动生产率动态

年份	社会劳动生产率比上年增长（%）	工业企业全员劳动生产率比上年增长（%）
1979	4.7	6.4
1980	3.6	2.1
1981	1.6	-1.8
1982	4.7	2.3
1983	6.6	7.5
1984	10.0	7.8
1985	9.2	7.2
1986	4.7	4.8

年份	社会劳动生产率比上年增长（%）	工业企业全员劳动生产率比上年增长（%）
1987	7.4	6.8
九年合计	66.0	51.7
每年平均	5.8	4.8

　　表中的资料说明，我国的劳动生产率提高的速度并不快，大大低于同期社会总产值、国民生产总值和国民收入的增长速度。随着改革的深入，今后五年劳动生产率提高的速度可能更快一些，但不会有明显的较大提高，我们估计，平均每年提高的速度不过7%。这是价格总水平每年上升的最高界限。突破这一点，价格总水平上升更多，可能是由通货膨胀引起的。在劳动生产率没有明显提高的情况下，居民货币收入增长越多，通货膨胀就越严重，价格总水平上升也越快。有一种观点值得注意，它不顾劳动生产率的状况，单纯从居民收入上界定价格总水平的上升幅度，似乎只要居民收入增长幅度超过价格总水平上升幅度就可以万事大吉了。这样是不妥的。仅从居民货币收入增长幅度而不从劳动生产率提高幅度去界定价格总水平的上升速度，易于引发货币收入与价格的轮番上升，那是危险的。价格总水平上升多少为宜，价格改革迈出多大步伐为妥，在根本上取决于社会劳动生产率提高的幅度。劳动生产率高低是价格改革成败的关键。虽然价格改革最终有利于提高劳动生产率，二者是一致的，但在目前，劳动生产率与价格改革又有矛盾。低下的劳动生产率是价格改革的最大的障碍。以煤炭价格来说，它之所以走入死胡同，使全行业亏损，主要问题在于劳动生产率太低。煤炭行业的劳动生产率30年来没有提高，目前仍维持在50年代的水平，每个劳动日的采煤量仅相当于发达国家的几十分之一。如果煤炭行业的劳动生产率提高一倍或两倍，煤炭价格问题就可以迎刃而解。今后如果我们只能缓慢地提高劳动生产率，那就不能企求价格改革迈出较大的步伐，不能允许价格总水平大幅度上升。五六十年代，日本、韩国等国家和地区的价格总水平大幅度上升，没有引发严重的问题，甚至促进了经济发展，其根本原因在于，它们的劳动生产率提高很快，它们的通货膨胀被劳动生产率的大幅度上升吸收了。如果我们要仿效它们，必须从提高劳

动生产率入手。只有提高劳动生产率，才能为价格改革拓宽道路。

从提高劳动生产率入手去深化价格改革，不仅是政府机关的任务，也是每个劳动公民的职责。要把相互攀比收入、攀比消费之风，逐步引向攀比劳动生产率，争取对国家对社会多做贡献。应当使广大群众明白，只有发挥出积极性和创造精神，努力生产，大幅度提高劳动生产率，才有助于稳定物价，有利于价格改革的深化。在提高劳动生产率方面还有很大潜力。虽然就全国而论劳动生产率是逐年提高的，但若分行业分地区考察，还有不少劳动生产率下降的行业和地区。1986 年比 1985 年，煤炭工业的掘进工效率（米/工）下降 1.8%，冶金工业的坑下采矿全员效率（吨/人·年）下降 5%，化学工业的硫酸工人的劳动生产率（吨/人·年）下降 1%，合成氨工人的劳动生产率（吨/人·年）下降 6%，轻工业的自行车工人的劳动生产率（辆/人·年）下降 3%，家用缝纫机工人的劳动生产率（辆/人·年）下降 9%，原盐工人的劳动生产率（吨/人·年）下降 3.4%，卷烟工人的劳动生产率（箱/人·年）下降 1.3%。从地区上看，1986 年比 1985 年，内蒙古劳动生产率下降 2.1%，山东劳动生产率下降 1.5%，贵州下降 4%，西藏下降 4.4%，青海下降 4.2%，河南和甘肃略有下降。上海是全国最大的工业城市。它的情况怎样？据调查资料，1987 年比 1986 年，370 个大中型企业的 65 种产品，有 1/3 的产品实物劳动生产率低于全国平均水平，约 40% 的产品实物劳动生产率下降。这些行业和地区的劳动生产率下降是我国价格上升的强有力推动者。为了把价格改革深化下去，当务之急是解决劳动生产率下降的问题，并力求再提高一些。列宁曾经说过，劳动生产率是社会主义战胜资本主义最重要的条件。在价格改革深化的今天，我们可以这样说，劳动生产率是新价格模式替代旧价格模式的最主要条件，是价格改革成败的关键所在。

三　广义价格：价格改革的新阶段

近十年的价格改革已跨过了两个阶段。1979—1984 年为第一阶段，这是以调为主以放为辅的阶段；1985—1988 年为第二阶段，与上个阶段不同，它以放为主以调为辅。以上两个阶段的共同点是在狭义价格范围内做文章，还没有涉足广义价格。1988 年 8 月 30 日国务院第 20 次常务会议责成中国人民银行开办保值储蓄，使 3 年以上的存款利息不低于以至略高于物价上升幅度。这个重要决定不仅使"死利率"变成了"活利率"，而且把广义价格中的利率与狭义价格水平挂上了钩。它标志着我国的价格改革进入新阶段，就是由狭义价格改革阶段发展到广义价格改革阶段。这是价格改革过程中的重大转折，是价格改革的新里程碑。

进入广义价格改革阶段，并不等于狭义价格改革阶段的任务已经完成。在狭义价格改革方面，还有很重的任务，尤其工业生产资料价格改革还面临着众多的难题。这些难题和任务都必须解决。但是，再也不能孤立地解决狭义价格中的问题，一定要把狭义价格中的问题与广义价格联系起来，通盘考虑，协调解决。广义价格等于狭义价格再加上生产要素价格。因此，在广义价格改革阶段，要更多地注重和解决生产要素价格问题。生产要素价格是商品价格和劳务收费的基础。它主要包括劳动力的价格——工资，资金的价格——利息，以及技术价格、土地价格等。这些生产要素价格不合理，就不可能形成合理的价格体系。难怪有的西方记者把我国刚刚开始的生产要素价格的改革称为真正意义上的价格改革。

广义价格改革阶段的到来，绝不是偶然的。如上所述，过去的价格改革仅限在狭义价格范围内，而没有把广义价格置于应有的地位，甚至使二者对立起来。最近席卷全国的群众性的抢购风潮是怎样引起的？是被逼出来的，是狭义价格改革孤军奋进而忽视广义价格必然遭到的惩罚。狭义价格的水平大幅度上升，而广义价格中的利息率却稳如泰山，二者形成尖锐的对立，使群众的货币财产明显贬值，蒙受重大损失，正是这种问题才逼着群众抢购。如果我们在狭义价格改革时，注意到广义价格中的利息，把狭义价格的上升幅度与利息挂起钩来，可能就不会形成全国性的抢购风潮。再以工资来说，它是广义价格中的重要内容，它的改革、升降、调整和合理化，一定要与狭义价格相协调。可是，过去并非如此。过去几年狭义价格水平大幅度上升，而广义价格中的工资（尤其是事业单位的工资）却基本未动，致使近三分之一的工资收入者的实际生活下降，这怎能调动劳动者的积极性呢？实践说明，价格改革进入广义价格改革阶段，不是主观臆造的，而是社会经济条件变化的必然结果，是价格改革深化的必然产物。

进行广义价格改革，一定要大力发展资金市场、劳动力市场、技术市场和土地市场等。十年价格改革的经验反复证明，不能就价格问题论价格改革，价格问题往往不在价格之内，恰恰在价格之外，首先在市场方面。市场状况决定着价格改革的进程以及价格体系合理化的程度。在广义价格改革阶段，更是如此。没有完善的资金市场，就不可能有合理的资金价格，缺乏发达的劳动力市场，劳动力价格的合理化也无从谈起；技术市场和土地市场尚处在幼芽阶段，也难形成合理的技术价格和土地价格。资金价格、劳动力价格、技术价格和土地价格等，不仅要在市场中形成和合理化，而且只有在市场中才能发挥它们应有的作用。发展各类市场，是进行广义价格改革的基础一环，不可轻视。

在我国短缺经济中，唯独劳动力是过剩的。劳动力的供求状况决定了首先要开放劳动力市场。一般说来，供不应求，商品短缺，很难形成发达的市场；而供过于求，商品剩余，则易形成完善的市场。在劳动力方面，我国属于后一种情况，而在其他商品方面，则属于前一种情况。在我国，首先从劳动力市场突破，并通过劳动力市场上的竞争机制，使劳动力价格——工资合理化，可能是进行广义价格改革的首要议题。开放劳动力市场虽然早已提出，但雷声大雨点小，真正的行动不多。原因何在？主要还在旧观念作怪，似乎固定工，"铁饭碗"是社会主义优越性，而劳动力的流动则是资本主义的弊病。这是一种误解。劳动力的流动是机器大工业的产物与要求，正如马克思指出的："大工业的本性决定了劳动的变换、职能的更动和工人的全面流动性。"[1]

劳动力的价格——工资在市场上形成，由市场决定，这是问题的一个方面。问题的另一个方面是，国家要从宏观上采取各种经济手段控制工资增长的幅度。在这个方面，困难在于，如何使工资增长幅度和狭义价格水平上升幅度，与劳动生产率提高的速度相适应。近来有一种观点认为，在今后五年价格改革中，平均货币工资增长速度略高于价格上升速度，平均实际工资每年增长1%至2%，也就可以了，不能企求太高。我们认为，

---

[1]　马克思：《资本论》第1卷，人民出版社1975年版，第534页。

规定工资增长速度，不仅要考虑到价格上升的幅度，更要考虑到生产发展的速度。一般说来，平均工资增长速度略低于人均国民收入生产额增长速度。今后五年假如国民收入总额平均每年增长 7%，人均国民收入额平均每年增长 5%，在积累率保持目前的 34% 的条件下，职工平均实际工资每年的增长速度不应低于 4%。否则，仅以 1% 或 2% 的速度增长，必然出现高积累、低消费的问题。再从工业企业劳动生产率提高情况看，1952—1978 年平均每年提高 3.8%，1978—1987 年平均每年提高 4.8%，今后五年若每年提高 6% 或 7%，至少是 5%，那么职工实际平均工资每年的增长速度也不应低于 4%。否则，工资如果每年仅提高 1% 或 2%，与劳动生产率提高的程度也不相适应。近几年来，虽然在某些社会阶层中，某些消费项目上出现了局部性的结构性的消费膨胀问题，也有消费欲望过高过热的问题，但是从国民经济总体上考察，我国的消费是适度的合理的，不存在消费膨胀问题。据国家统计局的资料，1978—1987 年，职工实际工资总额平均每年递增 8.7%，低于国民收入平均每年递增 9% 的速度，职工平均实际工资每年平均递增 4.8%，等于工业企业全员劳动生产率提高的速度，低于社会劳动生产率平均每年增长 5.8% 的速度。因此，从总体上看，在十年的改革中，工资的增长速度与经济发展速度、与劳动生产率提高速度基本上是协调的。今后五年或更长时期，不应把工资增长速度压得太低。再者，如果工资每年仅增长 1% 或 2%，由于分配不均，有的增长较快，有的增长较慢，甚至会出现一部分下降。1987 年职工实际工资增长 1.7%，但却有 20% 以上的居民实际收入下降。这说明，工资仅以 1% 或 2% 的速度增长，不能保证绝大多数人生活水平的提高。

在广义价格改革阶段，继劳动力价格改革之后的应是资金价格的改革问题。利息是平均利润的一部分。因此，平均利润率乃是利息率波动的上限。资金所有者不可能无偿出借资金，零自然构成利息率波动的下限。在上限与下限之间，利息率"就像普通商品的市场价格一样，任何时候都由供求决定"[①]。资金供不应求，利息率上升，反之，资金供过于求，则利息率下降。通过利息率的波动会收到平衡资金、供求优化资金使用的效果。

---

① 马克思：《资本论》第 3 卷，人民出版社 1975 年版，第 411 页。

这是发达资金市场上的一般规律。可是，我国的资金市场发育程度甚低，利息率暂时还受到许多限制，没有那样的活力，起不到那样的作用与效果。只能随着资金市场的发育程度提高，使利率机制的活力与功能逐渐释放出来。目前虽然已经把居民长期存款的利率与狭义价格水平的上升挂上了钩，然而贷款利率怎么办，尚不明确。如果仅仅提高存款利率，而不相应地提高贷款利率，不但银行受不了，也不能借助于利率机制遏制投资膨胀和优化产业结构。所以，把存款利率与贷款利率挂起钩来，势在必行。贷款利率的提高能否起到平衡资金供求、优化资金使用的作用，还取决于其他的配套措施。这主要是指企业的硬预算约束和市场上的充分竞争。没有这两个重要条件，企业会把利息打入成本，转嫁出去，进而推动价格总水平上升，加剧通货膨胀。

汇率是货币的价格，也是广义价格的重要成员。在广义价格改革阶段，一定要重视汇率的改革。从长期看，汇率的升降与国内价格指数挂钩是必然的。限于国家财力，暂时办不到，也要力求使二者接近，不能相距太远。人民币对美元的汇率由 1981 年初的 1 美元折合 1.53 人民币元，下降到 1986 年 7 月 5 日的 1 美元折合 3.7 人民币元之后，尽管国内价格上升很多，但汇率没有再动。目前有必要对汇率进行调整。人民币贬值当然会推动国内价格的上升。但是，这种贬值与其说是国内通货膨胀的原因，不如说是国内通货膨胀的结果。

广义价格的各个部分是相互联系、相互制约的。不论是劳动力价格、资金价格和货币价格，还是土地价格、技术价格，都不是孤立的，它们相互交织，形成一种体系，按照一种特殊的规律运行。只要我们全面正确地认识它们内在的联系，采取相适应的对策，就可以取得广义价格改革的胜利。

（原载《成本与价格资料》1988 年第 24 期）

价格改革关的理论透视与剖析

一　价格改革关绕不过去

价格改革之所以成为经济体制改革绕不过去的关口，主要理由有以下五个方面。

其一，价格改革是自然经济、半自然经济、产品经济转向社会主义有计划商品经济必过之关。在商品经济中，不论是商品经济的基本规律——价值规律，还是商品经济的其他规律，如供求规律、竞争规律、平均利润规律等，都只有借助于价格并通过价格才能发挥其应有的作用。当然，价格的调节功能、信号功能、分配功能以及计量核算功能等，也只有在商品经济中才能表现出来。不改革半自然经济和产品经济中已经严重扭曲的面目全非的价格体系，不解决价格管理体制中过严过死过于集中的问题，就很难发展商品经济，甚至使已经形成的商品经济部分地复归到产品经济或半自然经济。发展商品经济就必须尽早改革价格，闯过价格这个关。否则，发展商品经济不过是句空话。

其二，价格改革是企业由行政机关的附属物转变成自主经营、自负盈亏、具有生机和活力的相对独立的商品生产者和经营者必过之关。企业改革是经济体制改革的中心环节。我们进行企业改革，一方面重新构造企业微观经济基础，即进行所有制的改革，另一方面则重新构造企业经济的运行机制，其中主要是把市场机制和价格机制引入企业。这两个方面相辅相成，缺一不可。我们要沿着所有制改革和运行机制改革这两条主线前进。改革的实践已经证明并将继续证明，只有把企业微观经济基础的重新构造与价格改革有机地结合起来，使它们互相促进，才能在几十万个企业尤其是几千个大中型企业中真正引进市场机制和价格机制，使它们由行政机关的附属物变成自主经营、自负盈亏的相对独立的商品生产者和经营者。割裂二者的关系，使企业改革与价格改革对立起来，或者先进行企业改革，把价格改革放到后期处理，都不能很好地完成企业改革的任务。

其三，价格改革是宏观控制由直接控制为主转向间接控制为主必过之关。社会化的大生产和商品货币关系要求国家对经济进行宏观调控。至于调控主要采取何种方式，并不取决于国家的性质，而主要取决于经济类型的性质。商品经济的崛起，国家对经济的宏观调控方式必然要从以直接的行政协调为主，转向以间接的经济协调为主。在间接的经济协调方式中，价格机制占有突出的地位，价格是重要的宏观调控手段。在"国家调节市场，市场引导企业"的新经济运行机制中，不论国家对市场的调节，还是市场对企业的引导，都必须依靠价格机制。我国目前的价格体系还很不合理，价格体制的弊端还未根本消除，国家难以用价格手段去评判企业的功过是非，奖优罚劣，引导企业走上正确的轨道。所以，价格改革乃是完善国家宏观调控的机制和手段、改善国家与企业关系以及企业与市场关系的必由之路。

其四，价格改革是优化资源配置、促进技术进步和经济效益提高必过之关。在经济发展方面，长期存在浪费惊人、效益低下、经济结构不合理等问题。这些问题严重阻碍经济由粗放型外延式转向集约型内涵式。不解决这些问题，经济就很难起飞。造成这些问题的原因固然很复杂，但价格体系不合理、价格信号的失真不能不是十分重要的原因。凡长线产品，一般都价高利大，有利可图，吸引大批投资，重复建设，重复科研，甚至不惜使用早已过时的落后技术，这就必然造成严重浪费，使资源配置日趋恶化；反之，凡短线产品，一般都是价低利薄，或严重亏损，靠国家补贴过日子，谁也不愿向这些部门和产品投资。国家对短线产品的经济补贴已成为财政的沉重包袱，越背越重，大大削弱了国家的经济建设能力。为了振兴经济，摆脱国家财政困难，实现资源配置的优化和经济结构的合理化，必须改革价格，实现价格模式的转换。

其五，价格改革是由传统的旧价格模式转向新价格模式必过之关。不仅价格外部的国民经济总体上的各种因素决定了价格改革的不可逾越性，而且价格自身的问题及其对国民经济的制约决定了价格改革的紧迫性。我国的价格改革经过 1979—1984 年以调为主的准备发动阶段，从 1985 年进入以放为主的改革之后，虽然取得的成绩是主要的，但问题确实不少。农产品出现的比价复归，再次使粮价成为"锅底"，因此导致粮食和生猪价格下降，影响了市场和物价的稳定；各种价格补贴增多，国家财政难以承受，影响经济建设的进程和能力；工业生产资料价格的双轨制成为官商腐败经济以及各种经济犯罪的温床；价格总水平的全面持续大幅度上升震撼了整个社会，引起强烈反响，成为街谈巷议的"热点"。这些问题已到了非解决不可的地步了。

二　价格改革关为何风险最大

价格改革关是最难过的、风险最大的关口。这样估量的主要依据是：

第一，价格改革会遇到既得利益的部门、地区、集团、企业和个人的抵触与反对，具有很大的社会风险。大家知道，价格关系是一种利益关系。生产者的利益、流通者的利益和消费者的利益，通过价格体系结成一种网络，互相依存，互相制约。旧的价格体系是原来形成的利益分配格局。改革旧的价格体系，就是打破原有的利益格局；建立新的价格体系，就是构造出新的利益格局。因此，价格改革的实质是社会经济利益关系的大调整，是经济关系的重新组合。在这种大动荡中，必然触及既得利益的部门、地区、集团、企业和个人。例如，较大幅度地提高能源和原材料价格时，这些产品的生产部门和地区将明显增加收入，而消费这些产品的部门和地区则明显减少收入。这将引起国家与地区间、地区与地区间以及部门与部门间经济利益的重大变化。在制订 1986 年钢材提价方案时，消耗钢材的各企业和部门要求国家财政给予的补贴或减少的上缴任务要比国家财政从钢材生产企业因提价取得的收入多一倍以上。事实说明，通过价格改革调整利益格局是相当困难的。价格改革方案不可能使所有的地区、部门、集团、企业和个人都增加利益。没有十全十美完整无缺的方案，总有吃亏者或丧失既得利益者，这是价格风险的经济根源。

第二，价格改革与经济超高速增长存在着一定的矛盾，国家财力承受不了双重负担和压力。价格改革与经济高速增长在根本上是一致的，从长期看是统一的，二者互相促进，价格改革有利于经济高速增长，而经济高速增长又为价格改革创造条件。没有一定的经济发展速度，就不能保证价格改革所需之财源。所以，适宜的经济增长速度是价格改革顺利进行的基础和前提。但是，价格改革与目前经济超高速增长也存在着尖锐的矛盾。这种矛盾集中表现在它们对资金的争夺上。进行价格改革国家要花很多的钱，至少要几百亿元；而经济的超高速增长，在经济效益没有明显提高的条件下，又靠大量投入，也需要花很多的钱。在财政相当困难的条件下，如何克服价格改革与经济超高速的矛盾，减轻乃至消除财政承受的双重压力和负担，将是我们面临的难题。可能出现四种情况：（1）突出价格改革，牺牲速度，大量压缩基本建设投资规模，关、停、并、转一部分企业，部分工人待业。（2）突出经济增长速度，继续保持超高速度，放慢价格改革，或者降低价格改革的标准和要求，甚至使价格改革走过场，做"虚功"。（3）既突出价格改革，又突出经济的超高速度，在经济超高速度中加快进行价格改革。由于资金硬约束，高速度可能掉进"价格陷阱"里，而价格改革可能陷入"滞涨"中。（4）良好的价格改革与适度的经济增长相结合，经济的稳定发展为价格改革创造条件，而价格改革又为经济发展拓宽道路。我们力争实现第四种情况，避免出现前三种情况。但是，前三种情况的出现也有可能性。姑且不论在降低超高速度上还有分歧，即使意见一致了，由于投资主体已从国家转向地方和企业，把速度降下来，也是很困难的。如果出现了前三种情况，尤其出现了第三种情况，风险是难以避免的。

第三，通货膨胀条件下的价格改革相当困难，具有很大的风险。据测算，目前的通货膨胀率已高达 18% 左右。[①] 在这种条件下进行价格改革，将面临双重任务。一方面要控制由于价格结构调整而引发的价格总水平的上升，另一方面又要控制由于流通中货币过多而引发的价格总水平的上升。价格改革本来只有前一项任务，而在通货膨胀条件下进行价格改革必然会增加后一项任务。这两项任务在现实经济生活中难解难分，因而不易

---

① 参见杨仲伟等《我国通货膨胀的诊断》，《经济研究》1988 年第 4 期。

弄清价格改革的真功夫及其效果。在通货膨胀条件下，各企业都会采用水涨船高的办法，必然发生比价复归，使价格改革走过场，徒劳无功。根据历史的经验和理论的分析，通货膨胀率达到一定高度之后，它所引发的物价上涨率将比货币的增长率增长更快，前者可能几倍、几十倍地高于后者。这种局面一旦出现，物价的上涨率将犹如脱缰的野马，不可驾驭。国际上不乏先例。

既然通货膨胀危害价格改革，那就应当根除它。然而，谈何容易！货币过多问题早就提出了。非但没有解决，反而愈演愈烈，通货膨胀有加剧之趋势。原因何在？有实践与理论两方面的因素。在实践方面，工商企业，基本建设单位，尤其乡镇企业，缺乏货币的呼声甚高。稍微抽一下银根，它们就像陷入了经济危机。它们的经济效益差，占用了财政和银行给的资金后，还觉得资金不够，到处寻找货币，用各种手段逼迫银行多发货币。在理论方面，"通货膨胀有益论"则是货币发行过多的认识论根源。这种理论在西方已经过时，已没有什么市场了，而今天把它引进中国，肯定是行不通的。既然如此，抑制乃至消除通货膨胀不能不成为价格改革的当务之急。绝不能在通货膨胀条件下进行价格改革。否则，要承担很大的风险，甚至导致价格改革的失败。

第四，企业消化吸收能力很弱条件下的价格改革易于走上轮番涨价的道路，发生比价复归问题。在价格改革中，要解决农产品价格偏低问题，能源、矿产品和基本原材料价格偏低问题，以及以房租为中心的各种收费偏低问题，除了在宏观上采取措施外，在微观上要靠企业的消化吸收能力。农产品价格上升部分主要靠工商企业消化吸收，能源、矿产品和基本原材料价格上升部分主要靠加工企业消化吸收，第三产业中各种收费的上升部分靠第一、二产业消化吸收。企业消化吸收能力强弱是价格改革能否成功的关键。可是，目前由于技术、管理等原因企业消化吸收能力很弱，一般只能消化吸收价格上升的10%—20%，有些企业根本缺乏消化吸收能力。同时，也缺乏消化的政策和压力，卖方市场为企业提供了转嫁价格负担的条件。在这种条件下，绝大部分企业都是"二传手"，把价格上升部分你传给我，我传给你，互相转嫁，连锁反应。结果，必然出现轮番涨价。由于企业都会采用水涨船高的办法，很难实现有升有降的价格结构调整，自然出现比价复归问题。最后，价格总水平上升很多，但比价关系依旧，原来偏低的价格依然处于"锅底"，原来偏高的价格仍然处在顶峰，居高不下。这种结局如果不是什么风险，至少是劳而无功，走了过场。为防止这种局面出现，国家可以采取某些硬性的逼着企业消化吸收的措施，把自愿消化吸收变成强迫消化吸收。这样，也许大部分企业能够消化吸收掉价格上升部分，但肯定有一部分效益差的企业根本消化不了价格上升部分，这部分企业将被逼死，实行关、停、并、转。由此将带来一系列社会问题。当然要冒一定的社会风险。

第五，居民承受能力不强条件下的价格改革易于引发社会不安和动荡。如上所述，我国价格改革如果在财政困难、通货膨胀和企业消化吸收能力很弱的条件下进行，必然伴随有价格水平大幅度上升。在这种条件下，要恰如其分地估量居民对价格上升的心理上的和经济上的承受能力。目前居民生活水平还是低的，刚刚满足温饱，尚未达到小康。从消费结构上看，弹性很小的生存资料所占比重很高，而弹性较大的发展资料和享受资料所占比重不大。前者的价格上升往往使居民有切肤之痛，而后者的价格上升居民则反应迟钝。消费结构上的这个特点决定了居民对价格上升的承受能力相对低一些。同样的价格上升幅度，在发达国家或中等发达国家可以为居民接受，不会出现什么问题，但在生活水平较低的我国则可能承受不了，可能会引起社会问题。我们要力求使价格改革有利于更多的居民，尽一切可能不但不降低人民生活水平，还要在生产发展的基础上不断提高人民生活水平。同时也要保证居民的货币财产（银行储蓄、各种债券以及手持现金等）不贬值。为了稳住储蓄，避免居民大量提取存款形成抢购风潮，以及制止某些企业不顾效益地大量贷款，必须首先提高存款和贷款的利息率，使利息率稍高于物价的上升幅度，至少与物价上升幅度持平，即保证利息率成为实际的正值。否则，如果不顾居民实际承受能力，一方面物价上升幅度明显超过居民货币收入增长速度，使一部分居民实际生活下降，另一方面物价上涨幅度明显超过利息率，使利息率成为负数，使居民货币财产明显贬值，一旦形成这种局面，生活下降的困难户和拥有大量货币财产的富裕户将联合起来反对价格改革。

三　化险为夷过好价格改革关的战略原则

第一，稳定经济，治理环境，为价格改革创造条件。首先要把经济增长超高速逐渐降至 10% 以内，最好是 7%—8%，以便为价格改革腾出一定的财力。只要我们长期地保持这种速度，一定能够在不久的将来迈入先进国家的行列。今年的工业增长速度头 5 个月比去年同期增长 17.1%，远远超过国家年度计划要求的 8% 的速度，接近经济过热的 1985 年全年增长速度 17.7%。如果不把这种超高速降下来，给价格改革让点路，改革将很难进行。其次，根据我国经济发展速度和经济货币化程度，把货币发行量的增长速度逐步降至 15% 以内，以便把通货膨胀引发的价格总水平上升压缩到最低限度，为价格结构性调整留出更大的活动余地。价格改革的实质是放开价格，由市场进行调节。与此相适应，必须紧缩通货。价格上的"松"与通货上的"紧"相辅相成。否则，既放开价格，又放开通货，经济必然大乱。最后，加强企业管理，提高企业素质，严格成本核算和成本监督，降低消耗，增强企业的消化吸收能力。如果说严格控制货币发行量是价格改革的起码的宏观条件，那么提高企业经济效益则是价格改革必不可少的微观基础。

第二，全面规划，分步实施，集中力量打歼灭战。价格领域存在的问题很多，主要是矿产品、能源和原材料价格偏低问题，粮食合同收购价格偏低和购销价格倒挂问题，以及以房租为中心的各种收费偏低问题。可是，限于国家的财力、宏观调控能力，企业消化吸收能力和居民承受能力，不可能把价格改革毕其功于一役。于是就产生了全面规划，分步实施的问题。有的主张先解决农产品价格问题，因为农业是基础，基础不稳，其他难行；有的主张先解决矿产品、能源和原材料价格问题，因为关系着搞活大中型企业，提高经济效益、增强国家财力的问题；也有的主张先解决房子商品化问题，因为这样国家可以摆脱沉重的包袱，开辟新的财源。我们认为，首先应解决矿产品、能源和原材料价格问题。不解决这个问题，很难搞活大中型企业，很难提高它们的经济效益，国家的主要财源仍然成问题，也不利于深化企业改革。当然，我们集中力量首先解决工业生产资料价格问题时，还要拿出一定的力量解决农产品价格和住房商品化问题。例如，可以适当提高粮食的合同收购价格，适当提高房租，出卖一部分新房和旧房等。但是，应当明确，在第一阶段上，必须集中主要力量解决矿产品、能源和原材料价格问题，只有这个问题基本解决好了，才可展开第二、第三个战役，以主要力量解决其他价格问题。

第三，在解决工业生产资料价格问题时，贯彻社会产品正向加工序列原则，由基础产品价格向加工产品价格逐步推进，把重点放在解决基础产品价格问题上。以钢铁序列来说，必须循着矿石、生铁、钢材、机械设备……这样的序列，才能理顺价格体系。否则随意抓住一项（例如钢材），或调整价格，或放开价格，非但不能使价格体系合理化，反而会打乱原来的整个价格体系，使价格更加不合理。在燃料序列、化工序列、电器序列等都存在着这类问题。如果煤炭价格不合理，几乎全行业亏损，那么火力电价、火车运价就失去了合理化的科学基础。不从煤炭价格入手，仅在火力电价、火车运价上打主意，无论如何都达不到价格体系的合理化。我国原油计划价格和煤炭计划价格如此之低，掩盖着化工企业的落后。只有从原油和煤炭价格入手，从酸、碱、盐等基本化工产品价格入手，才能理顺化工序列的产品价格。在工业与农业之间也是这样，不解决农产品价格的合理化问题，以农产品为原料的轻工业产品价格也就缺乏合理化的基础。在工业与建筑业之间也有类似问题。总之，价格改革要从国民经济总体上沿着社会产品正向加工序列去理顺我国的价格体系，首先突破和解决基础产品的价格问题。

第四，理顺价格体系还必须遵循平均利润的原则。在各个部门间、各个地区间、各个行业间、各个集团间以及国内外之间，衡量价格是否合理，其准绳和尺度只能是平均利润率。不论是放开的价格，还是管住的价格，只要能够保证大多数企业获得平均利润，其价格就是合理的，也是企业可以接受的。否则，价格就是不合理的，也是企业难以接受的。我国著名的马克思主义经济学家孙冶方同志曾经把利润比做牛鼻子。现在看来，利润的确是国民经济价格体系的牛鼻子。只要我们牵着牛鼻子而不去抬牛腿，整个国民经济价格体系就会日趋合理化。过去反对利润平均化原则者，往往否定社会主义制度下存在着资金和劳动力的自由转移。改革以来，资金市场和劳动力市场的出观，为资金和劳动力的转移提供了现实的场所和条件。这类转移越来越多了，工业向商业转，商业向旅游转，农业向工业转；或者往相反方向转移，明的不转暗的转，直接不转间接转。这就是说，利润平均化的趋势正在经济生活中起着无声指挥棒的作用。

第五，根据产品生产特点和供求状况采用不同价格形式和价格管理办法。在价格领域中，如何把计划与市场结合起来呢？我们认为，应用多元化的价格形式和价格管理办法，至少应区分以下四种情况，分别采取不同的价格形式和管理办法。（1）按产品的生产特点划分，凡属绝对垄断而无竞争市场的行业，如自来水、煤气、铁路、邮电、城市公共交通等，其产品和劳务一律实行计划价格，由政府制定价格，不能由企业定价，不能实行市场价，也不能实行双轨价。它们的价格不能十年、五年一贯制。当这类产品和劳务价格偏低时，国家要及时调整，使其获得大体的平均利润，或者由国家补贴，使其职工的利益不低于其他行业。反之，其他非垄断的有竞争市场的产品和劳务价格，一律实行市场价，或部分地暂时实行双轨价。国家统一制定的价格在西方市场经济的国家一般占15%—20%，我国应稍高于这个界限。这就是说，我国放开价格的最高限度是市场价达到价格总体的80%左右。（2）就某一种重要商品说，例如钢材或煤炭，一部分实行计划价格，另一部分实行市场价格，两种价格各自所占的比例随着生产和供求状况的变化而变化。这种比例双轨价格制度是在价格改革中产生的，它的利弊都十分明显。为了消除它的弊端，有必要逐渐缩小这种制度的范围，以至最后消灭它。但是，它的消亡正像它的产生那样，都受客观条件制约，要有一个过程。看来，少数商品在一定时期内实行这种比例双轨价格制度在所难免。（3）就某一种商品而言，例如粮食或木材，其使用价值（或者说商品的数量）实行计划调节，通过合同保证国家需要，而价值（或者说价格）实行市场调节。这种类型就是常说的"数量管住，价格放开"。它的实质是在市场价格下实行商品使用价值的计划。目前粮食收购宜于实行这种办法。（4）为了辅助和校正市场价格，应采用计算价格（又称核算价格、会计价格、最优计划价格、影子价格、理论价格、决策价格等）。没有计算价格就不可能有价格预期。计算价格是模拟的市场价格。它与现实的交换价格是对立的，又是统一的，二者相辅相成，并行不悖。以上四种类型，各有适用范围，不能互相否定，也不能互相代替，它们将长期共存、互相补充、共同发展。随着商品经济的发展，市场价格和半市场价格的比重将呈现上升的趋势，直至达到它们在价格总体中占80%的最高限度。

第六，适时的必要的行政干预。价格改革绝不能完全否定国家对价格的干预。必要的适时的行政干预是价格改革顺利进行的条件之一。从价格改革的环境看，在集中力量解决工业生产资料价格时，可在短期内冻结主要消费品价格；在集中力量解决农产品价格和各种收费价格时，可在短期内冻结主要生产资料价格。这样，在各种价格之间划出一定界限，留出一定的"时差"，不仅有助于督促工商企业多消化吸收一点价格的上升部分，而且有助于观察各种价格改革措施的效应，以便及时地采取针对性的措施。

第七，价格改革与工资改革配套进行，保证绝大多数居民生活非但不下降还要在生产发展的基础上逐步提高。工资是劳动力价格，属于广义价格之列。它的合理化及与其他价格的有机联系，最终取决于劳动力市场上的竞争机制，有待于改革的深化。在目前的价格改革中，首先要解决工资被物价上升蚕食的那一部分的补偿问题。1985—1987年连续三年物价上升23.7%，而工资基本未动，这是很不相称的，成为怨言尤多的根源。对工资补偿要及时，不能拖延，不能欠账。其主要办法是基本工资与生活费用指数挂钩。这个办法虽属下策，在经济效益低下的条件下有可能引起物价与工资轮番上升，但这个办法及时、明确，易于为大多数人接受，只好采用它。对工资仅补偿还是不够的，还要保证居民实际生活水平按照"七五"计划规定每年提高4%。否则，生产指标完成了计划，工资指标完不成计划，也会出现问题。至于工资结构的合理化问题，那要在工资改革中去解决。

采取以上主要战略对策，可以大大减少价格改革的风险，使我国的价格改革沿着有中国特色的社会主义道路不断前进。

（原载《财贸经济》1988年第10期）

宏观价格问题探讨

　　近十年价格改革的实践证明，在价格改革中一定要处理好两种关系，一是计划与市场的关系，二是宏观与微观的关系。为了加快价格改革的步伐，除继续把市场机制引向价格领域的纵深处，寻找出市场与计划的最优结合点外，目前很有必要提出和探讨宏观价格与微观价格的关系问题。只有处理好这个问题，改善宏观价格与微观价格的关系，才能进一步发展价格领域中计划与市场的关系，更好地完成价格模式转换的任务。

一

　　从价格史上考察，宏观价格问题正式形成于 20 世纪的前半期，在此之前，价格问题还都是微观的，而不是宏观的。

　　首先，宏观价格的形成适应社会化大生产的要求。大机器工业出现后，社会再生产过程形成了联系更加紧密的有机体。社会分工细、协作性强，各个环节相互制约。在这种条件下，不管何种商品的价格，或何种环节上的价格，一旦发生变动和出现问题，都会波及整个国民经济价格体系。这就是说，社会化大生产的环环相扣的链条要求把价格问题由商品交换双方的私事变成社会化的公务，由各自独立的价格变成紧密相连的价格体系，由微观价格问题变成宏观价格问题。

　　其次，宏观价格的形成也是社会生产关系变革的结果。19 世纪末和20 世纪初，资本主义由自由竞争阶段发展到垄断阶段，社会生产关系发生了局部性的质变。这种变化成为资本主义经济中价格由微观向宏观转化的社会基础。在自由竞争阶段，商品价格的制定，纯粹是资本家之间的行为，国家政权或其他社会组织不加干预。而到垄断阶段，商品价格的形成，要受垄断组织的控制，有的由垄断组织制定，资本家个人已没有多大权力了。20世纪30年代大危机后，国家垄断资本主义迅速发展，国家政权强烈地干预经济、干预价格。这不仅表现在国家或地方政府对一部分商品制定统一价格，剥夺了一部分企业的定价权，而且还表现在政府通过财政政策、税收政策、信贷政策等手段间接调控价格，通过法律手段、行政手段等冻结价格、规定价格，对价格进行监督、检查。这时，宏观价格在资本主义经济中就初步形成了。在我国和其他社会主义国家，宏观价格的形成则是另一番情况。在这些国家，通过无产阶级革命，形成了以国营经济为代表的全民所有制经济。这种经济与国家政权合二而一，互为表里，实行指令性计划、财政统收统支、物资统一调拨。与此相适应，国家统一制定商品和劳务的价格，企业则无定价权，只能执行国家的统一定价。这表明，在全民所有制经济中，价格从一开始就不是微观的，而是宏观的。宏观价格的这种诞生方式根源于社会主义革命所引起的生产关系的巨大变革以及传统的以指令性计划为特征的经济管理体制。

再次，宏观价格的形成还是国家职能多元化的产物。早期的作为统治阶级工具的国家，除依靠赋税取得收入以维持自身的生存和发展外，一般不具有管理和干预经济生活的职能，只具有政治职能。随着社会化大生产的发展，以及国家垄断资本主义经济和社会主义全民所有制经济的出现，国家的职能发生了重大变化，由单一的政治职能发展到政治职能与经济职能并重的多元化职能。现代国家，不论其阶级性如何，都具有管理和组织经济、干预和监督经济活动的职能。在国家的经济职能中，制定价格、调控价格、监督和检查价格成为重要的方面，占有突出的地位。由此开始，不仅企业的价格权有相当一部分逐渐转移到国家手中，而且企业的其他价格权如何运用也要受国家的间接调控。如果说社会化大生产、国有经济和垄断经济是宏观价格形成的经济条件，那么国家职能的转变则是宏观价格形成的社会政治条件。由于这些条件已经具备，所以宏观价格也就自然而然地形成了。

二

从宏观价格形成中不难发现，宏观价格有两种基本类型，一种是垄断资本主义经济中的宏观价格，另一种是社会主义全民所有制经济中的宏观价格。为便于探讨问题，我们将前者称为宏观价格 A 型，把后者称为宏观价格 B 型。这两种基本类型的宏观价格既有共同点，又有区别点。这里仅谈谈它们的不同点。

第一，立足点不同。A 型宏观价格的立足点是商品经济，而 B 型宏观价格的立足点是产品经济。垄断资本主义经济，尤其是国家垄断资本主义经济，是在资本主义商品经济经过几百年充分发展之后确立的。它有着深厚的商品经济的根基和土壤。立足在这种经济基础上的 A 型宏观价格是符合商品经济的基本规律——价值规律的要求的。而 B 型宏观价格则缺乏商品经济的基础，它是以产品经济为基础的。我国由于在相当长的时间里不承认全民所有制内部有商品经济，因此，B 型宏观价格就不是商品经济型的，而是产品经济型的。在这种条件下，要使 B 型宏观价格符合价值规律的要求，自然是很困难的。而背离价值规律，成为"哈哈镜式"的价格则是必然的。

第二，形成方式不同。垄断经济是在资本主义自由竞争发展到一定阶段由资本主义经济内部自发地成长起来的。国家垄断资本主义经济也是资本主义内部国家政权与垄断组织相互结合的产物。与此相适应，A 型宏观价格是在垄断经济尤其是国家垄断经济形成过程中自下而上地分散式地逐渐诞生的，这就决定了它有较大的灵活性和适应性。由于全民所有制社会主义经济不能在旧的经济内部产生，只能在革命胜利后，借助于国家政权力量一次性地生成，因而 B 型宏观价格的形成就不可能是分散的渐进式的，只能自上而下集中式地"一揽子"完成。这就决定了它的宏观性和集中性更强，而灵活性和适应性则较弱。

第三，运行方式不同。在 A 型宏观价格中，国家对价格以间接调控为主，直接控制为辅。绝大部分商品和劳务的价格由企业决定，无须经过政府或其他组织批准，但受政府的财政政策、税收政策和信贷政策的间接影响。少量具有垄断性的很难形成竞争市场的商品和劳务的价格则由政府统一规定，企业只能执行，不得违反。在 B 型宏观价格中，国家对价格以直接控制为主，间接调控为辅。绝大部分商品和劳务的价格由国家统一规定，企业被剥夺了价格权，而政府规定统一价格时，又往往从"偏好"出发，有的畸高，有的畸低，严重背离价值。当价格需要变动时，又必须经过层层审批。待批下时，时过境迁。这说明，B 型宏观价格的运行相当缓慢、迟钝和呆板，缺乏活力。

第四，作用和效果不同。A 型宏观价格是在微观价格基础上生成的，它与微观价格互相促进、互相制约，结合成一个整体。在这种情况下，A 型宏观价格的作用易于发挥，效果也较好。一般来说，它能优化资源配置，奖勤罚懒，促进技术进步和经济效益的提高。而 B 型宏观价格则是在"空地"上生成的，缺乏微观价格基础，天生具有"偏跛"性。由于缺乏微观价格的有机配合，B 型宏观价格的作用就受到很大限制，效果也不那么好，一般来说，它主要是经济核算的工具，执行着计量的职能。

对比了 A 型宏观价格与 B 型宏观价格的优缺点之后，可能有人会说，我们过分抬高了前者，而压低了后者。实际上，这不是哪一个人的主观意志强加的，而是由宏观条件决定的。B 型宏观价格所以"低一等"，主要原因就在于它先天不足，缺乏商品经济的基础，缺乏微观价格的有力配合与协调。

三

研究宏观价格的形成与类型，首先有助于确定价格改革的方向。从我国传统价格管理体制和价格体系存在的弊病来看，价格改革应沿着两条主线前进。一条是计划与市场的关系，把市场机制引入价格，或者说，把价格由行政框框的束缚中放回到市场中，使市场与计划有机地结合起来，形成有计划的市场价格模式。另一条是宏观与微观的关系，改造原有的宏观价格，构造新的微观价格基础，使宏观价格与微观价格相互促进，形成以微观价格为基础的价格模式。下面着重谈谈后一条主线的问题。

社会主义传统经济管理体制决定了我国的价格自始就是宏观的，而不是微观的。近三十年的实践证明，这种状况是不利于社会主义经济发展的。自改革开放以来，各级政府把相当大的一部分价格权放给了企业。企业价格权的扩大不仅大大增强了企业的活力与生机，也使价格的形成与运行日趋合理。今后价格改革的主要任务之一仍然是继续扩大企业的价格权，把该放给企业而又能够放给企业的价格权，统统放给企业，花大力气去构造我国微观价格基础。任何否定或轻视微观价格的倾向，都是不符合价格改革方向的。

我们在集中力量构造微观价格基础的同时，还要改造和完善我国的宏观价格体系。这也是价格改革的一项重要任务。过去把一切价格问题都视为宏观价格问题是不对的。要从中进行"精简下放"，把不属于宏观价格的东西归入微观价格或中观价格之列。对于真正的宏观价格问题则要从产品经济基础上移植到商品经济基础上，认真贯彻价值规律和平均利润规律，使这些宏观价格科学化、合理化。对于无竞争市场的商品和劳务，必须认真测算其成本和价值量，并以此作为规定价格的主要依据，只要随着成本和价值量的变化，经常调整这类商品价格，使生产者获得大体的平均利润，这些宏观价格就可以经常处于良好的运行态势。

宏观价格与微观价格是矛盾对立统一体，二者既互相制约，又互相促进。要正确认识和处理它们之间的关系，必须防止和克服两种片面性。一种是过分强调宏观价格，否定或轻视微观价格，甚至用宏观价格完全取代微观价格。另一种是过分突出微观价格，否定或轻视宏观价格，把宏观价格置于可有可无的境地。这种片面性自改革开放以来表现得比较明确，已经造成了不良后果。以上两种片面性的共同点在于，它们都忽视了宏观价格与微观价格的内在统一性和有机联系。事实上，微观价格是基础，宏观价格是主导，二者各有其作用与地位，不能偏废，更不能互相代替或否定。

其次，研究宏观价格的形成与类型，还有助于加强物价的管理。随着价格权的下放，出现了两种情况。原来掌管价格权的部门，由于价格权的下放，觉得有点"虚"，似乎无事可干了；原来无价格权的企业或地区，有了价格权后，由于缺乏经济手段，又不会使用或不善于运用，似乎无处下手，不知怎样管才好。这些情况在价格模式转换时期是难以避免的。现存的问题是，如何更快地适应价格改革后的新环境，把价格工作做得更好。我觉得，有必要按照宏观价格、中观价格与微观价格来划分和行使物价部门的各种权、责、利。大体说来，中央政府掌管宏观价格问题，地区和部门掌管中观价格问题，企业掌管微观价格问题。只要把这三类价格问题划分开并协调一致，就可以保证价格工作有条不紊地向前迈进。

宏观价格问题主要包括：（1）全国性的物价政策、法规和条例的制定执行情况的检查与监督；（2）少数垄断性强、无竞争市场的商品和劳务价格的制定以及这类价格信息的发布、价格执行情况的检查与监督；（3）价格政策与财政、税收、信贷、外汇、居民收入等政策的协调和配合。凡企业范围以内的价格一般说来都是微观价格，只要有竞争市场的商品和劳务的价格，都应由企业依据市场信息制定和调整。介于宏观价格与微观价格之间的那个"价格带"则属于中观价格之列。宏观、中观、微观的界限也不是绝对的，依据条件的变化可作调整。探讨它们之间的合理界限，乃是价格改革的一项任务。

研究宏观价格的形成和类型，还有助于推进价格理论的研究。价格理论是价格实践的反映。过去的价格实践否定或轻视了微观价格问题。所以，在过去的价格理论著作中仅有国家如何定价或调整价格的论述，而缺乏企业如何在市场环境中制定自己产品和劳务价格的理论分析与研究。即使对于宏观价格的研究，也仅限于产品经济下的宏观价格，而对商品经济下的宏观价格则很少涉及。价格理论的这种状况已落后于价格改革的实践，与改革的步伐很不相称。价格理论的改革已经到了非进行不可的时候了。在这方面，有这样几个问题尚待研究：（1）微观价格理论问题，即企业价格理论问题。（2）改造原有的宏观价格理论，使之适应新的环境，建立具有中国特色的社会主义宏观价格理论。（3）价格的运行（包括微观价格与宏观价格运行在内）如何与财政、税收、信贷、外汇、收入等协调配套的理论。

四

宏观价格中有许多问题需要认真研究和解决，目前应侧重考虑下面几个问题。

第一，价格总水平问题。近年来，我国价格总水平全面持续大幅度上升，不仅成为亿万群众街谈巷议的热点，而且成为全国政协、人代会和党代会的重要议题。这说明，价格总水平问题是个地地道道的宏观大问题。这个问题发展到目前这样严重和尖锐，固然有微观方面的原因，但主要原因还是在宏观方面。其最直接的原因是货币总量过多。货币过多的原因一方面是由于一些工商企业、基本建设单位以及乡镇企业等缺乏货币的呼声甚高。然而它们的经济效益低，再多的货币也难满足它们的需要。所以，解决货币过多问题，首先要大力提高基层企业的经济效益。另一方面"通货膨胀有益论"是货币过多的认识论根源。当前反对物价上升的呼声之高，说明"通货膨胀有益论"是不得人心的。

有些人把稳定物价与经济增长对立起来，把前者视为手段，把后者视为目标，这也是不妥的。实践证明，只有把稳定物价与经济增长放在同等位置上，才能保证经济的稳定持续增长。否则，物价的大幅度波动会造成经济的忽上忽下，不可能有持续稳定增长。忽视物价，单纯追求高速度，必定事与愿违，欲速则不达，甚至掉入"价格陷阱"中，难以自拔。

第二，国民经济价格体系问题。它可以从不同角度，划分为几种类型，如包括工业、农业、建筑业、交通运输业和商业五大物质生产部门的产品和劳务的价格体系；第一产业、第二产业和第三产业的产品和劳务的价格体系；生产的主观要素与客观要素（或称人力要素与物力要素）的价格体系；国内价格与国际价格体系；国内各地区间的价格体系；等等。这些价格体系受生产力结构和产业结构的决定，并反作用于生产力结构和产业结构。它们合理与否，关系着整个国民经济能否按比例协调发展。

理顺国民经济价格体系必须遵循两条重要原则，一条是社会产品正向加工序列原则，另一条是平均利润率原则。利润率指标是衡量价格体系合理与否的最重要的尺度和准绳。不论是放开的价格，还是管住的价格，只要能够保证生产企业和流通企业获得平均利润，其价格就是合理的，也是企业可以接受的。否则，价格就是不合理的，也是企业难以接受的。我国的价格改革还证明，理顺国民经济价格体系还要遵循社会产品正向加工序列原则。以钢铁序列来说，必须循着矿石、生铁、钢材、机械设备……这样的序列，才能理顺价格体系。否则，随意抓住一项（例如钢材），或调整价格，或放开价格，非但不能使价格体系合理化，反而会打乱原来的价格体系，使价格更加不合理。在工业与农业之间也是这样，不解决农产品价格的合理化问题，以农产品为原料的轻工业产品价格也就缺乏合理化的基础。因此，要从国民经济总体上沿着社会产品正向加工序列去理顺我国的价格体系。

第三，价格的运行问题。这里所说的运行是指国民经济总体上的运行。在商品经济中，价格是最重要的经济机制。它比财政、税收、信贷等经济机制起着更重要的作用，因此，价格畅通无阻地运行，对于国民经济的意义是极其重大的。

妨碍价格畅通运行的最大障碍是所谓价格补贴。各种价格补贴把价格完全扭曲了。购销价格的倒挂，实质上就是价格的逆向倒流，违背了价格运行的一般规律。所以，在价格改革中，必须把矛头对准各种补贴，尽一切可能减少补贴。价格补贴的多少与价格体系合理化的程度，与价格运行的畅通程度成反比。价格改革的一个严重缺点是过分迷信价格补贴的作用。在改革中，非但没有减少补贴，反而增加补贴。这是价格改革最不成功的一点。我国价格改革成绩的大小，简而言之，可以用补贴多少来衡量。一旦完全取消了补贴，价格体系就合理化了，价格运行就畅通了，价格改革也就完成了。

（原载《中国物价》1988 年第 2 期）

这是条新路子吗？

——评"决策价格体系"

　　我国的价格改革取得了重大进展，也遇到了风险和困难。在风险和困难面前，有些同志想另辟新路，企图以决策价格体系代替价格改革。他们说，有了决策价格体系，"现行的价格在最近三五年内可以不进行调整"，"现行的生产资料计划价格在三五年内可以基本不动"，"我们就不必再去冒一次次调整现行交换价格的风险"。又说，决策价格体系是一条"避免直接调整现行价格带来的风险和振荡的新路子"。对于这些主张，有的赞成，有的反对。本文提出这样的疑问：这是条新路子？这条路行得通吗？

　　要回答这样的问题，至少要解决三个问题：一是能否在现行交换价格体系之外找出（或计算出）一套价格？二是怎样找出这套价格？三是找出了这套价格后，它能否代替价格改革？价格改革能否暂停或三五年不动？我想就这几个问题谈一谈自己的看法，不妥之处，请同志们指正。

一

　　能否在现行交换价格体系之外计算或找出一套价格体系，作为决策价格体系，这是一切问题的前提。故我们从这个问题谈起。[①]

　　在价格（或价值）能否计算出来这个问题上，几十年来一直存在着两种根本对立的观点，一种观点认为，价格高深莫测，不可能直接计算出来，只有借助于市场，通过无数次交换活动，人们才能逐渐把握它，离开

────────────

　　[①]　价值是价格的基础，二者既有联系又有区别。本文假定二者是一致的，或者说舍掉二者的差别。因此，文中说的计算出价格，实际上是指计算出价值。

市场，离开交换，无法计算出价格。另一种观点则认为，随着复杂劳动与简单劳动的重大差别的消失，运用数学模型和电子计算机有可能计算出价格。当前虽然不能准确地计算出它们，但作个粗略计算，甚至匡算一下，是能够办得到的，对计划工作，物价工作以及财政、税收、信贷等都大有益处。我持后一种意见。十几年前，我同一些同志讨论过这个问题。1980年把自己的观点写在《论价格在国民经济综合平衡中的作用》一文中，该文后来收在刘国光同志主编的《国民经济综合平衡的若干理论问题》一书（1981年中国社会科学出版社出版）中，在这里我想作几点补充说明。

应当承认，精确地计算出价值（价格），不论在目前，还是在不远的将来，都是很困难的。这不仅因为复杂劳动难以换算为简单劳动，还因为社会再生产过程的各个环节、各个部门、各个企业、各个单位之间是一种连环式的联系，你中有我、我中有你，互相渗透、难解难分。在这种情况下，要计算出任何一种商品的价值（价格），必然涉及整个社会再生产过程。用简单的数学公式和计算工具无论如何都是计算不出来的。然而，目前办不到的事情，并不等于将来办不到。上天或入地，过去根本办不到，而今天已实现了，这是由于客观条件变化了。随着客观条件的变化，尤其现代数学和计算工具的发展，很有可能把价值（价格）计算出来，理论的探索往往成为行动的先导。如果我们现在从理论上就把计算价值（价格）的可能性根本否掉，为时可能过早了，先不要把门关上，不妨先从理论上多作一些探索，这对于科学的发展有利而无害。

价值（价格）所以能够计算出来，主要的原因还不在于外部客观条件的不断完善，而在于价值内部的规定性。价值这种东西，像世间的万事万物一样，既有质的规定性，又有量的规定性。从质的规定性说，价值的实质是商品生产者之间的一种交换关系，即人与人之间的关系；在阶级社会里，价值体现着阶级关系；从量的规定性看，价值的量是生产商品的社会必要劳动时间，"社会必要劳动时间是在现有的社会正常的生产条件下、在社会平均的劳动熟练程度和劳动强度下制造某种使用价值所需要的劳动时间"。① 既然商品的价值量是由社会必要劳动时间决定的、而社会必要劳

①《马克思恩格斯全集》第23卷，人民出版社1972年版，第52页。

动时间又是用一定的时间单位（如小时、日、月、年）做尺度，为什么不能用劳动时间把价值计量出来呢？如果价值仅有质的规定性，而无量的规定性，像哲学上的"物质"概念那样，那就无法计量。可是价值除了有质的规定性外，还确有量的规定性。价值的量，可用时间长短做尺度进行度量。显然，客观上存在着用劳动时间长短计量价值大小的可能性。价值量的可度性是计算价值的根本前提。

对于价值的研究，过去往往侧重于质的分析，着重研究价值的质的规定性，而轻视价值量的研究与测算。这种状况适应于革命时期，但不适应现代化建设的要求。在现实的经济生活中，人们更多地关心价值量。正如马克思指出的："产品交换者实际关心的问题，首先是他用自己的产品能换取多少别人的产品，就是说，产品按什么样的比例交换"，"劳动产品的价值性质，只是通过劳动产品作为价值量发生作用才确定下来。"① 因此，今后对价值的研究，要更多地注重量的分析和测定。一旦把握住了价值量，我们制定价格和调整价格将易如反掌，价格工作将从经验型变成科学型，价格学将从模糊型变成精确型。

对价值量的测度，近几年进行了有益的尝试，理论价格的测算便是其中的一项。这项工作的根本出发点就是力求计算出商品的价值量。近来，提出决策价格体系也是从寻找价值量出发的。这样的出发点是好的，应当坚持下去，直至计算出价值量，或用变通的方法找出近似的价值量，只有计算出价值量或找出近似的价值量，决策价格才有立足之地，否则，凭主观臆断"研究"出的决策价格，将毫无意义。

二

测度价值或计算价值量的方法问题，是研究决策价格遇到的另一个问题。不解决这个问题，决策价格问题也可能毫无结果。从目前情况看，计算价值量的方法主要有以下几种：

第一，劳动时间测定法。

① 《马克思恩格斯全集》第 23 卷，人民出版社 1972 年版，第 91 页。

马克思曾经指出，货币是价值的外在尺度，而劳动时间是价值的内在尺度。[①] 这就是说，测定价值量的大小，既可用货币，又可用劳动时间。用货币测定价值量的大小，是在市场上商品交换中进行的。本文暂不讨论这个问题。用劳动时间测定价值量大小的主要困难在于复杂动动与简单劳动的差别，简单劳动是指每个没有任何专长的普通人的机体平均具有的简单劳动力的耗费，而复杂劳动只是自乘的或多倍的简单劳动。少量的复杂劳动等于多量的简单劳动。复杂劳动折算成简单劳动，"是在生产者背后由社会过程决定的"。[②] 在有计划的商品经济中，如何把复杂劳动折算成简单劳动，还是个需要进一步探索的问题。过去，有的同志曾建议用劳动报酬的差别进行折算，即复杂劳动报酬高于简单劳动报酬的倍数，就等于两种劳动相差的倍数。如果我们确实贯彻了按劳分配原则，这个方法就是可行的。可惜，按劳分配原则在实践中已经打了折扣，报酬的差别体现不了劳动的差别，进一步贯彻按劳分配原则，将为复杂劳动与简单劳动的折算开辟更宽的途径。从根本上说，只有复杂劳动与简单劳动的重大差别消失之后，才能用劳动时间测定价值量的大小。这一点，本世纪内不可能做到，所以，需要另外寻找测定价值量的方法。

第二，价值构成测定法。

价格形成的基础是价值，还是生产价格？目前尚有不同意见。所以，既要计算出价值，又要计算出生产价格，以适应不同的需要。不论价值，还是生产价格，都是由 C、V、M 三部分组成，前两部分构成产品成本。计算这种成本有两种方法：一是选择部门内某种产品的各企业单位成本的众数或中位数，以代表该产品的部门中等成本。另一种办法是，用简单算术平均数或加权算术平均数的方法，计算出部门内某种产品的平均成本。为了计算出部门成本，必须加强成本核算和成本管理，尤其是农产品的成本核算和成本管理。目前，在工业中迫切需要健全由各个企业编制的生产费用表及其明细表，在农业中急需建立生产费用账目，并在此基础上逐步编制生产费用表。

---

　① 《马克思恩格斯全集》第 23 卷，人民出版社 1972 年版，第 112 页。
　② 《马克思恩格斯全集》第 23 卷，人民出版社 1972 年版，第 58 页。

　　计算价值中的第三部分，即剩余劳动部分，暂且可根据它与必要劳动报酬的比率进行。剩余劳动的货币表现即利润总额（其中包括税金）与必要劳动报酬总额之比，再乘以某种产品中包含的必要劳动报酬额，即可求出某种产品中应含的剩余劳动部分。计算生产价格中的第三部分，即剩余劳动部分，要解决两个问题。第一个问题是先要计算出社会平均资金利润率。这个问题不难解决，只要找出全年的利润总额（其中包括税金），再找出全部生产基金数（其中的固定基金应采取重置的，而不是原值），将二者对比，就可求出社会平均资金利润率。另一个问题是比较困难的，这就是在生产多种产品的部门和企业里，如何确定每种产品占用了多少资金，在目前条件下，这只能粗估，或者通过产品成本加以换算。此外，还可以采用资金占用系数法。在部门和企业里，通过业务核算、会计核算与统计核算的各种资料和典型调查，确定出每种产品的资金占用系数，并随着情况的变化经常注意调整这些系数，只要这些系数比较合适，那就不难根据它们在产品之间划分谁占用了多少资金，进而根据产品占用资金的多少和社会平均资金利润率来确定其应包含的剩余劳动部分。

　　计算价值和生产价格亦可先计算出 V + M，再计算 C。如果采用这个方法，就要先计算出整个社会的单位活劳动的货币表现，或者说，找出单位货币所代表的活劳动量。从整个社会来说，劳动者的一日或一小时的劳动究竟等于多少人民币？这可用一定时期的劳动的总日数或总时数去除以货币表现的一定时期的国民收入总额。假定一年的国民收入为 8000 亿元，劳动的总日数为 2000 亿个，这样每个劳动日就等于 4 元，或者说每元货币代表四分之一个劳动日。有了单位活劳动的货币表现，再计算出每种产品消耗的劳动时间，就可以计算出产品价值中的 V 与 M 部分。在此基础上，再加上物化劳动消耗，也就可以大体计算出产品的价值和生产价格。

　　在计算价值和生产价格时，是先计算 C + V，再计算 M；还是先计算 V + M，再计算 C，这是两种不同的方法，可以殊途同归，互相验证。

　　不过，不论采用哪种方法，都需要大量而准确的数据。缺乏资料，尤其缺乏准确的资料，是目前计算价值量的最大难题。所以不能不另找其他途径。

　　第三，灵活变通的方法。

　　鉴于以上两种测定价值量的方法限于条件目前难以实行，必须另找变通的方法。在寻求变通的方法时，为了在短期内取得较好成果，一定要充分利用前人的东西。我国已测算出一套理论价格体系，西方已有一套影子价格。国际市场上有一套现行交换价格，我国还有现行的计划价格体系和市场价格体系。我们要很好地利用这五套价格体系。在这五套价格体系中，国际市场上的现行交换价格体系是在较充分竞争条件下形成的，可能更准确地反映商品生产和交换中的社会必要劳动消耗。应当以国际市场现行市场交换价格体系为主。从五套价格体系中筛选和提炼出一套价格体系，作为决策价格体系。具体做法是，先选择五百至一千种商品，每种商品搜集到上述的五种价格，列成一览表。然后，对每种商品的五种价格进行比较和分析。凡五种价格一致或大体接近者，即可取其一作为决策价格；凡五种价格相距甚远者，邀请有关专家进行论证，以决定取舍。这样，从五套价格体系中可提炼出一套价格体系。这套价格体系将随着客观情况的变化即上述五套价格体系的变化而不断修改，日臻完善。要达到这一点，必须有准确及时而又丰富的价格信息。价格信息乃是完善决策价格的基础。

三

　　有了一套决策价格之后，如何使用？提出决策价格体系的同志说，决策价格体系是"探索经济体制改革的新思路"，是"经济体制改革基本框架的一种设想"，是经济体制改革过渡模式的"核心"，对此我们暂不作评论。现在我们要讨论的问题是，决策价格体系在价格改革中起什么作用？能否代替价格改革？或者说，有了决策价格体系之后，价格改革能否暂停或三五年不动？

　　应当承认，决策价格体系在价格改革中是有一定作用的。当谈到价格改革的必要性时，我们经常说价格体系（或价格结构）不合理，价格被严重扭曲，某些产品和劳务的价格高于价值，而另外的一些产品和劳务的价格低于价值。这里所说的"不合理"、"扭曲"、"高于价值"和"低于价值"等都是些模糊数学的概念，而不是精确的东西。如果要问某种商品的价格高于或低于价值多少？那就很难回答。过去我们在价值、价格等问题研究上的严重缺陷不仅以质的分析代替量的研究和测定，而且在量的研究上也总是停留在"高于"或"低于"这样的模糊数学阶段。如果我们不把价格的研究由模糊阶段推向精确阶段，不能回答价格高于或低于价值多少，那么我们的价格改革尤其是价格体系（价格结构）的改革又往哪个方向前进？改到何时，达到何种地步，价格体系才算合理呢？显然，在价格改革中迫切需要有衡量价格高于或低于价值的客观标准，以及测度价格高于或低于价值多少的客观尺度。这种客观标准和尺度就是决策价格体系。有了决策价格体系，价格体系的改革就有了依据，有了方向。这样就便于分步前进。决策价格体系对于价格改革的意义正在于此。否则，客观上没有标准和尺度，总是停留在价格高于或低于价值这样的模糊阶段，我们的价格改革也只能在模糊中前进。说得更严重一点，很可能从模糊达到模糊。

我们在充分肯定决策价格体系对价格改革的重大意义的同时，也明确指出，不能夸大决策价格体系对价格改革的作用，更不能用决策价格体系代替价格改革。所谓决策价格，过去又叫核算价格或计算价格，也称影子价格。它是指现行交换价格之外的通过数学模型和电子计算机计算出来的（或用变通方法找出来的）主要用于经济决策的一种价格。按照提出决策价格同志的说法，决策价格"是未来的现行价格，或说它是价格改革的目标"。既然如此，决策价格体系与现行交换价格体系就有区别。二者的主要区别在于，一个是现实的，另一个是未来的；一个是扭曲的，另一个是合理的。它们之间有一道鸿沟。提出决策价格体系的同志似乎也意识到这条鸿沟的存在，并且认为这条鸿沟不易消除。所以他们多次指出，"用十年左右的时间实现决策价格和现实交换价格的接近"。然而，怎样去实现这种接近？通过什么道路或途径使现行交换价格去接近决策价格呢？对于这样的问题，提出决策价格的同志并没有回答。我们认为，使现行交换价格接近决策价格的唯一途径就是价格改革，就是对现行交换价格的调整与放开。离开价格改革，离开价格的调与放，根本不可能使两种价格体系接近。

提出决策价格体系的同志一方面说"用十年左右的时间实现决策价格和现行交换价格的接近"，另一方面又说"现行的价格在最近三五年内可以不进行调整"，这两个命题如果不自相矛盾，那么他们使两种价格体系接近的途径，据我们估计，可能是"一步到位"式的改革。这就是说，近三五年（准确地说是十年）对价格不进行调整和改革。待条件成熟后，一次性地把现行价格变成决策价格，实现"合二为一"的愿望。这样做，的确可以避免像提出决策价格体系同志所说的"我们的人民和企业每天要生活在胆战心惊之中"。但是，这种"毕其功于一役"的价格改革，可能不适应我国的国情，它所造成的震荡将难以承受。如果经济和社会承受不了，两种价格体系的接近岂不成为泡影？

也许提出决策价格的同志想靠税制的改革使两种价格体系接近。我们认为，这条思路也不通。价格与税收有密切的联系，在一定条件下可以用价格的功能去部分地代替税收的功能，或者相反，用税收的功能去部分地代替价格的功能。但是，这种相互替代是有一定限度的。尤其在价格体系被严重扭曲的时候，其局限性就更大。目前我国工业企业的亏损面近三分之一，加上微利企业，几乎占一半。这么多的企业没有利润或利润甚少，即使对它们减免税收，也仍然解决不了价格不合理问题，也无法使它们的交换价格向决策价格接近。在这种情况下，只有通过价格改革，解决价格偏低问题，才能使现行的交换价格逐步同决策价格接近。

以上的分析表明，价格改革与决策价格体系是相辅相成的。决策价格体系是价格改革尤其是价格体系改革所要达到的目标，而价格改革则是现行交换价格接近决策价格的必由之路。有了决策价格体系之后，非但不能停止三五年的价格改革，而且因为有了明确的目标和方向，应该加快进行价格改革，使现行交换价格早日接近决策价格。

明确了决策价格与现行交换价格的区别与联系，以及决策价格与价格改革的关系之后，现在可以说，决策价格体系仅仅提供了价格改革的目标，并没有提供达到目标的途径和方法，毛泽东同志曾经说过："我们不但要提出任务，而且要解决完成任务的方法问题。我们的任务是过河，但是没有桥或没有船就不能过，不解决桥或船的问题，过河就是一句空话。不解决方法问题，任务也只是瞎说一顿。"[1] 如果我们仅仅提出决策价格体

---

① 《毛泽东选集》第 1 卷，人民出版社 1952 年版，第 134 页。

系，而不解决如何使现行交换价格向决策价格接近，决策价格体系仍然是句空话。

提出决策价格体系的同志之所以否认当前进行价格调整和改革的必要性，主要是因为混淆了价格改革的目标和道路，或者说，以目标代替了道路。决策价格体系仅仅是价格改革的目标，而不是价格改革的新路子。解决了目标问题，并不等于路子问题就解决了。即便有了合理的科学的价格决策体系，要达到这样的目标，使现行交换价格接近决策价格，最终"合二为一"，还要经过艰难曲折的价格改革之路。在价格问题上，如何达到美好的彼岸，还有待于我们开拓前进！

（原载《成本与价格资料》1988 年第 6 期）

关口·风险·对策

——谈谈我国的价格改革问题

一

1984 年,《中共中央关于经济体制改革的决定》指出,价格改革是经济体制改革成败的关键。最近中央领导同志又多次指出,价格改革这一关是非过不可的,是绕不开的。价格改革所以成为经济体制改革非过不可的关口,主要理由有以下几点。

第一,价格改革是自然经济、产品经济转向有计划商品经济所必过之关。

过去,我国农村经济基本上是自然经济,城市经济基本上是产品经济。自然经济是一种没有商品、没有货币、没有价格的经济。产品经济是商品、货币、价格名存实亡的经济。在这种经济中,价格顶多不过是一种计算工具而已。而商品经济是离不开价格的。不论是商品经济的基本规律——价值规律,还是商品经济的供求规律、竞争规律等,都只有借助于价格并通过价格才能发挥其应有的作用。当然,价格的调节功能、信号功能、分配功能以及计量功能等,也只有在商品经济中才能表现出来。离开价格谈商品经济,或者离开商品经济谈价格,都是一句空话。

我国经济体制改革的根本任务,就是把我国的经济转上商品经济的轨道。要实现这种经济类型的转换,非改革价格不可。不改革价格管理体制,不理顺严重扭曲的价格体系,就很难发展商品经济,甚至使商品经济部分地复归到产品经济。

第二，价格改革是企业由行政机关附属物转变成自负盈亏的相对独立的商品生产者和经营者必过之关。

在产品经济中和传统体制下，企业是各级行政机关的附属物，既不负盈，也不负亏，吃国家的"大锅饭"。它们毫无定价权，根本不关心价格的形成、运行和升降。反过来，不合理的价格又严重地束缚了企业的生机和积极性。要使企业具有生机和活力，必须改革价格管理体制和价格体系。只有把大部分的定价权由各级政府手里返还给企业，使企业有权制定价格，关心价格，按照价格信息安排生产和组织经营，才能解决企业吃国家"大锅饭"的问题，消除企业之间的苦乐不均现象。如果没有合理而又平等的价格环境，企业就根本无法自负盈亏，难以开展竞争，难以成为相对独立的商品生产者和经营者。目前，突破不合理的价格关已成为发展和完善企业经营机制的当务之急。

第三，价格改革是宏观控制由行政协调方式为主转向经济协调方式为主，由直接控制为主转向间接控制为主所必过之关。

国家对经济的宏观控制采取何种方式，主要取决于经济类型的性质。在自然经济和产品经济中，国家一般采用直接的行政协调方式；而在商品经济中，则主要采用间接的经济协调方式。随着自然经济、产品经济向有计划商品经济的过渡，国家宏观调控的方式必然要从直接的行政协调为主转向间接的经济协调为主。

在间接的经济协调方式中，价格是最重要的调节手段。国家引导企业固然要使用财政、税收、信贷、外汇等手段，但最重要最根本的还是依靠价格机制。一旦有了合理的价格体系，国家引导企业将易如反掌。而目前我国的价格体系还很不合理，无法借助它去引导企业。所以，价格改革乃是完善宏观调控手段，改善国家与企业关系之必需。

第四，价格改革是资源配置由浪费型转向节约型，经济结构由畸形转向正常所必过之关。

在我国的经济结构方面，长期存在着短线与长线的问题。短线拉不长，长线压不短，是个老大难问题。长线，严重浪费资源；而短线，又严重缺乏资源。能源、交通、原材料以及矿山等长期资金不足，农业、科技、教育等也缺乏应有的财源。

造成这种问题的原因固然很复杂，但价格体系不合理是重要原因之一。凡长线者，一般都是价高利大，有利可图，吸引大批投资，浪费惊人；反之，凡短线者，一般都是价低利薄，亏损严重，谁也不愿向这些地方投资，它们只好靠国家补贴过日子，从而大大削弱了国家的建设能力。为了摆脱国家的财政困境，实现资源配置的优化，建立和发展合理的经济结构，必须改革价格，实现价格模式的转换。

经济生活中的种种问题说明，价格问题是我国经济中的症结所在。不解决价格问题，改革就不可能成功。价格改革关非过不可。

二

在经济体制改革的道路上，我们还要过几个险关。其中价格关可能是最难过的关，也是风险最大的关。这样估量的根据主要是：

第一，价格改革是社会经济利益关系的大调整，触及社会各个阶层和每个人的利益。

大家知道，价格关系实际上是一种利益关系，价格体系实质上是社会经济利益的一种网络，它的任何变动都会触及社会各个阶层的利益。改革旧的价格体系，建立新的价格体系，就是要打破原有的不合理的利益分配格局，重新调整各方面的经济利益。即使是绝大多数人都拥护的价格改革方案，也不会使所有的人都获得利益，总有吃亏者或丧失既得利益者，因而也总有反对者，总有阻力。这是价格改革风险的经济根源。

第二，价格改革与经济高速增长存在着一定的矛盾。

价格改革与经济高速增长在根本上是一致的。从长期看，它们二者互相促进，价格改革有利于经济高速增长，而经济的高速增长又为价格改革创造条件。但是，目前它们之间又存在着矛盾，主要表现为相互争夺有限的资金。进行价格改革国家要花很多的钱，至少要几百亿元；而高速发展经济，又靠大量投入，也需要很多的钱。在资金有限的情况下，如何克服价格改革与经济高速增长之间的矛盾，使二者相互促进，将是十分困难的。

总起来看，价格改革与经济增长之间可能出现四种情况：（1）突出价格改革，牺牲速度，大量压缩投资规模，出现部分企业关、停、并、转，也会使部分工人失业；（2）突出高速度，放慢价格改革，或降低价格改革的标准和要求，价格改革做"虚功"；（3）既突出价格改革，又突出高速度，在经济高速度中加速价格改革步伐，由于资金的约束，高速度掉进"价格陷阱"中，价格改革陷入"滞涨"；（4）良好的价格改革与适度的经济增长相结合，经济的稳定发展为价格改革创造条件，而价格改革又为经济发展扫清道路。我们力争实现第四种情况，但是前三种情况的出现也是可能的。如果出现了前三种情况，尤其出现了第三种情况，风险是难以避免的，并且可能是相当大的。

第三，通货膨胀条件下的价格改革具有更大的风险。

近几年来，过量的货币发行已经使我国出现了通货膨胀。据测算，目前的通货膨胀率已高达18%左右①，在这种条件下进行价格改革将面临双重任务，一方面要控制由于价格结构调整而引发的价格总水平的上升，另一方面又要控制由于流通中货币过多而引发的价格水平的上升，这必然增加价格改革的难度。

按照理论的分析和历史的经验，通货膨胀率达到一定高度之后，物价的上涨率将比流通货币的上升率增长更快，前者可能几倍或十几倍于后者。这种情况一旦出现，物价的上涨率将犹如脱缰野马，不可驾驭。这就是说，通货膨胀条件下的价格改革具有很大的危险性。在这方面，南斯拉夫的教训值得汲取。

第四，在企业消化能力很弱的条件下，价格改革易于走上轮番涨价的道路，发生比价"复归"的问题。

在价格改革中，要解决农产品价格偏低问题，能源、交通、基本原材料和矿产品价格偏低问题，以及以房租为中心的各种收费偏低问题，除宏观上的措施外，在微观上要靠企业的消化能力。农产品价格上升部分靠工业企业消化吸收；能源、交通、基本原材料和矿产品价格上升部分靠加工企业消化吸收；第三产业中各种收费的上升部分靠一、二产业消化吸收。企业消化吸收能力的强弱是价格改革能否成功的关键。

---

① 杨仲伟等：《我国通货膨胀的诊断》，《经济研究》1988年第4期。

可是，目前企业的消化吸收能力很弱，一般只能消化吸收价格上升部分的10%—20%，有些企业根本缺乏消化吸收能力。在这种情况下，绝大部分企业都是"二传手"，把价格的上升部分你传给我，我传给你，互相转嫁，从而引起连锁反应，出现轮番涨价。由于企业采用水涨船高的办法，很难实现有升有降的价格结构调整，自然出现比价"复归"问题。结果，价格总水平上升很多，但比价关系依旧，该升高的没有升高，该降低的没有降低，不合理的价格结构依然存在。这种局面如果不是什么风险，至少可以认为是劳而无功。

第五，在居民承受能力很弱的条件下，价格改革易于引发社会不安和动荡。

党的十一届三中全会以来，我国人民生活水平显著提高，对价格改革中出现的价格水平的上升有一定的承受能力。但是，不能过高地估量这种能力。从生活消费结构上看，弹性很小的生存资料所占的比重仍很高，而弹性较大的享受资料和发展资料所占的比重则很低。这种情况决定了我国居民对价格的承受能力相对低一些。同样的价格上升幅度，在发达国家或中等发达国家可以为居民接受，但在生活水平较低的我国则可能接受不了。社会各阶层的承受能力也不同，各地区居民的承受能力也相差很大。

当然，要使价格的上升程度能为全体居民所接受也是不现实的。总有少数居民因种种原因收入增长不多，甚至生活水平会有所下降。如果迁就这种情况，就会束缚价格改革的手脚，使价格改革难以迈出较大的步伐。

以上分析表明，价格改革的风险主要是由我国的社会经济条件所决定的。至于风险的大小，将随着条件的变化而变化。条件好一些，风险就小些；条件差一些，风险就大些。

三

为了把我国的价格改革推向前进，争取价格改革的更大胜利，化险为夷已成当务之急。为此，我认为应当采取如下的对策：

第一，稳定经济，治理环境，为价格改革创造条件。

首先，把经济增长速度降至7%—8%，以便为价格改革腾出一定的财力。这种速度完全可以保证到本世纪末国民生产总值翻两番的战略目标的实现。与其他国家相比，这种速度并不低，甚至是相当高的。没有一定的发展速度，就不能保证价格改革所需之财源，当然不行；但是，过高的发展速度占用价格改革必需的财力，也不行。所以，适宜的经济增长速度是价格改革的首要条件。

其次，根据我国经济发展速度和经济商品货币化程度，应把货币发行量的增长速度降至15%以内，以便把货币过量发行引起的价格上升压缩到最低限度，为价格结构调整留出更大的活动余地。价格改革的实质是放开价格，让市场调节。与此相适应，必须紧缩通货。价格上的"松"与通货上的"紧"相辅相成。否则，既放开价格，又放开通货，可能天下大乱。

最后，加强企业管理，提高企业素质，严格成本核算和成本监督，降低成本，以增强企业消化吸收能力。如果说严格控制货币发行量是价格改革的起码的宏观条件，那么提高企业的经济效益则是价格改革必不可少的微观基础。所以，在进行价格改革时，丝毫不能放松企业经营机制的改革。

第二，全面规划，分步实施，集中力量打歼灭战。

从价格领域存在的问题看，我国的价格改革可能要打三大战役：第一个战役是生产资料价格改革；第二个战役是农产品价格改革；第三个战役是以房租为中心的劳务价格的改革。这三大战役既有联系，又相互独立。从这种情况出发，要集中力量打歼灭战。因为我们不可能一举解决所有的价格问题，必须分块切割，逐一解决。

分块解决之后，由于价格内部有千丝万缕的联系，可以层层转移，这几块的问题又可能汇集到一起。鉴于这种情况，当我们首先进行第一个战役即生产资料价格改革时，要防止企业消化不了，把价格上升的部分或明或暗地转嫁到消费品价格和劳务收费上，从而引起市场零售物价大幅度上升。因此，在生产资料价格改革时，可以考虑把若干基本消费品的市场零售价格规定出一定时期的最高界限，不准突破。当进行农产品价格和劳务价格改革时，又可考虑把若干基本生产资料的价格冻结一定时期。这样，在各个战役之间留出一定的"时差"，以便观察反应，及时采取措施。

第三，按照社会产品正向加工序列的原则，重点突破和解决基础产品价格的问题。

能源、基本原材料、矿产品和交通运输等基础产品和劳务价格的偏低问题，已经呼吁了三十多年，至今也没有很好地解决，有的问题甚至越来越严重。其重要原因是过去的多次价格调整违背了社会产品正向加工序列的原则。

以钢铁序列来说，按照社会产品正向加工序列的原则，首先应该使矿石、生铁的价格合理化，然后再是钢材、机械的价格合理化。而过去往往违背这种原则和先后次序，总是先开始调整钢材、机械的价格，然后再调整生铁、矿石的价格。结果形成基础产品价格偏低，而加工产品价格偏高。

我国的煤炭、原油的计划价格相当低，致使这些行业全面亏损，而以煤炭和原油为主要原料的化工企业却利润丰厚；以煤炭和原油为燃料的火力发电也有相当的利润。

鉴于历史的教训和目前生产资料价格领域中存在的问题，这次价格改革必须下决心突破和解决基础产品价格偏低问题，使这些行业的产品生产不仅获得平均利润，还要略高于平均利润。从这一点出发，逐步向加工产品价格推进，可能有助于建立合理的价格体系。

第四，根据产品生产特点和供求状况，实行不同的价格形式和不同的价格管理办法。

凡生产上具有垄断性、没有竞争市场的产品和劳务价格，由国家统一定价，不能由企业定价，也不能实行双轨价格制度。当这些产品和劳务价格不合理时，国家要及时进行调整，保证它们获得大体平均利润。凡供应紧张，缺口很大者，要采取数量管住、价格放开的办法。为保证重点生产和重点建设的需要，在数量上用合同管住，而价格由双方协议，共同遵守。凡供求大体平衡者，有竞争市场的商品和劳务价格，一律放开，实行市场价格。

第五，价格改革与工资改革配套进行，保证居民生活水平在生产发展的基础上逐步提高。

工资是劳动力的价格，属于广义价格范畴。它的合理化最终取决于劳动力市场上的竞争机制。在目前的价格改革中，首先要解决工资被物价上升吞掉的那部分的补偿问题。1985 年至 1987 年连续三年物价上升23.7%，而工资基本没动，这是很不相称的，成为怨言甚多的根源。必须及时进行工资补偿。

当然，仅仅这样还不够，还要保证居民实际生活水平按照"七五"计划规定每年提高4%。否则，生产指标完成计划，而消费指标完不成计划，又会出现生产与消费不协调的问题。

总之，我认为，采取以上对策，可以大大减少价格改革的风险，使我国的价格改革沿着有中国特色的社会主义道路不断前进。

（原载《学习与研究》1988 年第 8 期）

农产品价格"改革病"的诊治

引　子

"改革病"者，改革患的病也。改革还能患病吗？当然可能，它确实有了病。世间没有十全十美的东西。金要足赤，人要完人，不过是形而上学的幻想而已。农产品价格改革不可能完美无缺，既有巨大成绩，也有不少毛病。病是不好的。有了病，要诊治，不讳疾忌医。经过医治，恢复了健康，将生活得更好。治好了"改革病"，将更健康地进行改革，效果更佳。这正是本文的出发点，也算几句开场白。

症　状

1. 比价复归。农价改革的基本任务之一是改变工农产品比价关系，解决农产品价格水平偏低问题。这个任务在 1979—1984 年期间完成较好，农价水平上升速度高于工价水平上升速度，工农产品比价关系趋于协调，"剪刀差"有所缩小。然而，1985—1989 年期间，工农产品比价关系复归，"剪刀差"又有扩大，农民前一个时期从价格上得到的好处又逐渐丧失。据国家统计局提供的比较准确的数据，1985—1988 年的四年间，每个农民从价格上升中得到的收益为 130.72 元，从价格上升中增加的支出为 131.73 元，收支相抵后，净损失 1.01 元。① 资料表明，1985 年以后的价格改革不仅没有直接给农民实惠，反而损害了农民的利益。这就回归到了

---

① 见《经济研究》1989 年第 9 期。

改革前的状况。

2. 畸高畸低。在农产品内部，各类农产品的价格水平也不一样。一般说来，粮食作物价格水平偏低，而经济作物、干鲜果品、水产品、中药材等价格偏高。在粮食作物内部，合同定购粮价低，而议购议销和集市贸易上的粮价高。仅以合同定购粮价而论，它已低于粮食生产成本，农民不得不以其他价格收益弥补合同粮价的亏损。在经济作物内部，合同定购的棉花和油料价格低，而其他经济作物价格高。从每亩减税后的纯收益看，据四川省调查，1988 年粮食为 48.52 元，油料为 71.05 元，棉花为 49.48 元，烤烟为 216.0 元，甘蔗为 273.0 元，蔬菜为 491.2 元，中药材为 1355.6 元。[①] 从这些资料以及其他有关数据判断，粮价尤其是合同定购粮价又成了农产品价格体系中的"谷底"。从 1978 年的"谷底"到 1988 年的"谷底"，经过了一个否定之否定的过程，这是农产品价格内部的一种比价复归。形成这种问题，同 1985 年以后的农产品价格改革有关。从国家统计局公布的农副产品收购价格分类指数看，1985 年为 100，1988 年粮食类为 136，竹木材类为 188.9，禽畜产品类为 170.2，蚕茧蚕丝类为 250.1，干鲜果品类为 164.5，干鲜菜及调味品类为 153.0，药材类为 141.2，土副产品类为 155.3，水产品类为 182.1。在四年的改革中，粮食价格虽然上升不少，但其他农产品价格上升更多，这就必然使粮价再次回到"谷底"。

3. 暴涨暴跌。不少农产品价格都发生了这种问题。以棉花收购价格来说，1979 年比上年上升 25.3%，1980 年比 1979 年又上升 16.2%，以后几年基本未动；可是到 1985 年，比上年下降 2.3%，1986 年比 1985 年又有所下降；从 1988 年开始，又大幅度上升。再以麻类价格来说，从1978—1988 年的十年间，价格水平上升的年份有 7 个，下降的年份有 3个，而 1987 年的下降幅度竟达到 25% 以上。药材类价格暴涨暴跌更加突出，1985 年比上年上升 22.7%，而第二年即 1986 年比上年却下降22.1%，1988 年又比 1987 年上升 62.1%，这样忽冷忽热的大幅度波动是极不正常的，不能不说是一种病态。鬃毛的收购价格变化也很异常，1985年比上年上升 69%，而 1986 年比 1985 年却下降 17.9%，1988 年又比上

---

① 见《中国物价》1990 年第 3 期，第 34 页。

年上升 34.6%，这样的高烧与降温可能是一种"虐疾病"的象征。

4. 倒挂严重。农产品价格改革的另一个重要任务应当是逐步解决不少农产品购销价格倒挂问题。这个任务完成得很不好。虽然某些产品的倒挂问题解决得好，但就整体而论，倒挂问题越来越严重，价格补贴除个别年份有所下降外，总的趋势是越来越多。以粮食价格来说，尽管在改革的十年（1979—1988 年）中，粮食收购价格提高了 174.4%，而粮食销售价格却仍然停留在 1966 年 8 月 1 日的水平上（议销粮除外）。与国际市场价格相比，我国的粮食销价仅相当于国际市场价的 18%—23%，与合同定购价格相比，也还低 45%，如果同市场价相比，差距更大。① 购销价格差距越大，国家补贴越多。价格补贴其中主要是农产品价格补贴，已经成为各级财政的沉重包袱。如不及早甩掉这个包袱，总有一天它会把财政压垮，这是经济规律，不以任何人的意志为转移。

5. 违法增多。据国家物价局物价监督检查司公布的材料，1989 年全国各级物价检查机构查处各类价格违法行为和案件达 99.36 万件，比 1988 年的 81.6 万件增长 21.7%，收缴罚没款 16.48 亿元，比 1988 年的 10.86 亿元增长 51.7%，上缴财政 15.4 亿元，比 1988 年的 9.97 亿元增长 54%。这其中包括农产品价格中的问题。在粮棉油等农产品价格方面，由于双轨制价格的轨距过大，"官倒"、"私倒"乘虚而入，通过议转平或平转议，大发横财，也搅乱了农产品价格关系，使农产品价格方面的问题更加突出。

病　因

十年前，当农产品价格改革刚起步时，确实存在不少问题。当时，多数同志把那些问题归结到旧的农产品价格体制上，认为是体制现象，只要改掉旧体制，问题就会迎刃而解。因此，把解决问题的希望寄托在改革

---

① 见《价格理论与实践》1990 年第 1 期，第 37 页。

上。十年过去了，旧的农产品价格体制基本上被摧垮了①，问题理应得到基本解决。可是，农价中的问题正如所述，依然很多，又很严重。这完全出乎十年前多数同志的预期。怎样解释和说明这种现象？再用旧体制的弊病去解释和说明上述问题，已不能令人信服。诚然，旧体制的残余还在起作用，还会对农产品价格发生作用，但它已不能起主导作用，不能左右整个农产品价格体系。于是，不少同志开始从十年价格改革中找寻原因。这样做，有一定的道理。因为这些问题是在改革中发生的，自然应从改革中寻找。当从改革中寻找病因时，分歧比较大。概括起来，有"改革失败论"、"改革过头论"、"改革不足论"等意见。让我们稍加分析。

"改革失败论"前二年报刊上已有披露。它认为，中国的价格改革如果说在1985年以前还是基本成功的，那么在1985年以后则是失败的。这种失败不仅表现在生产资料普遍推行了价格双轨制，价格总水平全面持续大幅度上升，还表现在粮棉油取消统购统销价格，实行合同定购价格，以及全方位放开其他农副产品价格上。依这种观点看来，改革前二十多年实行的农产品的计划价格制度是成功的，没有引起或诱发上述那些问题；若不进行农价改革，仍坚持原来的农产品计划价格制度，可能比目前的状况还好。而改革基本上否定了农产品计划价格制度，使计划价格难以发挥作用。引入的市场机制又没有像灵丹妙药那样解决了旧体制下的问题，反而诱发出许多更严重的毛病。因此，改革不是出路，只有回去，全面恢复计划价格制度，才是正确的选择。

"改革过头论"则认为，改革的大方向是正确的。不引入市场机制，不改革传统的旧价格体制，各种问题都解决不好。但是，改革过了头，市场机制引入过多过滥、计划价格否定过多；应该以计划价格为主、市场价格为辅，现在却变成了以市场价格为主、计划价格为辅。在这种观点看来，把市场价格限制在狭小的角落里，让计划价格发挥更大的作用，可能不会发生上述那些严重问题。因此，今后改革的任务是强化农产品的计划价格，收缩市场价格的作用范围和程度。

---

① 《中国物价》1990年第2期载文说："按照正常情况算账，农产品收购价格已放开76%"，第4期又载文说："1978—1988年，在农民出售的农产品总额中，国家定价部分由92%下降到31%"。

"改革不足论"又称"改革不彻底论"。它认为，农价中所以存在严重问题，主要原因在于改革不彻底。目前似乎两种价格都起作用，其实两种价格都难发挥作用，互相掣肘。以粮价来说，农民对于合同定购价格已不感兴趣，它不能调动农民种粮的积极性，而粮食的市场价格又被限制在狭小的领域内，难以发挥更大的作用。这样，粮食价格的运行就缺乏正确的轨道，呈现杂乱无章的混乱局面。依照这种观点，要解决农价中的问题，必须把改革进行彻底，全面彻底否定计划价格制度，代之以市场化的价格制度，即农产品全面实行市场价格。

以上几种意见似乎都欠妥。使改革回去，全面恢复农产品计划价格制度，既无必要，又无可能。改革前，农民的生产和消费基本上还处于自给自足型。1978 年，商品性部分的生产和消费仅占农民全部生产和消费的 39.7%，而自给性部分的生产和消费却占 60.3%。即使那时的农产品计划价格制度适应当时的情况，也只能说它适应的基本上是自给自足的自然经济状况。经过十年改革，农村的情况发生了巨大变化。1988 年，商品性部分的生产和消费已占农民全部生产和消费的 67.6%，而自给部分的生产和消费则降至 32.4%，这就是说，农民的生产和消费基本上变成了商品经济型的。由自然经济型变成商品经济型，是中国农民几千年梦寐以求的，如今在改革中实现了，这不能不是历史的飞跃。适应这种巨变，理应创立新的农产品价格制度，再搬用过去的那一套，简单地走回头路，绝对不行，可能问题更多更大。这不是说过去的那一套毫无可取之处，应当吸收其合理成分，为新的农产品价格制度所利用。只有适应农村商品经济要求，创立新的农产品价格制度，才能促进我国农业迈上新台阶。

彻底的市场化价格制度也不可取。完全由"看不见的手"操纵的市场化价格制度，不过是理论上的高度抽象，即使在市场经济国家里也没有真正成为现实。在当今世界的市场经济国家里，没有哪一个国家不通过种种手段干预农产品价格、控制农产品价格、支持农产品价格。这些"干预"、"控制"和"支持"能否冠之以"计划"，暂且不去讨论，将它们的农产品价格制度称之为有控制的市场价格制度是可以的。随着我国农村商品经济进一步发展，建立适应商品经济要求的农产品价格制度是历史的必然。违背这个历史的总趋势，不会有好结果。但是，又要看到，我国农村商品化的程度还比较低，市场信息和价格信息很不灵，市场规则和价格运行秩序有待建立。在这种情况下，完全放弃国家干预、控制和支持，放弃农产品计划控制，肯定不行。尤其要看到，我国人多地少，农产品供求矛盾不仅长期存在，有时还相当尖锐。如果任凭市场供求调节农产品价格，不仅难以稳定农业生产，不可能保证基本农产品的供应，也可能使人民生活陷入惶惶不可终日之境，为每日三餐发愁。促进农业生产，保证生活供应，应是我国农产品价格制度的基石。谁动摇了这个基石，不管哪种价格制度都站不住脚。

在农产品价格制度中，以计划价格为主，市场价格为辅，也值得怀疑。我国的农村商品经济，并不是以机器生产为基础的现代化的大商品经济，而是以手工劳动为基础的以家庭为经营单位的小商品经济。分散性是这种商品经济的突出特点。在这种经济条件下，很难核算劳动消耗，缺乏制定计划价格的客观基础。即使制定计划价格，也多以典型材料为根据进行估算，很难说这种价格是合理的。更为重要的是，价格的接受者和执行者，以1988年的资料来说，如若不是3.1亿农业劳动力，至少也是2.1亿。以此汪洋大海，任何计划机关都无法直接下达指令性的计划价格，无法检查和监督其计划执行情况。所以，在农业中，缺乏以计划价格为主的经济基础和社会条件。目前实行的合同定购价格，也是一相情愿，合同的另一方——亿万农民并没有参与这种价格的形成。严格说来，称为"合同定购价格"是不够格的，不过是变相的统购价格，而这种价格农民不愿接受和执行，也有其道理。合同定购价格的受阻，说明以计划价格为主的构想行不通。

我国农产品价格领域近十年出现的种种问题，农产品价格改革的种种毛病，主要根源不在于计划价格与市场价格谁多谁少，谁主谁辅，而在于由"计划万能论"走上了"市场万能论"。大家知道，改革前，"计划万能论"横行神州大地，农产品价格领域也不例外。改革初期，痛斥了"计划万能论"，又转而传播"市场万能论"。于是，把市场作为救星，似乎只要引进市场机制，农产品价格中的问题都可解决。或者说，只要放开价格，由市场去调节，就会自然形成合理的农产品价格。实践证明，这样不行。农产品价格已放开四分之三，至今还不见合理的农产品价格体系。在西方市场经济国家里，市场价格在价格总额中的比重一般为 70%—80%，最多达到 85%—90%。如果以此为标准，我国农产品价格改革的任务已基本完成，有计划的（有控制的）市场价格模式已经确立，今后的任务只是如何进一步巩固和完善的问题。我国农产品价格体制上的这种根本变化，理应导致价格体系上的合理化。事实并非如此，这不能不发人深省！看来，市场并不万能。要使农产品价格合理化，除重视市场的作用外，还要充分利用其他经济杠杆、行政手段和法律手段。而过去的十年，在这方面有所忽视。

否定"市场万能论"，绝对不能走向另一个极端："市场无用论"和"市场有害论"。大力发展商品经济，是亿万农民由穷变富的必由之路，是农业现代化的康庄大道。要发展商品经济，必须拓宽市场、培育市场、组织市场，充分发挥市场的作用。没有市场的参与，不可能形成合理的农产品价格体系。我国的国情决定了市场价格在农产品价格体系中应居主导地位，起主要作用。"市场主导论"与"市场万能论"是不同的。前者除强调市场的作用外，还充分重视其他经济杠杆、行政手段和法律手段的作用；而后者则把市场作为唯一的主宰，否定其他必要手段的配合与协调。

在"市场万能论"的影响下，过去把农价改革看得过于简单。似乎只要放开价格，让市场去调节，或者说，把市场机制引入农价之内，就可以万事大吉了。至于市场机制进入农价之内，如何起作用，如何运行，遵循哪些规则和秩序，政府如何管理、监督与检查等问题，都没有重视，以致引出许多问题。痛定思痛，总结十年的教训，可以说，把市场机制引入农价之内仅仅是万里长征的第一步，而如何使市场机制在农价中发挥应有的作用，则是更难的！基于这一点，我们认为，把农价中的"自发的市场论"变成"自觉的市场论"，应是今后我国农价改革面临的根本任务。

药　方

寻找病根时，已顺便开出了一些药方。现在作几点补充。

1. 防止工农产品比价复归和"剪刀差"扩大的根本途径是大力发展农业生产，而不是大幅度提高农产品收购价格。过去十年，农民增收的

60%依靠农价的提高，40%依靠生产的发展。这种局面难以继续下去，也不应继续下去。可否由现在的"正六四"变成"倒六四"，即增收的60%靠发展生产，40%靠农价的提高。

农业尤其是种植业生产受"收益递减规律"支配，存在着成本不断上升的问题。"经多年观察，正常年份总成本上升幅度一般在4%左右，单位成本年上升率在2%左右。"① 这个数据如若可靠，具有代表性，可作为农产品价格上升幅度大于工业品价格上升幅度的最低界限。遵守这个最低界限，不仅防止工农产品比价复归和"剪刀差"扩大，还有助于消除农价水平忽上忽下的波动。至于农产品价格上升幅度大于工业品价格上升幅度的最高界限如何确立，有待进一步研究。这里可以指出，它主要取决于工业对农业的支援能力和国家的财政能力。为了保证工业与农业协调发展，探索正常年景下工业品价格与农产品价格变动的最高限与最低限，是很必要的。有了这些数量界限，可以使我们心中有数，把政策放在更加坚实的基础上，正确引导工农产品市场价格的走向。心中无数，无法引导；勉强引导，可能误入歧途。所以，心中有数，是正确引导市场价格的前提。

2. 正确区分和处理宏观价格问题与微观价格问题，前者由国家掌握，后者则交给地方和农民。关于一般的宏观价格问题，我们已在《宏观价格问题探讨》一文中阐明了②，这里不再赘述。需要指出的是，农产品价格中也有宏观问题与微观问题之分。像农产品价格政策、法规、条令，农产品价格总水平及其与其他部门产品价格水平的关系，各地区农产品价格之间的关系、国内外农产品价格关系，农产品价格体制的变动，农产品价格信息的搜集、传递与反馈，价格人员的培训与提高等问题，均属于宏观价格问题，国家应该当仁不让地管起来，采取一切必要的手段，处理好这些问题。这是解决好微观价格问题的前提。离开了宏观价格问题的指导，任何微观价格问题都难以解决。

但是，不能否定微观价格问题，也不能用宏观价格问题代替微观价

① 见《中国物价》1990年第4期，第40页。
② 见《中国物价》1988年第2期。

格问题。所谓微观价格问题主要是指农业生产者和经营者对农产品的定价问题。由于大部分农产品的定价权已交给农民，所以农产品的微观价格问题目前主要是指实行合同定购的粮棉油的定价问题。这类价格问题，应该交给地方和农民，由各地方与农民共同协商定价。地方政府与农民也难进行一对一的讨价还价式的协商定价。可否以省、市、区为单位，成立粮棉油价格评议委员会，吸收农业生产者、农产品消费者、财政税务部门、工商管理部门和物价部门等参加，共同确定粮棉油收购价格。在评议中，各方充分陈述理由，如果发生分歧，最后由本省人大常委会审定。

为实现上述建议，要废除全国统一的粮棉油的定价制度，实行地区价格制度。我国幅员广大，各地区自然经济差别悬殊，生产条件和生产成本不一样，缺乏全国统一定价的基础。实行地区农产品价格制度似乎会产生地区封锁，不利于商品经济发展，其实恰恰相反，会促进各地区扬长避短，充分利用自己的优势，大力发展商品经济。

3. 解决农副产品购销价格倒挂问题应贯彻两条原则：一是"新账不欠、老账不还"；二是"国家负担一点、企业消化一点、居民承受一点"。

所谓"新账不欠，老账不还"，是指原来的购销价格倒挂以及相应的价格补贴先放在一边，怎样解决日后再讨论，目前暂时不还旧账，从现在起，不允许再发生新账，至少购销价格持平、流通费用由国家负担，最好销价稍大于购价，除弥补流通费用外，略有盈利，使粮食企业逐步成为商品经营者。实现这条原则的关键在于下决心提高销售价格，二十多年来，社会经济条件发生了很大变化，价格的变化也很突出，没有理由使平价粮油的销价仍维持在60年代的水平。向群众说清道理和国家的实际困难，群众是会理解的，不仅有经济承受能力，也有心理承受能力。根据"新账不欠、老账不还"的原则，销价不会一下子大幅度提高，而是随着购进价格的上升逐步提高。这不会有太大的震动，不致引起乱子。

在解决倒挂问题时，不论是目前不欠新账问题，还是将来归还老账问题，都应贯彻"国家负担一点、企业消化一点、居民承受一点"的原则。三者共同负担,问题就不难解决,让谁一家承担,困难都不小。在这里,有必要说几句企业消化问题。当我们理顺粮油的购销价格关系时,不应再搅乱企业内部的价格关系。为此,粮油销价的提高部分应进入工资、进入成本,让企业随着销价的逐步提高而不断消化掉,不能把它放在一旁,日积月累、堆积成山,变成企业内部的一大肿瘤。

4. 解决农产品价格暴涨暴跌的途径主要有二条,一是建立农价稳定基金,二是准确可靠的市场信息和价格信息。

农业生产受自然条件尤其气候变化影响很大,目前主要还靠天吃饭。即使经济政策稳定,由于自然条件变化,农业生产尤其种植业生产也会呈现起伏不定的上下波动,由此引起农产品价格不稳。为避免这种情况发生,保证生产逐步发展和农价相对稳定,有必要设立农价稳定基金。这是国家干预农价的重要经济手段之一。不仅中央政府而且各省地方政府都应充分利用这个手段,通过有计划的吞吐,以丰补歉,保证市场稳定和价格稳定。有了这项专用基金,国家也有力量同农产品投机倒把、囤积居奇的不法分子作斗争。

近几年某些农产品价格暴涨暴跌同市场信息不准、价格信息不灵也有关系。据报纸上的消息,日本生产苹果的每个县在东京都有其信息机构,随时了解日本全国以及世界行情,及时将市场信息和价格信息反馈给生产者,作为决策的依据。如果我们能做到这一条,生产波动和价格波动可能大大减轻。限于交通和邮电条件,限于经济水平,目前我国还难以做到这一点。不过,从实际情况出发,加强市场调查和预测,其中包括国际市场调查和预测,尽可能提供准确的可靠的市场信息和价格信息,以便引导农业生产沿着稳定协调方向发展,乃是我们义不容辞的义务。

5. 执法必严,违者必究。发展商品经济,实行市场价格,绝不意味着无法无天,任意横行。没有必要的行政干预,没有严明的法律,任何市场秩序都难维持,市场价格必然陷入混乱之中。为了使我国农产品的市场价格走上正轨,有必要进一步完善现有的法规并制定一些新的法规。目前,有法不依,固然有之,但有法难依,更是大量。出面说情,官官相护,甚至包庇,使物价检查部门无法执法。1989年查处价格违法文件的罚款仅占收缴罚没款总额的3.9%。该罚不罚、该收少收,是价格违法者有恃无恐、屡查屡犯的重要原因之一。这种情况继续下去，价格法规不过是一纸空文，执法机关可能名存实亡。看来，在治理整顿中，清理一下说情者，让他们曝曝光，实有必要。毛主席说过，世界上最怕认真二字，共产党最讲认真。让我们大家都认真起来，认真治好"说情病"，治好农产品价格"改革病"，把改革推向前进。

（原载《经济工作者学习资料》1990 年第 43 期）

走出价格改革困境的基本对策

（一）我国十年价格改革取得了巨大的成绩，价格形成机制发生了显著变化，市场价格的比重已由过去的 10% 左右上升到 50% 左右，而计划价格的比重则由过去的 90% 左右下降到 50% 左右。事实证明，价格正在回到市场交换中，企业具有了一定的价格制定权。价格体系或价格结构也有所改善，农产品、能源、原材料和基础产品价格偏低的状况有所缓解。价格理论和价格观念也有新的突破，它已经推动并继续推进我国价格改革不断前进。

（二）价格改革面临的困难。价格改革的成绩虽然是主要的，但改革中也出现了失误，尤其是改革环境的恶化，使改革面临严重的困难。这些困难是：价格水平全面持续大幅度上升，使部分居民、企业难以承受；价格结构出现了比价复归和新的扭曲问题；双轨价格的弊端日益暴露出来。由于存在这些困难，价格改革陷入进退维谷之境。

在这种情况下，当务之急，是如何走出困境。

（三）坚持改革，反对倒退，是走出困境的必由之路。有些人对价格改革不理解，把改革中出现的失误和问题归到改革本身，尤其把价格改革等同于价格上涨，因此，他们认为，只有停止改革，才能走出困境。我们认为，价格改革中的问题只有依靠继续改革才能解决。回去走老路，不仅不能解决当前的问题，可能困难更大。传统的价格体制和价格体系只适应于产品经济的要求，并不适应商品经济的要求。而产品经济的路已经走不通，要发展商品经济，必须改革传统价格体制，创立适应商品经济要求的有宏观控制的市场价格体制。在这个过程中，肯定会出现种种挫折、失误和困难。要把这些问题与改革区分开来。决不可将它们混同价格改革，也不能因为它们的存在而否定价格改革。目前正处于新旧两种体制交替的相持阶段，旧体制已经基本解体，但仍有相当大的作用，而新体制虽已初露端倪，但还不成熟，不完善，要有个发育和成长过程。这个阶段不仅有新旧体制之间的矛盾，还有它们内部的种种摩擦，所以各种问题和矛盾比较多，困难较大。我们要正视困难，千方百计克服困难，决不能退缩。坚信改革，不仅表现在口头上，更要见诸行动，只有把价格改革继续推向前进，使之向纵深发展，才是坚信改革的最好行动。

（四）治理整顿期间不是改革的黄金时期，但是要伺机进行小步改革，不能停步不前。我国价格改革的黄金时期在 1982—1983 年。那时，经过调整，国民经济比例关系趋于协调、发展速度正常，尤其农业发展较快，市场物价平稳，这些条件为价格改革提供了较好的宏观经济环境，本应抓住时机大步改革，可惜，错过了机会。自 1985 年后，再没有形成价格改革的黄金时期。1986 年制定了以钢材、煤炭、电力和运输四种产品为中心的生产资料价格改革方案，但因条件不够而束之高阁。1988 年的价格改革方案更为"宏伟"，不仅包括全部生产资料价格，而且还包括农产品价格。可是，方案还未出笼，就被全国性的抢购挤兑风潮所否决。治理整顿一年多，初见成效。消费品市场出现疲软，物价上涨势头有所回落。见此情景，某些人断言，我国价格改革的黄金时期又到来了，这种论断并不妥当。应当看到，市场的疲软仅是局部的暂时的现象，能源、交通、基本原材料和基础产品的市场不仅不疲软，还十分紧张。人民生活必需品（如粮、棉、油、糖等）的供求矛盾也相当尖锐。决不能仅根据某些家电产品、衣着、文体用品暂时销售困难而断定价格改革的黄金时期已经到来。但是，这决不意味着价格改革停步不前。在治理整顿期间，价格改革应贯彻"小步、持续、均衡、配套"的战略方针。要积小改为大改；不能一步到位，而要继续推进，每年都要有点动作，主要行业都要有点动作；价格改革不仅有外部配套问题，其内部也要配套起来。去年运输价格的改革，基本上是成功的。它说明治理整顿期间可以进行价格改革。停止的观点，悲观的论调，是没有根据的。应当指出，没有必要的价格改革，单纯去治理整顿，其效果也不见得好。在某种意义上说，一定的价格改革也是治理整顿的题中之义。价格改革与治理整顿可以互相促进、共同前进。

（五）价格改革的重点应放在生产资料价格方面。价格改革面临的任务是极其繁重的，在治理整顿期间，不可能解决所有的价格问题，只能重点地解决一部分问题。而"重点"放在哪里？各省、市的财政在粮、棉、油等方面背有很大的包袱，从解决财政困难出发，他们主张价格改革的重点放在农产品价格方面，尤其要解决主要农副产品的购销价格倒挂问题，而中央各部委及其所属的公司、厂矿则主张重点解决工业生产资料的价格问题，因为这个问题严重阻碍煤炭、冶金、电力、石油等行业的发展。以上两种主张都有一定的道理。若从全国情况出发，权衡各种利弊，我们认为，今后几年价格改革的重点应放在工业生产资料价格方面。工业生产资料价格问题关系着全国几千个大中型企业，而这些企业是国家财政的后盾，不解决这些企业的价格问题，不去调动几千个大中型企业的积极性与创造性，国家财政的困难是解决不了的。即使单纯从解决财政困难出发，从增加财政收入出发，也要把价格改革的重点放在工业生产资料方面。价格改革以来，农产品价格问题已在 1979 年和 1985 年两次集中采取过较大的行动，而工业生产资料价格问题则没有采取过大的行动，只是零敲碎打地解决些局部性的问题。现在看来，再不集中力量解决工业生产资料价格问题，不仅大中型企业活不了，国家财政困难解决不了，还会阻碍整个国民经济的发展。在解决工业生产资料价格问题时，也不能什么问题都抓起来，应集中力量首先解决煤炭和原油的计划价格偏低问题。原油的计划价格仅相当于大碗茶的价格，实在太低了。煤炭的计划价格普遍低于成本，所以出现全行业亏损。提高原油计划价格，一方面刺激生产，另一方面限制消费，有助于解决原油供求矛盾问题。煤炭的供求矛盾目前暂时有所缓解，但从长远看，不容乐观，必须利用价格杠杆促进它的发展。解决煤炭和原油价格的浮动，在全国来看，可能属于小的，而在这两个行业内必须是大的，就像去年解决运输价格那样。运输价格提高 1.2 倍，原油和煤炭的计划价格至少也须提高 1.2 倍，幅度太小解决不了问题。

（六）生产资料价格双轨制应该多元化。生产资料价格双轨制的利弊都很突出。有的同志过分强调其弊病，主张立即取消。他们认为，统配煤矿的原煤采用综合平均价，可以一举消灭煤炭价格上的双轨制。请问，地方煤矿、乡镇的小煤矿，如何采用综合平均价？它们的价格能够管死吗？根据我国的情况，在煤炭行业中，双轨价格短期内是难免的。其他行业也如此，在此前提下，如何利用双轨制的优点，而避免或缩小其弊端？除加强市场管理外，就价格本身而言，应该完善双轨制。首先，实行板块双轨制。凡生产技术上绝对垄断，或生产与消费具有直接统一性而无市场在其中间的产品和劳务（如原油、铁路运输、自来水、煤气、电网等），一律实行计划价格，由政府或其代表者定价，不能实行市场价格。在这方面已经实行市场价的，应尽快取消。与此相反，凡在市场上有竞争的商品和劳务，原则上一律实行市场价格，限于条件暂时不能实行市场价格者，应实行比例双轨价格。所谓比例双轨制是指一种商品或劳务同时实行计划价格与市场价格而言的。目前几乎所有的生产资料都实行比例双轨价格。我们建议，进行一次认真的清理，凡不宜实行比例双轨而必须实行板块双轨者，要取缔比例双轨。对于实行比例双轨者，应以科学的态度和标准确定其比例，维护比例的严肃性，不准随便把计划内商品转为自由市场出售。确定比例的标准，应视产品特点不同而异。例如煤炭，应以企业的大小作为划分比例的依据。凡全民所有制的木材实行计划，而集体所有和个体所有的木材则实行市场价格。钢材这种商品，品种规格特别多，其价格更应多元化。在特殊钢材与普通钢材之间，实行板块双轨价格，即特殊钢材实行计划价格，而普通钢材原则上实行市场价格。在普通钢材内部，根据供求状况，有的实行比例双轨价格，有的全部实行市场价格。钢材的比例双轨价格，又应根据不同的品种、规格，采取不同的比例，如二八开、三七开、四六开等。这种比例关系一经确定下来，必须遵守。对于违反者，要追究责任，严肃处理。总而言之，商品和劳务的特点决定了必须实行多元化的而不是单一化的双轨价格。在这方面，应该提倡创造新形式。

（七）要经常注意解决粮、棉、油等合同收购价格偏低问题。农产品价格的放开部分，如水产品、水果以及某些经济作物的价格水平已经相当高。今后，它们主要受供求调节而达到合理，只要对其加强管理就行了。这方面的困难并不大。困难主要在于，粮、棉、油等的合同定购价格太低，限于国家财力，解决起来不那么简单。在治理整顿期间，当我们重点解决工业生产资料价格偏低问题时，仍要以一定力量解决粮、棉、油等全国收购价格偏低问题。在粮、棉、油等种植业中，由于自然规律的作用，存在着收益递减的现象。在这种情况下，要保证种植业的劳动者的劳动获得补偿，必须使其产品价格的上升速度高于其他产品价格上升速度。这种弥补收益递减的价格基金，60年代有人曾计算过，每年约10亿元。由于种植业规模的扩大以及收益递减率的增加，目前这种补偿基金每年可能在25亿元左右。鉴于这种情况，为了保证农业稳定持续协调发展，目前每年都要提高种植业产品价格，尤其是粮、棉、油的合同定购价格，否则就要欠账。而欠账，事后必须偿还。在这方面，上策是每年都拿出一定力量提高粮、棉、油等合同收购价格，不要过三五年或更长的时间再去搞什么歼灭战，那样损失太大，容易引起农业上下波动。

（八）下决心，排除干扰，提高房租。吃穿问题是温饱阶段消费领域的主要矛盾。由温饱向小康迈进的过程中，住房问题正在成为消费领域中的主要矛盾。解决这个主要矛盾的途径，不外两条，一是加快住房建设，二是改革住房体制。不改革住房体制，很难加快住房建设。所以，从根本上说，解决住房问题，首先应抓住住房体制改革。

我国住房体制改革虽然制定了不少方案，进行了许多试点，提出过诸如"商品化"、"私有化"等响亮的口号，但实际进展不大、效果不好。原因在哪里？有人说，居民货币收入低，买不起房，当然，这是个重要原因。在低收入的不发达国家里，不少已实行住房私有化和商品化；在高收入的发达国家（如苏联、东德等几个国家），虽然居民收入能够买起住房，但商品化程度却很低。这就是说，住房体制改革的成败，并不完全取决于居民收入多少。在这方面，应当说取决于房租的高低。房租太低，租房比买房合算，群众自然不去买房，住房商品化就缺乏内在动力，无论如何都推不开。在住房体制改革上，"商品化"、"私有化"的高调应少唱，要从提高房租入手，做点切实的工作。在治理整顿期间，房租至少提高一倍或两倍，不把房租由目前的水平提高五倍以上，住房体制改革不可能迈出大步。

（九）重视广义价格的改革。广义价格是指生产要素价格，主要有劳动的价格即工资，资金的价格即利息，人民币的价格即汇率。它们是有战略意义的价格。这三种价格是否合理，在很大程度上决定着狭义价格是否合理。过去的价格改革限于在狭义价格方面做文章，忽视了广义价格改革，现在看来，必须重视广义价格改革。在治理整顿期间，要把广义价格改革问题放到重要日程上。从长期看，劳动力价格（即工资）的合理化，取决于劳动力的流动和竞争。为此，应开放和完善劳动力市场，在市场竞争中形成的劳动力价格宜于为劳动者接受，也能促进效率的提高。在近期，劳动力价格的改革，主要还不能依靠"放"而应采取"调"，调整工资必须制度化。一般情况下，五年期间要有两次大面积的工资调整。用奖金和补贴代替工资调整的倾向，必须尽快纠正，否则，后患无穷。近几年来，不调工资，而热衷于多发奖金，增加补贴，使补贴和奖金超过基本工资，这不仅摧垮了离休、退休制度，而且破坏了整个劳动工资制度。毁灭了工资制度改革的发展。认识到这种危害的人目前还不多，随着问题的严重化，可能会有更多的人明白过来。在资金价格（即利息）方面，保值储蓄是临时措施，不能当做百年大计，争取尽快取消之。为此，还要继续治理通货膨胀，一定要在治理整顿期间，把价格总水平上升幅度控制在 10% 以内。这仅仅是第一步。而第二步，必须把价格总水平上升幅度压到 5% 以下。只有利息率大于价格指数，又小于资金利润率，才算理顺资金价格与其他价格的关系。资金价格像其他商品价格一样，受供求关系影响，千差万别，时刻变化。因此，必须实行差别利率、滚动利率。只有灵活多样的利率机制，才能发挥出资金价格的真正功能。在货币价格（即汇率）方面，近来虽然人民币贬值 21%，但与国内狭义价格上升幅度相比，仍是不够的。所以，国外反映并不强烈。有必要继续贬值，据测算，大体再贬值 27%，达到人民币与美元的比价为 6∶1，可能较为适宜。当然，这又会成为国内商品和劳务价格上升的重要因素。据物资部门估算，1989 年人民币贬值 21%，可能使 1990 年国内生产资料价格上升 4 个百分点。在目前情况下，人民币不贬值不行，而贬值又会产生不利影响，左右为难。但从创汇、还外债考虑，还是继续贬值更好一点。

（十）提高国家财政的负担能力。深化价格改革，理顺价格，是要花钱的，不花钱的零方案不过是幻想。钱从何而来？总的原则是，国家、企业和个人三者分担，国家负担一点，企业消化一点，个人承受一点。

当前国家财政已相当困难，再要国家拿钱进行价格改革，是不是火上加油？不是的。恰恰相反，我们认为深化价格改革是克服财政困难的重要途径之一。国家财政用于价格的补贴，1989 年已突破 400 亿元。北京市用于价格的补贴已相当于该市财政收入的60%以上。不少地方的财政已变成补贴财政，吃饭财政，无力进行其他活动，陷入十分困难的境地。它们的出路在哪里？那就是通过深化价格改革，放下财政补贴的包袱。大量事实说明，哪些地方价格改革深入，那里的财政负担就小些。广东省深圳市的价格改革先行一步，那里的财政困难就轻一些。所以，即使从减轻财政困难出发，也要坚持价格改革。

减少国家对价格的补贴，必须从继续下放国家手中掌握的价格权开始。把价格权放给企业一部分，自然就会减少相应的价格补贴。目前国家用于价格补贴甚多，说明国家掌握的价格权还太多。以粮食价格补贴来说，1979年至1981年全国粮食价格补贴以年均35.5%的速度增长，1985年以来虽然增长速度趋缓，但补贴金额仍占全部价格补贴的一半左右。所以，解决财政对价格的补贴时，要把粮食价格补贴放在十分重要的地位。减少粮食价格补贴，必须走放权的路子。在粮食收购方面，扩大农民手中的价格权，把合同定购任务由目前的1000亿斤减少为800亿斤，把这200亿斤粮食的价格权从国家手里下放到农民手里。在粮食销售方面，压掉行业用粮的平价供应部分（目前全国约150亿斤），把这一部分价格权从国家手里转交给用粮行业和部门，由它们根据自身掌握的价格权和对粮食的需求，去采购粮食，或由粮食部门代办采购；逐步取消供应农村的平价粮，把这部分粮食的价格权转给专门从事林牧渔盐业及经济作物生产者，由它们根据自身掌握的价格和粮食定量，适当压缩定量标准，而压掉的那部分粮食的需要，去采购粮食，或由粮食部门代办采购；整顿城镇居民粮食的价格权事实上国家已放弃，相应的补贴就减少了，不仅在粮食方面，在棉花、油料等其他商品方面，要减少国家的补贴，也要走放权的路子。国家的定价权不能完全取消，这是毫无疑问的。但可以肯定，按照权利与责任相对称的原理，国家手中的价格权越小，国家财政对价格的补贴也就越少，明确了这层意思之后，我们可以说，继续深化价格改革，再下放一批价格权，是减少国家财政对价格的补贴，提高国家对价格承受能力的重要一环。

在价格改革中，总的来说，需要国家拿钱，但具体分析一下，情况并不一样。有的价格改革，国家只需放权，并不要拿钱；有的价格改革，国家既要放权，又要拿钱；还有的价格改革，国家既要拿钱，又能收钱；还有的价格改革，国家只收钱，不拿钱。当我们研究某一项价格改革时，必须具体情况具体分析，不能一说价格改革，就要增加国家的负担。我们要在国家负担最小的情况下，把价格改革搞好。

（十一）提高企业的消化吸收能力。当前能否把价格改革推向前进，关键在于企业。所以，在强调价格改革时，千万不能忽视价格改革。要使价格改革与企业改革相互促进。

就加工企业来说，如果原材料、能源和劳动力、资金等的价格上升部分，通过提高效率，加强管理，在其内部消化吸收掉，不再转嫁给其他企业，不使其产品价格上升，这样，价格改革就不会产生连锁反应，不会产生比价复归，不会引起价格总水平上升。可是，目前的情况却不是这样。现在绝大多数企业都是"二传手"，把能源、原材料、资金、劳动力等价格上升部分，通过其产品价格上升转嫁出去，根本不消化，不吸收，这就必然引起价格的连锁反应，引起价格总水平上升。为了深化价格改革，需要认真研究这类企业的问题，采取切实的政策，增强这类企业的消化吸收能力。

就能源、矿产品等生产企业来说，它们的经济效益目前也不够好。这里有两方面原因，一方面是自然性原因。由于自然因素的作用，矿产品之类的生产中存在收益递减现象，促使成本上升，相应的价格必然上升。另一方面是经营性原因。由于经营管理不善，浪费严重。导致成本上升，利润减少，或发生亏损。对于后者，我们应加强研究，采取措施，改善经营，不使其引起产品价格上升。这样，就可以减轻后续的消耗能源、矿产品等企业的压力，有助于理顺价格关系。当然，能源、矿产品等企业也有个提高消化吸收能力的任务，它们使用的劳动手段和部分劳动对象也是从其他企业购进的。这些劳动手段和劳动对象的价格上升部分，最好能在用户企业内部消化吸收掉，不再转嫁出去。

消化吸收能力的重要性已被越来越多的人认识到了。困难在于，如何提高企业的消化吸收能力。从根本上说，应开展竞争，优胜劣汰逼着企业消化吸收。当某些企业感到压力时，往往多方呼救，而一些部门也千方百计去救驾。这是不好的。一定要强迫企业消化。"自愿式"的消化，不费力气的消化，是没有的。除价值规律和竞争规律的作用外，加强成本管理和监督，尤其加强材料费用的审核制度，对于增强企业消化吸收能力也有重要作用。在税收、物价、财务大检查中，要重视原材料费用检查，开展评比，表扬先进，鞭策落后。

（十二）提高居民的承受能力。过去有一种观点认为，不管价格总水平上升多少，只要居民货币收入增长速度超过物价上升速度，居民就可以承受。实践证明，这种观点不够全面。近几年来，尽管价格上升较多，居民货币收入增长速度还是超过商品零售价格上升速度的。然而，居民呼声甚高，普遍觉得难以承受物价上升的压力。这是为什么？主要在于居民收入增长的非均衡性。货币收入增长速度低于和等于价格上升速度的那部分居民，生活水平下降或没有提高，自然感到承受不了价格的上升；而货币收入增长速度高于价格上升速度的另一部分居民，当然生活上有承受能力，但其储蓄（以及其他货币财产）则缺乏承受能力，物价上升速度超过了利息率，使储蓄（以及其他货币财产）贬值，所以这一部分人也呼喊受不了价格上升的压力。对于以上两种人，应采取不同的政策。银行采取的保值储蓄，初步解决了后一类人的问题，对于前一类人的问题至今没有切实的措施。为了深化价格改革，恰恰需要解决这一部分人的问题。所谓提高居民的承受能力问题，主要是这一部分人的问题。对于这一部分人，应以社会保险制度、退休金制度、社会救济制度以及其他社会福利制度等给予生活补助，同时为他们开辟增加收入的途径，如发展劳务市场、鼓励劳动力流动、免费向他们提供教育、允许第二职业等。在现实经济生活中，因种种原因，总有一部分人的货币收入增长很慢，甚至有所下降。他们在物价上升面前自然缺乏生活上的承受能力。可是，若按照他们的收入情况，限定物价上升的幅度，很难办到。所以，为了深化改革，对于这部分人必须采取特殊的政策，一旦解决了这部分人的问题，提高了他们的承受能力，价格改革就顺利多了。

（原载《经济工作者学习资料》1990 年第 46 期，与柳梅合写）

关于价格改革初期的若干问题的争论

从 1979 年至 1990 年的 11 年期间，中国的价格理论与实践在改革浪潮的冲击下，如果说发生了翻天覆地的变化有言过其实的话，那么至少可以说发生了根本的变化。价格形成机制已经由单一的行政——计划机制转变为市场机制与计划机制并行的"双轨制"，价格体系或价格结构已经改善了不少，价格理论大普及、大发展，正在推动价格实践不断向前发展。在大改革、大发展的年代，必然有新思想、新观点、新理论出现。本文试图描绘出这方面的概貌。

一　改革历程的简要回顾

1979 年至 1984 年为价格改革的第一阶段，这是以调整价格为主、放开价格为辅的阶段；从 1985 年至 1990 年末价格改革的第二阶段，这是以放开价格为主、调整价格为辅的阶段。也有的同志认为，从 1989 年起，价格改革进入了以治理通货膨胀为主要目标的第三阶段。[①]

在第一阶段的改革中，多次调整价格，使严重扭曲的价格结构有了很大的改善。调价的措施主要包括：1979 年夏季提高了主要（18 种）农产品的收购价格，平均提价幅度为 25%；1979 年末提高了 8 种主要副食品价格，平均提价幅度为 30%；1979 年和 1980 年分别提高了原煤、生铁等能源、原材料价格，平均提价幅度为 30% 左右；1983 年全面调整纺织品价格，其中涤棉布平均降价 31%，纯棉布平均提价 19%，1985 年和 1986 年分别提高了铁路、水路运价，平均提价幅度为 20% 左右；除此之外，还

---

① 张卓元：《中国价格改革的艰难历程和光明前景》，《财贸经济》1990 年第 7 期。

有升有降地调整了部分工业消费品的出厂价格，调整了部分差价，特别是规定和拉开了产品的质量差价，等等。

在第二阶段的改革中，放开了大部分产品的价格。主要包括：1984 年对计划外供应的生产资料实行加价 20% 的办法，1985 年初又将这部分产品改为议价；自 1985 年起，除了粮食、食用植物油的合同定购部分及棉花、烤烟、糖料等少数关系国计民生的重要农产品收购价格仍由国家制定外，绝大部分农副产品价格相继放开；1985 年还放开了缝纫机、国产手表、收音机、电风扇等 5 种工业消费品的价格，1986 年又放开了自行车、电冰箱等 7 种重要耐用消费品价格；1988 年又将 13 种名烟名酒价格放由市场调节，等等。

总的看来，价格改革取得的成绩是十分显著的。这主要表现在：价格形成机制发生了大变化。在价格总额中，市场价格的变化超过 60% 以上。价格体系也有明显改善。农产品价格长期偏低有所改善，1987 年与 1978 年相比，农产品收购价格平均提高了 99%，而相应的农村工业品销售价格只上升了 23.5%。工业初级产品与加工业产品的比价不合理状况也有所好转，1987 年与 1978 年相比，采掘工业品价格平均上升 77%。原材料工业品平均上升 55%，加工工业产品价格平均上升 21%。多数产品的质量差价有所拉开。一些日用工业品、农副产品的价格放开之后，虽然有所上升，但供给增加很快，花色品种也增加较多，消费者的选择余地进一步扩大，市场供求状况有了很大的改善。

价格改善暴露出的问题也很严重、很突出。总的来看，改革的关口还未过去。新的价格体制还未形成，特别是近几年宏观失控，通货膨胀加剧，为改革的进一步推进增加了很大的阻力。在这种情况下，某些经过调整已有所改善的比价关系又出现了复归现象，也产生了一些新的扭曲现象。同时，为控制物价上涨，国家也把已经放下的权力收上来一些。如对某些产品实行专营或凭票定量供应等。

二　关于价格形成基础的理论交锋

关于价格形成基础的理论争论可以一直追溯到建国初期。争论的焦点就是所谓价值论和生产价格论之争。这种争论在 1978 年以后仍在继续。尽管争论的形式有些变化，但从总的来说，仍是以马克思的价值理论为基础展开的。随着改革开放的进一步深入，特别是西方经济理论的大量引进，争论逐渐转移到是坚持马克思的劳动价值论，还是承认西方价格理论，或是可以调和它们这一中心问题上来了。这是 1978—1988 年关于价格形成基础问题争论的大致发展线索。

（一）以价值为基础的不同解说

新中国成立初期的价值论和生产价格论之争在 70 年代末 80 年代初仍在继续。价值论的主要代表人是薛暮桥，其代表著作是《中国社会主义经济问题研究》[①]。10 年之后，薛暮桥的价值理论观点有些发展。他认为，除了价格要符合价值规律以外，社会主义经济中的产品定价原则还应包括供求规律。前者叫静态的、狭义的价值规律，后者被称作动态的、广义的价值规律。[②]

生产价格论的主要代表人物是孙冶方。孙冶方逝世后，国内经济学界的重要人物，如张卓元、谷书堂、何建章、旷日安等都坚持这种观点。

此外，有人提出了所谓"双渠价格论"。他们认为，价格中的利润部分，由资金利润率和工资利润率而组成的综合利润率未确定。[③] 他们的理论依据是，单纯以资金利润率作为定价的依据，将意味着夸大物化劳动在生产过程中的作用，并缩小了活劳动的相应作用。单纯以资金利润率作为定价的原则，有可能是有机构成高的企业发展更快一些，职工福利更高一些；反之则相反。这不利于协调各部门之间的利益关系，不符合社会主义商品交换关系的内在要求。[④]。

生产价格论者反驳道："双渠价格论"存在问题的核心是，把社会分配利益关系塞进定价基础的问题中去，而这是两回事，后者可以通过收税、奖金等分配杠杆来实现。即使为了贯彻调节利益关系，"双渠价格论"

---

①　薛暮桥：《中国社会主义经济问题研究》，人民出版社 1979 年版。

②　薛暮桥：《论广义价值规律》，《中国社会科学》1989 年第 1 期。

③　纪正治：《应按综合利润确定计划价格中的利润额》，《经济研究》1981 年第 12 期。

④　马凯：《计划价格形成因素分析》，《中国社会科学》1983 年第 5 期。

也很难如实做到。①

除此之外，许毅等人还提出了所谓对纯收入进行有差别的再分配价格论，其理论依据与"双渠价格论"十分相似，都是要把调节利益关系纳入定价的过程中。不同之处是，与"双渠价格论"相比，利润分配要有差别，要合理，而不是平均化，更不能按照某固定的比例数来进行分配。②

我们认为，上述种种争论都是在国家定价这个大框框内展开的。争论的核心问题是，在定价过程中是否考虑到利益分配问题。当然，国家调节经济的重要职能之一是调节利益关系。如果说，考虑采用"双渠价格"或"对纯收益进行有差别分配的价格"，其目的都是为了调节利益关系，这就隐含着一层认可，即以价值或生产价格定价在资源配置方面，或者在提高经济运行的效率方面是充分有效的。换言之，如果不考虑收入不均（或不合理）因素，以价值或生产价格定价是完全可以的。而事实上，后者是很难在计划体制的框架内实现的。据此，我们认为，计划价格的主要职能是调节利益分配，来缩小由市场波动所引发的较大的收入差距。而提高效率，优化资源配置的任务则主要是由市场机制来贯彻的。从这个意义上说，在计划体制的总框架内讨论采取什么计划价格形式来更好地进行资源的有效配置是没有或基本上没有理论和实际意义的。

在确定了这个基本命题之后，争论的另一问题是，有无必要通过价格手段来调节利益分配。我们认为，在计划体制内，运用价格手段调节社会利益关系的作用很小。在计划体制内，企业的投资、原材料和劳动力的供应，工资水平以及职工福利的确定都由国家包下来，这样从理论上讲获利大的企业并不意味着可以得到更多的好处，相应的，获利小的企业也不会由此而带来更多的不利。可见，由于有机构成的不同，而使得资金利润率高的企业会比资金利润率低的企业得到更多的利益的判断是欠说服力的。

在这种体制下，企业唯一可以支配的权力是多干或少干。这也就是为什么，在计划体制内，能否完成计划任务是考核企业经营好坏的（几乎

① 张卓元：《社会主义价格理论与价格改革》，中国社会科学出版社1987年版，第95—103页。
② 许毅、陈宝森等：《社会主义价格问题》，中国财政经济出版社1982年版，第23、49—64页。

是）唯一的硬指标。这样，如果以产值指标作为衡量企业经营好坏的标准的话，价格如何确定就不是无足轻重的了。为使价格能够作为对企业经营状况更为有效的评价指标，我们认为，在部门内（产值指标在不同部门间是缺乏比较意义的）必须使用同一的定价基础。否则，相同的产值就会包含着不同的工作量。至于用哪种方式定价，这要由考核的具体要求来定，以资金利润率考察企业的综合经济效益，成本利润率考核企业的成本耗费情况，工资利润率主要考核劳动耗费情况。

（二）引入西方定价理论的种种观点

随着改革开放的进一步深入，西方理论的大量引入并迅速渗入各个领域已成事实，不可逆转。在 80 年代中后期，国内价格理论界出现了不同程度上的以西方效用价格论作为定价基础的种种主张。其中，在老一代经济学家中，持这种观点比较坚定和彻底的是汪祥春。早在 80 年代初，他就提出了按边际成本定价的诸多优越性。[1] 后来，他又进一步重申了均衡价格在计划价格中的地位和作用。认为只有按均衡价格定价，才能发挥价格应有的调节生产和消费的作用[2]

在年轻一代学者中，以供求决定价值的各种主张更为普遍。王海东在 1986 年发表文章，直截了当地指出，价格形成的真正基础，不是什么价值或价值的转化形态，而是供求关系。[3] 茅于轼在 1981 年发表的一篇文章中，对生产价格论进行了彻底的否定和清算。[4] 类似这样的例子是很多的。[5]

在此期间，存在一个不容忽视的重要倾向是，一部分人试图将均衡论与价值论调和在一起。比如有人认为，均衡价格论并没有用价格偷换价值。均衡价格就是价值，虽然它不是劳动价值[6]。也有人更坦率地把马克思的价值理论说成既包含劳动价值论，也拥有均衡价值论。[7] 另有人进一

---

①　汪祥春：《谈谈按边际成本定价的问题》，《价格理论与实践》1982 年第 3 期。

②　汪祥春：《略论国家指导价格》，《经济研究》1987 年第 10 期。

③　王海东：《论社会主义价格形成的基础》，《中国社会科学院研究生院学报》1986 年第 1 期。

④　茅于轼：《生产价格论质疑》，《改革与战略》1987 年第 1 期。

⑤　李琪：《没有价值的价格理论》，《价格理论与实践》1989 年第 4 期。

⑥　蔡继明：《均衡价格与劳动价值和生产价格之比较》，《价格理论与实践》1989 年第 6 期。

⑦　冯根福：《马克思的均衡价值论》，《经济研究》1988 年第 7 期。

步考证说，马克思在《资本论》第三卷的有关论述中，都强调了市场需求对价值的决定作用。[①]

上述学者的种种观点是与市场定价机制的主张联系在一起的。换言之，以均衡价格作为定价的基础的体制条件必须是市场定价，这在理论体系上是统一的。除此之外，也有一种观点认为，即使在计划价格形式下，也应采取所谓"供求平衡指导价"，并同时认为，应该避免非理想市场的放任性自由作用。[②]

在引进国外定价理论的过程中，另有一些同志认为，可以充分利用世界银行和联合国工业发展组织向发展中国家推荐的投资项目评估方法，即成本—效率分析法，来作为确定价格的依据，并将这种方法称做决策价格论。[③] 这套方法实际上是西方边际效用论在投入—产出分析的基础上，进行宏观资源配置的具体应用。有人认为，这套方法有一定可取之处，但多数学者认为，在我国现有的体制格局下，其实用价值还不成熟。[④]

对于上述种种争议，我们的基本态度是，第一，均衡价格与马克思的劳动价值是截然不同的两回事，一个以供求为依据，一个以劳动耗费做准则，无法调和。马克思虽然在《资本论》第三卷谈到了供求在价格决定中的重要作用，但并不是对价值内涵的否定。价值转化为生产价格，并没有使价值的内涵转变。否则，转化无从谈起。如果硬要调和价值概念，也不必把调和后的内容硬加在马克思头上，这样做不符合客观事实。第二，根据已有的结论，在计划体制内，探讨价格基础缺乏实践意义。计划价格要按照计划的要求和目的来确定，而这些目的和要求往往是很复杂的。并不简单地以劳动耗费、资金的使用或利益的分配来左右。当然，人们会说，计划如果不自觉地遵守客观经济规律，就要受到后者的惩罚。但是，不要

---

① 雍同：《边际分析、供求关系和劳动价值理论》，《经济研究》1989 年第 2 期。

② 楼继伟、周小川：《论我国价格体系改革方向及其有关的模型方法》，《经济研究》1984 年第 10 期。

③ 李伯溪、费仲、蓝田方：《资源最优配置与决策价格体系》，《成本与价格资料》1987 年第 20 期。

④ 张卓元：《抑制通货膨胀，推进价格改革》，《成本与价格资料》1988 年第 1 期。杨圣明：《这是条新路子吗？——评决策价格体系》，《成本与价格资料》1988 年第 6 期。何杰、唐晓冰：《关于广东如何实现市场调节价格的若干思考和建议》，《成本与价格资料》1988 年第 8 期。

忘了，惩罚并不能阻止人们继续违反客观规律。关键的问题是，在计划经济体制内，不是客观规律支配主观意志，而是相反。在这种体制内，人们可以利用客观规律，也可以不利用，这就要看决策者（而不是经济学家的）当时的思维状态了。这就是为什么我们说，探讨计划价格怎样定的实践意义是很小的。如果以市场价格作为定价的方式，我们认为，价值和效用在确定价格时同时起作用。劳动耗费小，但卖不出去，价值实现不了；市场销路好，但成本太高，赔钱的买卖也无人愿干。只有二者统一起来，价格才能在交换中产生。这是既简单又明确的道理，无须绕那么大的圈子争来争去。

三　关于价格形成机制与目标模式

价格形成机制与价格改革的目标模式同是价格改革的方向性问题。因此，这两个问题始终是价格理论争论的重要焦点。关于这方面的观点。真是五花八门、众口不一，但归纳起来无非是以市场定价为主，还是以计划价格为主或二者平等相处的争论。

在以市场定价为主的阵营内，有市场定价模式、企业定价模式等差别。持以市场定价为主观点的主要代表人物是张卓元。他的基本思路是，少数重要产品由国家定价和有幅度的浮动价格，大部分产品和劳务价格放开由市场调节。[1] 与之稍有差别的观点是所谓有控制的市场价格模式。[2]

有些同志把价格改革的目标模式归纳为企业定价为主，国家定价和市场调节相结合的模式。[3] 这种提法与市场定价的模式没有什么区别，只是一个事物的不同说法。但必须明确，企业是作为市场的一个组成部分，即独立的商品经营者，还是行政体制的"派出机构"。换言之，如果企业体

　　① 张卓元：《八年来价格改革的回顾与展望》，《成本价格资料》1987 年第 8 期。

　　② 刘卓甫：《论建立具有中国特色的社会主义价格模式》，《价格理论与实践》1986 年第 2 期，《以社会主义初级阶段理论为指针，深化价格改革》，《价格理论与实践》1988 年第 3 期；路南、陶英：《关于深化价格思路的几个问题》，《成本与价格资料》1988 年第 3 期。

　　③ 陈肇斌：《价格机制与宏观控制》，《价格理论与实践》1987 年第 2 期。

制原封不动，或基本上没有向市场过渡，那么，这种企业定价与国家定价就没有本质上的差别了。

主张以计划价格为主的同志也多数不主张把更多的商品价格由国家来确定，而是要以计划价格为指导，不让市场盲目地去调节①。有些同志更为具体地指出了多数产品价格是由国家和经营者共同参与制定的。② 除此之外，还有的同志认为，最高限价和最低限价是国家指导价的基本形式，而这种形式将是未来的主要价格形式。③ 也有的同志认为，指导价格的主要形式是浮动价格④。

介于争论双方之间的观点认为，未来的价格模式不应分什么主次，而应该是国家定价、国家指导价和市场调节价相结合的混合型价格模式。⑤

价格形成机制的确立，要以价格运行机制的完备作为其前提保证。换言之，对于任何一种价格机制，必须以哪些宏观调节手段作为保证。否则，一切没想到的都是空的。即只有必要，没有可能。在这个问题上，比较引人注目的是 1988 年 6 月由吴敬琏提出的"放开价格，管住货币"的基本思路。这种主张很快得到了一些人的响应。⑥

持反对态度的同志认为，根据我国目前的现状，在短期内把货币供应量压制到与总供给和总需求大致相当的水平是很困难的。如果硬压，则必然导致严重的经济萎缩，因而代价太大。⑦ 戴园晨同志也有类似的看法，并提出了"紧缩需求，管住货币"的治理良方。⑧

我们认为，总的来说，价格改革的市场取向的方向是对头的。实践证明，这是理顺经济关系，提高经济效益的正确选择，而整个过渡过程必须以全方位的转轨和全过程的总量平衡为前提和保证。否则，经济波动引起的社会震荡都将使整个改革事业付诸东流。可见，改革将是一个较长的渐

①　翟连升：《理论价格计划市场与市场价格》，《财贸经济》1986 年第 1 期。
②　杨鲁：《国家指导价硬是主要价格形式》，《成本与价格资料》1986 年第 15 期。
③　汪祥春：《略论国家指导价格》，《经济研究》1987 年第 10 期。
④　王永治：《总结经验，提高认识，推动改革》，《价格理论与实践》1987 年第 3 期。
⑤　成致平：《提高认识，稳步推进价格改革》，《价格理论与实践》1987 年第 2 期。
⑥　吴稼祥、钟朋荣：《管住货币，一步放开价格的思路》，《世界经济导报》1988 年 8 月 8 日。
⑦　吴树青、林岗：《论价格形成机制的转换》，《光明日报》1988 年 11 月 26 日。
⑧　戴园晨：《关于治理环境与避免经济萎缩的通篇讨论》，《世界经济导报》1989 年 2 月 2 日。

进过程。

四　体制改革的关键是价格改革还是企业改革

80 年代中后期，农村经济改革取得了很大的进展，而城市改革则步履
蹒跚。面对这种胶着的窘境，经济理论界曾对改革的突破口是价格改革还
是企业改革的问题展开了一场全国范围内的大讨论。

论战的一方以厉以宁为首。他认为，整个经济体制改革成败的关键是
所有制改革，价格改革不过是为企业创造一个适合于竞争的环境，而所有
制改革才真正涉及利益、责任、刺激与发动力问题。[1]

论战的另一方以张卓元为首。他认为，价格改革是体制改革成败的关
键所在。价格问题如果久拖不决，不仅难以理顺经济关系，而且可能严重
影响国民经济的协调发展，带来社会经济生活的困难和混乱。[2]

经过一番探讨之后，多数同志达成的共识是，价格改革和企业改革都
是经济体制改革的重要内容，不可偏废。[3]

我们认为，企业改革和价格改革同等重要。从时序上讲，作为系统操
作无所谓孰先孰后，特别是从整个过渡时期上看，它们是同时进行的改革
措施。人们很难想象，如果没有企业承包价格放开后会是什么样子。改革
实践也充分证明了，某项改革的单兵突进，效果都不会很好。

五　关于生产价格双轨制的理论争论

生产资料价格双轨制的大规模推行始于 1985 年。到 1986 年底，市场
定价的生产资料比重已高达 40％。生产资料双轨制价格对促进生产发展、

① 厉以宁：《关于经济体制改革的基本思路》，《世界经济导报》1986 年第 292 期。
② 张卓元：《社会主义价格理论与价格改革》，中国社会科学出版社 1987 年版，第 104—122 页。
③ 刘国光：《经济体制改革策略选择的理论问题》，《人民日报》1988 年 8 月 19 日；张卓元、边
勇壮：《价格改革仍是经济体制改革的关键》，《成本与价格资料》1987 年第 1 期；戴园晨：《所有制
优先改革行不通》，《世界经济导报》1986 年 11 月 10 日；吴俊杨：《探讨深化价格改革的思路》，《价
格理论与实践》1980 年第 3 期。

支持乡镇企业的建设、节约原材料等方面都起到了十分突出的积极作用。当然，有利就有弊，关于双轨制价格的弊端问题，理论上的争论是很多的。最激烈抨击双轨制价格的观点认为，双轨制价格是破坏社会主义经济秩序的祸根。[①] 还有人说，双轨制价格已从理论到实践都遭到了彻底否定。[②] 有人将双轨制价格和社会风气联系在一起，认为，价格双轨制是滋生官倒、贿赂、腐败的温床……不解决双轨制价格，各种官倒、衙倒、形形色色非法牟利的"公司"，绝无按人民利益消除与清理的可能，经济秩序也永远整不好。[③]

当然，更多的同志是坚持两点论的，即既承认其存在许多问题，又肯定其积极作用。比如，路南认为，生产资料价格双轨制，既有积极意义又有许多弊端，我们应采取避害趋利的措施，积极而又稳定地把双轨制价格引向建立合理的价格体制方向。[④] 乔荣章认为，有计划的商品经济是工业生产资料价格双轨制产生、存在和发展的理论基础。[⑤] 杨圣明等同志指出，双轨制价格的所谓各种弊端，并不是其本身固有的，而是外部环境强加的。[⑥]

双轨制价格的初始动因与最终目的是将其过渡到市场定价的轨道上。所以，不管其实施的效果怎样，双轨制价格的过渡性质，使得从它产生的那一天起就面临着所谓"并轨"问题。随着实践过程中暴露出的种种问题，并轨似乎又成为摆脱这一困境的唯一出路。不管怎么说，人们对双轨制价格的是非功过争论一番之后，又把注意力集中到并轨问题上来了。

如同对以往各类问题的争论一样，关于并轨问题，也出现了"百花齐放"的不同观点。其中，较具有代表性的观点之一认为，上游（初级）产品以调为主，其中重要产品实行国家定价，中游（中间）产品调放结合，

---

① 许毅：《国民经济造血功能与三位一体的改革》，《价格理论与实践》1989 年第 11 期。
② 何斯卡、张敏：《价格改革的回顾及其思路》，《成本与价格资料》1989 年第 15 期。
③ 李茂生：《走出经济困境的十项对策》，《财贸经济》1989 年第 7 期。
④ 路南：《能源产品和原材料价格偏低问题研究》，《价格理论与实践》1986 年第 3 期。
⑤ 乔荣章：《对我国生产资料价格改革的探讨》，《成本与价格资料》1986 年第 8 期。
⑥ 杨圣明、温桂芳、柳梅：《论双轨制价格的历史命运》，《经济科学》1990 年第 1 期。

先调后放，下游（最终产品）产品以放为主，实行有一定控制的市场调节价。① 有的同志认为，应该根据市场供求状况来确定并轨方法，对于供求严重不平衡的产品，应该由国家统一管起来，而对于供求大致平衡的产品，则应放开，由市场去调节。② 王振之同志认为，双轨制价格并轨的必要条件是，国民经济总量及主要结构的宏观平衡。在此之前，主要工作应放在缩小两种价格差距的努力上。③ 杨圣明同志指出，双轨制价格能否并轨，要取决于双轨制内部要素的组合方式与外部的社会环境。生产资料价格改革与计划体制、物资体制、财政体制、金融体制密切相关，没有其他体制的相应改革，单搞生产资料价格的并轨，不过是一相情愿。④

在具体实践过程中，也曾出现了石家庄的差价返还经验、江苏省的综合平均价经验，以及后来四川成都提出的"均价"办法。有的同志提出了提高计划价、限制市场价的"两头凑"措施。⑤ 还有的同志提出了变"比例双轨制"为"基数双轨制"，即对企业产、供、销的任务实行一定几年不变的"大包干"，对新增产量和生产能力全部实行市场价。⑥ 也有的同志认为，可以推行期货市场来取代生产资料指令性计划管理体制。⑦ 杨圣明同志在并轨的具体步骤上提出了独到的见解，在具体贯彻并轨的过程中，他提出了先内后外的原则，即各部门各地区首先在自己所辖范围内并轨；多样化原则，即并轨不仅在速度上可快可慢，并轨的方式也应"八仙过海，各显神通"，可以按行业并，也可以按产品并；既可以按地区并，又可以按环节并。在整个并轨过程中，还必须遵循配套原则，要局部利益

---

① 中国社会科学院财贸所"价格改革"课题组：《十年价格改革：成效、问题和出路》，《成本与价格资料》1989 年第 20 期。

② 王永治：《生产资料价格并轨制的一些看法》，《成本与价格资料》1989 年第 20 期。

③ 王振之：《生产资料双轨制价格变单轨制价格的途径》，《成本与价格资料》1989 年第 20 期。

④ 杨圣明：《生产资料价格不宜立即"并轨"——兼论"并轨"的方向及应遵循的原则》，《价格理论与实践》1990 年第 8 期。

⑤ 王永治：《生产资料价格并轨制的一些看法》，《成本与价格资料》1989 年第 20 期。

⑥ 刁新申：《价格：双轨制的作用和进一步改革的方向》，《经济发展与体制改革》1986 年第 2 期。

⑦ 宋老茅、孙惠英：《以期货市场取代生产资料双轨制价格争议》，《价格理论与实践》1987 年第 1 期。

服从全体利益。①

　　从总的来看，双轨制价格及其产生、存在有其历史必然性。它的各种弊端也是现实体制的自然"反照"。对待这一点，如同对待世间一切事物一样，绝不能孤立、静止地去观察和对待，而应将其放在改革过程的大背景下去考察，去分析，否则，就要陷入形而上学的泥坑，进而也无助于问题的解决。

　　回顾改革11年以来的价格理论与实践，使我们看到了前所未有的理论繁荣和实践中取得的重大突破。人们摆脱了长期禁锢思想的公有制与商品经济水火不容的僵化教条，同时，也从过分迷信西方市场神话的"乌托邦"回到现实的大地上。事实已经证实并仍不断证实，作为整个经济体制改革重要组成部分的价格改革正沿着健康、正确的轨道运转。尽管就目前来看，新的价格体制与相应的运行体制还远未形成，新旧体制交替过程中的摩擦也不断困扰着人们。但是，改革培育起来的实事求是，理论联系实践，扎扎实实地探讨与实践的不断进取精神将一定会引导人们走上富民强国之路。

　　我们认为，企业改革和价格改革同等重要。从时序上讲，作为系统操作无所谓孰先孰后，特别是从整个过渡时期上看，它们是同时进行的改革措施。人们很难想象，如果没有企业承包，价格放开后会是什么样子。改革实践也充分证明了，某项改革的单兵突进，效果都不会很好。

　　　　　　　　　　　　　　　　　（1991 年 5 月 7 日初稿，系首次公开发表）

----

　　① 杨圣明：《生产资料价格不宜立即"并轨"——兼论"并轨"的方向及应遵循的原则》，《价格理论与实践》1990 年第 8 期。

价格双轨制的历史地位与命运

　　我国价格改革中争论最大的问题莫过于生产资料价格双轨制问题。这种争论到目前为止，大体可划分为三个阶段。第一阶段，主要争论双轨制的出现是政策的失误还是历史的必然；第二阶段，主要争论双轨制是利大于弊还是弊大于利；第三阶段，主要争论双轨制能不能立即消灭以及向何处去，是回到传统的旧体制还是迈向有计划的市场价格体制。当然，这些争论又互相渗透，互相交叉，难以截然划分。本文将进一步探讨这些问题。

一　双轨制：历史的选择

　　双轨价格在我国40年的经济生活中一直存在，并逐渐扩展，目前几乎渗透到国民经济所有领域。这并不是偶然的，而有其深刻的社会经济根源。追溯它的渊源，探求它的合理内核，发挥它的应有作用，仍然是我们面临的任务。

　　生产资料价格双轨制首先是一种体制现象。因此，必须从经济体制入手去说明它的形成。各国的经济体制，依其主要运行机制区分，大体有计划经济体制与市场经济体制两大类型。前者的运行主要依靠各级行政机关制订的指令性计划，因而又称为行政协调的命令式体制，后者的运行主要依靠市场机制，因而又称为市场体制。几十年的实践反复证明，在计划经济的国家，单纯依靠计划协调经济是不成功的，必须引入市场机制，把计划与市场结合起来；反之，在市场经济的国家，单纯依靠市场机制去协调经济也不行，必须引入计划机制，把市场与计划结合起来。历史的发展一再证实，计划与市场的结合，实际上是"看得见的手"与"看不见的手"

相结合。这是世界各国经济运行的共同趋势和共同规律。问题在于，如何将计划与市场结合好？改革开放以来，我国经济学界提出了计划与市场相结合的三种模式，即"板块式结合"、"渗透式结合"、"有机式结合"。目前正在探索各种不同所有制经济中，不同行业、不同环节、不同区域中计划与市场结合的具体形式。

在生产资料价格领域中，如何将计划与市场有机地结合起来，并行不悖，发挥出各自的优势，弱化各自的缺陷，现在和今后都是我们面临的重要课题。我们的任务不是取消计划价格，单纯实行市场价格；更不是取消市场价格，单纯实行计划价格；而是多方寻求计划价格与市场价格最优结合的范围、方式、数量界限以及可操作形式。在这方面，近十年来，我们取得了显著成绩，其中之一就是找到了生产资料价格双轨制。现在看来，双轨制虽然不是计划与市场相结合的最佳模式，但也是一种既有利又有弊的过渡模式。在我们没有找到更好模式替代它之前，它又是不可不用的东西。弃之不用，如何将计划与市场结合得更好？有人主张，干脆切块，划分两种市场和两种价格，一部分产品实行计划价格，另一部分产品实行市场价格，不允许一种生产资料兼有计划价格与市场价格。这在目前难以行得通。在两种价格差距体现的经济利益面前，谁愿返回到计划价格？限于国家财力，又难以把计划价格调整到市场价格。如果强制实行，必然把明的地上的"比例"双轨变成暗的地下的"比例"双轨。计划价格基本合理前，切块的方法绝对行不通。

有些人认为，1985 年使生产资料价格双轨制合法化犯了历史性的错误。事实并非如此。当时，在改革浪潮冲击下，如何把市场机制引入生产资料价格领域，不外乎这样几种选择：（1）仍然坚持计划价格一统天下，把市场机制拒之门外；（2）放弃计划价格，全部实行市场价格；（3）一部分产品实行计划价格，另一部分产品实行市场价格；（4）一种产品的计划部分实行计划价格，而超计划部分实行市场价格。前两种选择根本不行，无须多言。问题在于是第三种方案，还是第四种方案更好？如果选择第三种方案，那就必须使计划价格大体符合价值或生产价格，不能背离太远，供求状况也应良好，缺口不能太大。这两个条件当时不具备，限于国家财力，又不可能把计划价格都调整到合理水平。在这样的条件下选择第三种方案，不仅使企业间苦乐不均，而且生产资料价格水平必然大幅度上升。为了使价格改革稳步前进，选择第四种方案，把市场机制引向各种生产资料，使各个企业和各种产品都享受到市场机制带来的利益，都尝到改革的甜头，这可能是合理的必然的。历史的选择就是这样。

　　生产资料价格双轨制不仅根源于经济体制尤其是价格体制的巨大变革之中，还深深地扎根于社会生产力的土壤里。生产力水平对双轨制的制约作用，集中表现在商品的供求矛盾促成双轨制形成。一种商品的运动，为什么要受计划与市场两种机制调节，呈现出计划价格与市场价格？原因是复杂的。从表面上看，这是渐进式价格改革引起的体制现象，是计划价格模式转向市场价格模式必然采取的过渡形式；从深层次看，这是生产力水平较低、商品不够丰富、存在着短缺，不得已采取的一种办法。如果生产力水平很高、商品丰富，是买方市场，完全可以放开价格，不必实行漏洞多手续又繁的双轨价格制度。人们的思想不能超越客观现实。任何经济制度尤其是价格制度的合理性都扎根于物质条件之中。我国的现实条件是，商品不仅不丰富，还短缺得很。虽然个别品种供过于求，但多数商品都供不应求，总需求大于总供给。在这种条件下如果放弃计划价格，全部实行市场价格，必然出现价格总水平的全面持续大幅度上升，价格改革就无法进行下去，整个国民经济将陷于混乱。限于经济条件，在不能全面放开价格的条件下，只能逐步放开。而逐步放开价格的方式不外两种，一是按商品品种一批一批地放开价格；二是在每种商品内部，一部分一部分地放开价格。实行前一种方式的结果，将形成"板块"式的价格双轨制，而实行后一种方式的结果，将形成"比例"式的价格双轨制。这两种双轨形式都是商品供求矛盾的结果，都是短缺经济中计划价格转向市场价格必然采取的转化形式。80年代中期急风暴雨式的改革催人前进，没有时间把千百万种工业生产资料加以区分，哪种该实行"板块"双轨，哪种宜于实行"比例"双轨，而采取了"一刀切"的办法，使几乎所有的生产资料都采取了"比例"双轨。现在回头冷静分析，如果把各种生产资料加以区分，根据各自的特点，分别实行"板块"双轨和"比例"双轨，可能更好一点。事实上，治理经济环境、整顿经济秩序以来，对某些供求矛盾尖锐的生产资料实行专营，开始形成"板块"双轨。不过，在生产资料普遍短缺的条件下，既要保证重点生产建设，又要搞活经济，在今后相当长时间内必然以"比例"双轨为主要形式。

双轨制虽然是一种体制现象和生产力现象，根源于经济体制和社会生产力之中，但要变为现实，成为国家经济生活中的一项制度，没有党和政府的政策允许是不可能的。政策的作用表现在，把体制改革和生产力发展对价格双轨制的客观要求，变成人们的自觉行动。政策的导向至关重要。正确者，促进生产力发展和体制改革的深化；错误者，阻碍生产力发展和体制改革的深化。现在的问题是，根据 5 年来的实践加以判断，双轨价格政策究竟是正确的还是错误的？

从双轨制问世以后，有些人认为这是政策一大失误，是利用价格抑制计划需求，对同一种产品实行两种定价规则即计划价和市场价，对计划分配的部分实行低价，对市场选购的部分实行高价，即所谓的双轨制，这就从根本上破坏了计划分配和市场选购的原则。

与上述观点不同，我认为双轨价格政策是适应中国国情的，适应中国的生产力水平和经济体制现状的，因而是正确的。尽管在执行中发生过这样或那样的偏差，甚至出现过一定程度的混乱，但是，双轨价格政策从总体上看是可行的。它促进了我国生产力发展，促进了经济体制尤其是价格体制改革的深化。只要看一看我国主要生产资料在"七五"期间的大幅度增长，看一看乡镇工业和地方工业的蓬勃发展，看一看传统的生产资料价格体制的被冲破，看一看市场机制在生产资料价格领域中的生机盎然，就不会怀疑双轨价格政策的巨大的历史进步性。关于这一点，下面要详细分析。

二　双轨制的历史功绩与局限性

双轨价格制度的最大历史功绩在于，它开辟了在紧张经济环境下进行生产资料价格改革的道路，推动了价格形成机制的转换，把市场机制引入了国营大中型企业的生产与交换中。大家知道，我国的价格改革是从农产品价格开始的。从 1979 年至 1985 年，农产品价格改革取得了重大进展，价格形成机制发生了根本性的变化。这种情况要求工业品价格改革尤其工业生产资料价格改革紧紧跟上，与之相配合。而工业生产资料价格改革如何突破呢？如何使国营大中型企业的价格改革跟上全国改革的步伐呢？这在当时是非常紧迫的问题。解决这个问题的出路不外乎两条，一条是放开部分工业生产资料价格，实行市场价格，其余部分暂时坚持计划价格，也就是说，只把市场机制引入一部分生产资料价格中，或者说，只把市场机制引入一部分企业中；另一条路是，把市场机制引入各个企业中，引入各种生产资料价格中，使市场机制先引入企业自销和超计划部分，然后再逐步向计划部分渗透，扩大市场价格比重，缩小计划价格比重，最后达到价格形成机制的根本转换。实施前一种方案，形成"板块"双轨，实施后一种方案形成"比例"双轨。在当时难以大幅度提高计划价格的条件下，"比例"双轨比"板块"双轨更优越，它能调动各个企业改革的积极性。否则，实行"板块"双轨，可能排斥一部分"计划圈"之内的企业，不利于调动它们改革的积极性。权衡利弊，可以认为"比例"双轨是一条正确的生产资料价格改革的道路。事实已经证明，这种价格双轨制已经把所有企业都吸引到价格改革的洪流中了。当然，各个企业的市场价格比重不同，市场机制的作用程度不一样。因而，各企业对价格改革的积极性也不尽相同。

　　双轨价格制度的再一个历史功绩是它促进了我国主要工业生产资料生产的大发展。判断价格双轨制是否成功，只能根据生产力标准。大家知道，双轨制合法化以来的 5 年间，正是"七五"计划时期。在这个时期，我国主要的工业生产资料生产都有长足的进展。据国家统计局提供的最新资料，列入"七五"计划的 60 种重要工农业产品指标大多数能够"如愿以偿"。这样巨大的成就，当然是改革，其中包括价格改革的结果。我们并不把那样巨大成就都归功于双轨制，但不可否认，其中也有双轨制的功劳。冶金部门的一位负责人曾经说，如果没有价格双轨制，钢产量不可能突破 6000 万吨大关。这就一语道破了天机。在煤炭、石油、电力等等行业中，哪一个行业不是这种情况呢？在计划价格偏低，而又不能大幅度提高的条件下，通过价格双轨制给予各个企业一定的经济利益，大大调动了它们发展生产的积极性。越是短缺的部门和行业，牌市差价就越大，企业从增产中获得的经济利益就越多，因而企业发展生产的积极性就越高。正是通过这种逻辑的和现实的道路，双轨制促进了生产的发展。

双轨价格制度的另一个历史功绩在于它哺育了几百万乡镇工业企业。乡镇工业在改革开放时期发展最为迅速。原因当然很多，其中不能忽视价格双轨制的作用。众所周知，乡镇工业的产品与原材料一般都不进计划圈，而靠市场生活。改革前，它们在缝隙中求生存求发展。而改革后，市场扩大了，因而它们活动的天地也大了，生命力也更强了。这是乡镇工业近年来发展迅速的体制原因。它们从双轨制中的"市场"轨取得原材料和动力，又把产品投入市场。市场是乡镇工业的命根子。如果取消双轨，关闭生产资料市场，乡镇工业将无立足之地。我们的计划不管怎样完善，都不可能把乡镇工业的产供销计划进去。过去发展乡镇工业靠市场，靠双轨，今后仍将如此。

尽管双轨制有上述的历史进步性，但它仍有历史的局限性。这种局限性主要在于，它仅仅是价格改革中的一种过渡模式，是由行政—计划价格体制走向有计划的市场价格体制的一座桥梁或一艘航船。从价格改革的此岸达到价格改革的彼岸，没有桥或船，是不行的。没有桥或船，过河不过是一句空话；没有价格双轨制，中国价格改革的任务很难完成。但是，桥或船不过是过河的工具，价格双轨制不过是价格改革中的一种过渡形式。从根本上说，双轨价格不适应社会主义有计划商品经济的要求，不是价格改革的理想模式。众所周知，根据社会主义有计划商品经济的客观要求，具有中国特色的价格模式应当是有计划的（有控制的）市场价格模式。在这种模式中，除少数重要的关系国民经济命脉的商品和劳务由国家定价、国家管理外，其余绝大多数商品和劳务的价格都由买卖双方在市场上协商议定，即实行市场价格。在这种模式中，商品和劳务的价格，或者是政府定的计划价格，或者是企业定的市场价格，二者必居其一，一种商品和劳务不能有两种价格。

价格双轨制的另一个局限性在于两轨之间的比例关系易受主观意志的左右，缺乏客观的标准。由于这个缺陷，在一种产品内部，计划价与市场价各自所占比重，多是企业与主管部门之间讨价还价形成的。当企业自认为市场价比重小、不足以满足自身利益要求时，就自行改变经过讨价还价形成的比例关系，降低计划价的比重，不兑现合同规定。另外，双轨的缺陷也是形成"倒爷"的条件之一。

将双轨制的历史进步性与局限性放在一起综合考察,可以得出这样的结论:它是一条有中国特色的生产资料价格改革的道路,是我们由行政—计划价格模式到达有控制的市场价格模式的必经之路。

三　双轨制的历史归宿

对于生产资料价格的"并轨"问题,前两年已经有所议论,近来又成为价格界的热门话题,有的部门或地区还采取了并轨的行动。在这个过程中,有的人提出立即并轨,取消双轨制越快越好;也有的人主张3年小解决,5年大解决,力争早日消灭双轨制。这样的急切心情在某种程度上可以理解。但是,这可能把问题看得过于简单,有操之过急的问题。如果认真地思考一番,不难发现,除个别品种的生产资料价格具备了"并轨"的条件外,绝大多数生产资料价格都缺乏"并轨"的社会经济环境。能不能"并轨",能不能取消价格双轨制,主要不取决于我们的主观愿望,而取决于双轨制内部要素的组合方式与外部的社会经济环境。

从双轨制内部要素组合方式上考察,它不过是计划机制与市场机制在生产资料价格上相结合的一种形式。形式当然是反映内容的。双轨制反映着生产资料价格中计划机制与市场机制的相互关系。改革前,生产资料价格领域是计划的一统天下,没有双轨制,当然没有计划与市场的矛盾。改革以来,市场机制被引入几乎所有的生产资料价格中,于是出现了市场价格与计划价格并行的双轨制。市场机制引入生产资料价格领域中,必然与计划机制发生矛盾,进行斗争,引起各种难以想象的问题。对于这些问题怎么解决? 能不能把市场机制再逐出生产资料价格领域? 肯定不行。唯一的办法是把市场机制留下,使它与计划机制更好地结合起来。这种结合,是当今世界上最难最难的经济课题之一,至今还没有成功的经验。如果没有找到计划与市场相结合的更佳形式,不管主观愿望如何,双轨制都不会退出历史舞台。现在看来,短期内很难找到理想的计划与市场结合的形式。因此,生产资料价格双轨制将会在我国长期存在,至少是整个社会主义初级阶段的历史现象。

　　再从双轨制的外部社会经济环境分析，当前也不具备取消双轨制的条件。双轨制不是某个人的臆造，也不是政策的失误，而是一定社会经济条件的必然产物。只要这些条件还存在，它不会因为某些人的反对，就销声匿迹。生产资料价格双轨制是一种体制现象。这种现象只有通过体制改革逐渐深化才会日趋"消亡"。生产资料价格体制的改革，与计划体制、物资体制、财政体制、金融体制的改革密切相关。没有其他体制的相应改革，单纯搞什么生产资料价格的"并轨"问题，不过是一相情愿。现在看来，短期内体制改革很难有大的突破，所以"并轨"问题只能小打小闹，不可能有惊人的进展，这就决定了三五年内甚至十年、二十年内不可能取消双轨制。"并轨"还要求有一个相对宽松的经济环境。形成这种环境，也是说起来容易，办起来难。在我们这样一个人口众多、底子又薄的大国里，短期内很难形成这种环境。如果没有这种环境，"并轨"可能成为价格水平大幅度上升的强力推进者。从长远看，乡镇企业和地方企业的原材料很难靠计划分配，只能靠市场调节。而这部分市场调节的原材料价格与国家实行计划分配的那部分原材料价格必然继续保留双轨制形式。

　　从价格改革本身看，大家都承认双轨制是一种过渡形式。现在要问，这种过渡是否完成了？若没有结束、过早地把这种过渡的桥或船——"双轨制"拆掉了，今后如何再过渡？中国的条件不允许一步到位式的改革，只能通过双轨制，逐步扩大实行市场价格的品种，或逐步扩大一种商品的市场价格的比重。双轨制是渐进式价格改革的重要手段。没有完成价格改革之前，难以取消双轨制。

　　当前并不具备普遍取消双轨制的条件，而创造这种条件绝非一朝一夕的易事。在条件不具备时勉强"并轨"，很可能由"明双轨"变成"暗双轨"。不仅如此，"并轨"还可能会出现反复。现在条件具备了，实现了"并轨"；随着条件的变化，将来还可能又出现双轨。这种双轨又会随着条件变化而演变成单轨。由单轨到双轨，再由双轨到单轨，曲折前进，可能是我国社会主义初级阶段生产资料价格运动的一条规律。

　　"并轨"是一个随着条件成熟而发生的自然过程，非人为地强制而实现。基于这种认识，建议采用双轨"消亡"这种提法，以代替目前广泛流传的"并轨"这种说法。这不是玩弄文字游戏，而是力图使主观符合客观。

除了认识"并轨"的艰巨性、长期性、曲折性和反复性外，还要正确解决"并轨"的方向问题，也就是价格双轨制的历史归宿问题。

"并轨"向哪个方向前进？有一种观点认为，"并轨"是一个向计划价格（或政府定价）靠拢的过程，通过"并轨"，大部分生产资料将实行计划价格或由政府定价，只有次要的少数生产资料实行市场价格；另一种观点认为，"并轨"是一个向市场轨（或市场价格）靠拢的过程，通过"并轨"，大部分生产资料将实行市场价格，只有少数的关系国民经济命脉的重要生产资料实行计划价格；还有一种观点认为，通过"并轨"，先把大部分生产资料定价权集中起来，实行计划价格，然后再视条件分期分批逐步放开，最终达到大部分生产资料实行市场价格。以上三种意见代表着三种不同的"并轨"方向。这些不同的方向，关系着"并轨"的成败，更关系着生产资料价格改革的成败，很有必要澄清是非。

"并轨"往哪里走，主要取决于我国的经济性质和类型、生产资料价格的目标模式以及改革已达到的阶段性。经过40年的变化，我国的经济已经不是自然经济，也不是产品经济，而纳入了商品经济的轨道。虽然目前商品经济还不够发达，但是我们已决定大力发展商品经济。可以坚信，不久的将来我国必有发达的商品经济。有商品必有市场。发达的商品经济必然有繁荣的市场。如果这个大前提能够成立，那么可以肯定，生产资料价格"并轨"的方向，应当是向市场轨（或市场价格）靠拢，通过"并轨"，使大多数生产资料实行市场价格。这并不排斥在"并轨"中个别品种的生产资料价格向计划价格靠拢。有的生产资料根本不应实行市场价格，也不应实行"双轨制"价格，只能实行计划价格，可是，过去几年却实行了双轨价格。对于这个问题，应通过"并轨"，逐步取消市场价格，向计划价格靠拢。这种少数的或个别的情况，绝不能否定"并轨"的市场方向。这里的市场方向与自由化中的"市场化"有本质的区别，不能用后者去反对或否定前者。现在发达国家的经验证明，多数商品实行市场价格，少数商品实行政府定价或计划价格，是可行的，有成效的。这种经验值得借鉴。限于条件，虽然目前我们尚未达到这个阶段，但向这个目标逐步靠拢，则是应该的。

　　党的"十三大"已经肯定了我国价格改革的目标模式，这就是大多数商品实行市场价，少数重要商品实行计划价。现在离这个目标还有不小的距离。目前，在生产资料价格总额中，市场价和半市场价的比重不过40%左右，而计划价的比重大约为60%。要达到改革的目标，尚需继续前进！这就要求今后生产资料价格"并轨"，必须是一个向市场价格靠拢的过程，而不是相反。如果我们把"并轨"方向理解为向计划价格靠拢，那就永远达不到"十三大"肯定的我国价格改革的目标模式。

　　生产资料价格改革前，在这个领域里几乎没有市场价格。通过改革，市场价格的比重已达40%左右。这个数字标志着生产资料价格改革取得了重大成就。在这个基础上，应继续前进、深化改革，真正实现党的"十三大"确定的目标。否则，通过"并轨"，向计划价格靠拢，逐步缩小市场价格，不仅与"十三大"指出的方向背道而驰，而且会从根本上否定10年来生产资料价格改革的成就。可见，"并轨"问题绝不是个小问题，而是关系着整个价格改革的方向和成败问题。如果"并轨"的结果使多数生产资料实行计划价格，而少数次要的生产资料实行市场价格，那就等于宣告价格改革的失败。

　　近来有的同志表面上肯定价格改革的市场取向，实际上却否定这种方向。他们在"多数"与"少数"问题上做文章。按照他们的观点，实行计划价格或由政府定价的生产资料在国家物价部门是少数，在中央各部门是少数，在各省物价部门是少数，在省直各部门是少数，甚至在省辖市的物价部门也是少数。表面上看，他们似乎主张少数生产资料实行计划价格，实际上把各级政府部门掌握的众多少数汇总起来那就是绝大多数了。如果从中央到地方五级物价部门分别掌握20%的生产资料的定价权，那么我国的生产资料就会全部实行计划价格或由政府定价，根本没有市场价格存在的余地。鉴于这种情况，为了准确地表明我国生产资料价格改革的方向和目标模式，很有必要界定"十三大"肯定的价格改革目标模式中的"多数"与"少数"的具体内涵与外延。我个人理解，所谓"多数"是指70%或80%的生产资料定价权放给企业，由企业根据供求状况定价，即实行市场价格；所谓"少数"是指20%或30%的生产资料定价权仍留在各级物价部门，实行政府定价或计划价格。至于20%或30%的定价权在物价系统内各级之间如何分配或配置，尚需进一步研究。这样，从总体上将形成多数生产资料实行市场价、少数生产资料实行计划价。这就是有计划的市场价格模式。向着这种模式前进，应当是今后生产资料价格改革的方向。

（原载《经济研究》1991 年第 4 期）

近三年价格走势分析

治理整顿以来，价格出现了一个由升到降的走势。怎样看待这种走势，形成这一走势的原因是什么，这种走势的经济效益又如何，以及如何驾驭未来走势等问题，有必要进行深入的探讨。

一　运行轨迹描述

现行价格指数的内容并不完全是当年实际的价格变动情况，而是包含了一部分上年的价格延伸影响因素。这样，在使用现行价格指数时，通常要涉及所谓翘尾问题。在如何准确地计算翘尾因素时，也存在着一些过于烦琐的中间环节。对此，不如直接采纳以上年12月份为基期的各月价格指数和月环比价格指数来描述当年的价格实际变动情况。当然，如果考虑上年影响因素，仍可采用现行的价格指数。

治理整顿，效果显著，但也确实存在"急刹车"的问题。价格水平从1988年实际增长26.7%的顶峰一下子跌落到1989年实际增长6.4%的低谷，是新中国成立以来少有的大起大落。1989年6—12月间，除了8月份只上升了0.8个百分点以外，其他月份都是负升值。价格虽然下来了，但财政补贴增加、市场疲软、停工歇业的情况却较为严重。如1989年全年社会商品零售总额扣除物价上涨因素，比上年下降7.6%，全国物资系统销售生产资料下降18.2%。其中，煤炭、水泥、钢材、木材的销售下降7.6%—25.8%。产量下降与库存上升相并而行。1989年末，采矿业、制造业库存分别上升了30.4%和62.5%。其中，电器、电子行业库存增加71%，机床、汽车减产7%和11%，库存却增加了57%和96%；彩电、冰箱、洗衣机、录音机减产幅度在4.2%—21%之间，而库存上升则达

12.2%—450%。

面对这种不利局面，国家采取了一系列的补救措施。比如，提高某些农副产品的收购价格以及某些基础工业材料价格和部分公用事业的收费标准；发放贷款、降低利率、启动生产与投资，以及强化销售、调整结构等措施。从1990年的物价走势看，这些努力收到了一定的效果，1—8月份的累积指数为103.1。这样，全年价格变动不可能达到预计的程度。

除了价格走势所反映的总体情况以外，价格走势内部结构中所反映出的其他情况，也是不容忽视的。其中，主要表现有：

1. 尽管食品仍是我国居民消费构成中的主项，且有进一步增长的趋势，但从整个价格变动幅度看，是偏低的（具体数据详见本文第二部分第1小节的有关内容）。

2. 农业生产资料销售价格上涨幅度高于消费品价格上涨幅度。1989年平均价格指数，前者比后者高1.4个百分点。1990年上半年，消费品价格平均上涨2.4%，农业生产资料价格平均上涨7.6%。1990年5月与上年12月相比，农药价格上涨8.2%，种子、农机用油价格上涨约10%。

3. 1989年计划外商品价格走势趋缓，1990年出现下降趋势。计划内外商品价差缩小，有些甚至出现倒挂现象。1989年10月末主要生产资料市场的37个重要品种的市场成交价，与7月末的价格相比，降价品种有18个，降价面达48.6%。这一方面与国家当年4月份颁布的对计划外黑色、有色金属实施统一最高限价有关，但更重要的原因仍是由于紧缩使得大批生产资料销不出去所致。在消费品零售价格中，1990年上半年与上年同期相比，国家定价的商品价格上涨8%，国家指导价的商品价格下降0.4%，市场调节价的商品价格下降5.3%。

4. 与商品价格相比，服务收费价格上涨较猛。1989年服务项目平均价格指数为119.5，比同期消费品零售价格指数高3.5个百分点。1990年上半年，服务收费价格指数平均上涨12.5%，是商品价格涨幅的4倍多。这与国家几次调高服务收费标准有关，同时也从一个侧面反映了我国的服务收费标准长期偏低。

5. 城乡、地区之间的价格扭曲现象得到了一定程度的缓解，以往城镇价格指数普遍高于农村，从1989年开始，情况发生了变化（见表1）。地

表1　　　　　　　1985—1990 年上半年城镇与农村的年平均价格指数

年份　项目	1985	1986	1987	1988	1989	1990.1—6
城镇	112.2	107.0	109.1	121.3	116.0	100.2
农村	107.0	105.0	106.3	117.1	118.8	104.6

区之间的类似变化，1989 年表现得尚不显著。比如，1989 年广东、福建的年平均价格指数分别为 121.0 和 118.8，分别比全国同期指数高 3.2 和 1.0 个百分点。其中重要原因之一是平均价格指数包含了上年的翘尾影响，比如，广东、福建两省 1988 年的平均物价指数分别比当年全国同期水平高 11.7 和 8 个百分点。所以，尽管 1989 年上述两省的物价水平与全国相比仍然偏高，但上升的速率已出现了明显的下降趋势，而 1990 年的下降趋势更为突出。仍以平均零售物价指数作为衡量尺度，1990 年上半年，广东比上年同期下降 3.9%，福建上升 0.1%，分别比全国指数下降 6.9 和 2.9 个百分点。相比之下，1989 年青海、宁夏和内蒙古自治区的平均价格指数分别为 117.7、117.8 和 115.9，分别比全国指数低 0.1、0 和 1.9 个百分点。而 1990 年上半年，上述三省（自治区）的价格平均上涨 5.9%、5.0% 和 4.8%，分别比全国指数高 2.9、2.0 和 1.8 个百分点。

二　原因分析

价格走势的成因，从主观上看，总量矛盾趋缓是政府全面治理整顿努力的结果。其中，除了财政、信贷等重大紧缩政策起了主导作用以外，各级政府都在不同程度上加强了对市场物价的控制、监督与检查。从客观因素上看，农业收成好。当然，与紧缩政策注重保护农业，在资金、流通等环节给予照顾和优先是分不开的。对于形成目前这种价格走势的原因，我们认为主要有以下几点。

1. 总需求不足。

当前的市场疲软、生产滑坡、库存加大、价格跌落等，固然有结构变化现象，但从总量态势看，是消费总量萎缩的表现，而不是结构性需求不足的必然结果。这种萎缩是政府通过行政手段硬压下来的，不稳固，且存在着潜在的膨胀因素。比如，对于我们这样一个人口众多的发展中大国来说，食品短缺将是整个经济发展过程中持续面临的难题，然而，自1988年9月实施紧缩政策以来，粮油和主副食品出现了供应充足、销售下降、库存增加、价格持续稳中有降的供求态势。以粮食为例，1989年全年收购量累积12138.1万吨，比上年增长了1.2%，而销售量仅为9347.4万吨，比上年下降了3.6%。这种基本态势一直延续到1990年，与上年同期相比，1990年上半年，食品零售价格上涨1%，比总水平低2个百分点。其中，粮食下降2.5%，鲜菜下降2.3%，肉禽蛋下降0.3%，水产品下降1.3%。这些都是政府狠抓了治理整顿、控制消费膨胀的结果，而不是或主要不是食品质次价高、货不对路。虽然销售下降、价格跌落，但食品仍是居民消费构成中的主要部分，1989年为54.5%，比1988年高0.2个百分点，这也从侧面反映了总需求的萎缩状况。

2. 消费与储蓄的关系不正常。

消费与储蓄是总量模型中的两个重要的自变量，因此，它们也必然成为左右价格走势的重要因素。

在我国，边际消费倾向和边际储蓄倾向所反映出的消费与储蓄的数量关系是：

第一，我国目前的储蓄、消费无论与新中国成立初期还是改革初期相比，都有了长足的增长。这从一个侧面反映了人民生活水平有了很大的提高，同时也证实了，随着人们收入的增加，的确存在着一种消费增势递减和储蓄增势递增的一般趋势。

第二，1989年储蓄与消费在收入中的比重与近几年的情况相比，没有明显变化，大约维持在2∶3的结构水平上。1988年偏差较大，为3∶7，是突变性抢购风潮所致。这说明，在目前这样的发展阶段，只要经济环境和经济政策没有突发性变更，我国居民的收入使用结构将维持在这样一种水平上。进而，居民存款不会如笼中"老虎"出来"吃人"。可见，仅仅以7000亿元占了10个月的零售额，就断定总需求的潜在压力很大是欠妥的。如果仅仅为了防止"风吹草动"而大力削减储蓄，恐怕不是明智之举。

第三，我国目前的相对储蓄水平与1981年人均国民生产总值就已高达上万美元的日本相当，APS 平均储蓄倾向、APC 平均消费倾向都是 2：3 左右，这是不正常的。如再观察一下边际消费倾向和边际储蓄倾向的结构变化就更加鲜明地显示出我国目前储蓄消费比的不正常结构。在日本，储蓄和消费的平均倾向和边际倾向基本上是同步发展的，说明达到了某种意义上的稳定均衡状态，而我国相应的对比数字恰恰倒过来，平均储蓄消费比为 2：3，而边际储蓄消费比为 3：2。再如此畸形地发展下去，的确稍有风吹草动，货币就有出来"吃人"的可能。当然，这不是 1989 年一年内形成的，换言之，不能将储蓄过多视为紧缩效应，它由来已久。总之，在我国目前的发展水平和富裕程度上，2：3 的储蓄消费比是过高了。

第四，我们还将发现，经济发展水平较低的层次，如新中国成立初期和改革开放的初始年代与经济比较发达的情况，如日本 80 年代以后的情况相比，其平均储蓄消费比和边际储蓄消费比都较为接近，而在经济发展的中期，或者说在经济发展的起飞阶段，两者差距较大。这其中是否有一定内在的规律性呢？当引入自发消费（Ca）和自发储蓄（Sa）这两个概念时，可以在一定程度上揭示出其客观的因果关系。所谓自发消费或自发储蓄是指处于零收入时的消费额或储蓄额。所谓自发是指它不依赖于收入的变化而变化，是一个独立于收入水平之外的外生变量。没有收入来源，只有靠借钱消费，体现在储蓄上就是一个负数，反之亦然。日本在 80 年代初 Ca 就出现了负数，说明它是一个典型的国际债权国与资本输出国。如将自发消费的变化情况与我国近几年来借债的情况对照分析的话，不难看出，二者具有较强的正相关关系。当然，这只是从数量关系上看得出的推论，并不等于说它与收入毫无关系。如果没有一定的经济实力，大量举债就无法承受偿还压力。当用自发消费或自发储蓄与收入水平相比时，可得出自发消费（储蓄）系数，即 Ca（或 Sa）/Y 时，我们可以进一步看出某一经济体系的相对举债规模。数据反映的情况是，一个经济系统由不发达走向发达的过程为 Ca（或 Sa）/Y→0。开始是缺乏偿还能力，结束是达到自然平衡。在这一过程的中期，Ca（或 Sa）/Y 可能会在一个正负区间内波动。这个区间多大为合理，尚需进一步探讨。不管怎样，在一个经济系统的发展中期是需要投入相对更多的财富用于生产，而不是将财富消费掉，有时为了发展的需要，解决资金短缺问题，借债就是常用的手段。这样，对于当前的储蓄过多，尽管有必要进行适当的调整，但并不等于说，要以平均储蓄消费比和边际储蓄消费比完全一致为原则。保持适当的距离，对经济发展是有利的。

3. 货币沉淀过多。

货币沉淀是居民将现金长期自存、不储不用的现象。由于存在货币沉淀，经济系统的价值总量与实物总量处在一种失衡状态。从 1990 年的情况看，经济发展比流通中的货币量萎缩得快，出现了流通中货币相对量过多的现象。比如，1990 年 8 月末贷款余额比年初增加了 1300 多亿元，增长 10.5%，而全国工业生产只增长了 2.6%，其中，预算内国营工业企业反而下降了 0.6%，此外，贷款启动的效果也不理想，其中，有 60% 左右的产品积压在仓库里。不实现商品性货币回笼，流通中的货币量自然会多起来。这些货币压在生产者手里就变为游资，滞留在消费者手中，则转化为货币沉淀。社会上的货币沉淀量究竟有多少，实在很难测算，但是，居民定期储蓄的增长快于活期储蓄的增长的事实也可以从一个侧面反映出货币沉淀的大致数量

4. 结构扭曲。

如前所述，就一般而言，在相对较长的一段时期内，结构扭曲不会对总量均衡产生影响。这是在市场是价格的有效调节者的前提下才能成立的事实，而在我国现有的体制模式下，国家定价的范围还相当广泛，占全部商品的 50%。这样，即使现实生活中存在大量的价格扭曲、比价严重不合理现象，也很难做到及时的普遍调整，结果只有不断增大国家的补贴。1989 年国家价格补贴 370.34 亿元，比上年增长 16.9%。除了价格补贴以外，国家财政补贴还包括企业经营性亏损、职工生活费补贴等。由于缺乏市场调节这样一个"生产过程"，由结构扭曲所导致的短期失衡就很难转化为中长期的相对均衡。如果不采取措施解决结构扭曲问题，从较长时期看，计划产品的进一步短缺和放开商品价格的不断上涨就很难避免。

三　利弊比较

作为治理整顿成效的最显著标志就是制止了严重的通货膨胀。但是，

国家年初计划将全年物价上升平均指数控制在 14% 左右。但从 1990 年 1—8 月的价格走势看，全年的物价上升平均指数可能不会超过 5%。这种偏离就是一种损失，说明紧缩力度过强、过急，以致带来许多不必要的副作用。

在控制物价水平方面，造成这样大偏差的主观原因之一是，计划制订过程中忽视了价格指数的翘尾影响。1989 年的平均价格上升指数是 17.8%，而当年实际价格上升幅度只有 6.4%，如果以 17.8% 作为计划的出发点，根据市场供求态势，将物价上升幅度定为 14%，是已留有充分余地了。这种计划表明了政府继续压低价格的政策取向。而实际上，对已经压得过低的价格再采取压的措施，就会使本来已无上涨能力的价格走势进一步压抑下去。从某种意义上说，1990 年 1—8 月份的物价平均涨幅只有 2.4%，就是这种压力的结果。尽管后来一再启动市场，但是，担心通货膨胀再度反弹的顾虑始终使决策者们没有大胆、放心、有效地刺激生产。这其中，忽视平均价格指数与实际价格指数之间的细微差别，对造成这一误解以致给整个国民经济带来损失，不能说毫无关系。

治理整顿的另一个目标是减轻财政赤字的压力。但是从实施的效果看，这种压力并未减轻。1989 年财政收支差额为 95.4 亿元，比上年增加 21.4%[①]。到 1990 年 8 月末，国家财政支出大于收入累积 50 多亿元，尽管有可能低于 1989 年的水平，但从缓解压力的要求评价，这种减少并没有什么实质性的改善。治理整顿没有实现摆脱赤字危机的要求。究其原因，主要有两条：（1）从收入方面看，生产销售的大幅度滑坡，必然严重影响财政收入。应该看到，这是紧缩必须付出的代价。但就目前来看，这种代价付出的太多了。（2）从支出看，最大的负担莫过于财政补贴了。1989 年物价补贴和企业亏损补贴全面增长，财政赤字的压力没有消除，就意味着通货膨胀的隐患依然存在。

作为治理整顿目标之一的调整结构，从实施的效果看也不够理想。（1）产业结构没有得到有效调整。比如，在工农业生产总值中，1988 年的农、轻、重比是 24.3：37.3：38.4，而 1989 年的相应比值是

---

① 富有戏剧性的是，在经济过热的 1988 年，财政赤字反比上年下降了 1.1%。

22.9∶37.7∶39.4，差距进一步拉大了①。再从工业内部结构看，交通、能源、原材料工业长期发展缓慢，成为拖整个国民经济后腿的"瓶颈"产业，这种情况通过治理整顿也没有得到明显改善。比如，1989 年基建投资中用于能源工业的比重，由 1988 年的 26.1% 下降到 25.3%，1990 年国家采取微调措施启动生产，效果显著。工业总产值 9 月份与去年同期相比增长 7.5%，其中，轻工业增长 10%，重工业增长 5.1%，但能源工业出现了负增长，下降了 2.5%。（2）价格结构扭曲的状况进一步加重。长期以来，我国工农业产品比价不合理，农产品价格偏低，工业产品价格偏高。治理整顿以来，这个问题也没有给予有效的解决，且有进一步恶化的趋向。治理整顿之前，农副产品收购价格指数逐步提高，与此同时，供应给农村的工业品零售价格也在逐步下降。然而，自 1989 年以来，形势发生了逆转，并使扭曲度不断扩大且延续至今。

从工业品内部的比价结构看，在改革的前期，经过价格的多次调整，1980—1984 年 5 年间，轻工产品价格下降 3.8%，重工产品价格上升 12%，使得长期以来轻工产品价格偏高，重工产品价格偏低的扭曲状况有所改善。而在 1984—1988 年 5 年间，轻工产品价格又逐步追上来，出现了一定程度的比价复归现象。治理整顿以来，压缩基建规模，使基础原材料工业受到的冲击较大，市场销售不畅，计划内外价格倒挂，截至 1990 年 7 月末，煤炭、钢材积压日益严重，汽、煤、柴油出现"憋罐"，发电能力只能发挥 80%，铁路运输、运量不足……接踵而至的不利情况使得上述结构扭曲进一步恶化。

除此之外，治理整顿预期达到的提高企业经济效益，建立和完善宏观调控体系等目标都远未实现。总之，就静态比较而言，紧缩方针是正确的，但在具体的实施过程中，由于存在方法失当与力度失准等偏差，使得调整不到位与调整过度交错出现，且总的来看，都出现了较大的倾斜。调整过度主要体现为行政手段用得过急、过猛，现在启动市场，往回调，也

---

① 1990 年的情况有所缓解，这一方面是农业收成较好，同时国家也采取了保护政策，比如，农业银行的政策性亏损就是为此付出的代价；另一方面，工业生产下滑迅猛也是表面缓解的重要原因，但从根本上看，工农业发展不协调的格局没有显著的改观。

要付出相应的矫正费用。这与生产滑坡受到的损失一样，都是弊大于利的不经济现象。

四　结论

当前有一种观点认为，现在是推进价格改革的黄金时机，机不可失，时不再来。我们认为，综合考察目前的经济形势，不宜过早地、大幅度地推进价格改革。如上所述，尽管迅猛的物价涨势被压了下来，价格结构中的某些指标也有好转的迹象，但总的来看，经济运行中的紧张因素依然存在。其主要表现是，企业经济效益进一步降低，价格危机转为财政危机以及货币启动经济无效或低效等。

因此，根据目前的经济形势，如果贸然大步推进价格改革，其风险还是很大的。如果对形势看得过于乐观，看不到潜在的困难与危机，将前进的道路看得过于笔直和平坦，是不现实的。怎么办？还是过去的八字战略方针："小步、持续、均衡、配套"，这可能是中国价格改革的成功之路。

（原载《中国物价》1991 年第 3 期）

中国价格运行的现状、问题与前景

价格是商品经济中的晴雨表，在商品市场中起着十分重要的导向作用。中国商品市场的发展和完善，离不开合理的价格。价格的合理化，既是商品市场发展和完善的必要条件，又是商品市场发展和完善的必然结果与重要标志。因此，当我们研究中国商品市场时，不可不重视中国的价格问题。本文将从进一步完善和发展中国商品市场出发，考察中国价格运行的现状、问题与前景，提出若干政策性建议，供有关决策部门参考。

中国价格运行的现状

（一）混合型的价格形成机制

目前，中国的价格是怎样形成的？它既不是像 80 年代以前几乎全部由国家行政机关制定，也不单纯在市场中靠供求关系自发形成，而是由混合型的价格形成机制决定的。其中，既有国家机关的行政手段的作用，又有市场供求关系的作用。这一点，同改革以前大不相同。换言之，改革使中国价格形成机制发生了根本性的变化。这种变化可以从表 1 的资料中反映出来。

表1 三种价格形式的变化

年份	社会商品零售总额为100			农民出售农产品总额为100			工厂出售生产资料总额为100		
1978	97	—	3	92.6	1.8	5.5	100	—	—
1980	—	—	—	82.3	9.5	8.2	—	—	—
1985	47.0	19.0	34.0	37.0	23.0	40.0	—	—	—
1990	29.7	17.2	53.1	25.2	22.6	52.2	44.4	18.8	36.8

从上表可以看出，1990 年国家定价在社会商品零售总额中所占比重仅为 29.7%，在农民出售农产品总额中所占的比重仅为 25.2%，在工厂出售的生产资料总额中的比重也不过 44.4%，三者都在 50% 以下。这就是说，国家定价已经退居次要地位。与此相反，市场自由价已经上升为主要地位。在 1990 年社会商品零售总额中所占比重已达到 53.1%，在农民出售的农产品总额中的比重也高达 52.2%，在工厂出售的生产资料总额中的比重虽然仅占 36.8%，但如果加上国家指导价的比重，也超过 50%。[①] 三种价格形式的上述变化说明，在中国的价格形成中，起主要作用的已不是国家机关的行政手段，而是市场的供求关系。事实证明，中国已经基本上摆脱了旧的传统的以高度集权为特征的价格形成和管理体制，开始进入有计划的市场价格体制。

（二）逐渐趋向合理的价格体系或价格结构

改革前，中国的价格体系（价格结构）是不合理的，甚至可以说是畸形的。主要表现在：（1）在工农产品比价关系方面，农产品价格尤其粮食价格偏低，而工业品价格相对偏高；（2）在工业品价格方面，能源和原材料价格偏低，而加工工业品价格偏高；（3）与商品价格相比，各种劳务收费（如房租、水电费、医疗费等）偏低；（4）在国内外价格关系方面，国内价格偏低，进口商品在国内销售由国家补贴。

通过价格改革以及其他经济体制的改革，上述问题有了一定程度的缓和。价格体系或价格结构逐渐趋向合理。例如：在工农产品比价关系方面，1990 年比 1978 年，农副产品收购价格提高 1.74 倍，而农村工业品零售价格仅上升 72.2%。这就在一定程度上解决了过去农产品价格偏低的问题，有助于改善工农产品的比价关系。

在工业品内部的比价关系方面，正在向合理的方向发展。1990 年比

---

① 所谓国家指导价是指由县以上各级人民政府物价部门、业务主管部门按照国家规定的权限，通过规定基准价和浮动幅度、利润率、进销差率、最高限价和最低保护价等，指导企业制定的商品价格和收费标准。

1978 年，采掘工业品出厂价格上涨 150%，原材料工业品出厂价格上涨 130%，加工工业品价格上涨 94%。由此不难看出，基础产业与加工工业的比价关系有了明显改善。从资金利润率水平看，1990 年比 1978 年，重工业的资金利润率由 14.1% 下降到 6.98%，而轻工业的资金利润率则由 25.7% 下降到 8.13%。不同产业的资金利润率正在向社会平均资金利润率靠拢，从另一个侧面说明价格体系正在趋向合理化。

收费价格偏低的问题近几年也有一定缓和。房租、水电费、医疗费等都有明显提高。1991 年的劳务收费上涨幅度大大高于零售商品价格上升幅度。随着住房体制和医疗体制的改革，收费价格上升的速度可能更快。

在国内外价格关系方面，过去是"脱钩"的办法，外资经营企业不负盈亏责任。盈了，上交国家；亏了，由国家补贴。近几年，随着外贸体制改革，相当多的商品已实行国内外价格直接"挂钩"，国家的补贴已大大减少。

（三）上下起伏的价格总水平

表 2　　　　　　　　　1978—1991 年的价格指数（以上年为 100）

年份	全国零售物价总指数	职工生活费用价格指数
1978	100.7	100.7
1979	102.0	101.9
1980	106.0	107.5
1981	102.4	102.5
1982	101.9	102.0
1983	101.5	102.0
1984	102.8	102.7
1985	108.8	111.9
1986	106.0	107.0
1987	107.3	108.8
1988	118.5	120.7
1989	117.8	116.6
1990	162.1	101.3
1991	102.6	108.4

将表 2 的资料绘成图形，更能反映出中国价格总水平上下起伏的状况。

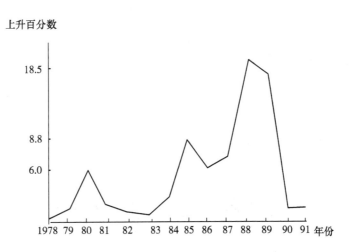

上升百分数

图 1　商品零售价格水平动态图

从上图的资料不难看出，在十几年的价格改革中，价格总水平有三个高峰期，一是 1980 年的 6%，二是 1985 年的 8.8%，三是 1988 年的 18.5% 和 1989 年的 17.8%。这三个高峰，后一个均比前一个高。13 年期间，价格总水平平均每年上升 6.3%。这与年平均利息率大体接近，高于居民货币收入年平均增长速度。因此，改革期间，虽然价格水平上升了，但居民实际生活水平并没有因价格上升而下降，反而有显著提高。这是中国价格改革能够顺利进行的重要条件。

（四）比较普遍的双轨价格

改革前，中国的工业生产资料（工业原料）几乎全部实行计划价格，由政府有关部门定价，企业没有定价权，也没有调价权。随着经济体制改革深入，单一的计划体制和物资体制被打破了，生产资料价格领域也开始引入市场机制。1979 年率先在电子、机械行业实行浮动价格。1983 年允许石油产品计划外部分按国际市场价格在国内销售。1984 年起，对 37 个

统配煤矿实行超核定生产能力的煤炭加价 25%—50% 销售。1984 年 5 月
20 日，国务院又发布文件规定，工业生产资料属于企业自销的（2%）和
完成国家计划后的超产部分，一般在不高于或低于国家定价 20% 的幅度
内，企业有权自行定价。1985 年 1 月，国家物价局和国家物资局又联合发
文，取消了上述规定的限制。至此，生产资料价格双轨制正式形成。后
来，价格双轨的范围逐渐扩大。目前，几乎所有的工业生产资料都是双轨
价格，任何一种生产资料既有计划价格，又有市场价格。有的外国经济学
家认为，双轨价格是中国的一个有用的发明。在国内，有的经济学家认为
它是中国价格改革的很好的过渡形式，是渐进式改革必然采取的形式；也
有的经济学家认为双轨价格是万恶之源，是贪污、腐败的温床，是祸根，
必须立即铲除之。

中国价格运行中存在的问题

（一）继续放开价格权的阻力很大

政府手中的价格权，经过十多年改革，已经下放了不少。但是，从有
计划商品经济的要求来看，政府手中的价格权仍然过多，还有必要继续放
权。在这个问题上，上下都要求放权，而梗阻在中间。党中央和国务院一
再要求加大改革分量、继续放开一部分价格，而企业更要求享有充分的价
格权。然而，掌握价格权的某些机关，生怕再放权，自己就"失业"了，
甚至成为"多余"者。"失业"感不仅在地、县、市一级政府机关中存
在，甚至在省和中央政府的某些机关中也反映出来。今后，如何改革价格
管理机关，转变其职能，使其成为服务监督型机构，已经提上经济体制改
革的日程。

（二）通货膨胀反弹的压力增大

经过治理整顿，1988 年和 1989 年的高通货膨胀受到了遏制。1990 年
和 1991 年的物价上升幅度已经不多，回落到了正常的幅度之内。从此，
是否天下太平，通货膨胀再不会卷土重来？不是的。我们要居安思危。事
实上，通货膨胀的潜在压力有增无减。理由主要有：（1）1990 年和 1991

年为了启动经济，新增贷款 6000 多亿元，增发货币 800 亿元，其规模和速度都是空前的，这是推动通货膨胀反弹的首要因素。（2）1990 年和 1991 年，国家先后调高石油、煤炭、电力、水泥、钢材、有色金属等生产资料价格，总额达 1000 亿元左右，其规模和速度是空前的。对此，加工企业如果不消化吸收，迟早会在市场上反映出来，推动零售商品价格上升。（3）工业企业经济效益不好，各种负担很重，缺乏对价格上升的消化吸收能力，只要有机会它们就会把价格负担转嫁出去，推动市场价格上升。（4）大干快上又重新抬头。不少地方和部门认为，治理整顿已完成，经济走上了正常轨道，又到了大显身手的好机会。于是，争项目争投资、大干快上之风又吹起来了。若不采取有力措施制止，不要太久，经济又会过热，总量平衡难以维持。一旦这种局面出现，通货膨胀在所难免。根据以上情况，对于通货膨胀绝对不能高枕无忧，对经济注意采取措施，预防它再次反弹。

（三）价格补贴仍是各级财政的沉重包袱

1991 年国家财政对价格的直接补贴约 400 亿元，对企业亏损补贴 600 亿元，二者合计达 1000 亿元，相当于当年财政收入的 28% 左右。企业亏损固然有经营管理不善的原因，但国家定价不合理也是不可忽视的。从价格方面看，企业亏损补贴也是一种价格补贴。减少价格补贴已成为摆脱财政困境的重要途径。怎样减少价格补贴？要深化价格改革，将国家手中掌握的价格权再下放一些。权、责、利三者是统一的。国家掌握大权，管住企业、管住价格，自然要尽义务、负责任，给予企业亏损补贴和价格补贴。如果国家放权，不管或少管企业与价格，那么它的责任就将减少，可以不给或少给各种补贴。既想大权独揽，又不尽义务、负责任，两全其美，那是不可能办到的。根据有计划商品经济的要求，国家还应该继续放开一部分商品的价格，以减少财政的价格补贴。

（四）双轨价格是诱发贪污、腐败的条件

价格双轨制具有二重性，既有积极的作用，又有消极的作用。尤其在经济过热、供求矛盾尖锐、计划价与市场价之间高低悬殊的时候，其消极

作用更加明显。某些不法之徒，往往钻双轨价格的空子，时而将平价的商品转为市场价出售，时而又将市场价的商品变为平价商品，通过这种"平转议"或"议转平"，从中渔利，大发其财，成为暴发户。当然，把贪污、腐败问题完全归之双轨制也不妥当。没有实行双轨制的国家，没有双轨制的时期，仍然有贪污、腐败问题。双轨制仅仅是个外部条件。贪污腐败，不仅取决于这个条件，还取决于其他条件，尤其是主观条件。现在看来，短期内还难以取消双轨制。因此，如何兴利除弊，如何完善双轨制，是摆在我们面前的一项任务。

（五）价格信息不灵，管理落后

在中国，商品滞销与短缺往往同时并存，此地滞销，而彼地又短缺，城市供过于求，而农村还不能满足需要。这是由于通信设备不够、运输困难以及价格信息不灵造成的。尤其亿万农民，深感价格信息不灵给他们造成的困难和不便。农民殷切盼望准确、及时的价格信息。

在中国，至今还没有一部价格法。其他的规章、条例也不够完善。目前尚处于"以人治价"阶段，还没有达到"以法治价"的地步。市场上的价格秩序还比较乱。无法可依，有法不依，贪赃枉法，都有之。至于国家与企业之间、中央与地方之间以及各部门、各地区之间的价格关系，还没有完全理顺，许多问题有待解决。

中国价格运行的前景

（一）有计划的市场价格模式

对于中国未来将采取何种价格模式这个问题，理论界大体有三种不同的观点。

第一种观点认为，社会主义经济是一种只有一些市场因素的计划经济，应该实行计划为主、市场调节为辅的经济管理体制。与此相适应，在价格的形成和运行方面，必须实行计划价格为主、市场价格为辅的模式。在这种价格模式中，大多数商品和劳务的价格由国家制定和管理，少数的次要的商品和劳务的价格由市场供求决定。这种价格模式类似于过去的传统价格体制。

第二种观点认为，社会主义经济是一种商品经济或市场经济，应该实行市场化的经济运行和管理体制。与此相适应，在价格的形成和运行方面，必须实行市场化的价格模式。在这种价格模式中，所有商品和劳务的价格由市场供求关系决定，完全不必由国家制定所谓计划价格，不必由国家干预市场价格的形成与运行，价格由"看不见的手"自动调节。这种价格模式类似于自由竞争时期的资本主义价格模式。

第三种观点认为，社会主义经济是一种有计划的商品经济，应该实行有计划的商品经济的运行和管理体制。与此相适应，在价格的形成和运行方面，必须实行有计划的市场价格模式。在这种价格模式中，少数重要商品和劳务的价格由国家制定和管理，而多数商品和劳务的价格则由企业根据供求关系自行决定，仅在必要时国家采取适当的经济手段进行间接干预。这种价格模式是我们所说的具有中国特色的社会主义价格模式。

本文作者赞成第三种观点。对此，再补充两点：（1）所谓"多数"与"少数"的界定问题。按商品和劳务的销售额计算，国家定价商品和劳务所占的比重宜保持在20%左右；而市场价和国家指导价的商品与劳务所占的比重以不低于80%为宜。（2）实行国家定价的商品和劳务仅限于生产技术上垄断者和社会公共使用与消费的商品与劳务，除此以外的所有商品和劳务的价格由企业根据供求关系自行决定。

在价格形成与运行方面，过分夸大国家机关行政手段的作用是不妥的，而完全否定它的作用也是行不通的。前者已被我国和苏联等东欧国家几十年的实践证明了，而后者也被西方市场经济国家几百年的实践证明了。历史的结论只有一个：价格的形成与运行主要靠市场，仅在必要的范围内和适当的时机，国家的干预才有较好的效果。这就是中国未来的理想价格模式。

按照理想价格模式的要求，中国价格改革的任务还相当艰巨。不论在农产品方面，还是在工业消费品方面，尤其在工业生产资料方面，都要进一步降低国家定价的比重，相应地提高市场价和国家指导价的比重。这就是说，价格改革还应继续沿着放开价格的方向前进，把大部分的价格权真正放给企业，使价格真正回到市场交换中去。这个方向已被过去中国十几年价格改革的实践证明是正确的。凡是放开价格的商品和劳务，都迅速发展。至今还没有发现哪一种商品和劳务的价格放开是不对的。市场价格大大促进了中国商品经济的发展。所以，今后坚持市场取向的价格改革方向，应当是毫无疑问的。

（二）合理的价格体系或价格结构

合理化的价格体系或价格结构是发展和完善商品市场的极其重要的内容。中国价格改革的主要目标就是形成科学的合理的价格体系，使之促进经济发展和科技进步。

价格体系是合理的还是不合理的，如何衡量，客观标准是什么？过去的传统说法有三条。所谓合理的价格，一是价格符合价值；二是价格反映供求；三是价格符合政策。这三条标准，原则上说没有什么错误，但是，可操作性则不够。如何使用这三条标准去衡量价格是合理的还是不合理的，那是很困难的。由于价值至今难以计算出来，所以价格是符合价值，还是不符合价值，很难作出判断。供求关系也是变动不定的，什么样的价格反映了供求，什么样的价格没有反映供求也难作定论。至于符合政策这一条，随意性就更大了，有的人认为这种价格符合政策，有的人或许认为它违反了政策。因此，过去的传统的衡量标准，已不适用于今后发展商品经济的要求，有必要提出新的标准。

从发展和完善商品市场出发，我们认为，平均利润应当是衡量价格体系是否合理的客观标准。在正常经营条件下，通过市场竞争、各行业的商品和劳务的价格能够使经营者获得平均利润，它们就是合理的；反之，则是不合理的。至于每个行业内部各个企业，由于生产经营上的差别，并不能都保证取得平均利润。行业平均利润或部门平均利润是衡量社会化商品经济中价格是否合理的客观标准。低于平均利润的行业或部门，其价格是偏低的；高于平均利润的行业或部门，其价格是偏高的。如果大多数行业和部门都能获得社会平均利润，那么这时的价格体系就是合理的。新标准的可操作性是显而易见的。只要有各部门各行业的资金数和利润数，这个标准的确立就易如反掌。

按照平均利润的原则衡量目前中国的价格体系，不难发现还有许多问题。有些行业和部门（如煤炭、原油）不仅没有利润，还亏损；不少行业和部门获利不多；少数部门和行业获得高额利润。造成利润上差别的原因是多方面的，其中不可忽视价格的作用。价高利大；价低利小或亏本。对于价低者，应通过调价或放价使其上升到合理水平；对于价高者，也要通过税收、信贷、投资等手段使其获得平均利润，不因价高利大而盲目发展。总之，通过价格改革和其他改革，使中国的价格体系达到合理化。

（三）相对稳定的价格水平

变动是价格的本质特性之一。生产成本、经营费用、供求关系等每日每时都在变动。这些因素的变动，都会直接间接地影响价格。所以，商品和劳务的价格是经常变动的。这是商品经济中的普遍现象，也是合理的好现象。把价格视为凝固的一成不变的，至少缺乏商品经济的头脑和思维。为使农产品价格不变或少变，美国和西欧付出了沉重的代价，至今仍是乌拉圭回合谈判的严重障碍。中国也因六七十年代冻结物价以及粮油的销价不动而曾经付出巨额补贴。实践证明，那些做法都是不成功的，应当吸取教训。

但是，价格的剧烈变动、跌宕不已，又会搅乱各种经营关系、打破正常的经济秩序，甚至引起社会动荡和政局不稳。因此，不论西方市场经济国家的政府，还是东方社会主义国家的政府，都力求市场物价的相对稳定，避免发生严重的通货膨胀。价格总水平的相对稳定，既是国民经济正常运行的条件，又是它的结果。为了使中国经济持续、稳定、协调发展，今后我们仍要坚持物价相对稳定的方针。中国的价格改革也证明，没有相对稳定的价格环境，价格改革也难进行。1987—1989 年 3 年间中国的价格上升较多，居民反映强烈，应该出台的改革项目都被迫推迟。为了保证中国价格改革的顺利进行，必须正确处理价格调整、价格放开与稳定物价的关系，使两方面有机地结合起来，不可片面强调某一方面。

根据过去的经验，今后价格总水平平均每年上升的幅度应控制在年平均利息率之下、居民货币收入年平均增长速度之下。前者保证居民的存款利息是正值而不是负值，避免挤兑银行储蓄，冲击市场；后者保证居民当前的实际生活水平不致下降并有所提高。以上是就全国而论的，至于各行业、各地区都有特殊性，可稍高一些，或稍低一些，要因地制宜。即使这样，也难保证所有居民不受价格上升的影响。各阶层收入增长不同，有些居民因种种原因，收入还可能下降。对于真正的生活困难者，政府要给予生活补助。^① 不能因为他们承受不了价格上升的负担，而使价格改革踌躇不前。

（四）价格的双轨逐步并为单轨

价格双轨制是实现中国价格模式转换的一种很好的过渡形式。它开辟了在紧张经济环境里进行生产资料价格改革的道路，推动了价格形成机制的转换，把市场机制逐步引入了国营大中型企业的生产与交换中，促进了主要工业生产资料生产的迅速发展。但是，双轨制毕竟只是过渡模式，而不是理想模式。中国的价格改革不能停留在双轨制阶段，而必须继续前进，达到理想的价格模式。

将双轨并为单轨将是长期的逐渐进行的一种过程。目前尚不具备全面取消双轨的条件。只有个别品种的生产，如水泥、橡胶等，具备了并轨的条件，而且初步实现了并轨。对于大多数生产资料来说，要想并轨，还需要创造条件。条件不具备时，勉强并轨，很可能由明双轨变成暗双轨。不仅如此，并轨还可能出现反复。现在条件具备了，实现了并轨。随着条件的变化，将来还可能出现双轨。当然，这种双轨最终还要演变成单轨。

除了认识并轨的长期性和艰巨性外，还要正确解决并轨的方向问题。双轨制向何处去？有三种不同的回答。第一种观点认为，并轨是一个向计划价（或政府定价）靠拢的过程，通过并轨，大部分生产资料将实行计划价格或政府定价，只有次要的少数生产资料实行市场价格。第二种观点认为，并轨是一个向市场轨（或市场价格）靠拢的过程，通过并轨，大部分生产资料将实行市场价格，只有少数关系国民经济命脉的重要生产资料实行计划价格。第三种观点认为，通过并轨，先把大部分生产资料的定价权集中起来，实行计划价格，然后再视条件分期分批地逐步放开，最终达到

---

① 对于生活困难者给予收入补贴的办法比之配额低价供应的办法，不仅简便易行，而且防止某些不法者从中贪污、腐败、中饱私囊，还节约管理费用。因此，我们提倡给予生活困难者以收入补贴。

大部分生产资料实行市场价格。以上三种意见代表着三种不同的并轨方向。第一种是走回头路，要不得；第三种貌似"曲线救国论"，实质上也是回到旧体制，同样是不可取的。我们赞成第二种观点。通过并轨，应当逐步进入有计划的市场价格模式。

生产资料价格的"并轨"应遵循"整顿、收缩、完善和管理"的原则。所谓整顿是指整顿双轨的混乱状态，使轨制单一；所谓收缩是指生产技术垄断、社会公用和军工方面的本来不应实行双轨价格的产品和劳务，要下决心取消双轨价格；所谓完善是指制定双轨运行的规则条件和制度；所谓管理是指对双轨价格执行情况进行监督检查，发现违纪者，严肃处理，不使他们在经济上占便宜。

并轨的方式可能有这样几种：（1）按行业并轨。垄断行业、公用和军工等行业先行并轨，其他行业依次推进。（2）按产品并轨。凡供求基本平衡者，双轨的轨距不大者，先行并轨；其他产品依次推进。（3）按地区并轨。经济特区、经济开发区先行并轨，其他地区，尤其落后地区可以稍后。（4）按环节并轨。鉴于流通环节问题较多，可先从流通环节并轨；也可先从生产环节的出厂价格进行并轨，然后再从流通环节并轨。

（五）高效而灵活的价格管理

过去旧的传统价格体制的一个严重缺点是国家行政机关对价格管得过多过严过死。当中国在改革中解决这个问题时，又出现了另一种偏向，即完全否定国家对价格的管理，认为价格既然已经放开，让企业根据供求状况自行决定，国家就没有必要再对价格进行管理。这种观点是不对的，不利于发展有计划的商品经济，不利于市场价格的正常运行。企业的价格行为往往有短期化问题，还有以次充优、缺尺短两等变相涨价行为。至于各种市场（如集市贸易市场、各种专业批发市场以及期货市场等）上的价格纠纷更是层出不穷。如果不加管理，不进行价格监督，任其泛滥，就难以保证正常的商品流通秩序。

价格管理有直接管理与间接管理之分。所谓直接管理包括对少数关系国计民生的重要商品和劳务的政府定价，政府规定最高限价、最低保护价、中准价及浮动幅度、必要时的冻结价格等。所谓间接管理是指国家通过财政、税收、信贷、外汇等经济手段去干预价格水平、价格结构、比价差价关系等。

价格管理的手段主要是行政手段、法律手段和经济手段。所谓行政手段是指国家利用政权的力量制定价格政策、条例、规定，强制商品生产者和经营者执行。所谓法律手段是指国家制定的价格法规及其执行的检查与监督。所谓经济手段是指财政、税收、信贷、外汇等经济调节杠杆。在以上三类管理手段中，经济手段是主要的。只要有一个良好的宏观经济环境，价格运行的轨迹就比较理想，各种不尽如人意的价格行为就会大大减少。

有计划的商品经济的历史还不长，实践经验也不多。在有计划的市场价格模式中，如何进行高效而灵活的价格管理，对于中国来说，还是个新课题，缺乏更多的实践。鉴于此，很有必要从中国的实际出发，并借鉴许多国家的经验教训，努力创造具有中国特色的社会主义的市场价格的管理模式。

（六）准确而及时的价格信息

中国是一个地域辽阔的大国、各地区经济发展又不平衡。因此，良好的市场信息和价格信息，对于几百万个企业和亿万农民的生产来说至关重要。国家不仅要管理价格，更要负责及时发布准确的市场信息和价格信息。否则，难以发展商品经济，难以形成良好的市场。为此，要加强通信设备的建设，努力改善运输条件。通信设备的改善、市场信息的灵通、价格信息的准确，这些都会大大促进中国商品市场的发展和完善。

（原载《财贸经济》1992 年第 5 期）

我国价格改革的回顾与展望

一　改革纪实

我国的价格改革始于 1979 年春天的农产品价格改革。从那时起，至今已 13 年了。整个改革过程大致可划分为三个阶段。第一阶段，从 1979 年春至 1984 年 10 月，以调整不合理价格为主，以提高农产品价格为重点，进行了六次较大规模的价格调整。与此同时，逐步放开了小商品和部分农产品价格，部分机电产品实行了浮动价格。第二阶段，从 1984 年 10 月至 1988 年 9 月，以放开价格为主。在这期间，放开了大部分农产品价格和十多种主要工业消费品价格，工业生产资料价格普遍实行了"双轨制"。与此同时，也调整了部分产品的价格，包括提高粮食收购价格、提高部分酒烟价格和几种副食品价格。如果说第一阶段是以调为主、以放为辅，那么在第二阶段上则是以放为主、以调为辅。第三阶段，从 1988 年 9 月至今，先是治理通货膨胀，集中部分价格管理权限（1988 年 9 月至 1989 年 9 月），然后又进入以调为主、以放为辅的阶段。这个时期的调价是以主要工业生产资料（如煤、石油、电力等）的计划价格和运输价格为重点。它不同于第一阶段上的以"调"农产品价格为重点。与此同时，又陆续放开了一部分价格，尤其 1991 年下半年以来，放开价格的步伐明显加快。

通过 13 年的改革，在价格领域取得了举世公认的巨大成就。有的西方记者惊呼中国价格改革如此之成功，乃是一个奇迹。具体说来，它表现在以下几方面：

1. 价格形成机制发生了根本性变化。改革前的 1978 年，国家定价在社会商品零售额中的比重为97%，在农产品收购总额中的比重为92.6%，在工业生产资料出厂价格总额中的比重为100%。这就是说，我国商品价格几乎都是政府机关制定的，计划价格几乎成了唯一的价格形式。经过改革，发生了巨大变化。截至1990年底，国家定价在社会商品零售额中的比重已下降到29.7%，在农产品收购总额中的比重已下降到25.2%，在工业生产资料出厂价格总额中的比重已下降到44.4%。[①] 事实表明，国家定价已退居次要地位。与此相反，市场调节价已经上升为主要地位，大部分价格权已经由政府机关转移到企业。1990年，市场调节价在社会商品零售总额中的比重为45.0%，在农产品收购总额中的比重为52.2%，在工业生产资料出厂价格总额中的比重为36.8%。如果加上国家指导价（半市场价）的比重，都超过50%以上。当然，各地区不完全相同。深圳市国家定价的比重只有3%，其余97%都是市场调节价。广东省的国家定价比重只有20%，其余80%为市场调节价。以上材料充分证明，在当前中国的价格形成中，起主要作用的已经不是国家机关的行政手段，而是市场的供求关系。中国已经基本上摆脱了旧的传统的以高度集权、排斥市场机制为特征的价格模式，开始进入新的有计划的（有控制的）市场价格模式。

2. 价格体系或价格结构逐渐趋向合理。改革前，我国的价格体系或价格结构是很不合理的，甚至可以说是畸形的。主要表现在：第一，在工农产品比价方面，农产品尤其粮食价格偏低，而工业品价格相对偏高，"剪刀差"有扩大的趋势；第二，在工业品价格内部，能源和原材料价格偏低，而加工产品价格偏高；第三，与商品价格相比，各种劳务收费（如房租、水电费、医疗费等）相对偏低；第四，在国内外价格关系上，国内价格偏低，进口商品花费大量财政补贴。经过改革，上述问题有的基本解决，有的有所缓和，价格体系或价格结构逐渐趋向合理。在工农产品比价方面，1990年比1978年，农副产品收购价格提高1.74倍，平均每年递升8.8%；而农村工业品零售价格1990年比1978年仅上升72.2%。12年期

---

① 李鹏总理1991年1月底在瑞士达沃斯世界经济年会上说，国家定价的比重在中国只占30%左右。

间，工农产品价格"剪刀差"缩小37.2%，平均每年缩小2.7%。这就在一定程度上改善了工农产品比价关系。在工业品内部的比价关系方面，1990年比1978年，采掘工业品出厂价格上升150%，原材料工业品出厂价格上升130%，加工工业品价格上升94%。由此不难看出，基础产业与加工产业的比价关系有所改善。近几年，房租、水电费、医疗费等都有明显上升，1991年劳务收费上涨幅度大于商品零售价格上升幅度，这就有助于改变劳务收费偏低的问题。随着外贸体制改革，相当多的商品实行代理制，国内外价格直接"挂钩"，国家的补贴已大大减少。

3. 价格总水平被控制在可承受范围内，保证了改革的顺利进行。在十几年的价格改革中，我国价格总水平上下波动呈现出三个高峰期，一是1980年的6%，二是1985年的8.8%，三是1988年的18.5%和1989年的17.8%。这三个高峰，后一个均比前一个高，真可谓一浪高过一浪。但是，纵观13年，价格总水平上升还不算太多。1990年比1978年上升107.7%，平均每年上升6.3%。这与年平均利息率大体接近，低于居民货币收入年平均增长速度。因此，改革期间，虽然价格总水平上升了，但居民实际生活水平并没有因价格上升而有所下降，反而有显著提高。这是保证价格改革以至整个经济体制改革顺利进行的重要条件。

4. 价格观念发生了明显变化，价格理论有重大突破。在这方面，主要破除了"市场价格有害论"和"价格变动恐惧症"。过去人们总是以为计划价格是社会主义的，对它十分放心，生怕它被减少、被削弱。相反，对于市场价格则十分担心，存有种种疑虑。有的认为市场价格是资本主义的东西，至少可以诱发和导致资本主义，拐弯抹角让它姓"资"。也有的虽然不把市场价格与资本主义挂起钩来，但总是强调它的盲目性、波动性和破坏性。总而言之，他们认为市场价格是一种有害的东西。改革以来，这种观念和理论被破除了。现在已经形成这样的共识：适应有计划商品经济的要求，我们必须建立有计划的市场价格模式。计划多一点，还是市场多一点，不是社会主义与资本主义的本质区别。市场和市场价格对于社会主义是极其有用、须臾不可离开的。过去在价格上还存在着僵化的观念和理论，认为价格水平越稳越好，把许多价格搞成几十年一贯制，而对于价格的变动则十分害怕，难怪有人认为过去存在着"价格变动恐惧症"。改革以来，这种顽症基本上被治愈了。国家、企业和居民都基本上适应了价格水平的变动。尽管价格水平上升不少，国民经济依然迅速发展，社会政治局面依然安定。

二　争论述要

我国的价格改革并非一帆风顺，其间充满着矛盾和斗争，也有曲折和反复。主要的争论有以下几个方面：

1. 关于价格改革方向或目标模式的争论。

在这个问题上，有五种不同的主张。第一，以市场价格为主的目标模式。例如，有的同志写到根据我对有计划商品经济模式含义的理解，价格改革的目标模式只能是以市场价格为主的体制。"① 第二，以浮动价格为主的目标模式。例如，有的同志写道："我认为，从社会主义是有计划商品经济出发，我们价格改革的目标应是以浮动价格为主的多种价格管理形式。"② 第三，以指导价格为主的目标模式。例如，有的同志写道："我认为，就产值来说，应该以国家指导价格作为主要价格形式。"③ 还有的同志说："国家指导价格是不久前才提出的一种重要的价格形式。从价格改革的方向看，它也许是未来的主要价格形式。"④ 第四，以计划价格为主的目标模式。例如，有的同志写到，"在社会主义市场上，以计划价格为主的同时，必须辅之以自由价格。我们可以把社会主义市场价格的模式概括为："计划价格为主、自由价格为辅。"⑤ 第五，混合型价格模式。例如，有的同志写道："我国实行国家定价、国家指导价、市场调节价相结合的混合型价格管理体制，不是权宜之计，而是在比较长时期内应当采取的政策。"⑥

---

① 张卓元：《近五年来关于价格改革问题的讨论》，《成本与价格资料》1987 年第 11 期。

② 王永治：《总结经验　提高认识　推动改革》，《价格理论与实践》1987 年第 3 期。

③ 杨鲁：《国家指导价格应是主要价格形式》，《成本与价格资料》1986 年第 15 期。

④ 汪祥春：《略论国家指导价格》，《经济研究》1987 年第 10 期。

⑤ 翟连升：《理论价格、计划价格与市场价格》，《财贸经济》1986 年第 1 期。

⑥ 成致平：《提高认识，稳步推进价格改革》，《价格理论与实践》1987 年第 2 期。

　　浮动价格和国家指导价格是过渡性的价格形式。随着价格改革的完成，它们将逐渐消亡。因此，它们不能成为价格改革的方向，不能成为目标模式，也不能成为目标模式中的主要价格形式。计划价格是传统的旧价格体制中的主要价格形式，甚至是唯一的价格形式。它已被几十年的实践证明是有严重缺陷的，更不适应于未来商品经济发展的要求。因而，计划价格也不是改革的方向，也不能成为目标模式中的主要价格形式。只有市场价格才能适应商品经济的要求。所以，价格改革应该坚持市场取向的正确方向，逐步建立有中国特色的社会主义有计划的市场价格模式。

　　2. 关于价格改革地位与作用问题的争论。

　　1984 年 10 月中共中央《关于经济体制改革的决定》中曾经指出："价格是最有效的调节手段，合理的价格是保证国民经济活而不乱的重要条件，价格体系的改革是整个经济体制改革成败的关键。"按照这个精神，价格改革在 1985 年迈出了较大步伐，并带动和促进了其他经济改革。然而，从 1986 年起，经济过热使价格改革难以再迈大步。于是，有些同志开始怀疑价格改革是否处于关键地位。有的同志写道："所有制改革是经济体制改革的关键，而价格改革不能成为经济体制改革的关键。所有制改革是改革的根本出路，经济改革的成功首先取决于所有制改革。因此，应先进行所有制改革，后进行价格改革。"① 也有的同志认为："理顺价格和提高企业对价格信号作出反应的灵敏度，是一环扣一环地联系着的，所以提价格改革是经济体制改革的关键是欠妥的。"② 与此相反，不少同志仍然认为价格改革是关键。例如，有的同志写道："经济体制改革的最大关口就在于价格体系的改革。这一关口过去了，经济体制改革就走上了阳光大道，中国式的社会主义就可以说站住了。"③ "价格改革之所以能够成为整个经济体制改革成败的关键，除了价格是社会经济生活最重要的调节手段、价格关系是否合理关系到市场能否形成和经济运行机制能否转轨等原

---

　　① 厉以宁：《先改价格还是先改所有制选择哪个思路》，《世界经济导报》1986 年 11 月 3 日。
　　② 戴园晨：《所有制优先改革行不通》，《世界经济导报》1986 年 11 月 10 日。
　　③ 张卓元、边勇壮：《价格体系改革是经济体制改革成败的关键》，《成本与价格资料》1987 年第 1 期。

因外，还在于它的艰巨性和危险性。"①

我们认为，企业—所有制改革与市场—价格改革，紧密相连，相辅相成，不可偏废。前者处于整体改革的中心地位，而后者则是整体改革的关键。难以分孰先孰后，谁重谁轻，要协调同步进行。前者的任务是重新构造微观经济基础，而后者的任务则是形成新的经济运行机制。二者相互依存，必须有机配合。

3. 关于价格改革方式的争论。

在这个问题上，有渐进式和"一步到位论"之争。有些同志认为，我国的价格改革应"一步到位"，毕其功于一役，即一次性地放开价格，由原来的计划价格改行市场价格。他们写道："通过实施紧缩货币政策，控制好总需求的过旺生长和信贷规模的迅速膨胀，管住货币，可以一次放开价格，让价格在市场中形成和波动，在市场中理顺。"②"如果采取分步到位的战略，国家就必须为每一次价格调整提供补贴，调价不到位、补贴无止境。这种途径不但不能抑制通货膨胀，反而会使价格改革陷入'百慕大三角'而难以自拔。"③因此，"必须放弃走小步的战略。"④然而，多数同志认为我国的价格改革应采取渐进式，分阶段分步骤地进行。例如，有同志写道："我们的价格改革只能采取'渐进式'分阶段的方法进行。在每个阶段要有一个明确目标，集中解决少数商品价格问题。"⑤当然，在分步问题上，还有大步、小步、中步之争；在划分阶段问题上，也有不同见解。

实践是检验真理的唯一标准。我国13年价格改革的实践已经证明，分步方式符合我国国情。如上文所述，价格改革已经顺利地通过三个阶段，胜利的曙光已经出现在亚洲东部的地平线上。渐进式之所以是正确的，主要原因有两个：一是价格内部的，几十年积累问题甚多，一次放开，对社会震动太大，国家、企业和居民都难以承受。二是价格外部的，

---

① 张卓元：《清除通货膨胀，为价格改革创造良好环境》，《价格理论与实践》1988年第1期。
② 吴稼祥、钟朋荣：《管住货币，一次放开价格的思路》，《世界经济导报》1988年8月8日。
③ 洪银兴：《价格改革的风险和出路》，《经济研究》1989年第9期。
④ 边仲炎：《价格改革只能在承认通货膨胀的条件下进行》，《价格理论与实践》1987年第1期。
⑤ 刘卓甫：《论建立具有中国特色的社会主义价格模式》，《价格理论与实践》1986年第2期。

宏观条件不具备，主要是市场水平太低。没有市场的发育，缺乏市场运行规则和管理经验，盲目将价格放入市场，势必出现混乱。即使我们十几年来随着市场发展逐渐将价格放开，还深感市场条件不够；如果一次放开，市场条件相距就更远了，乱子也许更多更大，甚至无法收拾。

4. 关于生产资料价格双轨制的争论。

对这个问题，有截然相反的两种观点，即所谓的"发明观"与"祸根观"。有一种观点认为，价格双轨制是"一个有用的发明。所谓有用，是指它可以作为一个桥梁，通过它从一种价格体系过渡到另一种价格体系，也就是说由行政、官定价格过渡到市场价格"①。有的同志写道："双轨价格是实现价格体制和模式转换的正确路子，是我国价格体制目标模式的理想格局。"② 可是，也有一些同志坚决反对双轨制。例如，有同志写道："双轨制价格是破坏社会主义经济秩序的祸根，必须立即处置。"③ "双轨制是滋生官倒、贿赂、腐败的温床，我们不应再留恋这种'中国特色'。不解决双轨制，各种官倒衙倒、形形色色非法牟利的'公司'，绝无按人民利益消除与清理的可能，经济秩序也永远整顿不好。正所谓'庆父不死，鲁难未已'。而一旦双轨制得以妥善解决，恐怕就不必兴师动众下苦功去查官倒清公司了"。④

以上两种观点都有片面性，各执一端。双轨制既不是祸根，也不是理想的目标模式。它具有二重性。一方面，它是生产资料价格改革中的必然产物，是由传统的计划价格模式转向新的市场价格模式的一种很好的过渡模式，是一种有用的桥梁。另一方面，它有不完善的地方，有空子可钻，可能被利欲熏心者利用。但是，它不是官倒、贿赂、腐败的温床；没有双轨制的国家和时期，也有那些丑恶的东西。双轨制的历史归宿在于有计划的市场价格模式。

除上述问题外，在如何理解稳定物价方针、价格放开与调整的关系、国内外价格的关系等问题上，也有争论，限于篇幅，不再介绍。

---

① 参见《宏观经济的管理与改革》，经济日报出版社 1986 年版，第 56 页。
② 唐豪：《生产资料双轨价格的理论反思》，《成本与价格资料》1987 年第 10 期。
③ 许毅：《国民经济的造血功能与三位一体的改革》，《价格理论与实践》1989 年第 11 期。
④ 李茂生：《走出经济困境的十项对策》，《财贸经济》1989 年第 7 期。

三　任务展望

价格改革虽然取得巨大成就，但是，还存在不少问题，面临的任务还相当艰巨。主要任务可以归纳如下：

1. 大力发展市场，为市场价格提供广阔的天地。现在大部分商品实行了市场价格，而市场状况却很不理想。当务之急是大力发展各种类型的市场。为此，在认识上，继续清除把市场等同于资本主义的糊涂观念，真正解放思想，坚定市场取向的正确方向。在行动上，多层次多方位地开放和发展市场、坚决反对窒息市场的各种做法。最终要形成全国统一的、开放的、富有竞争力的、多层次多方位的市场网络。只有这种市场，才是市场价格模式活动的真正天地。

2. 控制价格水平上升，防止通货膨胀反弹。1988 年和 1989 年的高通货膨胀被遏制住了。1990 年和 1991 年的物价上升不多，回落到正常的幅度之内。事实上，通货膨胀的潜在压力有增无减：第一，1990 年和 1991 年为了启动经济，新增贷款 6000 多亿元，增发货币 800 亿元，其规模和速度都是空前的。今年贷款和发货币的速度也相当可观。这是推动通货膨胀反弹的首要因素。第二，1990 年和 1991 年，国家先后调高石油、煤炭、电力、水源、钢材、有色金属以及运输等生产资料价格，总额达 1000 亿元左右，其规模和速度也是空前的。对此，加工企业并未消化吸收多少，迟早会在市场上反映出来，推动零售价格水平上升。第三，企业经济效益不好，各种负担很重，缺乏对价格上升的消化吸收能力，只要有机会它们就把价格负担转嫁出去，推动价格上升。第四，大干快上又重新抬头，又有过热的苗头。加快发展速度有内涵与外延两种途径。如果以内涵方式为主，即以提高劳动生产率为主，不会引发通货膨胀；反之，若以外延方式为主，即以多投入资金和劳动量换回高速度，则将诱发通货膨胀。目前，基本上是后一种情况。所以，对通货膨胀问题不能高枕无忧，要采取切实措施，防止它反弹。

3. 克服阻力，继续放开一部分价格。从有计划商品经济的要求来看，政府手中的价格权仍然过多，而企业的价格权还不够，仍有必要继续放开价格权,尤其是生产资料的价格权。在这个问题上,上下都要求放权,而梗阻在中间。党中央和国务院一再要求加快改革步伐,加大改革分量,继续放开一部分价格,而企业更要求享有充分的价格权。然而,掌握价格权的某些机关,深怕再放权,自己就"失业"了,甚至成为"多余者"。这种后顾之忧已经成为深化价格改革的阻力。看来,加快政府机构改革,加快价格机关的改革,使其转变职能,由传统的定价型转变为服务型,已经提上日程。

4. 加快解决价格双轨制问题。今后几年放开价格的重点应在生产资料价格方面。这不仅因为它相对于其他价格改革来说显得落后,更重要的是因为它已成为进一步搞活大中型国营企业的重要条件。大中型国营企业不仅需要人事权、分配权,而且也需要价格权。没有价格权,企业无法走上市场,无法开展竞争。要使企业享有充分的价格权,必须进一步解决生产资料价格双轨制的"并轨"问题,要尽可能缩小计划轨,扩大市场轨;有条件者,将计划轨并为市场轨。这样做的目的,就是再将政府机关手中的相当一部分价格权继续放给企业,使绝大部分生产资料价格真正回到市场交换中。

5. 制定各种市场价格法规,加强价格管理。放开价格,并非放手不管,企业可以无法无天。企业必须受到国家政策和价格法规的约束。目前,我国放开了不少价格,然而至今还没有一部价格法,其他的规章、条例也不完善。为了使我国的市场价格走上正轨、发挥其应有的作用,必须尽快制定各种法规,加强管理。在这方面,西方国家有几百年的经验,可以为我所用。

6. 价格改革要配套进行。今后价格改革能够迈出多大步伐,主要取决于国家财政的负担能力、企业的消化吸收能力和居民的承受能力。总的原则是,国家负担一点、企业消化一点、居民承受一点。坚持这"三点",价格改革就不会太困难。否则,只有一点或两点,价格关就难过去。有的人认为国家财政连年赤字,已相当困难,企业负担过重,也难再消化吸收,只有居民还是大富翁,在银行有近万亿存款,可以让居民多承受一点。这种意见不妥。要对存款结构进行分析。公款私存者有多少?个体户和私人经营者的生产经营存款有多少?一般城乡居民存款有多少?应进一步弄清楚。居民的生活有了显著提高，存款也有一些，但是，如果把价格改革的重担让他们挑起来，恐怕难以胜任。尤其是国家干部、文教战线上的知识分子，已经叫苦不迭，近两年生活水平呈现下降，无论如何不能再挑价格重担了。因此，为了推进和深化价格改革，一定要坚持国家、企业和居民三者共同承担的原则，要把价格改革同国家财政改革、企业制度改革和居民收入、工资制度的改革有机地结合起来、协调配套进行。

（原载《现代化》1992 年第 7 期）

生产资料价格双轨制问题

我国价格改革中争论最大的问题莫过于生产资料价格双轨制问题。这种争论截至目前，大体可划分三个阶段：第一阶段，主要争论双轨制的出现是政策的失误还是历史的必然；第二阶段，主要争论双轨制是利大于弊还是弊大于利；第三阶段，主要争论双轨制向何处去，是回到传统的旧体制还是迈向有计划的市场价格体制。当然，这些争论又互相渗透，互相交叉，难以截然划分。本文将深入探讨双轨制问题。

一　双轨制：历史的选择

（一）内涵与外延的界定

对生产资料价格双轨制虽然天天说，日日写，不停地争论，但如果问什么叫双轨制，看法并不一致。我们认为，所谓双轨制，指计划轨与市场轨。将价格同时置于计划轨与市场轨之上，就形成双轨价格。双轨价格有狭义与广义之分。狭义的双轨价格是指一种商品的价格同时置于计划轨与市场轨之上，或者说，一种商品在同一时间、地点分别受计划与市场两种机制的作用形成计划价格与市场价格。广义的双轨价格是指整个商品（包括劳务）世界的价格同时置于计划轨与市场轨之上，形成两种并存不悖、相辅相成的价格，即计划价格与市场价格。争论较多的是狭义双轨价格问题。所以，本文把更多的篇幅放在这个问题上，有时也涉及广义双轨价格问题。

有的文章认为，价格双轨制是对"一物多价"现象的概括。这种观点不够妥当。一种商品在同一时间、地点出现不同价格的原因可能是多种多样的。流通渠道、环节的不同，流通费用的差异，商品供求状况，以及交易主体的环境优劣等，都可以使一种商品在同一时间、地点呈现出不同的价格。这种"一物多价"现象并非价格双轨制。真正的价格双轨制是指一种商品的价格受计划与市场两种不同机制的作用而形成计划价格与市场价格，或者说，一种商品价格分别受政府与企业两个定价主体的作用而形成政府定价与企业定价。

还有的文章把价格双轨制说成是最大的价格歧视。这也不确切。所谓价格歧视是指一家企业在同一时间对同一种产品采取两种或两种以上的价格，有时又指一家企业的各种产品之间的价差大于其生产成本之间的差额。价格歧视的形式众多。按照企业对同一种产品索取不同价格的程度以及从价格歧视中增加净利润的限度不同，价格歧视一般分为一级、二级和三级。不管价格歧视采取何种形式，分为几级，它都是一个价格主体的行为，都是一种价格形成机制作用的结果。这与价格双轨制中暗含的两个价格主体（政府与企业）、两种价格形成机制（计划机制与市场机制），是不能同日而语的，甚至可以说是根本不同的。把价格双轨制混同于价格歧视不过是表面现象观察问题，没有抓住问题的本质。

（二）双轨制的形成过程

生产资料"双轨"价格的概念在我国经济文献中的出现虽然是 80 年代的事情，但双轨价格现象却早已存在。[①] 事实上的生产资料双轨价格在 50 年代就出现了。在 1956 年对私改造以前，能源、原材料等生产资料存在着计划分配与市场销售两个渠道，与此相适应，也存在着两种价格，即国家调拨价与市场销售价。当时的说法是，"调拨物资调拨价、市场供应市场价"。用现在的语言说，那就是双轨价格。当然，这里的市场价并不是严格意义上的。

对私改造后，逐渐把生产资料的国家定价范围扩展到所有企业。但是，地方工业尤其乡镇工业的迅速发展，不断冲击着国家统一定价。它们

---

　① "双轨制"一词出现在文献中，可能是在 1985 年 6 月。《成本与价格资料》1985 年第 10 期（6 月 30 日出版）上陈旭的论文《钢材价格"双轨制"演变趋势及浅见》，是至今见到的论述双轨制最早的文章。

在得不到国家调拨物资的条件下，为了在缝隙中求生存求发展，以"协作"为名，进行物资串换。如果双方都是"硬货"，可以按计划价格进行串换。否则，一方如果没有"硬货"，必须以较高代价的其他物资（包括高价采购的农产品和轻工业消费品），去满足对方的要求。在那个年代，地上的明的价格双轨是没有的。但是，地下的暗的价格双轨却是"野火烧不尽，春风吹又生"。尽管国家三令五申去禁止，哪一年也没有销声匿迹！这种状况直至改革开放的前夜。

党的十一届三中全会后，随着经济体制改革的展开和深化，单一的计划体制和物资体制被打破了，一部分生产资料实行了市场调节。与此相适应，生产资料价格领域也开始合法地正式渗入市场机制。1979 年率先在电子、机械行业，对一部分产品实行浮动价格。1983 年允许石油产品计划外部分按国际市场价格在国内销售。1984 年起，对 37 个统配煤矿实行超核定生产能力的煤炭加价 25%—50% 销售。1984 年 5 月 20 日，国务院在《关于进一步扩大国营工业企业自主权的暂行规定》中规定，工业生产资料属于企业自销的（2%）和完成国家计划后的超产部分，一般在不高于或低于国家定价 20% 的幅度内，企业有权自行定价。1985 年 1 月，国家物价局和国家物资局联合下达了《关于放开生产资料超产自销产品价格的通知》，取消了上述的限制。至此，生产资料价格双轨制正式形成，重要的生产资料都同时存在着计划价格与市场价格。

有些文章不承认生产资料价格双轨制早就存在。例如，有的人写道："建国后，我国生产资料价格是实行国家统一定价，虽然产品有计划内外之分，价格却只有统一定价。对工农业用途不同的生产资料实行两种价格，但这是国家规定的，与计划内外两种价格的双轨制是两回事。1983 年前，在生产资料价格改革方案设计中，考虑的是国家管理的产品进行调价和放开一部分产品价格，实行市场调节，也并没有设想走计划内外两种价格的双轨制的路子，所以，生产资料价格双轨制并不是实际上早已存在。"①

---

① 参见沙训教《在治理整顿中加快实现生产资料双轨价格并轨》，《价格理论与实践》1989 年第 9 期。

　　还有的文章认为双轨制是某些人在 1984 年提出而被政府采纳的。文章写道："价格改革的这场争论发生在 1984 年中。在莫干山举行的全国首届中青年经济理论讨论会上，……主张放调结合，国家参与培育市场的双轨思路得到较多同志的赞赏，并为政府所采纳，在 1985 年被付诸实施。"[①]

　　以上两种说法并不符合实际。双轨价格绝非 1983 年以后某些人提出的，而是新中国成立后一直存在的。仅以煤炭这种重要的生产资料来说，"乡镇小煤矿生产的煤除上调部分外，绝大多数在历史上国家就没有对它的价格管死过，对它一直实行市场调节。所以从总体上讲，煤炭行业历史上就是双轨"[②]。其他小钢铁、小水泥、小建材、小化肥等也有类似情况。不过，那时的价格双轨被限制在极小范围内，有的还是非法的地下的，因而不被人们注意，没有更多地议论。但是，它的存在却是事实。

（三）双轨制形成的原因

　　双轨价格在我国 40 年的经济生活中一直存在，并逐渐扩展，目前几乎渗透到国民经济所有领域，这绝不是偶然的。它有深刻的社会经济根源。绝不能把双轨价格看成昙花一现的偶然现象。即使在工业生产资料价格中，双轨现象的形成也不是偶然的。追溯它的渊源，探求它的合理内核，发挥它的应有作用，仍然是我们面临的任务。

　　1. 双轨制的体制原因

　　生产资料价格双轨制首先是一种体制现象。因此，必须从经济体制入手去说明它的形成。

　　放眼世界，当今世界各国的经济体制，依其主要运行机制区分，大体有计划经济体制与市场经济体制两大类型。前者的运行主要依靠各级行政机关制订的指令性计划，因而又称行政协调的命令式体制；后者的运行主要依靠市场机制，因而又称市场体制。实行前一种体制的国家称为计划经济国家，实行后一种体制的国家称为市场经济国家，这两类国家几十年的

---

　　①　参见华生、张学军、罗小朋《中国改革十年：回顾、反思和前景》，《经济研究》1988 年第 9 期。

　　②　参见王兴家《从实际出发，认真研究和解决生产资料价格双轨制问题》，《价格理论与实践》1990 年第 6 期。

实践反复证明，在计划经济的国度里，单纯依靠计划协调经济是不成功的，必须引入市场机制，把计划与市场结合起来；反之，在市场经济国家，单纯依靠市场机制去协调经济也不行，必须引入计划机制，把市场与计划结合起来。历史的发展一再证实，计划与市场的结合，实际上是"看得见的手"与"看不见的手"相结合。问题在于，如何将计划与市场结合好？改革开放以来，我国经济学界提出了计划与市场相结合的三种模式，即"板块式结合"、"渗透式结合"、"有机式结合"。① 目前正在探索各种不同所有制经济中，不同行业、不同环节、不同区域中计划与市场结合的具体形式。

在生产资料价格领域中，如何将计划与市场有机地结合起来，并行不悖，发挥出各自的优势，弱化各自的缺陷，现在和今后都是我们面临的重要课题。我们的任务不是取消计划价格，单纯实行市场价格；更不是取消市场价格，单纯实行计划价格，而是多方寻求计划价格与市场价格最优结合的范围、方式、数量界限以及可操作形式。在这方面，近十年来，我们取得了显著成绩，其中之一就是找到了生产资料价格双轨制。现在看来，双轨制虽然不是计划与市场相结合的最佳模式，但也是一种既有利又有弊的过渡形式。在我们没有找到更好模式替代它之前，它又是不可弃之的。弃之不用，如何将计划与市场结合得更好？有的主张，干脆切块，划分两种市场和两种价格，一部分产品实行计划价格，另一部分产品实行市场价格，不允许一种生产资料兼有计划价格与市场价格。这种主张的实质是把一种生产资料的"比例"双轨取消，而实行整个生产资料的"板块"双轨。这在目前难以行得通。在两种价格差距体现的经济利益面前，谁愿退回到计划价格？限于国家财力，又难以把计划价格调整到市场价格。如果强制实行，必然把明的地上的"比例"双轨变成地下的暗的"比例"双轨。计划价格基本合理前，切块的方法绝对行不通。

有些同志认为，1985 年使生产资料价格双轨制合法化犯了历史性的错误。事实并非如此。当时，在改革浪潮冲击下，如何把市场机制引入生产资料价格领域，不外乎这样几种选择：（1）仍然坚持计划价格一统天下，

---

① 参见刘国光《中国经济改革理论十年回顾》，载《经济改革新思考》，改革出版社 1988 年版。

把市场机制拒之门外；（2）放弃计划价格，全部实行市场价格；（3）一部分产品实行计划价格，另一部分产品实行市场价格；（4）一种产品的计划部分实行计划价格，而超计划部分实行市场价格。前两种选择根本不行，无须多言。问题在于，选择第三种方案，还是第四种方案更好？如果选择第三种方案，那就必须使计划价格大体符合价值或生产价格，不能背离太远；供求状况也应良好，缺口不能太大。这两个条件当时不具备。限于国家财力，又不可能把计划价格都调整到合理水平。在这样的条件下，选择第三种方案，不仅使企业间苦乐不均，而且生产资料价格水平必然大幅度上升。为了使价格改革稳步前进，选择第四种方案，把市场机制引向各种生产资料，使各个企业和各种产品都享受到市场机制带来的利益，都尝到改革的甜头，这是合理的必然的。历史的选择就是这样。

2. 双轨制的生产力原因

生产资料价格双轨制不仅根源于经济体制尤其是价格体制的巨大变革之中，还深深地扎根于社会生产力的土壤里。生产力水平对双轨制的制约作用，首先表现在商品的供求矛盾促成双轨制形成。一种商品的运动，为什么要受计划与市场两种机制调节，呈现出计划价格与市场价格？原因是复杂的。从表面上看，这是渐进式价格改革引起的体制现象，是计划价格模式转向市场价格模式采取的过渡形式；从深层看，这是生产力水平较低、商品不够丰富、存在着短缺，不得已采取的一种办法。如果生产力水平很高，商品丰富，存在着买方市场，完全可以放开价格，不必实行漏洞尚多手续又繁的双轨价格制度。人们的思想不能超越客观现实。任何经济制度尤其是价格制度的合理性都扎根于物质条件之中。我国的现实条件是，商品不仅不丰富，还常常出现短缺，社会总需求生长过旺。在这种条件下，如果放弃计划价格，全部实行市场价格，必然出现价格总水平的全面持续大幅度上升，渐进式改革就无法进行下去，整个国民经济将陷于混乱。限于经济条件，在不能全面放开价格的条件下，只能逐步放开。而逐步放开价格的方式不外乎两种，一种方式是按商品品种，一批一批地放开价格；另一种方式是在每种商品内部，一部分一部分地放开价格。实行前一种方式的结果，将形成"板块"式的价格双轨制；而实行后一种方式的结果，将形成"比例"式的价格双轨制。这两种双轨制形式都是商品供求矛盾的结果，都是短缺经济中计划价格转向市场价格必然采取的转化形式。80 年代中期急风暴雨式的改革催人前进，没有时间把千百万种工业生产资料加以区分，哪种该实行"板块"双轨，哪种宜于实行"比例"双轨，而采取了"一刀切"的办法，使几乎所有的生产资料都采取了"比例"双轨。现在回头冷静分析，如果把各种生产资料加以区分，根据各自的特点，分别实行"板块"双轨和"比例"双轨，可能更好一点。事实上，治理经济环境，整顿经济秩序以来，对某些供求矛盾尖锐的生产资料实行专营，开始形成"板块"双轨。不过，在生产资料普遍短缺的条件下，既要保证重点生产建设，又要搞活经济，在今后相当长时间内必然以"比例"双轨为主要形式。

3. 双轨制的政策原因

双轨制虽然是一种体制现象和生产力现象，根源于经济体制和社会生产力之中，但要变为现实，成为国家经济生活中的一项制度，没有党和政府的政策允许是不可能的。政策的作用表现在，把体制改革和生产力发展对价格双轨制的客观要求，变成人们的自觉行动。政策的导向至关重要。正确者，促进生产力发展和体制改革的深化；错误者，阻碍生产力发展和体制改革的深化。现在的问题是，根据五年来的实践加以判断，双轨价格政策究竟是正确的还是错误的？

从双轨制问世以后，有些同志就十分明确地指出，这是政策的一大失误。例如，有的文章写道，在过去 10 年的经济体制改革中，"对同一种产品实行两种定价规则即计划价和市场价，对计划分配的部分实行低价，对市场选购的部分实行高价，即所谓的双轨制，这就从根本上破坏了计划分配和市场选购的原则，不可避免地造成流通领域的混乱，引起严重的投机行为，……实践证明，双轨价格为流通领域的投机和'官倒'创造了条件，助长了资产阶级自由化的发展"①。

与上述观点不同，我们认为，双轨价格政策是不得已的选择，基本上适应中国国情，适应中国的生产力水平和经济体制现状，因而是正确的。尽管在执行中发生过这样那样的偏差，甚至出现过一定程度的混乱，但

---

① 参见王绍飞《要尽快纠正流通领域的政策失误》，《财贸经济》1989 年第 11 期。

是，双轨价格政策从总体上看是可行的。它促进了我国生产力发展，促进了经济体制尤其是价格体制改革的深化。当然，也诱发了一些问题。只要看一看我国主要生产资料在"七五"期间的大幅度增长，看一看乡镇工业和地方工业的蓬勃发展，看一看传统的生产资料价格体制的被冲破，看一看市场机制在生产资料价格领域中的生机盎然，就不会怀疑双轨价格政策的巨大的历史进步作用。关于这一点，下面要详细分析。

二　双轨制的作用与地位

（一）截然相反的双轨观

1. "祸根"观

有的文章写道："双轨制价格是破坏社会主义经济秩序的祸根，必须立即处置，否则，治理整顿无法进行，生产也无法恢复。我这里指的是取消生产资料价格的双轨制，不是取消一切双轨制。"又说："应该立即着手消除国民经济的'梗阻症'，这就是双轨制价格。双轨制价格也是我们造血功能不健康的一个原因，它造成了国民收入的流失，造成了商品流动和资金流动的梗塞。我们商品流通的主渠道不畅通，就是因为价格采取了双轨制。"①

也有的文章写道："价格（包括商品价格、外汇价格、资金价格）双轨制是滋生官倒、贿赂、腐败的温床，我们不应再留恋这种'中国特色'。不解决双轨制，各种官倒衙倒、形形色色非法牟利的'公司'，绝无按人民利益消除与清理的可能，经济秩序也永远整顿不好。正所谓'庆父不死，鲁难未已'。而一旦双轨制得以妥善解决，恐怕就不必兴师动众下苦功去查官倒清公司了。"②

还有的文章写道：由于其固有的弊病和不可克服的内在矛盾，"双轨价"已从理论到实践都遭到了彻底否定。

还有的文章写道："实行双轨制，也不是理顺价格的办法，甚而只能

① 参见许毅《国民经济的造血功能与三位一体的改革》，《价格理论与实践》1989 年第 11 期。
② 参见李茂生《走出经济困境的十项对策》，《财贸经济》1989 年第 7 期。

引起市场混乱，价格信号失真，使得本来就扭曲的生产资料价格更加扭曲。"①

否定双轨制者，不仅在国内大有人在，在国外朋友中也不乏其人。世界银行高级经济专家杨叔进教授就曾提出："要消除'官倒'，就要从根本上铲除产生'官倒'的经济根源，废除'双轨制'。"②

2. "发明"观

1985 年秋，在我国"巴山轮"上举行的宏观经济国际讨论会上，波兰经济学家弗·布鲁斯认为，在生产资料方面实行双重价格，是中国的发明。从配给制向商品化过渡的时期，社会主义国家曾经在消费品方面实行过双重价格，但把双重价格应用到生产资料上，没听说过。这是一个有用的发明。所谓有用，是指它可以作为一个桥梁，通过它从一种价格体系过渡到另一种价格体系，也就是说由行政、官定价格过渡到市场价格。有了这个桥梁，过渡起来就比较平稳。但有一个重要的条件，双重价格不能持续时间太长。

有的文章这样写道："中国的价格改革是很有特色的，主要是实行了价格双轨制，同时还放开了许多消费品价格。价格双轨制在中国是一场规模很大的试验。"③

还有的文章写道："中国价格改革走上双轨制道路，不仅仅是人们按照客观规律的要求进行适时选择的结果，从根本上来讲双轨制改革道路有很强的历史继承性，从而适应了中国价格改革所必须完成的基本任务的内在逻辑和客观需要。"

有的文章把双轨制视为价格改革的捷径，写道："实行生产资料价格的双轨制是我们可能采取的一项价格改革措施。逐步扩大议价部分的比重，增加议价商品的供应，缓和议价市场的供求矛盾，降低议价水平，并有计划地提高计划内商品的计划价格，经过几年的努力，会使计划价格和

---

① 参见天津市物价研究所《市场》课题组：《试论生产资料市场发育》，《价格理论与实践》1989 年第 10 期。

② 参见杨叔进《根治通货膨胀必须在体制内部构造控制机制》，《价格理论与实践》1989 年第 8 期。

③ 参见吴忆依《中国的价格改革和企业制度改革》，《知识分子》1987 年冬季号。

议价逐步接近起来，在适当时机，实行新的统一价格，实行新的生产资料价格体制。我认为，这可能是我国生产资料价格改革走的一条震动较小、较易实行、较为便捷的路子。"①

有的同志认为，"有计划的商品经济是工业生产资料价格双轨制产生、存在和发展的理论基础"。"只要有计划的商品经济制度不改变，工业生产资料价格双轨制就会存在和发展，它将随着国家经济体制的变化而变化，随着有计划的商品经济发展而发展，并与有计划的商品经济共存亡。"

还有的同志把双轨制视为价格体制目标模式的理想格局，写道："我们否定双轨制价格的'取消论'，也不赞同'过渡论'。事实上，双轨价格所带来的一系列不良影响都是高低悬殊的牌市差价的结果。双轨价格同悬殊的牌市差价并没有客观的因果关系。我们认为，双轨价格是实现价格体制模式转换的正确路子，是我国价格体制目标模式的理想格局，……是典型的计划指导下的市场价格模式的格局。"

（二）双轨制的功与过

对以上列举的两种截然相反的双轨观，需要进一步分析，表明我们的观点。我们认为，像世间一切事物无不具有二重性一样，双轨价格制度也有二重性，既有积极的作用，也有消极的一面。

双轨价格制度的最大的历史功绩在于，它开辟了在紧张经济环境下进行生产资料价格改革的道路，推动了价格形成机制的转换，把市场机制引入国营大中型企业的生产与交换中。大家知道，我国的价格改革是从农产品价格开始的。从 1979 年至 1984 年，农产品价格改革取得了重大进展，价格形成机制发生了根本性的变化。这种情况要求工业品价格改革尤其工业生产资料价格改革紧紧跟上，与之相配合。而工业生产资料价格改革如何突破呢？如何使国营大中型企业的价格改革跟上全国改革的步伐呢？这在当时是非常紧迫的问题。解决这个问题的出路不外两条，一条是放开部分工业生产资料价格，实行市场价格，其余部分暂时坚持计划价格，也就是说，只把市场机制引入一部分生产资料价格中，或者说，只把市场机制

---

① 参见路南《能源产品和原材料价格偏低问题研究》，《价格理论与实践》1986 年第 3 期。

引入一部分企业中。另一条路是，把市场机制引入各个企业中，引入各种生产资料价格中，使市场机制先侵入企业自销和超计划部分，然后再逐步向计划部分渗透，扩大市场价格比重，缩小计划价格比重，最后达到价格形成机制的根本转换。这是两种不同的改革战略方案。正像本文上面分析过的，实施前一种方案，形成"板块"双轨；实施后一种方案形成"比例"双轨。在当时难以大幅度提高计划价格的条件下，"比例"双轨比"板块"双轨更优越，它能调动各个企业改革的积极性。否则，实行"板块"双轨，可能排斥一部分"计划圈"之内的企业，不利于调动它们改革的积极性。权衡利弊，可以认为，"比例"双轨是一条正确的生产资料价格改革的道路。事实已经证明，这种价格双轨制已经把所有企业都吸引到价格改革的洪流中了。当然，各个企业的市场价格比重不同、市场机制的作用程度不一样，因而，各企业对价格改革的积极性也不尽相同。

双轨价格制度的再一个历史功绩是它促进了我国主要工业生产资料生产的大发展。判断价格双轨制是否成功，只能根据生产力标准。大家知道，双轨制合法化以来的五年间，正是"七五"计划时期。在这个时期，我国主要的工业生产资料生产都有长足的增长。据国家统计局提供的最新资料，列入"七五"计划的 60 种重要工农业产品指标大多数能够"如愿以偿"。原煤产量提前一年突破 10 亿吨的目标，列世界第 1 位。钢产量、发电量也提前一年分别超过 5800 万吨、5500 亿千瓦小时的计划指标，稳居世界第 4 位。水泥和化肥则提前三年达到计划目标。原油、有色金属、硫酸、烧碱、纯碱、化学农药、乙烯等能源、原材料产品都将完成或超额完成计划。生产上取得这样巨大的成就，当然是改革，其中包括价格改革的结果。生产资料价格改革主要是实行了双轨制。如果这种双轨制是破坏社会主义经济的罪魁祸首，那就根本不可能取得上述成就。我们并不把那样巨大的成就都归功于双轨制，但是，不可否认，其中也有双轨制的功劳。冶金部门的一位负责人曾经表示说，如果没有价格双轨制，钢产量不可能突破 6000 万吨大关。这就一语道破了天机。在煤炭、石油、电力等行业中，哪一个行业不是这种情况呢？在计划价格偏低，而又不能大幅度提高的条件下，通过价格双轨制给予各个企业很多的经济利益，大大调动了它们发展生产的积极性。越是短缺的部门和行业，牌市差价就越大，企业从增产中获得的经济利益就越多，因而企业发展生产的积极性就越高。正是通过这种逻辑的和现实的道路，双轨制促进了生产的发展。

双轨价格制度的另一个历史功绩在于它哺育了几百万乡镇工业企业。乡镇工业在改革开放时期发展最为迅速。1989 年，乡镇工业总产值已达 4614.5 亿元，职工人数达 3451 万。乡镇企业主要工业产品产量占全国同类产品的比重，已相当可观，1989 年原煤为 26.9%，水泥为 30.0%，砖为 75.5%，机制纸和纸板为 34.1%，丝为 36.3%，丝织品为 43.6%，原盐为 13.7%，食用植物油为 28%。乡镇工业为什么能够成为我国经济发展中的一支强有力的生力军？原因当然很多，其中不可忽视价格双轨制的作用。众所周知，乡镇工业的产品与原材料一般都不进计划圈，也就是说，它们不吃计划饭，而靠市场生活。改革前，它们在缝隙中求生存求发展；改革以来，市场扩大了，因而，它们活动的天地也大了，生命力也更强了。这是乡镇工业近年来发展迅速的体制原因。它们从双轨制中的"市场"轨取得原材料和动力，又把产品投入市场。市场是乡镇工业的命根子。如果取消双轨，关闭生产资料市场，乡镇工业将无立足之地。我们的计划不管怎样完善，都不可能把乡镇工业的产供销计划进去。过去发展乡镇工业靠市场，靠双轨，今后仍将如此。我们在各地调查时发现，凡乡镇工业发达的地区，如苏南、珠江三角洲等，都拥护双轨，说双轨的好话。这说明，双轨与乡镇工业休戚相关，难解难分。还是让双轨促进乡镇工业的发展吧！

尽管双轨制有上述的历史进步性，它仍然有不足的方面，仍有历史的局限性。这种局限性主要在于，它仅仅是价格改革中的一种过渡模式，是由行政—计划价格体制走向有计划的市场价格体制的一座桥梁。从价格改革的此岸达到价格改革的彼岸，没有桥是不行的。价格双轨制不过是价格改革中的一种过渡形式。从根本上说，双轨价格不适应社会主义有计划商品经济的要求，不是价格改革的理想模式。众所周知，根据社会主义有计划商品经济的客观要求，具有中国特色的价格模式应当是有计划的（有控制的）市场价格模式。在这种模式中，除少数重要的关系国民经济命脉的商品和劳务由国家定价、国家管理外，其余绝大多数商品和劳务的价格都由买卖双方在市场上协商议定，即实行市场价格。在这种模式中，商品和劳务的价格，或者是政府定的计划价格，或者是企业定的市场价格，两者必居其一，一种商品和劳务不能有两种价格。

价格双轨制的另一个局限性在于两轨之间的比例关系易受主观意志的左右，缺乏客观的标准。由于这个缺陷，在一种产品内部，计划价与市场价各自所占比重，多是企业与主管部门之间讨价还价形成的。当企业自认为市场价比重小、不足以满足自身利益要求时，就自行改变经过讨价还价形成的比例关系，降低计划价的比重，不兑现合同规定。更有甚者，那些利欲熏心的人，利用这种比例关系的随机性，在计划价与市场价之间进行折腾，时而把计划价的东西转而卖市场价，时而又把市场价的东西转而卖计划价，反正哪边有利就往哪边靠，投机取巧，从中渔利，这就是所谓的"官倒"与"私倒"。双轨的缺陷是形成"倒爷"的条件之一。这个条件既不是必要条件，也不是充分条件。能不能形成"倒爷"，不仅取决于这个条件，还取决于其他客观条件与主观条件。关于这个问题，暂不多说，下边还要论及。

将双轨制的历史进步性与局限性放在一起综合考察，可以得出这样的结论：它是一条有中国特色的生产资料价格改革的道路，是我们由行政—计划价格模式平稳过渡到有控制的市场价格模式的必然选择。

（三）评对双轨制的几种责难

为什么有些同志把双轨制视为祸根而要立即处置呢？主要是因为他们看到了双轨价格制度的各种弊病。为了准确地评判双轨制的功与过，有必要对这些弊病进行具体分析。

弊病之一是所谓计划价格与市场价格的差距过大，或者说双轨之间的轨距过宽。有的同志认为，两种价格水平的差距在30%以下，双轨制的利大于弊，可以继续实行双轨制。否则，差距超过50%以上，它的弊将大于利，应该取消双轨制。这就是说，两种价格水平的差距大小决定着双轨制的命运。进一步的问题是，差距及其大小又是怎样产生的？是双轨制内在天生的，还是外部环境强加的？我们认为主要是后者。在我国，"七五"期间总需求大于总供给的问题相当严重，结构失衡也很突出，这必然引起市场价格水平扶摇直上，使两种价格水平之间的差距不断扩大，不用说

50%，就是 1 倍、2 倍、3 倍，也并不稀奇。但是，应当公允地说，差距的迅速扩大，并不是双轨制内生的，不是它的弊病的表现，而是客观经济环境恶化的结果。治理整顿以来，总需求与总供给的矛盾稍有缓和，两种价格水平之间的差距就趋于缩小，有的基本消失，还有的甚至"倒挂"，即市场价格低于计划价格。这就说明，差距大小与宏观经济环境密切相关。如果不急于求成，不搞超高速度，坚持以提高经济效益为中心，保持财政、信贷、物资和外汇的四大平衡，那么两种价格水平的差距即使有一些，也不会太大，一般不会超过 30% 以上。自 50 年代起的我国农副产品收购价格双轨制的历史充分证明了这一点。工业生产资料价格双轨制刚刚问世时，两种价格水平的差距也不太大，可以为各方接受。这说明，只要端正经济工作的指导思想，通过治理经济环境，有可能进一步缩小两种价格水平的差距，直至这种差距为社会各方接受下来。我们一旦为双轨价格创造了相对有利的社会经济环境，它就会发挥出较大的作用。

弊病之二是所谓双轨价格成为"官倒"和腐败的温床。"官倒"和腐败现象在当今世界各国都有。不管是社会主义国家，还是资本主义国家，也不论是发达国家，或是发展中国家，都没有根除"官倒"和腐败现象。没有实行价格双轨制的国家，依然存在"官倒"和腐败问题，这说明，双轨价格制度不是"官倒"和腐败的根子。即使实行市场经济和市场价格的国家，也存在着"官倒"和腐败问题。因此，企图通过取消双轨价格，实行单一的市场价格，或单一的计划价格，去解决"官倒"和腐败问题，是不可能成功的。近几年我国出现的比较严重的"官倒"和腐败问题，是商品、市场关系侵入政权之内，权力与商品、市场相结合而生的怪胎。消除"官倒"和腐败的根本出路在于，实行政经分离、政企分开，防止和杜绝商品、市场关系侵入政权之内。为此，在西方市场经济的国家，曾经制定了不少法律，明文规定不准政权机关的人员直接或间接地经商。在这方面，凡严格执法的国家，"官倒"和腐败就较少。我国改革开放以来，虽然口头上和文件里讲了不少政经分离、政企分开的道理，但实际上政经、政企结合得更紧密了。商品、市场关系已经严重地深深地侵入我国各级政权之内。掌权者，或其子孙后代，或其亲朋好友，利用手中大权办"公司"、批条子、拨指标，大发横财。在这种前提下，权迷心窍、利欲熏心者，自然钻双轨价格的空子，特别是利用两种价格的差距，大捞一把。对这类问题，既缺乏足够的法律制裁，也存在着有法不依的问题。知法犯法、官官相护，也不乏其例。这必然使"官倒"甚嚣尘上，腐败丛生。最近，通过清理公司和廉政建设，解决了一些问题，但是问题仍然严重，必须采取更严厉更有效的措施，解决"官倒"和腐败问题。在这方面，有必要进一步完善双轨制，堵塞漏洞，不被别有用心者利用。但是，不是立即取消双轨价格问题（尽管将来要废止这种制度）。要解决"官倒"和腐败问题，必须切切实实地实行政经分离和政企分开，严厉惩罚那些危害很大的"官倒"，严格制止商品和市场关系对政权的侵蚀。正如有的同志指出的那样："只要政权和经济分离，双轨制就纯然是一种经济调节手段、一种价格改革的过渡形式。腐败现象的根源是政权经济导致的官本位制，而不是价格双轨制。"①

弊病之三是所谓双轨价格造成流通秩序混乱。近几年，不仅"官倒"横行，"私倒"也猖獗。这"两倒"使市场流通秩序极其混乱。现在的问题是，流通混乱的根子在哪里？是不是价格双轨制度？我们认为，造成流通秩序混乱、全民大经商的根源，除上述的政经、政企明分暗合的问题外，还在于提倡各个单位其中包括政府和事业单位创收。不但学校、医院、托儿所、残疾人协会等事业单位和社会福利单位去经商，而且军队、法院、检察院、公安局、监狱、劳改所等专政机关也去经商。这在当今的世界上可能是绝无仅有的。这种异乎寻常的经商热，甚至是经商狂，并不能证明人们已经彻底摈弃了几千年自然经济中形成的轻商观念，而恰恰说明我们在错误观念指引下在发展商品流通方面误入了歧途。今后我们还要大力发展商品经济，发展商品流通，发展市场，这是毫无疑问的。但是，必须清醒地估计到，市场的作用不是无限的，市场机制不是万能的。搞活流通是应该的，但是，国家应有明文规定，明确谁能经商，谁不准经商，经商要有哪些条件。经营执照不能滥发，满天飞。鉴于目前全民大经商的混乱局面，很有必要认真清理一下。坚决取缔无照经营，取缔各种"皮包公司"。对已发营业执照者，重新核查。凡不具有经商资格者，一律收回

---

① 参见王慎之《价格改革断想》，《价格理论与实践》1989 年 4 期。

营业执照。对于合格的经商者，大力提倡文明经商，遵守市场规则和市场秩序，讲求职业道德。通过整顿流通秩序，将市场引向正轨。这样的市场秩序一经确立，双轨价格有可能发挥更好的作用。

弊病之四是所谓双轨价格冲击国家计划。国家计划之所以受到冲击，从价格方面看，不外两方面原因，一是市场价格节节上升，二是计划价格僵化。前者上文已分析过了，它不是双轨价格制度造成的，而是急于求成导致的宏观经济环境恶化的结果。至于后者，更不是双轨价格的罪过，而是违背价值规律要求的表现。在传统体制下，有的计划价格五年、十年、几十年一贯制，不调整不变动。那时要对几十万、几百万种产品价格经常调整也是不可能的。改革以来，这种凝固论僵化论虽然有所收敛，但依然强硬，无视价值规律的要求，不能根据价值的变化和供求状况去解决计划价格偏低问题，把计划价格固定下来，任凭市场价格上升，因而使两种价格之间的差距越拉越大。结果，生产经营者为了多赚钱，不去完成国家计划任务。以煤炭或原油来说，主要问题不在于实行价格双轨制度，而在于计划价格偏低。有些人谴责双轨制，但对计划价格上的凝固论却熟视无睹。有的说双轨制违背价值规律的要求，那么，长期偏低的计划价格却稳如泰山不作调整，就符合价值规律的要求？双轨制之所以冲击国家计划，主要根源在于计划价格违背了价值规律的要求。如若工业生产资料的计划价格偏离价值规律的要求不太远、与市场价格的距离比较小，那么双轨价格就不会像前几年那样严重地冲击国家计划。

以上分析说明，双轨价格的所谓各种弊病，并不完全是这种制度内生的、固有的。双轨价格制度，像万事万物一样，受周围环境条件制约，条件的好坏，至关重要。良好的条件，可以使它成为一种较好的制度；而恶劣的环境又可使它丑态百出，甚至招来杀身之祸。当前的任务不是马上全部取消双轨价格制度，而是一方面对有条件并轨的并轨，另一方面目前还不能并轨的要创造应有的较好的社会经济环境。

双轨价格制度有缺陷，有空子可钻。对此，应像石家庄市物资局那样，采取措施，弥补双轨价格之不足。也可考虑选择其他为实践证明可行的形式。

三 价格双轨制的运行

（一）运行轨迹的描述与分析

描述与分析价格双轨制问世 5 年以来的运行轨迹，并从中找出规律性的东西，以便指导今后，这是很有意义的事情。限于资料，我们在这里仅做一点，作为开端。（见表 1）

表1 河北省 1986—1988 年"双轨"运行情况[1]

品种	计量单位	国家定价			市场价格			市场价格高于国家定价（%）		
		1986 年	1987 年	1988 年	1986 年	1987 年	1988 年	1986 年	1987 年	1988 年
原煤	元/吨	23.46	28.95	32.06	42.47	37.79	42.47	81.00	30.50	32.50
425#矿渣水泥	元/吨	103.00	85.89	100.75	131.91	89.07	131.91	28.10	3.70	30.90
平板玻璃	元/重箱	24.80	23.89	31.77	35.96	30.79	31.49	45.00	28.90	-0.9
冶金焦炭	元/吨	141.25	153.16	162.77	231.50	194.19	232.59	63.90	26.80	42.90
生铁	元/吨	345.50	365.08	386.14	547.20	464.50	777.88	58.40	27.20	101.40
中型圆钢	元/吨	746.50	734.30	861.81	1262.00	1047.80	1397.38	69.10	42.70	62.10
普通线材	元/吨	748.67	763.38	836.67	1282.30	1107.50	1616.35	71.30	41.40	93.20
铝锭	元/吨	4050.50	4962.00	5140.00	5576.00	5485.00	6970.00	37.70	10.50	34.40
盐酸	元/吨	127.00	171.37	174.57	159.95	274.74	—	37.50	60.30	—
硫酸	元/吨	207.29	224.16	215.18	190.69	264.72	262.25	-3.00	18.10	21.90
固碱	元/吨	779.89	885.05	734，76	922.17	—	976.30	18.20	—	32.90
纯碱	元/吨	524，00	565.50	619.00	581，00	745.00	793.00	10.90	31.70	28.10

[1]见国家物价局物价所编《生产资料价格双轨制研究资料》第 3 期，1990 年 6 月 20 日。

从表 1 的资料可以看出，价格双轨制在 1986—1988 年期间的几个特点：一是市场价并不总是高于国家制定的计划价。平板玻璃 1988 年的市场价低于计划价 0.9%，硫酸 1986 年的市场价低于计划价 8% 是市场价与计划价之间的轨距，既不是扩大的趋势，也不是缩小的趋势，而是时而扩大，时而缩小，两者交替出现。二是市场价高于计划价的幅度，除 1988 年达到 1 倍外，多数商品都在 50% 左右，有的稍高于 50%，也有的略低于 50%，只有个别商品在 10% 以下。以上几个特点使价格双轨制易于为多数人接受，所受责难比较少。这种局面的出现，与宏观经济环境有密切的关系，尤其与商品的供求状态有密切关系。凡供求矛盾不很尖锐者，市场价与计划价之间的轨距也就不很大；随着供求矛盾扩大，轨距也就扩大。只要调节好供求，也就易于掌握双轨的发展趋势。

下面再分析 1989 年和 1990 年 9 个省区的双轨运行情况（见表 2）。

表 2　　　　　　主要生产资料双轨价差率（以计划价为 100）

品种	计量单位	1989 年 3 月			1990 年 3 月		
		计划价	市场价	价差率（%）	计划价	市场价	价差率（%）
煤炭	元/吨	56.16	139.81	148.95	55.70	150.16	169.59
原油	元/吨	155.65	486.97	212.86	93.73	555.22	492.36
铁矿石	元/吨	75.04	100.00	33.26	75.16	98.21	30.67
原盐	元/吨	173.82	214.27	23.27	218.33	269.21	23.30
木材	元/立方米	294.10	622.84	111.78	253.36	631.80	149.37
电力	元/度	0.0864	0.1636	89.35	0.0900	0.1594	77.11
汽油	元/吨	775.52	1746.75	125.24	826.86	1708.41	106.61
煤油	元/吨	581.22	928.41	59.73	631.43	1058.07	67.57
柴油	元/吨	633.05	1299.72	105.31	692.07	1892.39	101.19
重油	元/吨	217.67	566.10	176.61	239.87	688.56	166.21
硫酸	元/吨	230.78	299.50	29.78	244.92	274.13	11.93
硝酸	元/吨	806.77	1466.40	81.76	774.78	1277.05	64.83
纯碱	元/吨	787.74	1423.00	80.64	956.49	1217.71	27.31
烧碱	元/吨	1585.33	2533.22	59.79	1682.16	2474.39	47.10
化肥	元/吨	402.94	898.59	123.00	413.58	953.05	130.44
农药	元/吨	6338.12	8431.04	33.02	6234.58	8322.92	33.50
水泥	元/吨	161.05	218.29	35.54	153.58	190.27	23.89
平板玻璃	元/重量箱	42.71	69.78	63.38	43.41	48.40	11.50
生铁	元/吨	490.04	547.34	10.34	526.17	698.04	32.66
钢材	元/吨	999.91	2050.45	105.06	1044.52	1841.37	76.29
铜	元/吨	7031.54	17612.09	150.47	7092.12	16253.86	129.18
铝	元/吨	5800.84	11881.36	124.14	6432.61	10419.30	91.79
铜材	元/吨	13004.64	19441.01	49.49	12128.52	17701.36	45.95
铝材	元/吨	9170.77	14947.29	62.99	9380.99	14140.09	51.54

注：本表数字根据河北、辽宁、福建、河南、湖北、湖南、广东、甘肃、新疆 9 个省区的资料计算而得。（见《中国物价》1990 年第 9 期。）

从表 2 资料可知，在所列举的 24 种商品中，价差率扩大者有 9 种。如果将 1989—1990 年的情况与 1986—1988 年的情况相比，可以看出，计划价与市场价之间的轨距普遍有所扩大，价差最高者已不是 1 倍，而是接近 5 倍，多数商品的价差率已不是 50% 左右，而是 100% 以上；市场价低于计划价的现象也不见了。综合考察双轨价格运行 5 年（1986—1990 年）的情况，可以得出这样的结论，计划价格虽然都有不同程度的上升，但其上升的速度不如市场价格上升得快，因而双轨之间的轨距有扩大的趋势。

不过，随着治理整顿初见成效，一些物资的双轨价格逐步接近。在表 2 列举的 24 种商品中，1990 年 3 月比 1989 年 3 月价差率缩小者有 15 种。铁矿石、电力、汽油、柴油、重油、硫酸、硝酸、纯碱、烧碱、水泥、平板玻璃、钢材、铜、铝等生产资料的双轨价格之间的轨距都有不同程度的缩小。由于计划物资执行进口代理价，在进口物资中，铜、变压器硅钢片、聚氯乙烯、落叶松原木和朝鲜水泥等，计划价格高于市场价格，出现"倒挂"现象。

农用工业生产资料价格双轨制运行的显著特点是，从 1984 年至 1988 年的四年间，双轨之间的轨距普遍加大。江苏省灌云县的尿素的轨距由 14.3 加大到 114.3，农药的轨距由 12.2 加大到 47.7；薄膜的轨距由 0 加大到 134.0。浙江省慈溪县的尿素的轨距由 25.0 加大到 107.5；碳铵的轨距由 5.7 加大到 32.2；磷肥的轨距由 -3.0 加大到 32.9；甲胺磷由 -13.3 加大到 45.3（见表 3、表 4）。轨距加大的趋势表明，农用工业生产资料严重供不应求。农民得不到计划供应的生产资料，只好去市场采购，这样就把市场价抬上去了。解决这个问题的根本出路首先在于加速发展农用工业生产资料生产；其次要加强计划管理，严禁把计划供应的部分拿去卖高价还要加强市场管理，打击"官倒"与"私倒"。

表3　　　　江苏省灌云县农用工业生产资料价格"双轨"运行情况

年份	尿素（元/吨）			农药（元/公斤）			薄膜（元/公斤）		
	计划价	市场价	价差率（%）	计划价	市场价	价差率（%）	计划价	市场价	价差率（%）
1984	560	640	14.3	4.90	5.50	12.2	3.35	3.35	0
1985	569	720	28.6	4.90	6.80	18.4	3.35	3.90	16.4
1980	500	860	53.6	5.56	6.60	16.9	3.41	7.40	117.0

续表

年份	尿素（元/吨）			农药（元/公斤）			薄膜（元/公斤）		
	计划价	市场价	价差率（%）	计划价	市场价	价差率（%）	计划价	市场价	价差率（%）
1987	560	960	71.4	6.70	9.00	34.3	4.70	9.60	104.3
1988	560	1200	114.3	8.80	13.00	47.7	4.70	11.00	134.0

表4　　　　　浙江省慈溪县农用工业生产资料价格"双轨"运行情况　　　（元/吨、%）

项目 年份	尿素			碳铵			磷肥			甲胺磷			薄膜		
	计划价	市场价	价差率	计划价	市场价	价差率	计划价	市场价	价差率	计划价	市场价	价差率	计划价	市场价	价差率
1984	520	650	25.0	176	186	5.7	200	194	-3.0	6000	5200	-13.3	3400	—	—
1985	520	650	25.0	181	186	2.8	200	204	2.0	6000	5508	-8.3	3400	—	—
1986	520	650	25.0	181	190	5.0	200	198	-10	6330	5600	-11.5	3300	—	—
1987	520	760	46.2	206	231	12.1	208	230	10.6	6650	8340	25.4	4030	7920	96.5
1988	530	1100	107.5	214	283	32.2	252	335	32.9	7060	10260	45.3	6050	9120	50.7

（二）价格双轨制的规范化

规范化又称正规化或标准化。价格双轨制的规范化主要是指价格双轨制在其适宜范围内的运行轨迹符合运行规则的一种状态。它是相对于价格双轨制的混乱状态而言的。具体说来，价格双轨制的规范化包含以下几项内容：

1. 范围适宜

任何制度都有其适用范围。双轨价格制度也是如此。在一定范围内，双轨价格的运行可能是合理的。否则，将它推广到一切领域，作为解决所有问题的灵丹妙药，那将导致混乱和失败。

在价格双轨制形成之初，其范围局限在生铁、铜、铝、铅、锌、锡、煤炭、水泥、硫酸、浓硝酸、烧碱、纯碱、橡胶13种生产资料上。随着时间的推移，主要是不少企业尝到了双轨的甜头，要求实行双轨，这样，才使双轨迅速扩展。目前，双轨制已扩展到几乎所有领域。不仅工业生产资料，而且农业生产资料；不仅生产领域，而且流通领域和分配领域；不仅国内生产资料，而且进出口生产资料，都普遍实行了生产资料价格双轨制。的确，很难找到哪一种生产资料还是单一的计划轨。由于双轨制的普遍化，不该或不宜实行双轨的也都推行双轨，于是就产生了不少问题。有些企业利用自己的垄断地位和双轨之便，哄抬价格，搅乱市场，从中渔利。现在，应该总结经验，深刻思考一下，哪些行业和企业该实行双轨，哪些行业和企业不宜实行双轨。划清这种界限，并采取相应的政策，取消那些不宜实行的双轨，确实是整顿价格双轨制的重要内容之一。

不宜实行双轨价格的行业和企业有这样几种类型：（1）生产技术上垄断而无竞争市场的行业和企业。例如，铁路、邮电、原油、大型电网等。它们有很强的垄断性，难以发展有竞争的市场，不宜将市场机制引入它们的价格形成中。（2）带有社会公共福利性质的行业和企业。例如，城市公共交通、自来水、管道煤气等。这些行业也有一定程度的垄断性，又具有社会公共福利性质，不宜实行市场定价。（3）国防方面的行业和企业。它们在国外虽然有较多的竞争对手，但是在国内则是独此一家，不宜引入市场机制，不能实行市场价格。（4）严重供不应求而借助于市场价格又短期内难于增加供给者的行业和企业。如果实行市场价格，会引起两方面的问题，一是资源的严重破坏，二是市场价格畸高。这两个问题交织在一起，互相推动。市场价格越高，资源破坏越严重；而资源破坏越严重，则市场价格越高。所以，在这种行业和企业，暂时不能实行双轨制，不能实行市场价格。

对于上述不宜实行双轨制的行业和企业，要实行政府定价或计划价格。当然，这种定价要尊重价值规律，使价格大体符合价值。这种价格不应是僵化的、一成不变的，要随着社会经济条件的变化，尤其是成本的升降，及时进行调整。要保证这些行业获得平均利润，职工福利达到社会的中等水平。否则，一味压低这些行业的价格，甚至把它变成僵死的，长久固定不变，必然阻碍这些行业的发展，造成比例失调、结构扭曲。这种教训在传统体制下实在太多了。

2. 轨制单一

目前所说的双轨不过是简言之而已，其实是多轨，轨中有轨，轨外有轨。究竟有多少轨，谁也说不清。以煤炭来说，仅计划轨，就有统配价、定向价、特需价、进口代理价等多种；至于市场轨，那更是名目繁多，无法统计出来。钢材的计划轨也有很多，如国拨价、地方临时价、宝钢坯价、进口代理价、保量不保价等。一厂一价，一批一价，已经在一些行业实行。轨制的复杂化，使计划价格失去了严肃性，增加了随意性；使市场价格极其混乱，干扰了市场秩序，给钻空子者留下了可乘之机。现行的价格双轨制，已经不是本来意义上的价格双轨制，而是变了形、走了样的非规范化的双轨制。很有必要通过治理、整顿，使轨制单一，使双轨规范化。

对计划轨的整治，有两方面的内容：一是，重新明确计划价格的制定和调整的权限，改变计划价格出自多门的状况。必须强调计划价格的指令性和严肃性。任何单位和企业，都不能超越权限制定或调整计划价格。过去批判计划价格的僵化问题是对的，但不能走上另一个极端，不能把计划价格变成随意摆布的东西。二是，一种商品在同一市场上同一时间内只能有一种计划价格。如果有多种计划价格存在，可采用加权平均法，求出综合平均价，作为统一实行的计划价格。

对于市场轨的整治，要从生产地至消费地进行追踪考察，顺着其流通渠道，逐个环节逐个地区清理整顿，坚决取缔非法经营，撤销不必要的流通环节，减少地区封锁，逐步理顺市场价格。有关部门对山西煤炭价格的跟踪考察，弄清了 1 吨煤在山西仅 30 多元而到上海则变成 200 多元的秘密，这有力地促进了煤炭市场价格的合理化。

3. 轨距适度

价格双轨制刚形成时，计划轨与市场轨之间高低相差幅度一般在 30%—50%，个别品种稍高或稍低一些。以上述江苏省灌云县农用生产资料价格双轨之间的轨距来说，1985 年尿素为 28.6%，农药为 18.4%，薄膜为 16.4%；浙江慈溪县农用生产资料价格双轨之间的轨距，1985 年尿素为 25%，碳铵为 2.8%，磷肥为 2%。那时的轨距不太宽，易于为各方接受，也难以被"官倒"与"私倒"利用，所以责难很少。可是，随着过热经济的继续升温，供求矛盾更尖锐，轨距也就不断增大，一般为 100% 左右，高者可达 400%—500%。1 吨普通钢材计划价不过 800 元左右，而市场价则高达 2000 元。如果将 10 吨平价钢材转手卖高价，那就可变成"万元户"。马克思曾经描述过，300% 的利润率可诱使资本家不怕上断头台。而有的产品双轨之间的轨距竟达到甚至超过300%！所以那些不怕断头者大肆利用双轨进行犯罪活动，这就使双轨制声名狼藉。

双轨的轨距多大为宜？根据多年实践经验，一般以30%—50%为适度。在这样的幅度内，能够较好地发挥双轨制的积极作用。为了使轨距适中，必须采取措施逐步缩小双轨价差。这里的关键是解决经济过热问题，缓解生产资料供求矛盾。治理整顿的实践已经证明，只要经济降温，供求矛盾缓和下来，双轨价格的轨距就会明显缩小。现在，不仅轨距缩小，而且出现了双轨重合（合二为一），甚至市场轨低于计划轨，形成"倒挂"。这就说明，由轨距过大引起的所谓双轨的弊病，并非内生的。随着宏观环境改善，那些弊病也就减轻甚至消失。

4. 结构均衡

所谓结构均衡是指价格总体中的计划价格的比重与市场价格的比重相互协调。由于计划价格水平明显低于市场价格的水平，不少企业千方百计地在其投入品方面增加计划价格的比重，而在其产出品方面则增加市场价格的比重，以便从价差中获取巨额利润。这就形成投入品的计划价格与市场价格的结构和产出品的计划价格与市场价格的结构不相适应。在地区间、部门间也存在类似问题。一个地区或部门，如果调出品的计划价格比重偏大，相应的市场价格比重偏小，则这个地区或部门就吃亏；反之，在调入品中，如果市场价格比重小，计划价格比重大，这个地区或部门就占便宜。据辽宁省有关单位匡算，因辽宁调出品计划价格比重大、调入品计划价格比重小，仅1989年就吃亏30亿元。山西调出煤炭，内蒙古调出羊毛等都存在这种问题。这就是说，计划价格比重与市场价格比重不协调，已经严重阻碍企业之间、部门之间和地区之间经济关系的正常发展。为了解决这个问题，就要进一步完善价格双轨制。具体说来，要在企业、部门或地区的投入品与产出品、调入品与调出品之间形成计划价格比重与市场价格比重大体协调的均衡价格结构。如果一个企业、部门或地区的计划价格比重与市场价格比重在投入品与产出品、调入品与调出品之间是大体相适应的，难以因价差而占大便宜或吃大亏，那么双轨制的弊端也可缩小。

5. 科学管理

价格双轨制过去之所以一度混乱，还有一个重要原因，那就是缺乏有效的科学管理。很有必要认真总结五年多的经验教训，制定有关双轨运行的条例和规则，要明文规定双轨制的适用范围，提高市场交易的透明度。凡进入市场的生产资料，必须在公开的市场上进行交易，明码标价，禁止地下活动。对于市场价格，要通过控制利润率、差价率以及申报制度等进行科学管理。必要时，亦可发布最高限价，甚至冻结物价。对于任意扩大双轨制的范围，在平价同议价、市场价之间进行转手倒卖、将国家计划物资随便拿去卖高价者，都要进行严肃的处理，在经济上不能让他们占便宜。为了执行价格双轨制，必须有严格的奖惩办法。对守法守纪者，表扬和奖励；对违法违纪者，坚决惩办，绝不姑息迁就，以保证双轨制的正常运行。

四 价格双轨制的"并轨"问题

（一）"并轨"的艰巨性、长期性和曲折性

对于生产资料价格的"并轨"问题，前两年已经有所议论，近来又成为价格界的热门话题，有的部门或地区还采取了并轨的行动。在这个过程中，有的同志出于对双轨价格弊病的憎恨，提出立即全面并轨，取消双轨制越快越好；也有的同志主张三年小解决，五年大解决，力争早日消灭双轨制。这样的急切心情在某种程度上可以理解。但是，这可能把问题看得过于简单，有操之过急之嫌。对生产资料价格双轨制问题，仅有诗人的义愤还不够，更需要科学家的冷静思考。如果认真地思考一番，不难发现，除少数品种的生产资料价格具备了"并轨"的条件外，多数生产资料价格都缺乏"并轨"的社会经济环境。能不能"并轨"，能不能取消价格双轨制，主要不取决于我们的主观愿望，而取决于双轨制内部要素的组合方式与外部的社会经济环境。

从双轨制内部要素组合方式上考察，它不过是计划机制与市场机制在生产资料价格上相结合的一种形式。形式当然是反映内容的。双轨制反映着生产资料价格中计划机制与市场机制的相互关系。改革前，生产资料价格领域是计划的一统天下，没有双轨制，当然没有计划与市场的矛盾。改革以来，市场机制被引入几乎所有的生产资料价格中，于是出现了市场价

格与计划价格并行的双轨制。市场机制引入生产资料价格领域中，必然与计划机制发生矛盾，引起各种难以想象的问题。对于这些问题怎么解决？能不能把市场机制再逐出生产资料价格领域？肯定不行。唯一的办法是把市场机制留下，使它与计划机制更好地结合起来。这种结合，是当今世界上最难最难的经济课题之一，至今还没有十分成功的经验。在我国，尽管有些同志痛斥双轨制的弊病，企图一下子消灭双轨制，但他们并没有回答生产资料价格中为何和如何使计划机制与市场机制更好地结合起来。双轨制虽然不是计划机制与市场机制结合的最佳形式，但它毕竟还是一种既有利又有弊的形式，不是绝无可取之处的。如果没有找到更佳的形式取代它，不管主观愿望如何，它都不会退出历史舞台。现在看来，短期内很难找到理想的计划与市场结合的形式。因此，生产资料价格双轨制将可能在我国存在一个时期，比如到本世纪末。

再从双轨制的外部社会经济环境分析，当前也不具备全面取消双轨制的条件。双轨制不是某个人的臆造，也不是政策的失误，而是一定社会经济条件的必然产物。只要这些条件还存在，就不会因为某些人的反对，双轨制便销声匿迹。生产资料价格双轨制是在体制改革中产生和发展的，是一种体制现象。这种现象只有通过体制改革逐渐深化才会日趋"消亡"。只要体制改革没有完成，双轨制就难以取消。生产资料价格体制的改革，与计划体制、物资体制、财政体制、金融体制的改革密切相关。没有其他体制的相应改革，单纯搞什么生产资料价格的"并轨"问题，难以达到目的。现在看来，短期内体制改革很难有大的突破，所以"并轨"问题只能小打小闹，不可能有惊人的进展，这就决定了三五年内还不可能取消双轨制。"并轨"还要求有一个相对宽松的经济环境。形成这种环境，也是说起来容易，办起来难。在我们这样一个人口众多、底子又薄的大国里，短期内难以稳定地具备这种环境。如果没有这种环境，"并轨"就可能成为价格水平大幅度上升的强力推进者。大量的乡镇企业和地方企业是靠市场提供原材料的。要么双轨制并为市场单轨制，要么保留一段时间双轨制，乡镇企业和地方企业才能有原材料的保证。

从价格改革本身看，大家都承认双轨制是一种过渡形式。现在要问，这种过渡是否完成了？若没有结束，过早地把这种过渡的桥——"双轨制"拆掉了，今后如何再过渡？中国的条件不允许一步到位式的改革，只能通过双轨制，逐步扩大实行市场价格的品种，或逐步扩大一种商品的市场价格的比重。双轨制是渐进式价格改革的重要手段。

当前并不具备普遍取消双轨制的条件，而创造这种条件绝非一朝一夕的易事。因此，"并轨"不可能一蹴而就。条件不具备时，勉强"并轨"，很可能由"明双轨"变成"暗双轨"。不仅如此，"并轨"还可能会出现反复。假设条件具备了，实现了"并轨"，随着条件的变化，将来还可能出现双轨。这种双轨又会随着条件变化而演变成单轨。由单轨到双轨，再由双轨到单轨，曲折前进，可能是我国社会主义初级阶段生产资料价格运动的一条规律。

（二）"并轨"的方向问题

除了认识"并轨"的艰巨性、曲折性和反复性外，还要正确解决"并轨"的方向问题。

向哪个方向前进？有一种观点认为，"并轨"是一个向计划价格（或政府定价）靠拢的过程，通过"并轨"，大部分生产资料将实行计划价格或由政府定价，只有次要的少数生产资料实行市场价格；另一种观点认为，"并轨"是一个向市场轨（或市场价格）靠拢的过程，通过"并轨"，大部分生产资料将实行市场价格，只有少数的关系国民经济命脉的重要生产资料实行计划价格；还有一种观点认为，通过"并轨"，先把大部分生产资料定价权集中起来，实行计划价格，然后再视条件分期分批逐步放开，最终达到大部分生产资料实行市场价格。以上三种意见代表着三种不同的"并轨"方向。这些不同的方向，关系着"并轨"的成败，更关系着生产资料价格改革的成败，很有必要研究清楚。

"并轨"往哪里走，主要取决于我国的经济性质和类型、生产资料价格改革的目标模式以及改革所处的阶段。经过40年的变化，我国的经济已经不是自然经济，也不是产品经济，而纳入了商品经济的轨道。虽然目前商品经济还不够发达，但是我们已决定大力发展商品经济。可以坚信，不久的将来我国必有发达的商品经济。有商品必有市场。发达的商品经济必然有繁荣的市场。如果这个大前提能够成立，那么可以肯定，生产资料价格"并轨"的方向，应当是向市场轨（或市场价格）靠拢，通过"并轨"，使大多数生产资料实行市场价格。这并不排斥在"并轨"中少数特别重要的生产资料价格向计划价格靠拢。有的生产资料根本不应实行市场价格，也不应实行"双轨制"价格，只能实行计划价格，可是，过去几年却实行了双轨价格。对于这个问题，应通过"并轨"，逐步取消市场价格，向计划价格靠拢。这种少数的或个别的情况，绝不能否定"并轨"的市场方向。有的同志一方面主张大力发展商品经济、发展市场，另一方面否定市场价格，这是自相矛盾的。试问，在发达的商品经济和繁荣的市场里，绝大多数商品能够实行计划价格或由政府定价吗？这在当今的世界上还找不到先例。现在发达国家的经验证明，多数商品实行市场价格，少数商品实行政府定价或计划价格，是可行的，有成效的。这种经验值得借鉴。限于条件，虽然目前我们尚未达到这个阶段，但向这个目标逐步靠拢，则是应该的。

党的十三大已经肯定了我国价格改革的目标模式，这就是大多数商品实行市场价，少数重要商品实行计划价。现在离这个目标还有不小的距离。目前，在生产资料价格总额中，市场价和半市场价的比重不过50%左右，而计划价的比重也占50%左右。要达到改革的目标，尚需继续前进！这就要求今后生产资料价格"并轨"，必须是一个向市场价格靠拢的过程，而不是相反。如果我们把"并轨"方向理解为向计划价格靠拢，那就永远达不到党的十三大确定的我国价格改革的目标模式。

生产资料价格改革前，在这个领域里几乎没有市场价格。通过改革，市场价格的比重已达50%左右。这个数字标志着生产资料价格改革取得了重大成就。在这个基础上，应继续前进、深化改革，真正实现党的十三大肯定的目标。否则，通过"并轨"，向计划价格靠拢，逐步缩小市场价格，不仅与党的十三大指出的方向背道而驰，而且会从根本上否定12年生产资料价格改革的成就。可见，"并轨"问题绝不是个小问题，而是关系着整个价格改革的方向和成败问题。如果"并轨"的结果使多数生产资料实行计划价格，而少数次要的生产资料实行市场价格，那就等于宣告价格改革的失败。

近来有的同志表面上肯定价格改革的市场取向，实际上否定这种方向。他们在"多数"与"少数"问题上做文章。按照他们的观点，实行计划价格或由政府定价的生产资料在国家物价部门是少数，在中央各部门是少数，在各省物价部门是少数，在省直各部门是少数，甚至在省辖市的物价部门也是少数。表面上看，他们似乎主张少数生产资料实行计划价格，实际上把各级政府部门掌握的众多少数汇总起来那就是大多数了。如果从中央到地方五级物价部门分别掌握20%的生产资料的定价权，那么我国的生产资料将大部分实行计划价格或由政府定价，几乎没有市场价格存在的余地。鉴于这种情况，为了准确地表明我国生产资料价格改革的方向和目标模式，很有必要界定党的十三大确定的价格改革目标模式中的"多数"与"少数"的具体内涵与外延。我们理解，所谓"多数"是指70%甚至80%的生产资料定价权放给企业，由企业根据供求状况定价，即实行市场价格；所谓"少数"是指20%或30%的生产资料定价权仍留在各级物价部门，实行政府定价或计划价格。至于20%或30%的定价权在物价系统内各级之间如何分配或配置，尚需进一步研究。这样，从总体上将形成多数生产资料实行市场价、少数生产资料实行计划价，这就是有计划的市场价格模式。向着这种模式前进，应当是今后生产资料价格"并轨"的方向。

（三）"并轨"的原则和方式

生产资料价格"并轨"，首先应遵循"整顿、收缩，完善和管理"的原则。所谓整顿，是指整顿双轨价格的混乱状态。现在远不是双轨，而是多轨，轨中有"轨"，轨外也有"轨"。上文虽然说"并轨"不是向计划轨靠拢，就是向市场轨靠拢，但若究其实质，试问计划轨或市场轨究竟是指什么，则很难说清楚。没有明晰的计划轨与市场轨，"并轨"向哪里走？步幅多大？都不好解决。因此，"并轨"之前，非有一番认真的整顿不可，这种整顿在一定意义上也是"并轨"的题中之义。所谓收缩，是指生产技术垄断、社会公用和军工方面的本来不应该实行双轨价格的产品或劳务，要下决心取消双轨价格，今后也不允许实行双轨价，一定要坚持计划价格或政府定价，其价格不合理者，进行调整，使其企业和职工的利益达到社会的平均水平。所谓完善，是指制定双轨运行的规则、条例和制度，使双轨的运行循规蹈矩，不是无法无天，任意横行。由于双轨制一哄而起，仓促上阵，这方面的工作没有跟上，现在该是补上这一课的时候了。所谓管理，是指对双轨价格的监督与检查，发现问题及时处理，不使违纪者在经济上占便宜，保证双轨价格的运行轨迹基本上符合其运行规则。

其次应遵循先内后外的原则。不少部门和地区在"并轨"问题上总是眼睛向外，生怕自己在"并轨"中吃了亏，被别人吃掉。针对这种心理状态，为了提高"并轨"的心理承受能力和经济承受能力，很有必要提倡和遵循先内后外的原则。所谓先内，是指各部门和地区首先在自己所辖范围内进行"并轨"。例如，石家庄创造的"同一销价、差价返还"或"同一销价，放补结合"，就是"并轨"的一种成功尝试。它虽然不适用于省属企业和中央企业，但对于市属企业是适用的有成效的。如果全国所有的大中城市都能率先解决自己内部的"并轨"问题，或者说都真心推广石家庄的经验，那么"并轨"工作就可大大向前推进一步。在省属企业方面，江苏省创造的综合平均价，对于"并轨"也有一定的意义。中央企业怎么办？有待于创造新办法。对于它们也应强调眼睛向内，即首先解决中央各部门之内的"并轨"问题。例如化工部对于自产自用的炭黑这种产品的价格，首先进行了"并轨"，并取得了成功，也没有影响其他部门。如果各部门都眼睛向内、率先解决自己内部的"并轨"问题，那么全国的"并轨"就可取得可观的成效。不论是冶金行业，还是化工行业，或其他行业，其内部自产自用的产品价格进行"并轨"，不过是内部关系的调整，阻力较小，易于解决，要提倡率先进行，这也或许是今后一个时期"并轨"的重点。

还有，"并轨"应遵循多样化的原则。各地区各部门的条件不一样，"并轨"有先有后，不可能齐步走。渐进式改革决定了渐进式"并轨"。"并轨"绝不可能"一步到位"。如果要求齐步走，一齐"并轨"，那就等于大家都不走，都不并。"并轨"上的齐步论，不过是价格改革中的毕其功于一役论在新条件下的翻版。不仅"并轨"的速度有快有慢，"并轨"的方式也"八仙过海、各显神通"。现在看来，"并轨"的方式可能有这样几种：（1）按行业推进。垄断行业、公用和军工的行业应先行"并轨"，其他行业依次推进。按这种方式，煤炭与原油相比，原油生产垄断性很强，应先行"并轨"。煤炭行业在历史上就是双轨，即使统配煤并了轨，地方煤和乡镇也不可能并轨，仍然是双轨。（2）按产品推进。从"并轨"的市场取向上看，下游产品应向市场价格靠拢，要率先"并轨"，能放开的尽早放开；从价格连锁反应上看，上游产品应先"并轨"，以减少对下游和中游产品的影响；从供求状况看，供求基本平衡者，应先"并轨"，而供求严重失衡的产品短期不可能并轨，要放在后期。（3）按地区推进。经济特区、经济开发区应先"并轨"，其他一般地区则次之；经济力量雄厚、经济承受能力较大的地区可以先行"并轨"，其他地区，尤其经济落后地区可以稍后；产品产量集中的地区（如锡在云南、镍在甘肃的产量占全国产量的80%以上），应先行"并轨"，相对分散的地区则次之。（4）按环节推进。鉴于流通环节问题较多，可先从流通环节"并轨"，生产环节放后。像煤炭这种笨重商品，可以先并最终消费者价格，不管货源如何，在消费地区只准一个销售价格。总而言之，在并轨方式上，要提倡五花八门。在不同的方位、不同的层次上，要有不同的并轨方式。

最后，"并轨"应遵循配套的原则，"并轨"像整个价格改革那样，是一项大的系统工程，不能单打一。没有物资、财政、金融、计划等体制的相应改革，相互配套，"并轨"很难进行。价格双轨制是由计划体制和物资体制决定的。石家庄"并轨"的经验为什么难以推广？主要障碍是财政体制和企业体制。为了推进"并轨"，必须全面规划、相互配套，不仅要有价格与其外部的配套，还要有各种价格间的配套。价格间的配套，主要涉及行业间、企业间的利益。"并轨"是个利益调整过程，有的吃亏，也有的占便宜。为使"并轨"顺利进行，当然要尽可能照顾既得利益者。但是，不能一味迁就。没有一些行业、企业的"吃亏"，"并轨"也很难进行。要提倡顾全大局，小道理服从大道理，局部利益服从全局利益，目前利益服从长远利益。只要大家都从全国利益出发，"并轨"将会顺利进行。

（原载《中国生产资料价格改革》，经济科学出版社 1992 年版）

企业对价格的消化吸收能力问题

《中共中央关于经济体制改革的决定》指出，"在提高部分矿产品和原材料价格的时候，加工企业必须大力降低消耗，使由于矿产品和原材料价格上涨而造成的成本增高，基本上在企业内部抵消，少部分由国家减免税收来解决，避免因此提高工业消费品的市场价格"。这里所说的"企业内部抵消"，就是本文所讲的企业消化吸收的问题。这个问题虽然早在生产资料价格改革起步时就提了出来，但是并没有随着价格改革的进行而逐步解决，相反，由于企业经济效益至今未见好转，它却日益成为深化价格改革的严重障碍，很有必要进一步探讨。

一　消化吸收能力的内涵与测定

对于中央早已提出的企业消化吸收问题，目前是仁者见仁，智者见智。但是为了深入研究问题，需要统一"口径"，弄清消化吸收能力的内涵。

（一）消化吸收能力的内涵

有的文章认为，根据范围大小，"消化"可有狭义与广义之分。狭义的消化是指一个具体的企业抵消原材料涨价的过程，而广义的消化就从一个企业范围引申至整个社会。衡量其消化的标准也相应由企业上缴利税和职工福利引申为从整个社会的财政收入和物价指数两个指标来考定，如果说财政收入仍是以正常的发展速度递增，而价格指数的变动又控制在稳定范围之内，在此期间各种外购原材料的价格上涨，都能被理解为是消化了。它不排斥企业之间、工商之间价格合理的变动及其利润的合理转移。

狭义和广义的消化是紧密相关的。广义上的消化能力就是狭义消化能力的汇集，但还不能成为现实的消化。各个企业的具体消化，才能构成全社会的消化。

对于全社会的或者说广义的消化，有的文章称之为综合消化，并且强调这种消化的重要性。例如，吴宝森同志写道："价格改革不能仅讲企业消化，只强调让企业把初级产品提价而增加的成本通过加强经营管理在加工企业内部消化掉，还要讲综合消化。综合消化的含义是：把由于初级产品提价而增加的成本，通过采取技术的、税收的、财政和行政的措施，既在企业内部（主要的）消化，又在企业外部（次要的）吸收。"①

有的文章认为，消化是全社会的、多方位的。"我们必须改变过去那种初级产品涨价，由加工工业消化的概念。实际上，消化是全社会的、多方位的。不仅如此，而且由于在我国现有的投入产出关系链条中，重工业基础部门相互消耗大，当初级产品调价时，基础工业部门实际上面临着更为艰巨的消化任务。认识这一点，不仅使我们可以更全面地理解价格改革中企业消化问题，而且有助于改善重工业内部的循环"。

暂且不论全社会的消化问题，即使就企业的消化问题而言，也有人主张区分为狭义的与广义的。例如，有文章写到，对于企业消化能力问题，目前有不同的理解。我认为，企业消化能力包括狭义和广义两个方面。狭义消化能力是指采取各种措施不使单位产品成本提高来消化原材料涨价的能力，具体包括：降低单位产品物耗额；增加产量，降低单位产品固定费用额；提高劳动生产率，降低单位产品工资和福利基金额。广义消化能力是指通过除降低成本以外的途径、不减少盈利、不转嫁负担消化原材料涨价的能力，具体包括：产品深加工收入增加额；提高产品质量收入增加额；开发新产品、增加花色品种而增加的收入额。

还有的人把企业消化吸收能力分解成两部分。第一部分，只能用可比产品成本的降低因素与原材料等生产资料价格上涨因素相抵消的程度来衡量。加工企业在报告期内的这种抵消程度，就是我们所说的可比产品成本消化吸收能力，或称为一般意义上的消化吸收能力；第二部分，加工企业

---

① 参见吴宝森《价格改革要讲综合消化》，《经济参考》1986 年 6 月 30 日。

在报告期内用正当的措施以增加实现利润抵消原材料等生产资料涨价因素的能力，应该称之为实现利润消化吸收能力，或称为综合消化吸收能力，也有人称为企业的承受能力。

以上诸多观点各有一定的道理，从不同的视角反映了对消化问题的理解和认识，对于实践都有一定的意义，无须逐一评述。在这里仅提出三点意见：

第一，区分宏观消化与微观消化。在社会化大生产中，价格链条环环相扣，你中有我、我中有你。任何一环的明显波动，都不仅影响毗邻的环节，还会波及诸多环节。例如，煤炭价格的大幅度上扬，不仅影响钢铁的成本与价格，还将波及机械、运输等环节。因而，煤炭价格的上升，仅靠钢铁企业消化是不够的，还要求其他行业以至整个社会来消化吸收。社会的消化，或者说，国民经济总体上的消化，称之为宏观消化。宏观消化必须以微观消化为基础。微观消化是指企业的消化。每个企业都是国民经济的细胞。唯有每个细胞都有良好的消化，才能达到国民经济宏观消化的最佳状态。正因如此，本文把重点放在企业微观消化上，必要时也涉及宏观消化问题。

第二，区分现实的消化与潜在的消化。企业内部的消化吸收能力又区分为现实的消化吸收能力与潜在的消化吸收能力。目前，不少企业后者大于前者，即有相当大的潜力有待挖掘。价格改革的重要任务之一，就是通过调和放的措施，利用价格机制的作用，逼着企业消化吸收，把潜在的消化吸收能力充分发挥出来。

第三，区分公开的消化与隐蔽的消化。1990 年国家和地方出台了众多的调价措施，上调金额预计达到几百亿元，而商品零售价格指数仅上升2.1%，这是否意味着价格上涨部分被企业消化吸收了？根据国家统计局提供的数字，企业的经济效益并没有提高，还在下滑。这就是说，对价格上调的部分企业难以消化吸收。既然企业没有消化吸收，价格上调部分究竟到哪里去了呢？——隐蔽起来了，隐蔽在积压商品里了。对这种情况，我们称之为隐蔽的消化。与此相反，经过企业的努力，提高劳动生产率，降低成本，将能源、原材料价格上涨部分在企业内部消化吸收掉，则称为公开的消化。

在消化问题上提出和实行上述三个区分有一定的实践意义。深化价格改革的方案,既要考虑到企业的微观消化吸收能力,更要着眼于国民经济总体上的宏观消化吸收能力,否则,价格改革将会导致价格水平的大幅度上升;既要考虑到企业现实的消化能力,更要着眼于企业潜在的消化能力,并根据两者之间的差距确定调价的幅度;既要考虑到公开的消化吸收能力,更要着眼于隐蔽的消化吸收问题,不能把隐蔽的消化吸收作为政策的立足点。

(二) 消化吸收能力的测定

由于消化吸收问题有广义与狭义、宏观与微观、现实与潜在等的区分,所以在衡量和测定消化吸收的标准与尺度上也就必然多元化,不可能用一个标准或一把尺子去衡量与测定消化吸收的程度。为此,我们要作进一步的探讨。

在宏观上,衡量和测定消化吸收程度的尺度应该首推价格指数。若生产资料价格指数大于或等于消费品零售价格指数,说明生产资料价格上涨的部分被消化吸收了。相反,若生产资料价格指数小于消费品零售价格指数,或者说,消费品零售价格指数大于生产资料价格指数,则说明生产资料价格上涨的部分或者根本没有消化,或者仅消化了一部分,或者不仅没有消化,反而以更大幅度的涨价来对付生产资料涨价,使价格轮番上涨。从 1990 年的实践来看,仅以价格指数衡量和测定消化吸收程度是不够的。为弥补指数在这方面的不足,还应利用劳动生产率、居民收入与价格指数之间的关系式。一般说来,居民收入增长速度与劳动生产率增长速度之差即为价格升降的速度。如果价格上升的速度小于两者之差,则说明消化吸收较好;反之,如果价格上升速度大于两者之差,则说明消化吸收不好,或根本没有消化。再者,从宏观分配关系上也能考察消化吸收问题。在分配体制没有重大变化的前提下,若企业收入、居民收入、国家收入三者大体同步增长,则说明消化吸收较好。反之,若企业收入增长过快,而居民收入、国家收入增长相对缓慢,则说明消化吸收不够好或根本没有消化吸收。

在微观上,测定企业消化吸收能力的指标和方法,已经提出这样几组:

1. 企业消化吸收率、转移率和承受率。

$$消化吸收率（系数）= \frac{一定时期企业消化吸收额}{同期原材料、燃料、动力涨价额} \times 100\%$$

$$转移率（系数）= \frac{价格措施额（转移额）}{原材料、燃料、动力涨价额} \times 100\%$$

$$承受率（系数）= \frac{消化额 + 转移额}{原材料、燃料、动力涨价额} \times 100\%$$

2. 可比产品成本消化吸收能力指数和实现利润消化吸收能力指数。

$$可比产品成本消化吸收能力指数 = 1 + \frac{（\pm）本期可比产品成本升降总额}{本期可比产品成本耗用原材料燃料动力等价差总金额} \times 100\%$$

$$实现利润消化吸收能力指数 = 1 + \frac{本期实现利润 - （\pm）\begin{array}{c}本期销售产品价格\\升降影响利润额\end{array} \begin{array}{c}本期实\\现利润\end{array}}{本期全部产品耗用原材料、燃料、动力价差总额} \times 100\%$$

3. 产值增长速度与利润增长速度之比。[①]

$$基本消化：\frac{\sum Q_1 K_1}{\sum Q_0 K_0} = \frac{\sum Q_1 P_1}{\sum Q_0 P_0}$$

$$消化良好：\frac{\sum Q_1 K_1}{\sum Q_0 K_0} > \frac{\sum Q_1 P_1}{\sum Q_0 P_0}$$

$$消化不良：\frac{\sum Q_1 K_1}{\sum Q_0 K_0} < \frac{\sum Q_1 P_1}{\sum Q_0 P_0}$$

上式中：Q_1、Q_0 分别代表报告期与基期产量；

K_1、K_0 分别代表报告期与基期单位产品的利润额；

P_1、P_0 分别代表报告期与基期单位产品的价格。

以上三组指标和方法对于测量企业的消化能力都有一定的参考价值。但是，它们又都存在着不同的缺陷：（1）前两组指标和方法仅着眼于狭义价格，而忽视广义价格中的工资、利息等，并不能反映企业消化吸收的全貌；（2）第三组仅以利润与产值增长速度对比去说明消化问题过于简单

---

① 参见陈汝照《对企业"消化能力"定量分析的探讨》，《价格理论与实践》1986 年第 5 期。

化，影响这种对比关系的因素很多，难以准确判断企业消化能力和消化程度；（3）第一组的指标和方法是在消化额、转移额、承受额为已知的前提下计算的，而这个前提事前并不存在，正是需要寻找的，可惜作者没有给出寻找的途径。

为了弥补上述各种指标与方法的不足，准确测定消化能力与消化程度，我们认为还应采取企业投入品与产出品的价格指数对比法。这种方法的要点概述如下：

1. 投入品的价格指数。

若以 Q_1、Q_0 分别代表投入品的报告期与基期的投入量，以 P_1、P_0 分别代表报告期与基期的投入品的单价，那么，投入品的价格指数则可按下列公式计算：

$$\bar{K}_0 = \frac{\sum P_1 Q_1}{P_0 Q_1} \times 100\%$$

这种指数的经济意义是十分明确的，它说明企业本期投入品的价格比基期上升了多少，分子与分母之差，即 $\sum P_1 Q_1 - \sum P_0 Q_1$，则说明投入品价格上升总额，也就是需要企业消化的价格总额。

2. 产出品的价格指数。

若以 q_1、q_0 分别代表产出品的报告期与基期的产出量，以 p_1、p_0 分别代表产出品的报告期与基期的价格，那么产出品的价格指数则可按下列公式计算：

$$\bar{K}_1 = \frac{\sum p_1 q_1}{\sum p_0 q_1} \times 100\%$$

这种指数的经济意义在于，它说明企业本期的产出品价格比基期上升的幅度；分子与分母之差，即 $\sum p_1 q_1 - \sum p_0 q_1$，说明产出品价格上升总额，或者说，企业从产出品价格上升中增加的收入额。

3. 两种指数的对比。

将投入品的价格指数（$\bar{K}_0$）与产出品的价格指数（$\bar{K}_1$）加以对比，就可说明，企业在价格运动中的损益概况。$\bar{K}_0$ 与 $\bar{K}_1$ 之比（I），可称消化系数。若 $\bar{K}_0 = \bar{K}_1$，则企业基本上不受价格运动的影响；若 $\bar{K}_0 > \bar{K}_1$ 则说明企业在价格运动中吃了亏；若 $\bar{K}_0 < \bar{K}_1$，则说明企业在价格运动中占了便宜。

将投入品的价格上升总额（$M1$）与产出品的价格上升总额（$M2$）加以对比，则可说明企业对价格上升的消化概况。若 $M0 = M1$，则说明企业基本上没有消化，在价格运动中当了"二传手"，接过来，又传出去了；若 $M2 < M1$，则说明企业消化了，两者之差就是消化的具体数额；若 $M2 > M1$，则说明企业不仅没有消化，不仅当了"二传手"，还从价格运动中捞了一把，从涨价中获得了好处，两者之差就是企业从价格运动中受益的规模。

二　企业消化的地位与作用

企业消化吸收问题之所以在改革起步之初被中央提出来，并在体制改革的决定中明确加以阐述，这绝非偶然，而是因为这个问题对于生产资料价格改革至关重要。正像有的同志指出的："企业消化问题是生产资料价格改革成败的关键。"这个论断至今仍有很强的现实意义，有必要重申并加以发挥。

为了说明企业消化吸收的作用与地位问题，有必要先回顾经济学中颇有争议的一个问题，即收益递减。有一种观点认为，收益递减是普遍规律，不仅在农业中存在，而且在所有行业中都存在。我们认为，收益递减这种现象在种植业和采矿业中存在。在这两种产业中，在技术没有大的革新时，由于受土地、气候、矿藏资源等自然条件的限制，不但产量增加有限度，而且生产效率也不易提高，因而出现成本上升、收益下降问题，或者说，出现与劳动投入量相比而收益递减的问题。例如，在 1 亩土地上投入 100 元，可收获 500 斤粮食；投入 200 元，并不一定能收获 1000 斤粮食，可能只有 800 斤粮食；投入 300 元，更不能收获 1500 斤粮食，也许只能收获 900 斤粮食。粮食的增产并不随投入的资金等比例上升，反而相对减少。这就是所谓的收益递减问题。在边际收益下降的条件下，要保证这些部门获得平均利润，以便与其他部门按比例协调发展，除国家减免税收、优惠贷款外，还必须使其产品价格上升，并且上升的幅度一般要大于其他产品价格上升的幅度。只有如此，才能弥补其收益下降问题。还应当指出，在种植业和采矿业中，即使不存在边际收益下降的问题，与加工工业相比，由于自然条件的限制，劳动生产率的提高和边际收益的增加都较慢，要使这些部门获得平均利润，并与其他部门协调发展，就必须更多地提高它们的产品价格。广而论之，一切自然资源的价格都有这个问题。我国的自然资源相当丰富，但人均资源并不多；这种状况，必然构成价格上升的潜在推动力。自然资源的稀缺性不是价格决定中的主要因素，但也不能从价格决定中排除它。自然资源的稀缺性对于价格总水平上升所起的推动作用，目前刚刚暴露出来（例如大城市郊区地价趋于昂贵），尚未引起注意。今后，自然因素对价格水平上升的推进作用将逐渐显示出来。由自然因素引起的价格水平的上涨部分，除依靠农业、矿业等部门自身消化吸收外，更多地依靠加工工业、建筑业、交通运输业等行业和部门消化吸收。

除自然原因外，还由于历史的原因和政策上的原因，使我国的农产品、矿产品、能源和原材料价格长期偏低，严重阻碍这些行业的发展。[①]解决这个问题，是价格改革的重要任务之一。如何解决它？不外三条途径：第一，大幅度提高它们的价格水平，相应的加工行业也提高价格水平，使消费品零售价格水平也跟着提高，这样，最终转嫁到消费者身上，由群众承担，靠居民的力量来解决上述问题。第二，靠国家财政的力量来解决。国家财政拿出巨额资金，或者补贴给能源、矿产品和原材料生产企业，或者补贴给加工行业，或者补贴给居民，当然也可以补贴给流通环节，总之，靠国家拿钱解决矿产品、能源和原材料价格偏低问题。第三，靠企业消化吸收。当矿产品、能源和原材料提高价格后，加工行业的各个环节都通过提高劳动生产率、降低成本的途径，将矿产品、能源和原材料的提价部分在内部消化吸收掉，不转嫁出去，避免引起消费品零售价格水平的上升。以上三条途径中，第一条和第二条在目前条件下难以行通。即使靠国家补贴一部分，靠群众承担一部分，也不能解决根本问题。解决矿

[①] 本文仅限于论述矿产品、能源和原材料的价格上涨部分的消化吸收问题。至于农产品价格的上升，以及以房租为中心的各种收费的上升如何消化吸收，舍而不论。

产品、能源和原材料价格偏低问题，理顺它们与加工行业之间的价格关系，并使价格运动走上良性循环的轨道，根本出路在于提高加工行业的消化吸收能力，即上述的第三条途径。可以毫不夸张地说，提高企业消化吸收能力是理顺价格关系的基础和关键。如果这个基础不好，不把握这个关键，加工行业的消化吸收能力没有提高，在价格运动中仅仅充当"二传手"，那么，只能形成轮番涨价和比价复归，最终不可能解决能源、矿产品和原材料价格偏低问题，不可能理顺价格关系，也不可能实现价格改革的目标。

十多年价格改革的经验证明，企业消化吸收能力低，或者说，企业缺乏消化吸收能力，是价格改革的严重障碍。在改革之初，曾经把解决矿产品、能源和原材料价格偏低问题寄希望于提高企业消化吸收能力。然而，这个期望基本上落空了，企业的经济效益没有改善，消化吸收能力没有增强。据统计，1983 年企业对原材料提价的消化能力仅为 1.3%。1985 年轻工业部门企业内部消化吸收原材料价格上涨部分仅为 20.9%。据湖北省对千家企业调查，1985 年加工行业消化吸收原材料涨价部分的 26.9%，1986 年有所下降，仅及 22.9%。据测算，1985 年我国工业企业的平均消化能力只有 30% 左右。1986 年，从全国调查的数字看，加工工业大约消化原材料涨价部分的 30%，其余部分都转嫁出去了。不少企业不仅不消化投入品价格上涨部分，反而从产出品价格上涨中捞到不少好处。下表的资料证明了这一点。

1985 年全国国营工业企业投入品的增支与产出品增收对比　　　单位：亿元

项目	合计	轻工	其中：纺织	重工	其中：1 采掘	①煤炭	2 原材料	① 冶金	3 加工	① 机械
投入品增支	269.22	59.64	25.04	212.55	25.10	31.14	108.86	67.92	81.55	106.81
产出品增收	352.66	91.54	35.56	247.62	11.60	19.18	126.26	89.85	125.18	128.81
收支相抵（±）	+83.44	+31.90	+10.52	+35.07	−13.50	−11.96	+17.40	+21.93	+43.63	+22.0

从上表的资料可知，除采掘行业尤其煤炭以外，各个行业都从价格上涨中得到了利益。另据江苏省镇江市 56 家国营企业调查，1988 年 1—6 月

份因原材料提价增加支出 4200 万元，而产品提价增加收入达 4800 万元，转嫁率达 14.3%，仅靠价格手段就增加收入 600 万元。这种情况如果继续下去，不仅不能解决矿产品、能源和原材料价格偏低问题，不能理顺价格关系，反而会使价格关系更加扭曲，矿产品、能源和原材料的相对价格更低。

提高企业消化吸收能力，不仅是理顺价格关系之必需，也是保证价格水平基本稳定的基础一环。价格水平上升的原因很复杂，归纳起来，不外两条，一是通货膨胀，二是价格结构调整或相对价格的变动。要保持价格水平基本稳定，除了抑制和消除通货膨胀外，在价格结构调整方面，必须坚持有升有降、升降大体相等的原则。贯彻这个原则时，升易降难。在十多年价格改革过程中，除电子行业要求降价而财政部门力图阻止外，都是要求提价。即使电子行业的价格，也是升多降少。这样，价格结构的调整实质上是变相涨价和轮番涨价。结果，必然促使物价总水平的上升。"七五"期间价格总水平明显上升的主要因素固然是通货膨胀，但也不能忽视价格结构或相对价格方面的作用。价格只升不降，或升多降少，必然影响物价的稳定。为了保持物价的基本稳定，每个企业都必须或多或少地消化吸收投入品的价格上涨部分，使各种产品价格呈现出有升有降的局面。在90 年代，要保持价格总水平相对稳定，必须提高企业消化吸收能力。

增强企业消化吸收能力既是理顺价格关系的基础，又是保持价格水平相对稳定的必要前提，并且还是把两者有机结合起来的契机。价格改革千难万难，集中到一点，就是难于把理顺价格关系与稳定价格水平有机地结合起来。有些措施对于理顺价格关系有利，但是，它们会引发价格水平的显著上升；相反，有些措施对于抑制价格水平的上升有重要作用，但是，它们又不利于价格关系的改善，甚至会使价格关系更加扭曲。这就是说，两全其美的措施，即既有利于理顺价格关系，又有利于保持价格水平相对稳定的措施，是不多的。然而，这种措施又是有的。它就是增强企业的消化吸收能力。一旦企业消化吸收能力增强了，不论理顺价格关系，还是保持价格水平相对稳定，都易于实现。这一点早已被发达国家的历史和某些发展中国家的实践所证实，也是我国某些发达地区的经验。我国的生产资料价格改革，总是面临两难选择，要么从理顺价格关系出发，在价格水平方面作些牺牲；要么为了稳定物价，在价格关系方面作些退让。两难的根本原因在于我国企业消化吸收能力太低，或者根本不消化。今后，能否妥善地解决价格关系与价格水平之间的矛盾，在很大程度上取决于企业消化吸收能力是否有明显提高。

　　增强企业消化吸收能力的现实意义，远远超出价格领域。它首先是企业由粗放型转向集约型的必由之路。粗放型的企业主要依靠高投入而达到高产出，效率低、效益差，没有能力消化吸收价格的上涨部分。而集约型企业则以较少的投入达到最多的产出，效率高、效益好，有能力消化吸收价格的上涨部分。所以，能否消化吸收及其能力的强弱，是区分粗放型与集约型的标志之一。要使企业由粗放型转向集约型，提高其消化吸收能力是必要的。其次，提高企业消化吸收能力又是减少价格补贴、克服财政困难的一条重要途径。当前，各级财政都异常困难，价格补贴是一个相当沉重的包袱。如何放下这个包袱？不外企业消化吸收一部分，消费者承受一部分，国家再承担一部分。若企业消化吸收多一点，消费者和国家的负担就可减轻一些；反之，若企业消化吸收很少，或根本不消化吸收，则国家和消费者将会遇到较大的困难。再次，提高企业消化吸收能力也是冲出国门、走向世界的需要。要使我国的企业在国际上具有竞争能力，必须逐渐改变在国内吃廉价原材料的问题。只有在平等竞争中，才能使我国的企业逐渐成熟起来。最后，提高企业消化吸收能力，对于国务院决定于1991年开展的"质量、品种、效益年"活动，也是很必要的。消耗型价格再也不能维持下去了，代之而起的应该是效益型价格。在定价中，不仅要考虑成本，考虑消耗，更要着眼于效益，着眼于企业的消化吸收能力。

三　增强企业消化吸收能力的主要对策

（一）提高认识，更新观念

　　有一种观点认为，目前我国绝大多数企业都没有能力消化吸收价格的上涨部分。如果硬逼着企业消化吸收，那就无异于使它们走上绝路。这种认识并不符合事实。事实上，不少企业还有潜力可挖，有些企业的潜力还很大。为了说明这个问题，我们先引用下面的材料。

据国家统计局的资料，我国煤炭、石油、电力、冶金、化工、机械、建材、木材、纺织、轻工十大行业的重点企业单位产品的 100 项实物消耗指标，1989 年比 1985 年，上升者达 58 项。其中，石油工业的 5 项实物消耗指标，全部都上升，每吨原油耗电指标（千瓦小时/吨）竟上升 53%，电力工业的 5 项指标中有 4 项上升；冶金工业的 27 项指标中有 17 项上升；纺织工业的 14 项指标中有 11 项上升；轻工业的 13 项指标中有 8 项上升。[①]

再看一下实物劳动生产率指标。煤炭、石油、电力、冶金、化工、建材、纺织、轻工八大行业的重点企业的 32 项实物劳动生产率指标，1989 年比 1985 年，上升者有 13 项，下降者有 19 项。其中，化学工业的 7 项指标中有 6 项下降，电解烧碱的劳动生产率（吨/人·年）下降了近 200%；冶金工业的 9 项指标中有 4 项下降，高炉炼铁工人的劳动生产率（吨/人·年）下降 51.4%；轻工业的 11 项指标中有 7 项下降，自行车行业的劳动生产率（辆/人·年）下降 17.5%；纺织工业的 2 项指标全部下降。[②]

以上两组资料是剔除了价格水分之后的真正的硬指标。物耗指标该下降，反而上升；而劳动生产率指标该上升，却反而下降。物耗指标的上升和实物劳动生产率的下降，充分说明企业的经济效益不好，说明企业的潜力不小。若各行业的实物消耗指标和实物劳动生产率指标，不用说达到历史最好水平，即使维持在 1985 年的水平上，也能消化吸收相当巨额的价格上涨部分。事实说明，不是企业没有消化吸收能力，而是这种能力尚未充分发挥出来。

（二）逼着企业消化吸收的压力

加工企业对矿产品、能源、原材料价格上涨部分不消化吸收而转嫁给他人的原因很复杂。既有主观原因，也有客观原因；既有企业微观的，也有宏观方面的；既有经营管理上的，又有生产技术上的。所以，要提高企业的消化吸收能力，必须综合治理。不过，我们要强调指出，生产资料市

---

① 参见《中国统计年鉴》（1990 年），第 474—476 页。
② 同上书，第 477 页。

场发育滞后，缺乏竞争，还没有形成逼着企业消化吸收的压力，是不可忽视的重要原因。针对这种情况，要从加大改革分量入手，进一步发展生产资料市场，开展竞争，逼着企业去提高消化吸收能力。

在有计划的社会主义商品经济中，价值规律除了具有调节生产、交换、分配和消费的职能外，还有促进技术进步、改善经营管理、降低消耗、提高产品质量的作用。任何企业要想使其产品具有竞争能力，非但不亏损，还要盈利更多，必须使自己的产品的劳动消耗低于社会必要劳动消耗。不论在私有制基础上的商品经济中，还是在公有制基础上的有计划的商品经济中，只要市场发育成熟，有比较充分的竞争，价值规律就像无情的鞭子，催促着千百万个企业努力改进技术、加强管理、降低原材料消耗，并在此基础上消化投入品价格的上涨部分，对于原材料、能源和矿产品的涨价部分，企业的眼睛也总是向内，力争在企业内部消化吸收掉。竞争淡化了它们向外转嫁原材料和能源涨价因素的希望。与这种局面不同，目前我国生产资料市场发育滞后，缺乏必要的竞争，价值规律的作用受到很大限制，不能引导企业眼睛向内、降低消耗，消化吸收原材料的涨价部分。如果说某些企业也消化吸收了一部分，那可以说是自愿式的，而不是压力型的。那些不愿消化吸收的企业，做各种手脚，把原材料涨价的影响转嫁给他人，从中捞到不少好处。在消化吸收问题上，光靠自愿是不行的。降低消耗，消化吸收原材料涨价的部分，是要硬工夫的，而转嫁他人，则容易得多。在难与易的抉择面前，多数企业选择了"捷径"。这就是近 10 年来相当多企业的主要产品的单位物耗指标不但没有下降，反而有所上升的重要原因。种种情况表明，在消化吸收问题上，除靠自愿外，更多的要靠价值规律，要靠市场上竞争的压力。价值规律和竞争将逼迫着企业不断在消化吸收上做文章。

（三）催促企业消化吸收的动力

企业之所以不愿消化吸收，除了外无压力外，在内部也缺乏动力。消化与不消化一个样，消化多与消化少一个样。所以谁也不去消化。更有甚者，谁消化谁吃亏。这是因为，要真正消化吸收，必须下硬工夫，增加投资、革新技术、改进设备、提高经营管理水平。这样做，是需要资金的。

而这笔资金，在政策上尚无来源，多由企业自筹。于是，企业感到吃亏了，对消化吸收也就不感兴趣。这是消化吸收能力难以提高的另一个重要原因。

为了进一步提高企业的消化吸收能力，在政策上应该制定有利于消化吸收的措施，彻底打破消化与不消化一个样、消化多与消化少一个样的大锅饭制度。从调动企业消化吸收的积极性出发，应该实行消化吸收额的累计分成制度。这就是说，由于消耗吸收而增加的利润，按累进的比例留给企业一部分。消化越多，留成比例就越高。相反，对转嫁者，要给予惩罚。将转嫁而增加收入的大部分，通过税收收归国家所有。有奖有罚，奖惩严明，必然成为促使企业消化吸收的动力。

(四) 建立和完善企业的价格核算制度

我国的企业核算制度，其中包括业务核算、会计核算和统计核算，是适应传统的经济体制而建立的，随着经济体制改革的深化，日益显露出它的不适应性。仅以价格的核算来说，由于过去价格形式单一，且长期固定不变，所以它不被人们重视，甚至被置于遗忘的角落。改革以来，价格领域发生了显著变化，价格形式多元化了，价格水平上下波动了，价格对企业的经营活动再也不是可有可无的了，逐渐成为企业决策的重要参数。在这种情况下，价格核算的意义越来越重要。但是，这种意义在现行的业务核算、会计核算和统计核算中并没有反映出来。就目前状况而论，价格核算仍未提上日程，价格在企业投入品与产出品方面的变化及其对企业的影响程度至今仍是一笔糊涂账，企业说不清，外界更难了解真相。因而，无法实行上述的有关消化吸收的奖罚制度。为此，改革和完善现行的企业核算制度，把价格核算置于重要地位，确实势在必行。

在业务核算方面，对于价格业务要有准确、及时而详细的记录。不论是购入的固定资产，还是能源、原材料，都要有价格记录；不论是外销的产出品，还是内销的或协作的零部件，也要有价格记录。至于广义价格之内的要素价格，如工资、利息、土地收费等，也必须逐项记录。在详尽记录的基础上，按月、季、年分别汇总，编制出价格变动一览表，报送有关部门和领导者参阅。

在会计核算方面,应设置"价格变动"会计科目以及相应的账户。该账户的借方记投入品价格上升额;而贷方则记产出品价格上升额。如果出现价格下降,则用红字分别记在借方或贷方。在"价格变动"这个总账户下,按照投入品与产出品的类别,再设置二级账户和三级账户,以便对各种投入品和产出品价格变动进行明细分类核算。年终,根据总账和明细账的资料,编制出价格变动报表。

在统计核算方面,根据业务核算和会计核算的资料,按月、季、年编制本企业的投入品价格指数与产出品价格指数。既要编制单项指数,又要编制综合指数。对指数所包含的经济意义,及时作出恰如其分的评估,供企业决策参考。

企业的价格核算虽然初见端倪,但其前途无量。马克思曾经指出,生产"过程越是按社会的规模进行,越是失去纯粹个人的性质,作为对过程的控制和观念总结的簿记就越是必要"[1]。这里所说的簿记当然包括价格核算在内。随着我国社会化的商品经济的发展,价格核算将越来越受到重视,价格核算的方法和制度也将日益完善。

(原载《中国生产资料价格改革》,经济科学出版社 1992 年版)

---

[1] 《马克思恩格斯全集》第 24 卷,人民出版社 1972 年版,第 152 页。

中国的土地价格问题

1949 年新中国成立后，特别是 1956 年三大改造基本完成后，国家法律上不允许土地自由买卖，土地价格也就随之消失了。改革开放以来，随着商品经济的发展和土地市场的出现，土地价格又在中国的城市和乡村陆续显现出来，尤其在经济特区和经济开发区，土地价格已成为外商和国内人士十分关注的问题。

一　土地价格形成的基础

从 1987 年深圳市率先进行土地有偿出让试点，截至 1989 年底，我国城镇国有土地出让已达 250 余起，出让土地面积 1030 公顷，地价收入约九亿元人民币，每平方米地价最高者达 2700 美元，而最低者只有十几元人民币，高低相差几百倍。地价的出现以及它所表现出来的高低悬殊状况，像一块石头投入平静的湖水，立刻激起层层波浪，引起人们的思考。人们想到的第一个问题是，土地价格为什么在神州大地再次出现？土地价格形成的基础是什么？对于这些问题，目前众说纷纭，归纳起来，大体有以下几种观点。

"价值价格论"。这种观点认为，土地是商品，它像其他商品一样，既有使用价值，又有价值。土地价格是土地价值的货币表观，或者说，土地价值是土地价格的基础，在土地交换或出卖时，土地价值表现为土地价格。[①] 至于土地的价值又是什么？它的内涵如何？由什么决定的？在这些问题上存在着很大的分歧。有的从劳动价值论去说明，认为土地中直接或间

---

① 参见唐允斌《土地公有有偿委托》，《经济研究》1985 年第 12 期。

接地凝结了人类劳动，这种劳动形成土地的价值；也有的从地租理论去说明，认为地租的存在是土地价值存在的基础。还有的从土地使用价值去说明，认为土地有价值主要是因为土地有使用价值。① 并且把由使用价值决定的土地价值称之为土地的经济价值，以区别于由劳动决定的土地价值。②

"地租资金化论"。坚持这种观点的同志认为，土地在开发中投入的劳动虽然应当在土地价格中有所体现，但土地本身毕竟不是劳动产品，不能用马克思劳动价值的一般原理去说明地价的形成。所以，土地价格不是价值的表现形式。即使在资本主义社会，土地成为买卖对象所实现的价格，也不是价值的货币表现。地价不过是地租的资本（金）化。这是马克思早已解决的问题。在论证我国社会主义土地价格时，仍然要坚持这个原理。

"供求价格论"。依据这种观点，土地价格是土地供给者与土地需求者进行竞争的结果，需求函数曲线与供给函数曲线的交点决定着土地价格。土地价格形成的基础，既不是土地价值，也不是地租，而是供求关系③。由于土地有限，极其稀缺，总是供不应求，所以土地价格存在着上升趋势。

"机会成本论"。所谓机会成本，是指用于某种用途的一定资源而未用于别种用途所损失的收益。例如，农业用地转变为工业用地所损失的农业收益，就构成工业用地的机会成本，这种机会成本乃是制定土地价格的依据，或者说是形成土地价格的基础。④

当然，也有人把以上几种观点进行不同的排列和组合，形成混合型的土地价格论。例如，有的同志将上述第一种与第二种观点综合起来，得出这样的结论，社会主义土地价格应该包括土地资源价格和土地价值价格这两个因素，所谓土地资源价格，是指未开垦的处女地本身的价格，这个价格不是指土地资源本身的价格，而是指土地提供的地租的购买价格。所谓土地价值价格是指已开垦的土地价格，它是由开垦土地所耗费的社会必要劳动量决定的。只有充分考虑到地租与劳动量这两个因素，才能较完整地

---

① 参见宋启林《城市土地使用价值的特殊意义》，《房地产经济》1987 年第 2 期。

② 参见中国城市经济学会编《城市土地价格与市场》，东北财经大学出版社 1989 年版，第 7 页。

③ 同上书，第 61 页。

④ 参见阿尔曼《我国社会主义土地价格制定的依据》，《江汉论坛》1986 年第 8 期。

反映土地实际价格。再如，有的文章写道："由于土地没有价值，决定商品价值的规律对土地不会发生作用，土地的价格也不是围绕价值上下波动，而是有自身的特殊决定方式。从理论上讲，土地价格主要是由土地的边际生产力和土地的所有权两个因素决定的。"[①]

对以上诸多观点进行评论之前，让我们先引用马克思关于土地价格的一段论述。他写道：土地价格"和劳动的价格完全一样，是一个不合理的范畴，因为土地不是劳动的产品，从而没有任何价值。可是，另一方面，在这个不合理的形式的背后，却隐藏着一种现实的生产关系。"[②] 在这里我们要弄清两个问题，一是土地价格这个范畴的不合理性在什么地方？二是土地价格背后隐藏着一种什么样的生产关系？

土地价格这个范畴的不合理性就在于它不是以价值为基础，或者说，它是一种没有价值基础的价格。按照一般商品价值理论，价值是价格的基础，而价格是价值的货币表现。这样的理论，对于土地这种商品来说，并不适用。或者说，土地价格的形成不同于一般商品，有其特殊性，它并不以价值为基础。既然如此，企图从劳动决定价值去说明土地价格形成的基础，不过是缘木求鱼。可能要问，没有价值的东西可以有价格吗？可以的。马克思说："有些东西本身并不是商品，例如良心、名誉等等，但是也可以被它们的所有者出卖以换取金钱，并通过它们的价格，取得商品的形式。因此，没有价值的东西在形式上可以具有价格。在这里，价格表现是虚幻的，就象数学中的某些数量一样，另一方面，虚幻的价格形式——如未开垦的土地的价格，这种土地没有价值，因为没有人类劳动物化在里面——又能掩盖实在的价值关系或由此派生的关系。"[③] 马克思还以瀑布的价格为例，说明土地价格，他写道："瀑布和土地一样，和一切自然力一样，没有价值，因为它本身中没有任何物化劳动，因而也没有价格，价格通常不外是用货币来表现的价值。在没有价值的地方，也就没有什么东西可以用货币来表现。"[④] 所以，严格说来，土地既没有价值，也没有价格。

① 参见施佑生《土地商品化与土地价格形成原理》，《价格月刊》1988 年第 4 期。
② 马克思：《资本论》第 3 卷，人民出版社 1975 年版，第 702 页。
③ 马克思：《资本论》第 1 卷，人民出版社 1975 年版，第 120—121 页。
④ 马克思：《资本论》第 3 卷，人民出版社 1975 年版，第 729 页。

可是，人们又经常说什么土地价格？为避免误会和不必要的麻烦，马克思多次指出土地价格这个范畴的不合理性，并一再把这种土地价格称为"虚幻的价格"。当我们探讨土地价格问题时，千万不要忘记这一点。绝不能把土地价格混同于一般商品价格。

生地即未开垦的处女地没有价值是完全可以理解的。而熟地即经过人类劳动开发其中凝结着人类劳动的土地为什么没有价值？开发土地的劳动难道不形成土地价值吗？这是"价值价格论"者经常提出的问题。事实上，开发土地的劳动耗费，都远远低于土地价格，如果开发土地的劳动形成价值，那么土地价格远远高于这种价值的那一部分是什么？显然，单纯用劳动价值去说明土地价格是行不通的。

开发土地的劳动形成土地资本或土地资金。对于这一点，马克思指出："资本能够固定在土地上，即投入土地，其中有的是比较短期的，如化学性质的改良、施肥等等，有的是比较长期的，如修排水渠、建设灌溉工程、平整土地、建造经营建筑物等等。我在别的地方，曾把这样投入土地的资本，称为土地资本。它属于固定资本的范畴。"[1]

现在让我们回头探索土地价格背后隐藏的现实的生产关系。这种生产关系是："一些人垄断一定量的土地，把它作为排斥其他一切人的、只服从自己个人意志的领域。"[2] 在这种生产关系中，"土地所有权使地主有可能把个别利润和平均利润之间的差额占为己有"[3]。"租地农场主为了获得经营土地的许可而以租金形式支付给土地所有者的一切，实际上都表现为地租。这种贡赋不论是由什么组成部分构成，不论是由什么来源产生，都和真正的地租有一个共同点：对一块土地的垄断权，使所谓土地所有者能够去征收贡赋，课取租税。这种贡赋和真正的地租有一个共同点：它决定土地价格。"[4] 十分清楚，土地价格是由土地所有权和使用权决定的，或者说，土地所有权和土地使用权是土地价格形成的客观基础。土地与阳光、空气不同，它是有限的，被人们占有或垄断。土地的所有者不会白白地让别人

　① 马克思：《资本论》第3卷，人民出版社1975年版，第698页。
　② 同上书，第695页。
　③ 同上书，第730页。
　④ 同上书，第704—705页。

占有或使用自己的土地。当其他人想取得土地或使用土地时，必须支付一定的代价。这种代价，就是我们常说的地租或地价。由此不难理解，有限的土地被人们占有或垄断，即土地的所有权的存在，是地租或地价形成的客观基础。地价或地租是对土地所有权或使用权转让的补偿，或者说，是土地所有权或使用权转让在经济上的实现形式，这就是土地价格的本质。

在当今的中国之所以会出现土地价格，根源在于我国仍有不同的土地所有制以及同一种土地所有制内的不同的土地使用权。大家知道，我国的城市土地属于国家所有，而农村的土地则属于集体所有。不论在国家所有制之内，还是在集体所有制之内，都还有不同的土地使用者和占有者。在这个前提下，要把集体所有的土地转变为国家所有，或者在同一种所有制内部转移土地的使用权，都不能是无偿的，必须支付一定的代价。这种代价在经济上的表现形式就是地租或地价。我国各地出现的地租或地价，在本质上仍是土地所有权或土地使用权的体现与补偿。当然，我国的土地所有制不同于其他国家的土地所有制，这一点决定了我国的土地价格有其特殊性。但是，就土地价格是土地所有权或土地使用权在经济上的表现形式这一点来说，不论在哪个国家，也不论何种土地所有制，则是共同的。这是土地价格的共性或普遍性。

供求关系在价格形成中有重要作用，任何商品价格的高低都受供求关系的影响，尤其像土地这种特殊的稀缺商品，由于数量有限，供给弹性极小，因而其价格更易受供求关系的制约。加拿大、澳大利亚等人少地多的国家土地价格之所以比较便宜，而日本、中国香港等人多地少的国家和地区的土地价格之所以昂贵，其重要原因是土地供求关系的影响。在中国，由于人多地少，土地价格也会逐渐升高，看不到供求关系对土地价格的重要作用，那是不对的，但是，供求关系只能影响土地价格而不是它的形成基础。

二 土地价格的类型与构成

土地价格看起来好像很简单，其实它的内容是很丰富的。土地价格是多层次多方位的综合体，可以从不同的视角进行考察，按不同的标志进行分类。

（一）按土地的权属划分为土地所有权价格与土地使用权价格

在中国，1988 年以前在法律上并不区分土地的所有权与土地的使用权，或者说，土地使用权并没有从土地权属中分离出来。那时，城市土地归国家所有，农村土地归集体所有。不论城市土地还是农村土地，都仅仅明确了它们的所有权性质，而对于土地使用权则隐含在所有权之内，并不言明土地使用权的相对独立性。

1988 年 3 月召开的第七届人大第一次会议对宪法的修改，标志着我国土地所有权与土地使用权的正式分离。宪法原来的条文是，"城市的土地属于国家所有。任何组织或个人不得侵占、买卖、出租或者以其他形式非法转让土地"。经过修改，宪法规定，"任何组织或者个人不得侵占、买卖或者以其他形式非法转让土地。土地的使用权可以依照法律的规定转让"。这样，就把土地的使用权正式分离出来了。这种分离，为发展土地市场开辟了广阔的道路，也拓宽了土地价格领域，成为中国土地使用制度改革的重要理论基石。

在土地使用权与土地所有权分离的基础上，中国土地市场上形成了两种主要的土地交换关系。一是土地所有权的交换关系。国家征用农村集体所有制的土地，归国家所有，就属于这种情况。二是国家所有制之内的土地使用权交换关系，土地使用者向国家购买土地使用权以及土地使用者之间相互转让土地使用权就属于这种情况。

与两种主要的土地交换关系相适应，出现了两种主要的土地价格形式，一种是土地所有权价格，另一种是土地使用权价格。所谓土地所有权价格，顾名思义，就是反映土地所有权转移的价格，所谓土地使用权价格就是反映土地使用权转让的价格。获得了土地的所有权，其中也就包含获得土地的使用权；但获得了土地使用权，则还没有土地所有权。因此，与土地使用权价格相比，土地所有权价格是更根本、更重要的价格形式。不过，从另一方面看，在中国土地市场上今后大量的是土地使用权的交换关系，土地所有权的交换关系固然还会有发展，但其规模和速度都不如土地使用权交换关系的发展。鉴于这种情况，土地使用权价格是更值得重视的活跃的价格形式。

土地价格实际上并不是土地的买卖价格，而是土地所提供的地租的买卖价格。在这个前提下，可以认为，土地所有权价格不过是土地所提供的绝对地租的买卖价格，而土地使用权价格不过是土地所提供的级差地租的买卖价格。

绝对地租是土地所有者凭借土地所有权取得的地租。由于农业有机构成低于社会平均构成，农产品价值高于它的生产价格的那部分超额利润便形成绝对地租。"地租究竟是等于价值和生产价格之间的全部差额，还是仅仅等于这个差额的一个或大或小的部分，这完全取决于供求状况和新耕种的土地面积。"[①]

为了从数量上计算土地所有权价格，必须估量农产品价值与生产价格。这个问题相当复杂。实际生活往往比理论研究更高一筹，不断展示绝对地租的数量。在我国，国家给予农民的征地费大体反映着目前的绝对地租或土地所有权价格的水平。

级差地租是较优土地获得的超额利润。它有两种形式，一种形式是，耕种优等和中等肥沃土地比劣等土地所获得的超额利润，以及土地距市场或交通要道更近所获得的超额利润；另一种形式是，对土地连续追加投资引起劳动生产率的提高所产生的超额利润。在城市中，测算级差地租，主要难点在于划分土地等级，以及从诸多因素中剥离出土地因素对经济发展的作用程度。对这方面的工作，我国不少城市正在试点，并取得了一定的成绩。本文第三部分将简要介绍。

（二）按土地市场的类型划分为征地价格、出租价格、转让价格和灰市价格

我国宪法第 10 条第 3 款规定："国家为了公共利益的需要，可以依照法律规定对土地实行征用。"《土地管理法》第四章也规定，国家建设可以依法征用农村集体所有制的土地。征地不是无偿剥夺，而近似于等价交换，征地单位要支付一定的费用。这种费用我们称之为征地价格。征地价

---

① 马克思:《资本论》第 3 卷，人民出版社 1975 年版，第 859 页。

格是我国土地所有权变更的最主要的价格形式。从国家或征地一方看，征地价格是土地购买价格，从国民一方看，征地价格又是土地出售价格。这种价格形式反映着国家或征地单位与农民的土地买卖关系。这种买卖关系能否称为商品关系或市场关系，尚有争议。在这种交换中，由于发生土地所有权的转移，可以视为真正意义上的商品交换关系。不过，有时征地费太低，不符合等价交换的原则。所以，有人又称为准市场关系。既然这样，将土地征用价格称为准市场价格也行得通。

国家征用来的土地或原属国家所有的土地，依照宪法和法律规定，在不变更所有权的前提下，可以有偿出让土地的使用权。用地单位（其中包括外资企业用地）为获得土地的使用权，必须支付一定的费用。这笔费用一般称为土地的出租价格。在中国香港等地区则称之为批租地价。① 出租地价或批租地价是目前反映我国土地使用权变更的最主要的价格形式。这种价格形式存在的深厚基础在于土地使用权的商品化或市场化，土地使用权像其他商品一样，可以进入市场进行交换。这种市场在我国刚刚问世，粗具雏形，有广阔的发展前途。因此，出租地价或批租地价这种价格形式将随着土地使用权市场的发展而越来越重要。当然，这种地价并不反映土地所有权变更，与上述的反映土地所有权变更的征地价格相比，似乎又有逊色。在这种意义上，也可以把出租地价或批租地价称之为准市场价格。

如果说批租地价是国家一级土地市场上的土地使用权价格，那么土地转让价格则是国家二级土地市场上的反映土地使用权再转让的价格形式。用地单位或土地开发企业从国家获得土地使用权后，在土地市场上将土地使用权再转卖给其他单位或企业时，将形成土地转让价格。这种价格形式目前还很少，随着土地使用权市场的发展，它的作用范围和程度将逐渐扩大与增强，这是一种极其活跃的价格形式，很容易被土地投机者利用，炒买炒卖地皮，这是值得注意的问题。

除了合法的土地市场及其相应的土地价格形式以外，还有不合法与违

---

① 批租地价又是相对于零租地价而言的。一次收取整个转让期的使用费，称为"批租"。反之，整个转让期的使用费分多次收取，则称为"零租"。

法的土地市场及其相应的价格形式，这就是土地的灰市场和黑市场，以及相应的灰市价格和黑市价格，这种情况在城市用地方面尤其突出。在传统体制下原来占用土地较多的单位，利用多种方式转卖、出租土地，以此索取高价；有的以地易物，有的以地易房，或私卖公地，都时常发生。灰市价格和黑市价格往往高出正常价的几倍，对于这种现象不能听之任之，要加以管理。在人多地少、土地供求矛盾日趋尖锐的条件下，更应该重视解决这类问题。

（三）按土地交易方式划分为土地协议价格、土地招标价格和土地拍卖价格

土地协议价格又称土地定向议标价格，它受行政干预较多，是一种优惠价格，其中也有免地价的，它适用于市政工程、公益事业用地，需要减免地价的机关、部队以及重点扶植优先发展的产业用地。例如，深圳中航贸易中心由于缺乏生活用地，职工居住条件很差，急等解决，为此他们向政府提出了用地申请，经政府批准，决定将一幅 5321 m^2 的土地出让给该中心，作为修建职工宿舍之用。该地的地价，一般应为 400 元/m^2，而中航贸易中心的期望地价则是 100 元/m^2，经过多方协商，最后确定的地价为 200 元/m^2，用地者一次付清。土地协议价格基本上是政府控制的价格，体现不了市场机制和竞争机制的作用，较难发挥出土地的经济效益。可是限于条件，目前仍以协议价格为主。在 1987 年 9 月至 1988 年底深圳市出让的 115 万平方米的土地中，协议出让土地 106 万平方米，其中免地价的 79 万平方米。

土地招标价格是以招标形式出让土地使用权的一种价格。在规定的期限内，用地者以书面形式投标，政府根据投标者所出的价格，所提的规划设计方案以及企业信誉等情况，择优而取，中标者不一定是出价最高者。招标价格有一定的行政干预，但比协议价格具有更多的市场因素，是协议价格向拍卖价格过渡的必经阶段。在目前市场机制不完善、法制不完备的条件下，招标价格是一种比较适合我国国情的价格形式。从 1987 年 11 月 25 日至 1988 年底，深圳市以招标形式出让六幅土地，总面积为 69424 平方米，约占全部出让土地的 7% 左右。近期内，它的比重可能会明显上升。

土地拍卖价格是土地使用权公开拍卖出让时使用的一种价格。在公开场合，由政府有关部门参加，拍卖一定的土地。竞投者叫价应价，价高者得土地。土地拍卖价格完全由市场机制和竞争机制决定，是地地道道的市场价格。它不受行政干预，有利于促进土地市场发育。但是，在市场运行不规范、企业尚未形成自我约束机制、只负盈不负亏的条件下，拍卖价格容易被扭曲，往往出现盲目抬价的现象。所以，目前不易大量推广。1987年12月1日至1988年底，深圳市拍卖土地三幅，总面积约17520平方米，占全部出让土地的1.5%。

（四）按地价管理方式划分为标准地价、限价、优惠价和补地价

为了合理利用土地，政府选择若干标准地块，制定和公布它们的价格，以此作为衡量其他地块价格的依据。这种定期公布的地价一般称为标准地价，也称公示地价。日本就有公示地价的制度，这种地价不是土地交易买卖的现实价格，而是一种参考价格。若交易地价比标准地价高很多，政府则劝其降价，不接受劝告者，政府则通过新闻渠道公之于众，使其受到舆论的谴责。

为了保持土地价格的相对稳定，既不使地价很高，影响土地需求者的利益，又不使地价过低，影响土地的供给，政府有时采取限价政策，对某一区域或某些地块，通过土地评估，规定土地的最高限价和最低保护价。土地交易时，不能突破规定的浮动幅度。有时，为了制止地价狂涨，也采取强硬的冻结土地价格的手段。日本首相竹下登在1987年8月发表竞选演说时就曾设想要冻结地价。

政府为了支持某些行业的更快发展，以及加快城市基础设施的建设，对于该行业所用国有土地实行优惠政策，以低于市场价格的水平出让土地使用权。这种较低的价格称之为优惠价格。我国深圳市仅1988年就以优惠价格出让6幅土地。当然，政府对于某些公共福利事业，有时也采取免收地价的办法给予优惠。深圳市1988年以免地价出让土地使用权的土地就达49幅，占的比重不小。

所谓补地价是指实行批租的条件下，由于土地使用者在规划许可的范围内改变土地用途或延长使用时间等，土地使用者向土地所有者补交的一

定量的费用。1988 年香港有 2 座石油库搬迁后，改为住宅用地，土地使用者曾向香港政府补交地价 15 亿港元。

（五）按地价的实现程度划分为现实地价与影子地价

由于土地所有权的变更，或土地使用权的转让，土地购买者向土地出售者实际支付的款项，称为现实地价。土地所有权价格、土地使用权价格、征地价格、批租价格、转让价格、协议价格、招标价格、拍卖价格等都是现实地价。现实地价是影子地价的基础和原本。

影子地价又称名义地价。它是一种有认识意义而无须实际支付的一种虚拟地价。因计算方法不同，影子地价又有不同的类型。在我国新中国成立初期"土改"运动中，曾经形成一种影子地价。那时，要把依法没收的地主富农多余的土地，公平合理地分配给农民，必须对各类不同土地进行估价，以便好坏搭配。那种对土地的估价，就是一种影子价格。

除以上各类土地价格外，在我国还有土地入股价格。集体经济单位与全民经济单位合作时，前者以土地使用权作为条件入股，或者国内的经济单位与外国的公司合作时，前者以土地使用权作为条件入股，都会形成土地入股价格。这种地价形式目前还不多。但随着改革开放的发展，它还会继续增多，成为地价体系中的一个组成部分。

三　土地价格测算方法

目前我国土地交易的成交价中，高者每平方米可达数千美元，而低者仅有几美元，相差几百倍。这种巨大差别，是经济、社会、政治等诸多因素作用的结果，如何估量各种因素的作用，既避免土地价格过高，又不使土地价格过低，从而形成合理的科学的土地价格，已成为深化土地使用制度改革亟待解决的问题。从这一点出发，介绍几种测算土地价格的方法与模型。

（一）剩余法（倒算法）

这种方法就是将楼宇等建筑物建成后的出卖价格，减去建筑成本、应纳税金、利息和正常利润以及专业费用，其剩余部分就是地价。用公式表示如下：

地价 = 楼价 – 建筑成本 – 专业费用 – 利息 – 开发商正常利润 – 税收

式中楼价是指建筑物建成后的预测售价；建筑成本是指建筑物本身所花的建筑费用；专业费用包括建筑师、工程师、测量师的收费，目前约为建筑费的 6% ；利息，无论是否借款，都应列入成本，目前为 8%—9% ；发展商正常利润，为前三项费用的 15%—20% ；税收包括依法应纳的各种税。

深圳市 1987 年 9 月 9 日协议出让使用权的一幅 5300 平方米的土地，就是用剩余法计算的地价，具体的计算过程列成表 1。

根据计算，按 1.3 的容积率要求，最终确定土地的出售价格为每平方米 200 元。由表 1 可知，容积率越高所获得的超额利润越多，地价也越高。容积率一般都有限制，目前深圳最高的容积率为 10。

表1

序号	项目	计算程序	不同容积率的地价（元/m²）					
			1:1	1.3:1	1.5:1	1.8:1	2:1	2.5:1
1	建筑容积率	建筑面积：土地面积	1:1	1.3:1	1.5:1	1.8:1	2:1	2.5:1
2	土地使用费	按施工期2年计算	5.4	5.4	5.4	5.4	5.4	5.4
3	土地开发费	小区配套费用	70	70	70	70	70	70
4	土建费	全部建筑费	250	325	375	450	500	625
5	利息	(2+3+4)×8%	26	32	36.6	42	46	51
6	住房建筑税	4×3.2%	8	10.4	12	14	16	20
7	管理费及利润	(2+3+4+5)×20%	70.3	86.5	97.3	113.5	124.3	150
8	销售税	10×3%	18	23.4	27	32	36	45
9	房屋价值	2+3+4+5+6+7+8	447.7	552.7	622.7	726.9	797.7	966
10	当年实际售价	按600元/m²计算	600	780	900	1080	1200	1500
11	超额利润	10-9	152.3	227.3	277.3	353.1	420.3	533

该表参见《财政研究》1988 年第 10 期。

1988 年 8 月 8 日上海市举行了首次国有土地使用权有偿出让的国际招标。日本孙氏企业有限公司以 10416 万元人民币（合 2800 万美元）的最高价夺标。决标前，中国香港某些人士预测，地价约在 5000 万元人民币左右。而孙氏企业公司竟以高出 1 倍的价格夺标，出乎某些地产界人士的预料，认为出价太高了。其实，在投标前，孙氏企业有限公司的代理人——文化行，使用剩余法对土地价格进行了认真的测算。决标后，孙氏企业有限公司董事长孙忠利表示，出的这个地价是合理的，并说，如在日本东京，相同条件的地块，价格则高 30 倍。

剩余法或倒算法比较简便易行，是目前国际上通用的一种方法，在中国香港地区较为流行。现阶段我国土地市场刚刚出现，成交案例较少，很难采用案例比较法。因此，采用剩余法对土地进行估价是可行的。当然，它也有缺点。它的计算建立在房屋出售价格的基础上，而房屋的出售价格一般又是预测的，带有很大的风险和估算成分，所以，土地价格的计算难以准确。使用这种方法的关键在于，能够较为准确地预测未来的建筑成本和建筑物的售价。

（二）比较法（买卖实例比较法）

这种方法就是把待估价的土地与条件类似的并已出售土地进行详细分析比较，进而估出地价。使用这种方法，必须事前进行市场调查，到土地市场上寻找各种案例，以便用已成交的市价为标准，确定地价。基于这种情况，这种方法又称为市场比较估价法。

1987 年 12 月 1 日深圳市举办了首次以拍卖方式有偿出让土地使用权的交易。深圳市房地产公司在众多的竞争者中，以每平方米 611 元的价格夺魁，比拍卖底价每平方米 235 元高出 1.6 倍。该公司事前曾经使用比较法对土地进行了估价。他们选择了与拍卖地块相邻的东乐花园楼宇预售价（每平方米 968 元）作为比较参数。经过计算，拍卖的这块土地面积为 8588 平方米，建筑成本约为 824.85 万元，每平方米的建筑成本为 585 元，预计的楼宇销售价格为 1364.88 万元。在这个前提下，当地价为 540 万元时，企业利润接近零。只要地价在 540 万元以下，房地产公司都会获利。而竞投的结果，地价只有 525 万元。可见，还是有利可图。只要未来的楼宇售价不低于作为参数的每平方米 968 元，企业盈利就不会少于 15 万元。因此，该公司下决心购买了这块土地。

上海市出让虹桥开发区的 31 号地基时，也是采用比较法确定地价的。不过这是同历史上的相似地块相比较。上海市 1933 年外滩和平饭店地基的地价为每平方米 540 两白银。每两合 1.15 盎司。1987 年 8 月上旬伦敦市场白银价格每盎司 8.15 美元。每平方米地价应为 5061 美元（＝540×1.15×8.15）。不过，虹桥开发区的 31 号地基比外滩土地低两个等级。因此应打两个八折，每平方米地价应为 3239 美元（＝5061×80%×80%）。

市场比较法的理论依据是替代原则。这种方法适用于土地市场比较发达的国家和地区。目前，世界上土地市场比较发达的国家，在估量土地的价格时，80% 以上都采用这种方法。这种方法简便易行。由于以实际材料做基础，所得结果也比较切合实际。采用这种方法的关键在于，广泛搜集准确的市场交易材料，并进行认真分析和修正。随着我国土地市场的不断发展，这种方法的应用将越来越广泛。

（三）比例法（结构法）

这种方法就是根据地价与地上建筑物价格的比例关系的统计资料，来估算将要出售或购买的土地价格。根据中国香港的经验，地价一般占地上建筑物造价的 60%—80%。在日本许多城市，一个工程项目的总投资六七成是买地皮的费用，东京更达八成以上。根据地价在投资中所占比例，可以算出单位土地的价格。

上文所述的上海虹桥开发区的 31 号地基出卖时，也采用了比例法对土地价格进行测算。那块土地 2.18 万平方米，使用期限 50 年，要求容积率为 6，每平方米建筑物造价 800 美元，总造价 10464 万美元。地价占建筑物造价的比例，如果按 50% 计算，则应为 5232 万美元，每平方米地价应为 2400 美元。由于这块土地是预拟租，两年后才能提供土地，可再给八折优惠，每平方米地价只有 1920 美元。

采用比例法对虹桥开发区 31 号地基进行的估价，所以显著低于采用比较法进行的估价，主要原因在于确定的地价占建筑物造价的比例偏低，如果适当提高这个比例，两种方法的结果是会吻合的。

(四) 成本估价法

这个方法又称再生产费用法。它是以投资于土地的劳动为依据来测定土地价格。或者说，以土地成本为基础，来制定土地价格。

土地成本一般包括土地征用费（土地补偿费、劳动力安置费及青苗补偿费等）、基础设施开发费以及利息支出。土地征用费多少为宜？1953 年政务院公布的《国家建设征用土地办法》规定，对于一般土地，根据其最近 2—4 年的产量总值为标准评定征地补偿费；如果征用农业生产合作社的土地对社员生活没有影响，可以不发给补偿费。1982 年国务院公布的《国家建设征用土地条例》规定，征地补偿费主要包括以下项目：第一，土地补偿费，征用耕地的补偿标准为该耕地年产值的 3—6 倍，年产值按被征用前 3 年的平均产量和国家规定的价格计算。第二，青苗补偿费和被征用土地上的房屋、水井、树木等附着物的补偿费。征用城市郊区的菜地，还应支付新菜地开发基金。第三，安置补助费，每一农业人口的安置补助费标准，为该耕地每亩年产值的 2—3 倍，需要安置的农业人口数按被征地前农业人口与耕地面积的比例及征地数量计算。每亩耕地的安置补助费，最高不得超过其年产值的 10 倍[①]。土地开发费一般包括平整场地以及进行水、电、路等基础设施建设的费用。开发 1 平方公里的土地，80 年代初一般为 0.8 亿—1 亿元，而现在涨幅达 1 倍以上。据珠海市统计，每平方公里开发费约 1.7 亿元左右。

成本估价法主要适用于估算城市更新改造或新镇建成后的土地出售的底价。严格说来，成本不是地价，还缺少土地使用者为使用土地而必须交纳的地租。但是，由于成本是价格的基础，依据成本制定土地价格，还是有一定意义的。况且，目前我国不少城市为了吸引工业投资，工业用地采用"保本"定价的原则，因而土地成本与土地价格大体一致。在这种情况下，成本估价法还不失为一个重要的方法。

---

① 参见农牧渔业部土地管理司编《土地管理文件汇编》，第 24—26 页。

（五）纯收益还原法（地租资本化法）

这种方法的实质是将土地年收益额（地租），通过贴现计算，还原为地价，它的计算公式是：

地价＝地租/利息率

纯收益法（地租资本化法）认为"土地价格不外是资本化的因而是提前收取的地租"。当然，一次性收取的地价，不是每年地租的简单加总，而要进行贴现折扣计算。例如，一块土地每年收地租 17 元，使用期为 50 年。如果简单地用 17 元 × 50 年，则地价为 850 元。这样计算是不合理的[1]。因为在商品经济条件下，今天预收未来才能收到的钱，必须扣除贴息，进行折现。如果每年贴现率是 8%，那么这块土地目前的地价则为 207.97 元。它的计算方法如下：

$$\text{地价} = 17 \times \frac{1 - \dfrac{1}{(1 + 0.08)^{50}}}{0.08}$$

将上述计算过程用公式表示，则是：

$$V = A \cdot \frac{1 - \dfrac{1}{(1 + r)^{n}}}{r}$$

式中：V 表示地价（年金现值），A 表示地租（年金）；

n 表示土地出让年数；

r 表示年贴现率。

在上式中，当 n 无限大时，地价是土地所有权价格，而当 n 为一个有限的数时，地价则是土地使用权价格。土地所有权价格不外就是按现值计算的今后无限期地租的总和，而土地使用权价格只是按现值计算的一定年限地租的总和。一般说来，土地出让年限超过 50 年以上者，土地使用权价格非常接近土地所有权价格，两者的差异很小。

采用纯收益（地租）还原法计算地价的关键在于，如何确定地租的内

---

[1]　现在流行着这样的公式：地价＝年地租额 × 出让年限。这个公式就是把地价看成每年地租的简单加总。严格说来是不妥的。

涵及其计算方法，不论是绝对地租，还是级差地租，要准确计算出来，都是很困难的。不过，它们又是可认识可计算的，不能陷入不可知论。目前，我国已有济南、深圳、上海、天津、北京、宁波等城市测算了级差地租（级差收益）。我们搜集到的测算结果如下：

（1）济南市的测算结果

土地分四级的级差收益

土地级差	1	2	3	4
土地级差收益（元/m²）	855	641	427	214

土地分六级的级差收益

土地级差	1	2	3	4	5	6
土地级差收益（元/m²）	671	559	447	335	224	112

（2）北京市的测算结果

土地级差	1	2	3	4	5	6	7	8
土地级差收益（元/m²）	206.2	128.6	80.6	50.3	31.5	19.7	12.3	7.7

（3）宁波市的测算结果[①]

土地级别	1	2	3	4	5
土地级差收益（元/m²）					
商业用地	220	118	63	34	18
工业用地	—	38	49	36	35
商品住宅用地	191	107	58	27	10

上述资料表明，北京与宁波大体接近，而与济南相距甚远。若将更多城市加以比较，则可大体知道目前我国城市土地级差收益的概况。据此，可以较为准确地计算出土地使用权价格。当然，要把土地所有权价格计算出来，还要加上绝对地租。

对于上述采用地租还原法计算地价的公式，有些同志又加进若干因素，进行修正，引出新的公式[②]。其实，那些公式并无新意，仅仅涉及对

---

① 参见宁波市土地管理局《宁波市地价测算技术报告》（一）。

② 参见李文、杨继瑞《我国城市土地改革的理论思考》；吕益民：《城市土地使用费的构成与土地价格问题》。两文均载《经济研究》1990年第8期。

地租的内涵与外延的界定问题。如果把地租限制在狭小的范围内，当然可以在上述地价计算公式中加进若干因素。

（六）综合法（联合法）

所谓综合法就是综合运用上述的剩余法、比较法、比例法、成本法以及纯收益还原法等，对土地价格进行评估。

1989 年 8 月，中国国际信托投资公司因出售原来通过行政划拨而无偿取得的土地，需要补交地价款时，北京市土地管理局就采用多种方法对土地价格进行评估。采用剩余法估价，每平方米地价为 539 美元；采用收益还原法估价，每平方米地价为 418 美元；采用市场比较法估价，每平方米地价为 400 美元。最后，经过反复比较分析，确定每平方米楼面地价为 400 美元。由于容积率为 5.4，所以每平方米土地价格为 2160 美元（400×5.4）。

此外，我国福建省石狮市还采用铺面租金剥离法来计算地租与地价。公式如下：

$$房基地租 = 房租 - 成本房租 \tag{1}$$

$$土地价格 = \frac{铺面租金 - 成本房租}{利息率} \tag{2}$$

上式中的成本房租 = 折旧费 + 维修费 + 投资利息 + 管理费 + 保险费 + 利润。

他们计算的结果是，一级土地每平方米为 2800—5000 元，二级土地每平方米为 1800—3900 元，三级土地每平方米为 700 元，四级土地每平方米 200 元，五级土地每平方米 100 元。

在西方还采用影子价格法、机会成本法来计算土地价格。影子价格计算的方法很多，其中之一就是通过计算土地的边际生产力来计算土地的影子价格。假定其他生产要素（劳动、资本等）不变，随着单位土地使用量的增加，总收益将发生变化。最后一个土地使用量单位所带来的收益增量，即是土地的边际生产力。机会成本作为一种方法，用于测算与估量土地的价格，是可以用的。在我国，不少农业用地将逐渐转为工业用地和商业用地，在这种情况下，通过农业用地的收益来估量工业用地或商业用地的价格，是有一定意义的。

四　土地价格的走势与对策

（一）地价的上升趋势

一百多年来，土地价格的上升是极其迅速的。据统计，美国芝加哥市每1/4英亩的土地平均价格，1830年不过25美元，而1894年就涨至125万美元。1980年同1936年相比，日本农田价格上涨1900倍，市街地价上涨9000倍。

第二次世界大战后，发达资本主义国家的地价普遍上升。1960—1965年期间，几乎所有资本主义国家的地价都急速上升。这一时期，巴黎地价平均每年上升26%，日本六大城市平均每年上升30%。1965年以后的几年，各国地价趋于平缓。1969—1972年，各国地价再度上涨，以后再度平缓。进入80年代后，各国地价再度高涨。1980—1987年，除加拿大地多人少这个特殊情况外，其他国家和地区的地价大约上升100%—250%，其中英国地价上升239%，日本197%，法国151%，意大利154%，联邦德国142%，美国140%，平均每年达到20%以上。

发展中国家和地区的地价也不断上升。1980—1987年，新加坡、中国台湾地区和韩国分别上升135%、203%和208%；中国香港地区1982—1987年期间上升115%。泰国首都曼谷以北45公里的巴吞那化尼府的一个工业区，1600平方米大小的地皮价格，1984年为60万铢，1986年超过100万铢，1988年达到150万铢（25铢＝1美元）。

同各国的情况相类似，中国的土地价格也存在着上升的趋势。上海市的南京路，从1869年至1927年的近六十年间地价上升四十多倍。黄浦滩一带，在1843年开埠时，每亩土地的价格不过6—10两白银。到1902年，地处外滩的沙逊大厦和汇中饭店（今和平饭店南北楼所在地）每亩涨至3万两，1906年增至10万两，1925年又增至17.5万两，1933年更高达36万两。中国香港地区从1959年至1979年的20年间，非工业用地价格上涨42倍，商业用地价格上涨130倍，住宅用地价格上涨80倍，平均上涨87倍。深圳市的地价也不断上升，1987年11月商品住宅的地价每平方米

不过 368 元，而时间过去不足 2 年，1989 年 6 月就上升到每平方米 1360
元，上涨近 3 倍。工业用地和商业用地的价格上升更快。从国内各城市
看，地价上升的速度不同。据已有的资料，目前地价最高者是上海。1988
年 8 月 8 日以招标方式出让 12927 平方米土地，每平方米 2710 美元。

地价上升是各国的共同趋势。但是，由于各国情况不同，地价上升又
呈现不同的特点。其中日本的土地价格上升最有代表性。第二次世界大战
后的四十多年间，日本地价经历了 4 次涨价浪潮。第一次是 50 年代末至
60 年代初，主要是由于日本经济高速增长和重化工业的迅速发展，导致工
业用地需求增加；同时人口向大城市集中，必然引起像东京、大阪、名古
屋等大城市土地价格迅速上升。第二次是 70 年代初，1970 年和 1971 年各
类用途土地价格平均比上年上升 10%，1972 年上升 30.9%，1973 年上升
32.4%。造成这次地价上涨的直接原因是大城市郊区的住宅需求旺盛，地
价上涨由郊外波及市区。当时进行的列岛改造和地区开发也是导致地价上
升的重要原因。通过产业结构调整、实施国土利用规划法以及改革土地税
制等，使地价上涨趋势有所回落。1974 年仅比上年上升 9.2%。70 年代中
期日本地价相对稳定了一个时期。从 1978 年开始，以日本的三大都市圈
（东京圈、大阪圈、名古屋圈）的住宅用地为中心，土地价格再度明显上
涨。1978 年上涨 5.2%，1979 年上涨 10%，1980 年上涨 9.6%。造成这次
地价上涨的直接原因是住宅需求扩大，而住宅用地的供给却十分有限，供
求极不平衡，导致需求拉动型的地价上涨。第四次地价暴涨与前几次不
同，先是东京市中心的商业用地价格上涨，而后波及东京等城市住宅用地
价格上升。造成这次地价上升的直接原因是日本经济的国际化和信息化，
外资企业大量进入东京，各种总部移向东京。此外，土地投机，造成虚假
需求，也是不可忽视的原因。1987 年日本全国的平均地价上涨 9.7%，而
东京地价则上升 85.7%。

由于日本地价连续上升，它已成为当今世界上土地最昂贵的国家。
1931 年世界上 24 个城市的地价排名次，美国的城市包揽了前几名，纽约
居榜首，东京排在第 10 位。上海、中国香港地区、广州，依次居末三位。
当年美国纽约的最高地价为日本东京的 5.29 倍。而到了 1987 年，纽约比
较高的地价每平方米不过 4 千—5 千美元，仅为东京地价的 1/5。1988 年 1

月 1 日日本国土厅颁布的公示地价显示，以东京火车站为中心的 40 平方公里范围的东京圈，平均每平方米的地价如下：

	公共用地	住宅用地	商业用地	银座
日元	19.9 万	53.13 万	473 万	3400 万
美元	1645	4391	39090	280000

1988 年底日本经济企划厅宣布，1987 年日本土地总价格为美国的 4 倍。而美国的国土面积有 936.3 万平方公里，为日本国土面积 37.7 万平方公里的 25 倍。所以，按单位面积计算，日本地价相当于美国地价的 100 倍。

为了说明日本土地价格昂贵，现把世界上 12 个城市地价列成表 2，以便进行比较。

资料证明，不论是高级住宅地价，还是一般住宅地价，东京都居榜首。据日本国土厅主管地价评估的官员介绍，1988 年 11 月银座地价已突破每平方米 30 万美元大关。

表 2　　　　　　　1984 年世界上 12 个城市地价比较表　　　　单位：美元/m²

序号	城市名	地价			
		高级住宅地价	一般住宅地价	商业用地地价	最高地价
1	加拿大—温哥华	252	168	623	4488
2	美国—旧金山	108	102	4306	10764
3	美国—洛杉矶	67	68	1884	4306
4	韩国—汉城	409	298	9430	12035
5	中国台湾地区—台北	1086—1224	883	2901—3343	9082
6	新西兰—惠灵顿	58	20	—	138
7	澳大利亚—悉尼	122	55	10514	—
8	日本—东京	4198	1562	6484	55153
9	日本—大阪	2076	829		31450
10	法国—巴黎	1602	—	—	2861
11	英国—伦敦	—	16.9(英镑/m²)	—	
12	联邦德国—法兰克福	228—102	188—102	1019—1669	3162

（二）地价上升的经济分析

土地价格上升的原因很多。"不仅人口的增加，以及随之而来的住宅需要的增大，而且固定资本的发展，必然会提高建筑地段的地租"①，进而提高土地价格。从世界各国情况看，地少人多的矛盾是地价上升的主要因素。澳大利亚、加拿大等国家人少地多，经济虽然也有很大发展，但地价上升不多；而日本、中国香港等国家和地区，则人多地少，土地价格就上升较多。中国内地属于后一种类型，人多地少的矛盾相当尖锐，这必然促使土地价格上升。这种情况在珠江三角洲地区已经显露出来。其他城市也会不断出现这个问题。对于这一点，我们要有清醒的认识，及早采取措施。

按照土地价格＝地租/利息率的公式分析，土地价格的升降直接受地租水平和利息率高低两个因素的制约。在利息率不变时，土地价格同地租水平成正比；在地租水平不变时，土地价格与利息率成反比。在人多地少矛盾的作用下，随着经济的发展和社会的繁荣，地租水平有上升趋势。这是地价上升的一个重要原因。另外，在社会经济发展中，随着科学技术不断进步、资本（资金）有机构成不断提高，利润率有下降的趋势②，从而相应的利息率也有下降的趋势，这就必然促使地价上升。所以，即使地租水平不上升，或者上升不多，也会因利息率的下降而使地价上升。当然，土地价格同地租、利息率的关系，在现实经济生活中并不是简单的比例关系，而是一种曲折复杂的关系。据有关专家测算，近几十年来，资本主义国家地价上升速度超过地租上升速度，而且地价对地租的比例小于当年的年平均利息率。这就是说，地价除受地租和利息率制约外，还受其他因素的影响。这些因素可能有：把购买土地作为保值或增值的手段；炒卖地皮；通货膨胀加剧，地价的预期值增大；农业的掠夺性经营加强，土地肥力下降，引起地租下降；国家行政干预等。在我国，直接促使地价上升的

① 《马克思恩格斯全集》第25卷，人民出版社1975年版，第872页。
② 有的文章简单地把利润率下降以及相应的成本上升说成是浪费的集中表现是不够全面的。在我国，利润率下降固然有浪费的原因，同时也不能忽视有机构成的提高。

因素也不外地租水平的上升和利息率的下降。地租的上升无须多说，是大家都感觉到的，仅以利息率来说，虽然前几年为了吸收存款曾多次提高利息率，但是由于利息率受利润率和物价上涨率的制约，从 1990 年下半年起利息率有所下降。利息率的下降和地租水平的提高，从正反两个方向推动地价呈现上升趋势。这可能是不以人们意志为转移的一条客观规律。

（三）我国的土地价格政策

面对着地价的上升趋势，经常会有人提出这样的问题：是高价政策好，还是低价政策好？对这个问题应深入分析。

高价既有有利的方面，又有消极的方面。价格高自然使国家在有限的土地上取得更多的收入，有利于解决资金困难问题。但是，价格过高，也有不少弊端。外资企业可能望而却步，国内企业也难于承受和消化，即使勉强接受，也会把地价进行再转嫁，形成连锁反应，引起其他商品价格上升。

低价也既有有利的方面，又有消极的方面。地价低容易吸引外资，有利于开放，也有利于国内企业承受和消化。但是，价格过低，也有许多毛病，国家应有的土地收入将流失，企业的成本不实，掩盖经营中的问题，浪费土地的现象可能抬头。

从近二三年全国各城市出让土地的价格情况看，并不是地价过高，而是出现了地价过低的倾向。据国家土地管理局土地经济所 1989 年 7—9 月份，对沿海部分城市的调查，有偿出让的工业用地的单位面积（每平方米）的地价如下：

深圳经济特区	200—420 元
珠海经济特区	300 元左右
汕头经济特区	265 元左右
厦门经济特区	120 元左右
泉州市	60 元左右
石狮市	150 元左右
广州市经济开发区	570 元左右
昆山市经济开发区	100 元

　　由上述资料可知，珠海经济特区的土地价格还是比较高的。但是，这种价格水平也仅仅相当于土地开发成本[1]，并没有赚钱。其他城市的情况也类似。目前，我国相当多的城市和地区，为了吸引工业投资（其中包括国外的和外地的投资），发展地方经济，往往采取"保本"原则，甚至暂时亏本，把地价定得很低。这种倾向值得注意。李鹏总理指出："在吸引外资中，必须十分珍惜我们的土地资源，不能把土地价格压得很低，圈子画得很大来吸引外资。中国经济稳定，根本问题是农业。我国人口多，人均耕地少，土地资源十分宝贵。因此，任何时候都必须十分珍惜土地。我们对外商讲，在大陆做地产生意是没有前途的。到大陆来，必须把企业带来。大陆的投资环境好，社会稳定，劳动力便宜，来这里能赚钱。我们决不能以土地，特别是耕地、良田作为吸引外资的条件。否则，我们就要犯历史性的错误，无法向人民交代，向子孙后代交代。"[2]

　　还有一个问题也需要重视。有些城市限于财力，难以开发土地，便划出大片土地，以极其低廉的价格转让出去，让外商开发，似乎既取得一笔收入，又开发了土地，两全其美。其实，并非如此。那样做，既然把开发土地的困难和风险让给了外人，同时也把土地增值的好处给予了别人。随着我国经济迅速发展和对外开放的扩大，土地价格会不断上升，土地增值将是很多的。有的外商看透了这一点，现在总想在中国搞地产生意。现在看来大片出让土地合算，过不了 30 年，再回头看，可能吃了大亏，肥水已经流入外人田。而且，大片出让土地，还可能影响城市的规划布局。在出让土地上，一是坚持合理的价格，不要把价格压得很低；二是出让时间不能过长，一般 30 年，多者 50 年，最好不要超过 70 年；三是出让的面积不能连片太大，一块满足不了要求，可再出让另一块；四是力争自己投资开发，即使贷款开发土地一般也都是合算的，比让外人开发更好一些。

　　土地价格既不能过高，也不能太低，要大体合理。合理的标准何在？这是需要探讨的问题。现提出两点供参考。一是地价在建筑物造价中的比

---

[1]　在珠海特区，每平方公里的土地开发费约 1.7 亿元。绿地比重 33％，再加上道路、广场和公共建筑用地等不能出让者，约占 50％。因此，要 1∶1 摊入不能出让的土地费用。这样，每平方米的开发成本应是 170 元 ×2 ＝340 元。工业用地的开发成本稍低于这个水平。

[2]　参见李鹏《努力启动市场，促进生产适度发展》，《经济日报》1990 年 10 月 9 日。

重以不超过40%为宜，可在30%—40%之间浮动；二是用于土地的投资，不仅要保本，还要获得社会平均利润。坚持以上两条，既可使我国土地价格显著低于日本、中国香港等国家和地区，与大多数发展中国家的地价水平基本持平，又可使外商易于接受，国内企业能够承受和消化。

为了使土地价格合理，首先要对土地进行技术评估和经济评价。美国、英国和法国在20世纪30年代相继进行了土地评价，苏联及东欧一些国家从50年代开始也在全国范围内对土地进行了评价。近几年，我国在某些城市刚刚开始这项工作。今后要逐步在所有城市和乡村进行土地的评价，建立类似于日本的公示地价制度。这是土地价格合理化的基础环节。其次，要建立和健全土地交易价格的申报制度。不论何种成交价格都要报给当地物价部门和土地管理部门，以便进行价格监督和检查。再次，要尽快设置土地增值税，控制土地投机。最后，国家要通过行政和法律手段加强对土地价格的控制与管理，促进土地价格逐步合理化。

（原载《中国生产资料价格改革》，经济科学出版社 1992 年版）

论价格在市场经济中的作用与地位

　　众所周知，价格是市场经济的晴雨表。当我们按照党的十四大决议精神的要求大力发展市场经济时，本应该充分重视价格问题，很好地利用价格机制，发挥价格在经济体制改革和现代化建设中的作用，为我国在 90年代迈上新台阶服务。可是，随着绝大部分商品改由企业自主定价，有些人认为价格问题已经成为无足轻重的事情，价格调控、管理机构的任务也大为减轻了。这种认识与发展市场经济的要求是背道而驰的，很有必要加以分析，澄清思想，统一认识，把价格理论与实践向前推进一步。

一

　　著名的资产阶级经济学家亚当·斯密曾经在市场经济中发现了一只"看不见的手"，并且断定这只手操纵与支配着资本主义的市场经济。后来，马克思主义者把这只"看不见的手"命名为价值规律。恩格斯曾经十分明确地指出，价值规律是商品经济（市场经济）的基本规律。毛泽东曾经说过，价值规律是一所伟大的学校。几百年的历史已经证明，无论是亚当·斯密的发现，还是马克思主义者的论断，都是颠扑不破的真理，科学地反映了市场经济的本质及其运动规律。我们今天发展市场经济，首先要承认价值规律，尊重价值规律，并坚决按照价值规律的要求办事。

　　既然我们都承认和肯定价值规律是市场经济的基本规律，那就易于理解和认识价格在市场经济中的作用与地位问题了。这是因为，价格与价值是现象与本质、形式与内容的关系，价格不外就是价值的货币表现。所谓价值规律，就是价值形成与运行的规律。这个规律在现实经济生活中，只有通过价格的变动才能发挥出作用，人们也是通过价格而掌握和运用价值规律的。某种商品的价格高于价值时，社会上的资金和劳动力便向这种商品的生产与流通集中；反之，当商品价格低于价值时，这种商品生产和流通中的资金与劳动力便流向其他领域。价值是价格波动的中心，正像海洋的水平线是海浪波动的中心一样。价格围绕价值不断地波动，并不是价值的否定，也不是价格无所谓地随风飘摇，而恰恰是价值规律作用的形式。既然价格与价值规律相依为命，表里一体，我们就不能厚此薄彼，看重价值规律，而轻视或否认价格。价格的作用与地位，正是由价值规律的作用决定的。正像尊重价值规律，按价值规律的要求办事一样，我们要充分重视价格问题，很好地发挥价格的作用。

价格的地位与作用也是由市场经济的本质决定的。所谓市场经济，就是以市场机制作为配置资源的主要方式的经济。市场机制在配置资源时当然要借助于价格。在市场中，有两个基本要素，一曰商品，二曰货币。这两大市场要素的配置要有适当的比例关系。否则，商品过多货币太少，或货币过多商品太少，都会使市场波动，难以实现商品的价值。在市场中，商品与货币的数量关系，对于市场的稳定和繁荣来说，是至关重要的。用什么来衡量和测度市场上的商品与货币的关系？这就要借助于价格了。准确地说，价格是商品与货币关系的指数。从微观的一件商品来说是这样，从宏观的整个商品世界来说也是如此。一般说来，某种商品的价格水平上升，说明供不应求，商品少货币多，这种商品的生产和流通需要配置较多的资金与劳动力；反之，某种商品的价格水平下降，说明供过于求，商品多货币少，这种商品的生产和流通需要配置较少的资金与劳动力。由此看出，社会的资源如何配置，资金与劳动力投向何方，都要视价格这个指挥棒的方向。价格确实是市场配置资源的指示器和方向盘。离开价格，奢谈什么市场配置资源，不过是妄想。我们要大力发展市场经济，依靠市场机制配置资源，不能不重视价格问题。

市场经济是一种竞争性经济。这种竞争性决定了价格的地位与作用。竞争既包括质量竞争，信息竞争，服务竞争等，当然也包括价格竞争。有时，价格竞争是胜负的主要手段。也就是说，价格的高低在一定意义上可以决定企业的命运，成为企业生死存亡的关键所在，成为发展市场经济的重要契机。这一点并不坏。它将促使企业降低消耗，加强管理，提高效率，以便为激烈的价格竞争创造物质基础。价格竞争，像一条无情的鞭子，鞭策着企业前进、前进、再前进！任何企业要在竞争的舞台上演出威武雄壮的戏剧来，不可不重视价格问题。

二

价格在市场经济中的作用是多层次多方位的。无论在宏观经济中，还是在中观经济中，或微观经济中，总之，在市场经济的每个角落，甚至极小的旮旯里，无不显示出价格幽灵的存在。价格的确是市场经济中的一个无所不在、无时不在的"怪物"。难怪有人说，市场经济就是价格经济。西方经济学所谓的微观经济就是价格经济。限于本文篇幅，我们仅仅考察价格在社会再生产运行过程的生产、分配、交换与消费诸多环节中所起的作用也就够了。

在生产环节，价格是指挥者。对于企业来说，生产什么，不生产什么，生产多少，那要根据价格状况决定。当价高利大时，就多生产；价低利小时，就少生产；无利可图时，就停产或转产。如果说利润是企业生产的动机，价格则是行动的指南。价格确实是位指挥者，过去，我们否定这一点（也许至今还有人不承认这一点），曾经吃了大亏，后遗症至今仍未完全消除。比如，煤、油、电等能源价格低，铁路运价低，粮棉价格低，曾经严重阻碍了这些基础行业的发展。尤其是能源、铁路已成为国民经济发展的"瓶颈"，制约着我国市场经济的发展。我们的产业结构、产品结构长期与需求结构不适应，国家急需的东西缺乏，而不需要的东西却堆在仓库里睡大觉，究其原因当然甚多，不过，有一个重要的不可忽视的因素，那就是价格结构不合理、不科学。为了使产业结构合理化，首先要使价格结构科学化，充分发挥价格对生产的调节作用。如果说在产品经济时代，调整产业结构主要靠行政命令，那么在市场经济的今天，改进和完善产业结构主要应靠经济手段，应靠价格机制的力量。

在分配环节，价格是个分配者。在国民收入分配与再分配的各个部分，无不显示出价格的分配功能。例如，在工农之间、城乡之间，如果农产品价格低于价值，而工业品价格高于价值，形成所谓工农产品价格"剪刀差"，那么前者所创造的新价值将隐蔽性地、部分地转移给后者，使国民收入形成不合理的分配。在国内各地区间，如果能源、原材料基地的产品价格低于价值，而加工产品基地的产品价格高于价值，形成所谓地区价格"剪刀差"，那就使前者创造的一部分国民收入转移给了后者。在这方面，山西、内蒙古以及辽宁等省区都有强烈的反映。在消费者与工商企业之间，如果消费品和劳务的价格高于价值，那么消费者的一部分收入将无偿地转给了企业；反之，亦然。在国内与国外之间，如果国内的资源以低于价值的价格出口，或者把国外的加工产品以高于其价值的价格进口，都会把一部分国民收入转移到其他国家。据统计，70年代以来的二十年间，第三世界发展中国家原材料出口价格水平大约下降20%，而同时期发达国家出口的加工产品价格水平却上升很多，仅此一项，发展中国家每年损失达上千亿美元。这就是说，通过价格的分配功能，社会财富在世界范围内正在大流动大转移。现代市场经济早已超越了国界，成为国际化的全球性的，我国也卷入了这个浪潮，因此，切不可漠视国际价格对我国经济的影响，不能允许我国财富被"看不见的手"偷偷拿走。

在交换环节，价格是个调节者。市场上的价格与供求是相互作用的。西方均衡价格论认定供求决定价格；而马克思主义者则认为供求不能决定价格而仅影响价格，决定价格的是价值而不是供求。不管哪种学说，都承认供求对价格有很大的作用。而价格对供求呢，当然也不是被动的消极的，而起着积极的巨大的反作用。价格是市场上供求关系的重要调节者。一般情况下，适当降低价格，限制生产，扩大销路，可以解决商品供过于求的矛盾；反之，适当提高价格，刺激生产，限制购买，可以解决供不应求问题。通过价格的自觉调节，推动着市场上的供给与需求、卖方与买方、商品与货币趋向相对的平衡。在这方面过去我们囿于保持价格的稳定性，不大使用价格杠杆调节商品供求关系，而采用行政办法诸如凭票证供应等。现在那套旧的办法已不适应市场经济了，该进博物馆了。而新的办法，就是要学会运用价格调节市场上的供求关系。

在消费环节，价格是个指导者。我国人民的生活消费正在由温饱型迈向小康型，同时经济体制也正由计划经济模式向市场经济型转变。这就是说，我国亿万人民将在市场经济中生活。市场消费有两大特征，一是消费自主权、决策权、选择权扩大了，有权选择了；二是商品丰富了，有条件可供选择，选择权可以实现了。这两条有利于市场经济的发展。可是，也引起了某些人的误解，以为消费完全自由化了，不需要指导，更不需要管理了。其实不然，对于现代生活，更要有科学的指导与管理。指导与管理的方式是多种多样的，价格是其中一种重要工具。价格既刺激消费，鼓励消费，也可限制消费、阻碍消费，还可转移消费。价格在调节消费关系、完善消费结构方面有显著的作用。

市场经济是价格的真正天地。随着市场经济的发展，价格作用的范围将越来越大，价格作用的程度将愈来愈强。这个总趋势是无法改变的。

三

如何发挥价格的上述作用？当然离不开人的主观努力，若无价格主体的参与，没有价格主体的主观能动作用，任何价格都难以起作用。改革以来，价格主体逐渐多元化了，不仅各级物价主管部门，而且大量的企业都成为价格主体了，都参与制定价格了。目前由企业制定的市场价格已占80％左右。从狭义价格的角度看，市场价格体制基本上确定了。这种情况大大有利于发挥价格的作用。

当前的主要问题是，价格权的大量下放和企业价格主体的兴起，是否意味着政府价格主体的消亡？是否意味着政府价格职能的消失？也就是说，价格作用的发挥，还要不要政府参与？

我认为，随着市场经济的发展，政府价格机构在发挥价格作用方面的责任不是减轻了，而是加重了。这样说，理由有四：

第一，随着市场经济向纵深发展，价格领域拓宽了，政府价格机构管理与引导价格的责任加大了。在改革中出现了房地产价格、股票价格、期货价格、技术信息价格、广告价格以及三资企业的产品价格等许多新事物。对这些价格，国家价格机构能视而不见、不管不问、任其发展吗？肯定不行。政府价格机构当然不能越俎代庖，代替企业制定这类价格，但是也不能袖手旁观，而要采取价格申报或价格备案等切实可行的措施加以管理和引导。当前房地产价格混乱，股票价格、债券价格动荡不已，技术价格、信息价格神秘莫测，三资企业"转移价格"的暗流，都说明对价格管理和引导的必要性。仅以所谓"转移价格"来说，它给我国造成的损失是相当惊人的。据报道，1990年底广东省对全省1090家三资企业所得税状况进行调查，其中竟有一半是亏损的，金额达3.27亿元。即使在特区，三资企业亏损也很严重，有的特区亏损面达45%。而"亏损"中的外商不仅没有危机感，反而觉得"合作愉快"。这其中隐藏的奥秘在哪里？当然在"转移价格"里。[①] 以生产"爱吉尔"运动鞋的合资企业为例，投产半年后亏损达21万美元。原因是，该鞋每双成本13.4元，而账面上的外销价仅2.16美元，折合人民币11.23元。这自然要亏损。实际上，通过其母公司或子公司或兄弟公司每双鞋在国外的售价不低于15美元。由于价差，形成高达100万—130万美元利润。在国外赚钱，在国内逃税，一举两得，成为不少三资企业的"奥秘"。对这类"转移价格"问题，自60年代以来，许多国家都采取了管制办法。美国于1968年在国内税法的第482条中补充了有关管制转移价格的内容，1986年又进一步追加了有关管制无形资产的转移定价的规定。英国1970年在法人所得税法中增加了关于管制国际转移价格的第485条。日本、加拿大等国也有类似规定。我国也应在这方面加快采取措施，建立和完善国家对三资企业价格管理的体制。

第二，随着价格权的大量下放，企业的价格行为多样化了，政府对价格的管理也就更加复杂，难度也更大了。现代市场经济是法制经济、管理经济。没有法制和管理，就没有市场经济。在价格方面亦然。市场价格并非不受任何约束。一定的管理和约束有利于市场价格发挥作用。以农产品价格来说，绝大部分价格权已经下放，还要不要对农产品价格加以管理和引导？我们的回答是肯定的。去年棉花减产很多，原因是多方面的，其中价格的负效应不可忽视。在粮价方面，要居安思危，不可被暂时的"卖粮难"迷住了眼睛，粮价很可能还有较大起伏。由于粮、棉等种植业相对于加工业来说，效益是低的，因而要保持协调发展，必须给种植业以补贴。这种补贴放在哪个环节？是给生产者，还是给消费者，或流通者？这里大

---

① 袁文祺、卢圣亮：《价格转移是我国引进外资的一个隐忧》，《财贸经济》1993年第3期。

有文章。还有，农产品价格与农业生产资料（化肥、农药、农机等）价格如何接轨，也缺乏制度。至于农产品成本调查，并在调查的基础上，判断市场价格的趋势，为宏观决策提供依据，更是价格机构责无旁贷。凡此种种，说明农产品价格放开后，并非万事大吉，还有许许多多的事情有待政府价格机构去完成。

第三，随着价格板块双轨制形成，如何接轨，也是摆在价格机关面前的新课题。在市场经济中，并非所有价格都是市场价格，总有或大或小的一部分政府定价。市场经济国家的经验也证实，绝大部分价格依靠市场机制运行，而少数的关系着国民经济命脉的公用事业价格则依靠行政手段运行。这就是所谓的板块双轨制。在这种制度中，两个极块经常发生矛盾与摩擦。谁来解决与协调？这要靠政府和价格部门。在计划价格一统天下时，不存在这类问题。随着市场价格体制的形成，这类问题日益突出。近几年来，在市场价格的冲击下，公用事业产品与收费的价格相当混乱，在根本无市场的地方推行市场价格。这就向价格部门提出了一些问题，哪些产品应实行市场价格？哪些产品应实行政府定价？政府定价如何科学合理，并与市场价格并行不悖？只有妥善解决这类问题，才能很好地发挥各种价格的应有作用。

第四，随着对外开放的不断扩大，涉外价格比以往任何时候都重要了，如何使涉外价格科学合理，并与国内价格有机接轨，有利于我国走向世界市场，也是价格部门应当认真解决的难题。在国外，我国各个公司互相压价，甚至不惜血本把本国公司压垮，使肥水流人外人田的事，已经屡见不鲜。由于把有的出口产品价格压得很低，又招致进口国的所谓"倾销"之斥责，"反倾销"之报复，严重影响我国的外贸发展。近来我国向日本出口的生铁，向欧共体出口的自行车，向墨西哥出口的鞋、纺织品等均因价格问题遭到"反倾销"的报复。对这类问题，仅靠某个公司是难以解决的，政府的价格部门应当出面干预，制定涉外价格的法规，并监督执行，使国内外价格科学地衔接起来。

为了更好地充分发挥价格的作用，不同的价格主体应当有明确的分工。原则上说，企业负责微观价格，而政府价格部门则负责宏观价格。像价格总水平、价格结构、国内外价格关系、价格政策的制定与执行，价格信息的收集与管理，价格人才的培养与训练等宏观价格问题，都应是政府价格部门关注的重要问题。如果微观价格放活了，而宏观价格又管好了，那么价格的作用将会充分发挥出来。

（原载《价格理论与实践》1993 年第 6 期）

1993 年中国将面临中度通胀

通货膨胀问题再次成为人们关注的热门话题之一。人们往往提出这样的问题：1993 年是否会发生通货膨胀？通货膨胀的成因是什么？如何对付通货膨胀？

一

依据价格指数的高低，一般将通货膨胀划分为温和的（爬行的）通货膨胀、适度的（中度的）通货膨胀和恶性的（奔腾的）通货膨胀三种类型。它们之间的数量界限如何定？将依据时间与地点不同而异。在我国目前经济发展阶段上，一般将价格指数年上升率在 7%—10% 之间称为温和的可接受的通货膨胀；将价格指数年上升率在 10%—20% 之间称为中度的可忍受的通货膨胀；而价格指数年上升率如果达到 20% 以上，则称为恶性的通货膨胀。

根据上述通货膨胀的定义和划分标准来判断，我国今年将出现中度的通货膨胀。据国家统计局公布的资料，一季度全国零售物价总水平比去年同期上涨 8.6%。全国 35 个大中城市的零售物价上升 15.7%，其中北京为 14.6%，上海为 16.7%，广州为 15.2%。据国内贸易部的材料，一季度生产资料价格上升幅度已达 38.2%。这些事实表明，今年第一季度，不仅已经出现温和的通货膨胀，而且城市中温和的通货膨胀正在演变为中度的通货膨胀。

对于 1993 年全年价格走势的预测，各家是不同的。国家信息中心曾经预测，今年物价总水平上涨 10% 或 7.5% 或 6.5%，这就是说，有三种可能。国家物价局物价研究所认为，今年零售价格上涨可能在 6%—7% 之间，而居民生活费用价格指数可能上升13%或10%或9%。国务院经济发展研究中心预测，今年物价水平上升6%，其中上年涨价的滞后影响约占3个百分点；国家计划调价影响约占2个百分点；因放开价格自发涨价约占1个百分点。国内贸易部最近的一份报告预测，1993年全年生产资料价格将上升20%以上。以上都是国家权威机构的预测。尽管有所不同，但是，多数都初步肯定会出现温和的或中度的通货膨胀。现在看来，有的预测还是偏低了。我认为，今年的价格上升幅度将达到两位数，不论在城市，还是在农村，都将出现全面的中度通货膨胀。

二

流通中的货币过多是通货膨胀直接的成因。我国流通中的货币1978年仅有212亿元，1990年达到2644.4亿元，增长11.5倍。在这样的基础上，1991年和1992年又连续地大幅度地增长。今年以来，货币投放继续强劲。去年第一季度还是净回笼60亿元，而今年第一季度却是净投放。今年全年的货币发行量有可能大大超过去年。价格是商品与货币关系的指数。在商品一定的条件下，价格与货币数量成正比关系。货币的过量发行，必然促成价格水平持续全面大幅度上升，促成通货膨胀的出现。今年的通货膨胀同1988年的通货膨胀如出一辙，同样都是由于货币投放过多过猛而形成的。

流通中票子过多是个老大难问题。谁应对票子过多负责？当然是财政和企业。正是财政和企业逼着银行多发货币。

财政逼着银行多发货币是通货膨胀形成的间接原因。近几年我国财政相当困难，赤字达到可观的数目。值得注意的是，过去仅中央财政留有赤字，近两年省、地、县各级地方财政也出现赤字。目前，在全国两千多个县中，有1/2的县出现财政赤字。财政赤字，说穿了，是没有收入的支出。其后果必然是财政向银行透支，逼着银行多发票子。原则上说，赤字的规模与数额，就是货币过多的规模与数额。在我国，既然连年有赤字，货币自然过多，通货膨胀也就不足为怪。

在企业方面，微观经济效益不好，是形成通货膨胀的终极原因。生产决定流通。流通中的货币过多问题，根源还在生产领域。生产领域的资金效益的高低决定着通货膨胀与否及其程度。改革以来，企业资金来源渠道发生了根本性变化，由过去的财政拨款为主变为以信贷资金为主，不少企业甚至完全靠信贷资金。企业从银行取得的资金如果使用效益好，能够按期收回，归还银行贷款，当然不会影响货币流通。相反，如果资金使用效益不好，甚至有的企业或项目完全无效益，投入的资金无法收回，那就会造成货币流通的梗阻。在生产企业，由于生产结构与消费结构不协调，或产品质量不高，花色品种不对路，造成产品积压，也占用了相当多的资金。这就势必发生资金不足问题。

我们之所以把生产建设方面资金效益差的问题视为通货膨胀问题的根源，不仅因为它本身会直接促成通货膨胀，而且因为它会恶化财政状况，减少财政收入，通过财政机制，助长通货膨胀。

财政赤字问题，说到底是生产建设中的经济效益问题。当我们寻找通货膨胀的成因时，不能停留在财政阶段，应进一步深入到生产建设的内部。明确了这一层之后，我们也就理解成本推进型的通货膨胀比需求拉动型的通货膨胀更深地扎根于生产领域，治理起来也更困难一些。

三

通货膨胀既然已经降临，如何对待之？

首先，要遏制通货膨胀发展的势头，阻止它由温和的、中度的发展为恶性的。有人把对待通货膨胀问题喻之为玩火，也有人把对待通货膨胀问题比喻为吸毒，这两个比喻说明，初始的通货膨胀对经济是有点刺激作用的，但严重的通货膨胀又是一种祸害。不可片面强调它的那点刺激效应，而忽视其副作用。"通货膨胀有益论"、"通货膨胀无害论"等理论与政策，曾经导致了我国 1988 年和 1989 年的通货膨胀，使经济发展出现了波折。经过治理，通货膨胀被遏制住了。目前又冒出地平线，并且正在发展，很值得注意。保持价格水平相对稳定，避免出现严重的通货膨胀，是发展经济的重要前提条件。为了使我国的经济在 90 年代再上新台阶，我们必须认真对待通货膨胀问题。

其次，要把抑制通货膨胀与发展经济统一起来。有的同志认为，通货膨胀与发展经济是对立的。他们把通货膨胀的出现归之于经济发展的高速度。要治理通货膨胀，只有降低发展速度。这种观点不够全面。发展经济，有内涵与外延两种不同的方式。在内涵方式下，要以较少的投入取得较大的成果，或者说，以最少的劳动消耗取得最大的经济效果。以这种方式发展经济，速度越快越好。它不仅不会引起通货膨胀，反而会吸收或消化原有的潜在的通货膨胀。所以，不能把经济发展的高速度简单地归结为通货膨胀的成因。问题在于，这种高速度是以什么方式取得的。日本、南朝鲜和我国的台湾地区，都曾经出现过比较严重的通货膨胀。它们解决这个问题的方法，不是停止经济发展，也不是降低经济发展速度，而是从科技、管理和经济体制等方面入手，变外延式发展为内涵式发展，大力提高经济效益，在经济高速发展中解决通货膨胀问题。结果，经济上去了，通货膨胀也解决了，真可谓一箭双雕，两全其美。我们也应当走这条路子。

为此，要在提高经济效益上下工夫，变外延式发展为内涵式发展。

最后，管好货币，控紧信贷。为了抑制住通货膨胀，要控制住货币与信贷两大阀门。从现代货币银行学的观点看，信贷的各种票据也是广义的货币。在这种意义上说，只要管好货币，就易于解决通货膨胀问题。当然，管好货币也不是票子越少越好。货币管理好坏的客观标准是经济效益高低。凡是经济效益好的，经济效益高的，银行就支持；反之，则拒之门外。为此，要严格按照经济规律办事，切忌按"条子"乱来。还必须严厉打击假冒伪劣行为，提高商品质量，真正把商品的使用价值与价值统一起来！

（原载《广州经济》1993 年第 6 期）

当前通货膨胀问题试析

一

我国在 1993 年是否会发生通货膨胀？这个问题已经成为海内外关注的热门话题之一。它关系着中国未来经济的发展及相应的对策，很值得重视。为了准确地回答这个问题，我想先要弄清三个问题：一是何谓通货膨胀，二是通货膨胀的测量尺度，三是不同类型通货膨胀的数量界限。这些问题看起来不过是通货膨胀问题上的 ABC，但要说清复杂的现实问题，非由此起步不可。

通货膨胀问题起源于何时有待考证。不过，通货膨胀一词源于西方经济学则是众口一词的。当然，西方经济学家对通货膨胀的解释是有分歧的。例如，M. 弗里德曼认为，"物价普遍的上涨就叫做通货膨胀"。P. 萨缪尔森给通货膨胀下的定义是："通货膨胀的意思是：物品和生产要素的价格普遍上升的时期——面包、汽车、理发的价格上升；工资、租金等也都上升。"F. 哈耶克说："通货膨胀一词的原意和真意是指货币数量的过度增长，这种增长将合乎规律地导致物价的上涨。"J. 罗宾逊认为，"通货膨胀是由于对同样经济活动的工资报酬率的日益增长而引起的物价直升变动"。我国经济学家给通货膨胀下的定义也不尽相同。但是，不管如何下定义，一般说来，通货膨胀总是指由于流通中的货币过多而引起的价格全面持续上升。

对通货膨胀的测量，一般采用反映各类商品和劳务价格变动的综合价格指数。依据研究和观察问题的视角不同，又可分别采用三种不同的价格指数：（1）消费价格指数，又称生活费用指数，从生活消费的角度反映价格变动，据以测量通货膨胀的程度及其对居民生活的影响；（2）生产价格指数，又称生产费用指数，从生产消费的角度反映价格的变动，据以测量通货膨胀的程度及其对生产企业的影响；（3）国民生产总值折算价格指数，又称国民生产总值平减价格指数，它是按当年价格计算的国民生产总值对按固定价格计算的国民生产总值的比值。例如，若1990年的国民生产总值按当年价格计算为25000亿元，以1980年价格计算为10000亿元，则1990年的国民生产总值的折算价格指数为：$25000/10000 \times 100 = 250\%$（1980年=100）。这种指数包括的范围最广，从国民经济总体上反映了价格变动的程度。据此能够从总体上测量通货膨胀的程度及其对国民经济的影响。目前，我国国家统计局公布和使用的是第一种指数，至于另外两种指数有的部门或学术研究机构也试算并使用之。我觉得，如果将三种指数结合起来使用，是更为理想的。本文仅限于第一种指数。

依据价格指数的高低，一般将通货膨胀划分为三种不同的类型，即温和的（爬行的）通货膨胀，适度的（中度的）通货膨胀和恶性的（奔腾的）通货膨胀。它们之间的数量界限如何定？将依时间地点为转移。在我国目前经济发展阶段上，一般将价格指数年上升率在7%—10%之间称为温和的可接受的通货膨胀；将价格指数年上升率在10%—20%之间称为中度的可忍受的通货膨胀；价格指数年上升率如果达到20%以上，则称为恶性的奔腾的通货膨胀。当然，也有人不同意这种划分。他们认为，只要收入增长超过价格上升，老百姓可以接受，不管价格上升多少，都不是通货膨胀。

当明确了以上三个问题后，让我们回头看一看我国当前的现实情况，以回答本文开宗明义提出的问题。1992年我国居民生活费用价格指数上升6.4%，其中城镇上升8.6%，35个大中城市上升10.9%，农村上升4.7%。仅服务价格而论，1992年全国上升13.4%，其中城镇上升15.8%，35个大中城市上升21.3%，农村上升11.6%。进入1993年，价格上升的速度加快。1993年1—2月份，居民生活费用价格指数比去年同期上升10.5%，其中35个大中城市上升15.2%，有四个大中城市已达20%以上。这些事实表明，在我国城镇尤其是大中城市1992年已经出现温和的通货膨胀。进入1993年，温和的通货膨胀正在变成中度的通货膨胀。对 1993 年全年价格上升幅度的预测，虽然各家不一，但大体都在10％。[①] 如果这些预测成为现实，那么 1993 年将进入中度通货膨胀之中。[②]

二

说到通货膨胀的成因，不外成本推进，或需求拉动。近年，又有所谓体制转轨之说、二元结构之说，等等。本文限于篇幅暂不去争论它们的是非曲直，仅想着重从当前实践中存在的问题方面直截了当地指出几点。

流通中的货币过多是通货膨胀直接的成因。我国流通中的货币 1978年仅有 212 亿元，1990 年达到 2644.4 亿元，增长 11.5 倍。在这样的基础上，1991 年和 1992 年又连续地大幅度地增长。1991 年增发货币 533.4 亿元，比上年增长 20.2％；1992 年又增发货币 1100 亿元，比 1991 年又增长 35％左右。这样的增长速度实在太高，大大超过所有经济指标的增长速度，充分表明货币投放过猛。价格是商品与货币关系的指数。在商品一定的条件下，价格与货币数量成正比关系。货币的过量发行，必然促成价格水平持续全面大幅度上升，促成通货膨胀的出现。大家知道，1988 年和1989 年我国出现过通货膨胀。它是如何形成的？直接原因不外是货币投放过多。1988 年比上年流通中的货币量增长 49％，创新中国成立后的最高纪录。所以，出现通货膨胀是必然的毫不奇怪的。历史往往有惊人的相似之处。1993 年的通货膨胀同 1988 年的通货膨胀如出一辙，同样都是由于货币投放过多过猛而形成的。

流通中票子过多问题是个老大难问题。银行也不愿多发货币，但是难以控制住。谁应对票子过多负责？这当然是财政和企业。正是财政和企业逼着银行多发货币。如上所述，我国流通中的货币已经过多，可是财政和一部分企业仍然不断叫喊缺少货币。一边货币过多，一边又喊货币太少，这是个十分矛盾的现象。二律背反，使不少人迷惑不解。其实，这是我国

---

① 国务院发展研究中心的预测是 6％。见《经济日报》1993 年 3 月 31 日。

② 日本经济企划厅的人士说，防止通货膨胀是中国政府 1993 年"最重要的政策课题"。美国《全球评估》说，1993 年中国经济政策"应是制止通货膨胀而不是刺激经济增长"。而路透社 3 月 8 日的评论认为，中国目前仍"忽视"通货膨胀的危险，并且"没有防止这种局面的手段"。

现实经济生活中极为普通的一种现象。这是新旧两种体制、两种经济类型
的矛盾与摩擦的一种反映。

　　财政逼着银行多发货币是通货膨胀形成的间接原因。近几年我国财政
相当困难，赤字达到可观的数目。1990 年为 139.6 亿元，1991 年为 211.1
亿元，1992 年为 238 亿元①，1993 年预计达到 205 亿元。值得注意的是，
过去仅中央财政留有赤字，近二年省、地、县各级地方财政也出现赤字。
目前，在全国两千多个县中，有二分之一的县出现财政赤字。财政赤字，
说穿了，是没有收入的支出。收入是支出的基础和前提，既然没有那么多
收入，支出如何兑现？那就是财政向银行透支，逼着银行多发票子。原则
上说，赤字的规模与数额，就是货币过多的规模与数额。在我国，既然连
年有赤字，货币自然过多，通货膨胀也就不足为怪。

　　在企业方面，微观经济效益不好，是形成通货膨胀的终极原因。生产
决定流通。流通中的货币过多问题，根源还在生产领域。生产领域的资金
效益的高低决定着通货膨胀与否及其程度。改革以来，企业资金来源渠道
发生了根本变化，由过去的财政拨款为主变为以信贷资金为主，不少企业
甚至完全靠信贷资金，企业从银行取得的资金如果使用效益好，能够按期
收回，归还银行贷款，当然不会影响货币流通。相反，如果资金使用效益
不好，甚至有的企业或项目完全无效益，投入的资金无法收回，那就会造
成货币流通的梗阻，我国建设中的"在建工程"、"胡子工程"、"钓鱼工
程"等，究竟占用了多少资金，谁也说不清，反正以千亿元计不算过分。
在生产企业，由于生产结构与消费结构不协调，或产品质量不高，花色品
种不对路，产品出了车间，进了仓库，根本卖不出去，积压在那里，也占
用了相当多的资金。企业原有的资金以及从银行取得的资金，不是被规模
过大的基建占用了，就是被积压在仓库里的呆滞产品占用了，或被其他企
业拖欠的"三角债"占用了，这就势必发生资金不足问题。所以，企业经
常喊叫缺乏资金，缺乏货币。怎么办？这时，企业找市场不灵了，转而去
找市长，由市长逼着银行向企业发放贷款，增加货币投放。这是形成货币
过多、促成通货膨胀的根本原因。

------

　　①　其中，中央财政赤字206.4 亿元，地方赤字31 亿元。

我们之所以把生产建设方面资金效益差的问题视为通货膨胀问题的根源，不仅因为它本身会直接促成通货膨胀，而且因为它会恶化财政状况，减少财政收入，通过财政机制，助长通货膨胀。财政赤字问题，说到底是生产建设中的经济效益问题。如果我国的国营企业将亏损额减少一半，财政就不会如此困难，赤字也许没有；如果所有的国营企业都不亏损，那么财政的日子就会很好过，再也用不着向银行透支，用不着多发票子，也就无人追查财政在通货膨胀问题上的责任。经济决定财政，而不是相反。由此可知，当我们寻找通货膨胀的成因时，不能停留在财政阶段，应进一步深入到生产建设的内部。明确了这一层之后，我们也就容易理解成本推进型的通货膨胀比需求拉动型的通货膨胀更深地扎根于生产领域，治理起来也更困难一些。

<h1 style="text-align:center">三</h1>

通货膨胀既然已经降临，如何对待之？

首先，要遏制通货膨胀发展的势头，阻止它由温和的中度的发展为恶性的。从理论上和政策上，绝不能提倡通货膨胀有益论。不论哪国的政府，即使是西方市场经济国家的政府，没有一个在口头上或文件里鼓吹通货膨胀的，相反，都标榜自己同通货膨胀作斗争，力求保持价格稳定和市场繁荣。但在实践中，几乎所有的国家在不同的历史时期都出现过不同程度的通货膨胀，或者由于战争，或者由于动乱，或者由于自然灾害，或者由于体制转轨，或者由于政策失误，原因虽然不一，但结果相同，采取的对策也大体相同。不管在什么情况下出现通货膨胀，都没有任其发展、不管不问的，而是采取措施，加以遏制，力争使之早日消失。保持价格水平相对稳定，避免出现严重的通货膨胀，是发展经济的重要前提条件。为了使我国的经济在90年代再上新台阶，我们必须认真对待通货膨胀问题。

其次，要把遏制通货膨胀与发展经济统一起来。有的同志认为，通货膨胀与发展经济是对立的。他们把通货膨胀的出现归于经济发展的高速度。要治理通货膨胀，只有降低发展速度。这种观点不够全面。发展经济，有内涵与外延两种不同的方式。在内涵方式下，要以较少的投入取得较大的成果，或者说，以最少的劳动消耗取得最大的经济效果。以这种方式发展经济，速度越快越好。它不仅不会引起通货膨胀，反而会吸收或消化原有的潜在的通货膨胀。所以，不能把经济发展的高速度简单地归结为通货膨胀的成因。问题在于，这种高速度是以什么方式取得的。日本、韩国和我国的台湾地区，都曾经出现过比较严重的通货膨胀。它们解决这个问题的方法，不是停止经济发展，也不是降低经济发展速度，而是从科技、管理和经济体制等方面入手，变外延式发展为内涵式发展，大力提高经济效益，在经济高速发展中解决通货膨胀问题。结果，经济上去了，通货膨胀也解决了，真可谓一箭双雕，两全其美。我们也应当走这条路子。为此，要在提高经济效益上下工夫，变外延式发展为内涵式发展。通货膨胀问题，说到底，是个经济效益问题，是个经济效率问题。一旦效益好了，效率上去了，通货膨胀问题也就迎刃而解了。

最后，管好货币，控紧信贷。为了遏制住通货膨胀，要控制住货币与信贷两大阀门。从现代货币银行学的观点看，信贷的各种票据也是广义的货币。在这种意义上说，只要管好货币，就易于解决通货膨胀问题。当然，管好货币也不是票子越少越好。货币管理好坏的客观标准是经济效益高低。凡是经济效益好的，经济效率高的，银行就支持；反之，则拒之门外。为此，要严格按照经济规律办事，切忌按"条子"乱来。可是，"条子"仍然满天飞。在"条子"、"面子"的支配下，假冒伪劣商品泛滥，充斥市场，堆满仓库，它们占用的资金何止几百亿！商品具有使用价值与价值二重性。这二重性既有统一的方面，又有矛盾对立的方面。它们运行的轨迹或渠道，既可一致，又可不同。当不少商品躺在仓库里睡大觉时，它们的价值形态却在流通领域游荡起来；即使这些商品不在仓库里睡觉，它们的使用价值进入流通领域，其价值表现也是膨胀的和歪曲的。这些情况，都是引发通货膨胀的重要因素。为遏制通货膨胀，必须严厉打击假冒伪劣行为，提高商品质量，真正把商品的使用价值与价值统一起来！

（原载《财贸经济》1993 年第 7 期）

论我国当前的通货膨胀问题

通货膨胀问题再次成为人们关注的热点问题。对这个问题有截然相反的两种对立的观点。一种观点认为，通货膨胀是个宝，发展经济离不了，"国民生产总值两位数才过瘾，通货膨胀两位数不要紧"，"通货膨胀无人闹事"，"用通货膨胀抑制衰退"；另一种观点认为，通货膨胀是虎狼，害群之马，严重危害经济的发展，绝对不可取，当务之急是治理通货膨胀。两种观点的争论目前相当激烈。本文也想参加讨论，以表明作者的观点。

一

为避免无谓的争论，首先有必要说明何为通货膨胀。所谓通货膨胀是指由于货币发行过多而引起的价格水平全面持续大幅度的上升。对于这个定义，应当有以下四条界定：

其一，价格"全面"上升。就商品来说，一二种商品或少数商品价格的上升，不能称其为通货膨胀。通货膨胀是指绝大多数商品价格普遍地全面地上升。就地区来说，个别地区的价格上升，不能称其为通货膨胀。改革开放之初，深圳、广东的价格明显上升，但全国大多数地区价格比较稳定，有人曾经惊呼我国出现了通货膨胀，那是不全面的。通货膨胀是全国性的现象，不能就个别地区而论。只有全国大多数地区价格全面地普遍地上升，才能称为通货膨胀。

其二，价格"持续"上升。通货膨胀是种时期现象，而不是时点现象。它是一个过程。如果仅在短期内（例如一二个月、三五个月）出现价格上升，而随后又下降或基本持平，那也不能称其为通货膨胀。通货膨胀至少是在一二年内，价格持续上升。

其三，价格"大幅度"上升。价格上升多少才算是通货膨胀，国内外尚无统一的尺度或标准。在西方，一般以价格上升 3 个百分点为限，即价格上升幅度在 3 个百分点之内者，不是通货膨胀；而超过 3 个百分点者，则是通货膨胀。在我国，80 年代一般以价格上升 5 个百分点为限，即价格上升幅度在 5 个百分点之内者，不是通货膨胀；而超过 5 个百分点者，则称为通货膨胀。进入 90 年代尤其近二三年，我国经济学界似乎把这个界限放宽了一些，一般以 7 个百分点为限。为什么我国的界限比西方的要宽，并有进一步放宽之势？原因将在下面说明。就价格水平上升幅度来说，又可将通货膨胀划分为不同类型。在我国，价格上升幅度一年期间在二位数以下者，即 7%—10%，称为温和的通货膨胀；价格上升幅度在一年期间达到 10%—20% 者，称为中度的可以接受的通货膨胀；价格上升幅度一年期间超过 20% 者，称为恶性的奔腾的通货膨胀。

其四，价格的上升是由货币过多引起的。在西方市场经济的国家，它们的价格体制本是市场体制，所以价格的上升只有货币过多引起的。而在我国则不同。我国的价格上升有两种主要因素引起的。一种是货币过多引起的，即流通中的货币量超过了实际需要量，必然引起价格的上升；另一种是经济体制尤其是价格体制的变动引起的价格上升，即由计划价格体制转市场价格体制而引起的价格上升。在计划经济时期，把能源、基础产品的价格压得很低，而一旦计划经济体制解体，转向市场价格，这类产品的价格必然会呈现大幅度的上升，或者说，价格结构必然发生变动。由于价格结构的剧烈变动而引起的价格水平的上升，不能称为通货膨胀。虽然这种价格上升不能称为通货膨胀，但是它却包含在价格指数之中。这样，我国的价格指数自然要比西方的高。所以，经济学界把我国的通货膨胀的界限一再放宽。

困难在于如何在实践中区分两种价格上升。实际工作部门一般把国家有计划调整价格的额度同上年的商品流转额相比而求出的指数，称为价格结构变动而引起的价格上升，而把放开的价格由市场供求关系变化而引起的上升，称为通货膨胀的价格上升。世界银行的一份研究报告认为，1981—1987 年间，中国价格上涨中有 50% 以上纯属通货膨胀引起的。①

① 见《中国价格模式转换的理论与实践》，中国社会科学出版社 1990 年版，第 180 页。

以上四个方面不是孤立的，而是相互联系、相互制约的。它们共同构成通货膨胀的内涵。

二

对于通货膨胀的计算与估量，目前国内外有多种方法。本文试图作几点评说。

我国在 80 年代中期以前是否定通货膨胀的，认为它是资本主义独有的东西，而在社会主义条件下根本不存在。随着改革的深化，思想禁锢的破除，从 1985 年后，人们开始正视我国的通货膨胀问题。既然问题已经显现出来，也就产生了如何计算和估量的方法。从那时起至今，我国统计部门都采用零售物价指数的方法计算和估量我国的通货膨胀程度，用社会零售物价指数代表通货膨胀率。如果社会零售物价上升18.5%，那么通货膨胀率也就是 18.5%，二者完全一致。这种方法的优点在于简便易行，又可与我国历史上几十年的资料衔接，便于比较和分析。但这种方法的缺点也是明显的。它把物价上升等同于通货膨胀，这在理论上是不妥的。零售物价指数所包括的范围仅是消费品和农用工业生产资料，并不包括各种劳务以及工、商、运输、建筑等行业使用的生产资料。所以，范围是很小的。由于它的涵盖面很小，代表性就差。

为了弥补上述方法的缺陷，国家统计部门近几年又增加了居民生活费用价格指数这个指标。用这种指标，就可把各种劳务收费的价格变动反映在通货膨胀率中。这种指标与零售价格指数结合使用，当然要比仅用一个指标更好一点。但是，它仍然有缺陷，仍然是把价格上升等同于通货膨胀，仍然没有包含生产资料价格的变动。

零售价格指数和居民生活费用价格指数二者统称消费价格指数，又称生产费用指数。它们是从生产消费的视角反映价格变动及其对居民生活消费的影响程度。除消费外，在国民经济中还有生产。如何从生产出发，从生产视角反映价格变动及其对生产企业的影响？这就提出了生产价格指数的问题。生产价格指数又称生产费用指数，从生产消费的视角反映价格的变动及其对生产企业的影响。对于这类指数，国家统计局前几年曾经试编过，并在各地试用。从 1993 年起，在每年的统计公报中，国家统计局分别公布农副产品收购价格指数、工业品出厂价格指数等，并用这些指数与消费物价指数结合起来，共同反映我国通货膨胀的情况。这当然是一种进步。

但是，这还不够。各种价格指数很多，缺乏一个综合性的指标。这样的综合指标，在西方称为国民生产总值（GNP）折算价格指数，又称国民生产总值平减价格指数或国民生产总值缩减价格指数。它是按当年价格计算的国民生产总值对按固定价格计算的国民生产总值的一种比值。例如，若 1990 年的国民生产总值按当年价格计算为 25000 亿元，而以 1980 年的价格计算仅为 10000 亿元，则 1990 年的国民生产总值的折算价格指数为 $25000/10000 \times 100 = 250\%$（1980 年 = 100）。这种指数包括的范围最广，从国民经济总体上反映了价格变动对生产和生活的影响程度。据此，能够从总体上测量通货膨胀的程度及其对国民经济的影响。

上述的各种指数法有一个共同的缺陷，那就是把价格上升等同于通货膨胀。事实上，价格上升与通货膨胀既有联系又有区别。从这一点出发，西方经济学界又提出用货币流通速度和货币持有系数来测定通货膨胀问题。这种方法的根本出发点是把通货膨胀与价格上升区分开来。在计算价格指数的同时，再计算货币流通速度和货币持有系数，用前者说明价格的变动，用后者测定通货膨胀率。

用货币流通速度测定通货膨胀率时，首先要计算货币的需要量与供给量。其公式如下：

$$M = \frac{PT}{V}$$

式中 M：货币需要量；V：货币流通速度（一定时期内货币周转次数）；P：一般价格水平或平均价格水平；T：商品实际交易量。

假若一年的商品流转额（PT）为 5000 亿元，而货币的流通速度（V）为一年 5 次，则货币的需要量为 1000 亿元。而实际上，若货币的供给量（货币的发行量）是 1200 亿元，那么通货膨胀率则是 20%（200/1000）。

用货币持有系数测定通货膨胀时，也要首先计算货币的需求量与供给量。其计算公式如下：

$$M = KPO$$

式中 M：货币需要量；K：货币持有系数（即国民收入中的货币形式持有的比例）；P：物价水平；O：实际生产总量。

若商品生产总额（PO）是 6000 亿元，货币持有系数（K）为 0.3，则货币需求量（M）为 1800 亿元。货币的实际发行量如果是 2000 亿元，过多的货币量则是 200 亿元，通货膨胀率就是 11.1%（200/1800×100）。

通货膨胀是一种十分复杂的社会经济现象，是国民经济的综合征。因而，测定和估量它，要用多种指标和多种方法。在这方面，国家信息中心的李拉亚博士提出了四种方法和指标：（1）国民生产总值（GNP）平减指数法；（2）货币增长速度与国民收入或国民生产总值增长速度对比法；（3）总需求增长速度与总供给增长速度对比法；（4）经济过热曲线法。[①]

三

对于 1994 年的通货膨胀率如何估量，大体有攀升、持平和下滑三种不同的主张。所谓下滑，是指 1994 年的零售物价上涨幅度可望控制在 10% 以内，比上一年的上升幅度 13% 明显下降；所谓持平，是指 1994 年的零售价格上涨幅度大体在 10%—15% 之间，与上年的上涨幅度 13% 基本持平；所谓攀升，是指 1994 年的零售价格上升幅度可能达到 15% 以上，明显高于 1993 年的上升幅度，还有可能达到 1988 年的 18.5% 或 1989 年的 17.8% 这样的高度。本文持后一种意见，理由如后。

通货膨胀首要的最直接的成因就是货币过多。最近几年，我国的货币供应量持续偏高。1990—1993 年，货币（M2）供应量平均每年递增 27.4%，约高出同期按现价计算的 GNP 增长速度 10 个百分点。据有关方面估计，1990—1992 年三年多供应货币（M2）约 6000 亿元，相对于 1994 年可望达到的 GNP 的水平来说，潜在的通货膨胀的压力为 15% 左右。1994 年货币供应的扩张能力依然强劲，货币的发行量很可能突破，4700 亿元的贷款计划额度难以守住。目前专业银行储备头寸很足，备付率太

---

① 见《经济研究》1989 年第 3 期。

高，必然形成 1994 年的扩张货币、信贷的压力。从目前情况看，货币供应的扩张压力比 1993 年有过之而无不及。这是 1994 年通货膨胀攀升的直接动因。

在改革方面，1994 年迈出了较大步伐。这些改革从长期效应上看有利于抑制通货膨胀，但从短期来考察尤其从 1994 年来分析，它们又推动商品成本上升和助长通货膨胀。以汇率并轨而论，无论如何它要显著地提高进口商品的成本，若企业不消化吸收，而转嫁给消费者，就自然成为零售价格上升的推动力量。1994 年的进口规模将达 1000 亿美元，相当于 8000 多亿人民币，它的变动对国内价格水平的影响绝不可掉以轻心。再以税收制度改革而论，前一段时间报刊上总是宣传增值税不会引起价格的上升，但事实并非如此。纵然从总体上说税负不会增加，但是从不同的行业、环节、企业、地区、部门来说，绝不是一样的，有的增加税负，有的减少税负，也有的大体持平。增税者自然要求涨价，其理由相当充分。而对减税者既没有手段也没有理由强迫它们降价。既然价格已经放开，企业有价格的决策权。这类企业看见别人涨价，也会搭车涨价，从中大捞一把。由于财会人员缺乏必要的税务素质，错误地理解增值税，借价内税转换成价外税之机，普遍地在价格之外再加 17% 的税负者，也不乏其例。价格既已放开，企业增加税负，必然会推动价格水平上升。仅靠宣传解释，难以改变客观经济规律的运行轨迹。在工资改革方面，从 1993 年 10 月起执行新的工资改革方案，较大幅度地提高了国家行政人员和事业单位职员的工资水平，有支付能力的绝大多数企业也都紧跟其后纷纷提高工资，而无支付能力的企业也靠借款或变卖财产给职工增加工资。这种增加，从长期看，可能靠提高社会劳动生产率加以消化吸收，不至于使价格明显上升，但从 1994 年看，则是价格上升的强力推进者。在价格改革方面，1994 年提高粮食、棉花的收购价格早已宣布，不可收回。粮棉等基础产品价格的提高，很可能有连锁反应，引起不少消费品价格的上升。原油价格的改革也已迫在眉睫，现已决定向国际价格靠拢，大幅度提高价格水平。我国又进入了原油净进口的阶段。而原油的国内外价格水平目前相差悬殊，如不及时接轨，国家将无法承受进口的压力；而及时接轨，靠企业来承担，又必然增加企业成本，迫使企业提高商品的价格。在煤炭价格改革上，目前正准备放开统配煤的价格。这项改革若在 1994 年出台，也会成为价格水平上升的因素。运输价格也要求明显提高。煤、油、电以及运输等基础产品价格的提高，必然反映在零售价格水平和居民生活费用价格水平上，成为通货膨胀的重要因素。

当我们估量并预期 1994 年的通货膨胀趋向时，除了看到与 1993 年不同的上述的新因素外，还要注意到与 1993 年相同的旧因素。这就是 1990—1992 年期间价格"并轨"的滞后因素。众所周知，在 1992 年底，不少人预测到 1993 年价格水平上升的幅度可能在 6% 至 8% 之间，而事实上呢？达到 13%，大大超过了预期。这样的差距是如何形成的？1993 年 7 月以后，中央加大了宏观调控的力度，收紧了银根，治理了金融秩序，财政收支状况也有所改善，这些措施的实行，按理应该使价格水平趋降，然而价格好像并不理睬金融与财政，仍然走着自己的路，继续攀升。这个谜如何解开？这就要翻一下历史。从 1990 年 10 月开始，至 1992 年底止，在两年多的时间里，我国的价格改革不动声色地迈出了较大步伐，双轨制的"并轨"取得了实质性的进展，生产资料价格大约提高 2000 多亿元。可是，1990 年、1991 年和 1992 年的零售价格指数相当低，并没有反映出价格改革的真实情况。这是因为，当时的市场疲软，销售困难，不少企业的价格水平并没有到位。这种"缺位"，或者说是滞后因素，一旦有了适当的市场环境，就会反映出来。大家知道，进入 1993 年，市场供求状况明显改善，相当活跃，为"缺位"因素提供了显现的条件和土壤。这是 1993 年价格指数超出人们预期的主要机理。现在的问题是，这种"缺位"因素在 1994 年是否还会再现？当然，会有一定成分。我们宁肯估计得多一点。

从我国经济生活中的种种迹象看，我国的通货膨胀正在由需求拉动型为主转变为成本推进型为主。治理成本推进型的通货膨胀要比治理需求拉动型的通货膨胀更加困难，一般的宏观调控措施的效用并不大。鉴于这种情况，成本推进型的通货膨胀不宜过分压低，而最好释放出来。因此，1994 年的通货膨胀率可能稍高一点。

四

不但要考虑并认真对待 1994 年的通货膨胀问题，更要以长远的眼光和多方位的视角来审视和研究我国的通货膨胀问题。换言之，对于通货膨胀问题，不仅要有短期预测，更要有长期的准备和预期。

通货膨胀这种幽灵正在全世界游荡。它的阴影几乎遍及每个国家。没有这种怪物的国家相当之少。当然，程度有所不同。据美国《时代》周刊 1993 年 8 月 9 日的报道，1992 年通货膨胀最猛烈的十个国家是：南斯拉夫为 15201%，扎伊尔 3860%，苏联 1202%，巴西 1038%，阿尔巴尼亚 226%，蒙古 202%，罗马尼亚 202%，赞比亚 191%，柬埔寨 177%，苏丹 114%。国际劳工局曾经对 94 个国家和地区于 1992 年 11 月或 12 月的通货膨胀问题做了调查，结果表明，60% 的国家和地区的通货膨胀率低于 1991 年同期水平，而非洲和拉丁美洲的大多数国家的通货膨胀率仍然呈上升趋势。①

通货膨胀既然是一种世界现象，也就必然引起世界各国政府和经济学家对它的关注，探索它的起源，研究和制定对策。

在西方，对于通货膨胀的起源有许多不同的学派。其一，"垄断说"。在自由资本主义阶段尚无通货膨胀。19 世纪末到 20 世纪初，资本主义由自由竞争阶段过渡到垄断阶段之后出现了通货膨胀。通货膨胀是垄断资本主义的现象，是由垄断造成的。垄断价格居高不下，必然形成通货膨胀。其二，"货币制度说"。在金属货币制度下，不可能发生通货膨胀，过多的货币可沉淀下来，用做贮藏手段。一旦由金属货币制度转变成纸币制度，过多的纸币必然造成通货膨胀。其三，"政府行为说"。凯恩斯曾经大力倡导政府干预经济，而政府干预时又好大喜功，去办那些力不胜任的事，不得已多发货币，造成通货膨胀。其四，"需求拉动说"。由于需求过旺（包括生产需求与生活需求两方面的过旺），远远超过商品的供应能力，因而价格水平持续上升，最终也会形成通货膨胀。其五，"成本推进说"。产

---

① 见《人民日报》1993 年 4 月 8 日。

品成本是商品价格的基础和主要组成部分。成本的上升，自然引发价格的上涨，进而导致通货膨胀。其六，"混成说"。通货膨胀是社会经济的综合征，是由众多机理综合作用的结果，绝不是哪一种因素造成的。以上几种学说，从不同的视角探索了通货膨胀的起源，都含有一定的真理成分，或者说，在一定条件下都是相对真理。但是，任何一种学说，都没有穷尽真理。所以，不少经济学家仍在探索通货膨胀的奥秘。

在我国，过去相当长的时间内对通货膨胀持否定态度，认为那是资本主义特有的货色，社会主义条件下不可能出现，因而没有谁去探讨社会主义条件下的通货膨胀问题。改革开放以后，尤其是1985年以来，人们逐渐认识到了社会主义也有通货膨胀，并且通货膨胀的现实一再呈现在人们面前。于是，理论界开始探讨我国通货膨胀的起源问题。在这方面，除了同西方类似的所谓成本推进、需求拉动等学说外，还有几种新的说法。其一，"体制转轨说"。通货膨胀是由传统的旧体制向市场经济新体制转轨而引起的。在旧体制下，通货膨胀被人们压抑着、潜伏着，在地下，人们看不见摸不着，似乎不存在。一旦旧体制解体、新体制问世，通货膨胀也就露出地面，来到了人间。其二，"结构说"。我国存在着二元结构。虽然不是某些非洲国家的"城市繁荣、农村偏枯"，但是农业明显落后于工业、农村明显落后于城市。要改变这种状况，必然有一个农村大变动、农业大发展。这个发展和变动中，农产品价格上升引发的通货膨胀在所难免。其三，"人口说"。我国人口众多，每人平均的资源相对较少，尤其土地资源更加稀缺，这就会引起价格的上升，进而出现通货膨胀。其四，"效益说"。经济效益不高造成通货膨胀。生产者和经营者的资金被废品、次品、滞销品占用了，被"胡子工程"、"钓鱼工程"吞吃了，没有资金了，不得已向市长要钱，向银行贷款，逼着银行发票子。这就引发过多的货币、过高的价格。通货膨胀也就应运而生。以上这几种学说，的确是从我国实际情况出发的，具有中国特色、中国的烙印。它们也都含有相对真理，但是，也不是绝对真理。仍然有待于我们共同探索。

以上分析表明，不论在国外，还是在我国，引起通货膨胀的原因是多方面的、复杂的。也就是说，通货膨胀是在众多的极其复杂的条件下发生的。只要这些条件存在，通货膨胀就在所难免。而消灭这些条件，创造新的条件，将是长期的。因此，通货膨胀问题不仅是一种全球的现象，也是一种长期的历史现象。我国在今后几十年内，恐怕都难以根除通货膨胀问题。我们要有这样的长期准备，长期预测。当然，通货膨胀也是起伏的，可能是浮浮沉沉几十年。从这种情况出发，当通货膨胀暂时沉下去时，不要高枕无忧，要居安思危；当通货膨胀浮上来时，又不要惊慌失措，应沉着应付。一句话，我们要准备同通货膨胀问题作长期的不懈的斗争。在这方面，宁肯把时间想得长点，把工作做扎实点，切莫侥幸。

五

搞通货膨胀好比吸毒或玩火。俗话说，玩火者，必自焚。吸毒者也没有好下场。不论玩火或吸毒，起初可能有点刺激作用，但过不了多久，这种正效应就渐渐丧失，而负效应就突出起来，以致玩火者葬身火海，吸毒者成为畸形者。为说明这一点，让我们分析一下通货膨胀的分配效应与经济增长效应。

通货膨胀对居民货币收入具有强烈的分配效应。有的经济学家认为，通货膨胀虽然有害，但由于货币贬值造成的损失对所有的人都是相同的。事实并非如此。关键在于，每人所拥有的货币数量是很不相同的，甚至高低悬殊。一位拥有百万元收入者，即使因货币贬值损失 10%，仍有 90 万元收入，对其生活不会影响；但是，另一位收入仅有百元者，如果因货币贬值损失 10%，只剩 90 元，那么他的生活就会受影响，甚至基本生活需求都难以满足。在通货膨胀时期，货币收入增长速度高于价格上升速度的那一部分居民将成为受益者，而货币收入增长速度低于物价上升速度的另一部分居民将是受害者。在我国，通货膨胀的受害者主要是事业单位中领取固定工资的职工及其家属、离退休者、大中学校的学生、亏损企业的职工及温饱尚未解决的少数贫困地区的居民等。通货膨胀的受益者主要是从企业利润中取得收入的人。只要产品有销路，企业就会水涨船高，在通货膨胀中不仅无损失，还可从中捞一把，其职工当然可多得一点。各国的通货膨胀历史说明，通货膨胀的这种收入分配效应将会加剧社会各级、各阶层以及各地区、各部门之间的矛盾，打乱已有的分配政策和分配关系。已有的分配政策和分配关系如果是正确的，经过通货膨胀的再分配效应，将成为扭曲的。如果现行的分配有毛病，对它们应进行改革和调整，何必又借助于通货膨胀这个怪物去纠正呢？用通货膨胀的手段对居民货币收入进行一次再分配，不是打破正确的分配原则，就是与正确的收入分配政策唱对台戏。

通货膨胀对社会财富的分配效应也不可忽视。社会财富有实物财富与货币财富之分。货币财富又称可变价格资产，它包括手持现金、银行储蓄以及各种债券。这些货币财富的实在价值（真实价值）与通货膨胀率的大小成反比。在通货膨胀过程中，货币财富必然发生贬值，并发生价值的转移，可使一些社会集团的财富减少，使另一些社会集团的财富增加。截至1993 年底，我国居民拥有的货币财产（又称金融资产）已达 27000 亿元，其中个人储蓄 16600 亿元、手持现金 4600 亿元、外币存款 130 亿美元，国债 1000 亿元，还有数千亿元的股票、债券等。在这种条件下，即使每年的通货膨胀率超过年平均利息率一个百分点，也将使居民的货币财富贬值 270 亿元，或者说，这 270 亿元的社会财富将从居民手里转移到国家或企业手中。显而易见，通货膨胀是无偿剥夺的手段，是刮"共产风"的一员猛将。

有一种观点认为，不管价格上升多少，只要居民货币收入增长速度高于物价上升幅度，居民就可以承受，不会出现大问题。实践证明，这种观点不够全面。它不仅忽视了居民货币收入增长的非均衡性和承受能力的非均衡性，而且忽视了价格上升对居民货币财富贬值的效应。近几年来，货币收入增长速度超过价格上升速度的那一部分居民，虽然在收入上和当前的生活上具有承受物价上升的能力，但是对其货币财富的贬值则叫苦不迭。通货膨胀对货币财富的分配效应，已引起相当一部分居民的不安。这种不安如果继续发展，很可能影响银行存款，以及各种金融债券、国库券的发行，对我国的股票市场也不利。

赞扬通货膨胀者无不断言，通货膨胀可以加快经济增长速度，甚至认为通货膨胀是经济起飞的前提。他们的主要论据在于，在通货膨胀时期，由于工资的调整一般都滞后于物价的上升，工资增长幅度也小于价格上升速度，借助于这两个因素可以把一部分消费基金转化为积累基金，从而解

决了资金困难，必然加速发展经济。这是 18 世纪和 19 世纪西方国家发展
经济的"秘方"。而在今天的西方世界已经行不通了。强大的工会力量不
允许，也能够消除工资的滞后问题。所以，70 年代以来的通货膨胀不仅不
能加速经济的发展，反而与经济停滞结合起来，形成众所周知的所谓"滞
涨"问题。可是，我国还有些同志想把西方早已失效的"秘方"引进中
国，这叫我们说什么好呢？只好称之为盲目引进。西方好的东西我们一定
要学，要用，而西方的历史垃圾一定要抛弃，切不可引进中国。我国是社
会主义国家，人民当家做主，根本不必要借助于通货膨胀从居民身上"暗
拿"什么东西。如资金紧张，要向人民讲清楚，说明白，动员大家节衣缩
食支援国家建设，通过储蓄和国库券等手段和方式动员广大居民手中的闲
散资金，岂不比通货膨胀更好吗？为什么一定要偷偷摸摸地用通货膨胀这
种非正当的手法去挖居民的"墙脚"呢？

　　通过对通货膨胀的主要经济效应的分析，我们的结论是：必须坚决反
对通货膨胀。当然，绝不因某人的反对，通货膨胀就会销声匿迹。它是一
定的经济条件造成的。要根除通货膨胀，必须改善经济环境。

六

　　我们对于面临的通货膨胀，如何办呢？

　　第一，破除"通货膨胀有益论"。这种理论在 1986 年至 1988 年上半
年的两年多时间里，比较盛行，其恶果是 1988 年和 1989 年的通货膨胀，
零售价格指数分别上升 18.5% 和 17.8%，引起了全国性的抢购风潮。经
过 1990 年和 1991 年的治理，通货膨胀暂时被抑制住了。在 1993 年，"通
货膨胀有益论"又有所抬头。这同 1993 年零售价格指数达到 13.0%，出
现中度通货膨胀，不无关系。近来，又有所谓"通货膨胀同等损失论"、
"通货膨胀害小论"等，这是"有益论"的翻版和改头换面。实践已经证
明，要抑制通货膨胀，首先必须破除"通货膨胀有益论"。在理论上和政
策上，绝不能提倡通货膨胀。不论哪个国家的政府，即使是西方市场经济
国家的政府，没有一个在口头上或文件里鼓吹通货膨胀的，相反，都标榜
自己同通货膨胀作斗争，力求保持价格稳定和市场繁荣。保持价格稳定是

所有市场经济国家的宏观经济目标之一。我国既然要发展市场经济，也不能离开这个目标。但是，在实践中，几乎所有的国家在不同的历史时期都出现过通货膨胀，或者由于战争，或者由于国内动乱，或者由于自然灾害，或者由于体制转轨，或者由于政策失误，原因虽然不一，但结果大体相同。不管在什么情况下出现通货膨胀，都没有任其发展、不管不问的，而是采取措施，加以遏制，力争使其早日消失。对于通货膨胀，在理论上否定，在实践上承认，这似乎矛盾，其实这是辩证的统一。保持价格相对稳定，避免出现严重的通货膨胀，是我国 90 年代经济发展的重要条件。为此，要认真对待通货膨胀问题。

　　第二，控制投资规模是当前抑制通货膨胀的关键。投资规模过大，生产建设需求过旺，是当前诱发和加剧通货膨胀的主要动因。1994 年投资规模 13000 亿元已经定下来了。现在看来，难以守位。有人估计可能达到 15000 亿元，也有人说会超过 17000 亿元。目前，各地区、各部门、各企业争项目、上规模的劲头很大，有增无减。如果不继续加强宏观调控力度，不严格控制投资规模，已经定下来的盘子将会被大大突破，严重的通货膨胀将在所难免。去年，中央提出经济过热后，一直存在着争论。有的地方和部门本来已经过热，却拒不承认，还要快马加鞭。对于发展经济的良好愿望和宝贵热情，我们应当倍加爱护。没有雄心壮志，没有比较高的速度，就不能缩小我国同发达国家和周边国家的差距，也不可能实现我国经济发展的战略目标。所以，只要条件允许，我们就应当把经济发展速度提高，尽可能快一点。但是，我们又应当清醒地看到，经济发展如果违背量力而行的原则，也会欲速不达。就力量而论，在资金、能源、交通以及原材料等方面，"瓶颈"约束还是相当严重的。从我们的主客观条件看，1994 年国民生产总值比上年预计增长 9% 的速度是不低的。若不顾条件，硬要超过很多，势必造成需求过大，而供给不足，这对于已经出现的通货膨胀当然是火上浇油。尽管某些部门（如农业）、某些地区尚不够热，但就全国而论，经济还是过热的。中央关于解决经济过热的各种政策措施，应当不折不扣地执行。可以说，1994 年的通货膨胀程度主要取决于对中央的宏观调控措施执行得如何。为了有效地控制投资规模，优化投资结构，提高投资效果，一定要加快投资体制改革，尽快转换投资机制，早日出台投资法。这是抑制需求、抑制通货膨胀的基础一环。

第三，适当提高利率。控制通货膨胀的必要条件是实行较紧的货币政策。这种政策可以从两方面施行，一是控制货币供应的总量，二是适当提高利率。前一种办法的效果直接一些，而后一种的效果则间接一些。目前，应当双管齐下，使二者相辅相成。对于控制货币供应量没有什么争议。而对于提高利率则有不同意见。应当承认，提高利率具有双重效应，既有有利的一面，又有困难的一面。提高存款利率，必然相应提高贷款利率，这会加大企业负担，使某些已经困难的企业更加困难。提高利率，还有可能使国债的发行受到影响。这种负效应能否超过正效应呢？现在城乡居民存款已达1.5万亿元以上。为了稳住这笔巨额存款，并鼓励居民再进一步储蓄，急需改变当前的负利率问题。负利率也是投资膨胀、信用膨胀的一种内在机理。在负利率的条件下，谁借款，谁发财；借的多，捞的多。这样，就无法控制投资规模和信贷规模。某些生产者和经营者在高利率面前，望而却步，甚至畏而不前，也许有好的一面，这给他们增加了压力，使之把眼睛由外转内，去挖掘潜力，提高效益。权衡提高利率的利弊，可能利大于弊。所以，适当提高利率是抑制通货膨胀的需要。这样做，可以说是市场经济国家的惯例。在西方，往往通过提高利率抑制通货膨胀。还没有哪个国家在对付通货膨胀时将利率手段置之度外的。当然，我们也难例外。

第四，加强成本管理与控制。种种迹象表明，我国的通货膨胀正在由需求拉动型为主转变为成本推进型为主。成本推进型的通货膨胀是更难治理的。如果说抑制需求拉动型通货膨胀还有一个货币控制的总阀门的话，那么解决成本推进型的通货膨胀则没有这种总的机关，要面对着成千上万的企业。成本是价格的基础。一般说来，成本在价格中占80%以上，成为价格的主要组成部分。当成本发生变动时，往往使价格发生相应变动。所以，要控制价格水平，抑制通货膨胀，不能不高度重视成本问题。近几年来，我国的产品成本大幅度上升，成为推动通货膨胀的强劲力量。成本的上升，有合理的因素和成分，也有严重的问题。当前，成本不实问题，或者说，成本虚假问题，已经到了非解决不可的地步。《会计法》已经颁布，但执行得很不够。各种假账、二本账、三本账，还在泛滥。正是在这种混乱中，某些企业借机涨价，搭车涨价。当前，从控制价格总水平和通货膨胀出发，很有必要加强成本管理和成本监督。

第五，提高低收入者的承受能力。对于通货膨胀的承受能力，社会各阶层有明显的差异。据某些典型调查资料，1993年城镇居民中约30%由于收入增长速度低于价格上升幅度而实际生活水平下降。大中专学生、失业工人、离退休者、效益不好企业的职工，以及尚未解决温饱问题的几千万农村人口，在通货膨胀面前的确缺乏承受能力。对于这部分人，国家要采取切实措施，给予生活补助，不使其生活水平下降。当然，要保证所有人的收入增长都超过价格上升幅度也是困难的。社会上总有一部分人因种种原因收入不仅没有增长，反而下降。在这种情况下，要不要推进价格改革？有人认为，"物价问题的决策，应建立在社会低收入层承受能力上"。这似乎不妥。如果等到这部分人对物价也有承受能力，那就难以推进价格改革。对这部分人的问题，要借助于非价格手段解决，使之不成为价格改革的障碍。

（原载《中国社会科学院研究生院学报》1994年第4期）

我国当前通货膨胀的形成与治理

　　自 1993 年起，我国进入改革开放以来的第三个通货膨胀时期。通货膨胀率 1993 年是 13.0%，1994 年达到 21.7%，居建国 45 年以来的最高位。1995 年预计的通货膨胀率可能在 13%—15% 的幅度内，仍然是相当高的。这个问题已经引起全国上下的关注，成为人们议论的热点，也是关系着改革开放事业的重大问题。因此，本文试谈几点见解。

一

　　何谓通货膨胀？国内外学者的定义并不相同。例如：

　　"我们不妨把通货膨胀定义为平均物价或一般物价水平的持续的剧烈的上涨"，"我们把通货膨胀定义为上涨中的物价，而不是'高'物价"。[1]

　　"把通货膨胀定义为上升着的物价水平的定义，远不是清楚的"，"我们只把通货膨胀规定为一般物价水平的一贯的和可以觉察到的增长"。[2]

　　"通货膨胀这个词一般是指物价的不断上升"，"但通货膨胀压力并不经常表现为较高的价格"。[3]

　　"通货膨胀的意思是：物品和生产要素的价格普遍上升的时期——面包、汽车、理发的价格上升；工资、租金等也都上升。通货收缩的意思是：大多数的价格和成本下降的时期"。[4]

　　"通货膨胀是指处于流通中的货币量超过了客观流通所需要的货币量，

---

①　加德纳·阿克利：《宏观经济理论》，上海译文出版社 1981 年版，第 463 页。

②　爱德华·夏皮罗：《宏观经济分析》，中国社会科学出版社 1985 年版，第 605、609 页。

③　托马斯·德尔别尔格等：《宏观经济学》，中国社会科学出版社 1982 年版，第 321 页。

④　萨缪尔森：《经济学》上册，商务印书馆 1980 年版，第 380 页。

质言之，我们把通货膨胀和通货过多作为同义语使用"。[1]

通货膨胀是指"流通中的货币量，随时可转移到流通中的货币以及采用货币形式进行收付结算的货币总和，超过相对应的商品流通和劳务服务正常需要的货币总和。前者超过后者的百分数，称为通货膨胀率"。[2]

"所谓通货膨胀，是一般物价水平采取不同形式（公开或变相）一贯上升的过程"。[3]

以上诸多定义可分为两大类，一是把通货膨胀等同于物价上升，它们是同义语；二是把通货膨胀区别于物价上升，通货膨胀与货币过多是同义语。我认为，通货膨胀与价格上升既有区别，又有联系。通货膨胀既不是单纯物价上升，也不是单纯货币过多，而是由货币过多引起的一种价格上升现象。如果想给通货膨胀下一个比较全面准确的定义，似乎可以这样说，通货膨胀是指由货币过多引起的价格总水平全面的持续的大幅度上升。对于这个定义，应当有以下四条界定：

其一，价格"全面"上升。就商品来说，一二种商品或少数商品价格的上升，不能称为通货膨胀。通货膨胀是指绝大多数商品价格普遍地全面地上升。就地区来说，个别地区的价格上升不能称为通货膨胀。改革开放之初，深圳、广东的价格明显上升，但全国大多数地区价格比较稳定，有人曾经惊呼我国出现了通货膨胀，那是不全面的。通货膨胀是全国性的现象，不能就个别地区而论。只有全国大多数地区价格全面地普遍地上升，才能称为通货膨胀。

其二，价格"持续"上升。通货膨胀是一种时期现象，而不是时点现象。它是一个过程。如果仅在短期内（例如一二个月、三五个月）出现价格上升，而随后又下降或基本持平，那也不能称为通货膨胀。通货膨胀至少是在一二年内价格持续上升。

其三，价格"大幅度"上升。价格上升多少才算是通货膨胀，国内外尚无统一的尺度或标准，在西方，一般以价格上升 3 个百分点为限，即价

---

[1]　黄达：《谈谈当前的通货膨胀问题》，《金融研究论文集》第 2 集。

[2]　张一耕：《怎样测定和抑制通货膨胀》，《中国物价》1989 年第 2 期。

[3]　饶余庆：《现代货币银行学》，中国社会科学出版社 1983 年版，第 225 页。

格上升幅度在 3 个百分点之内者，不是通货膨胀；而超过 3 个百分点者，则是通货膨胀。在我国，80 年代一般以价格上升 5 个百分点为限，即价格上升幅度在 5 个百分点之内者，不是通货膨胀；而超过 5 个百分点者，才称为通货膨胀。进入 90 年代，尤其近二三年，我国经济学界似乎把这个界限放宽了一些，一般以 7 个百分点为限。为什么我国的界限比西方的要宽，并有进一步放宽之势？原因将在下面说明。就价格水平上升幅度来说，又可将通货膨胀划分为不同类型。在我国，价格上升幅度一年期间在二位数以下者，即 7%—10%，称为温和的通货膨胀；价格上升幅度在一年期间达到 10%—20% 者，称为中度的可以接受的通货膨胀；价格上升幅度一年期间超过 20% 者，称为恶性的奔腾的通货膨胀。

其四，价格的上升是由货币过多引起的。在西方市场经济国家，它们的价格体制本是市场体制，所以价格上升只是货币过多引起的。而在我国则不同。我国的价格上升主要由两种因素引起。一种是货币过多引起的，即流通中的货币量超过了实际需要量，必然引起价格的上升；另一种是经济体制尤其是价格体制的变动引起价格上升，即由计划价格体制转向市场价格体制而引起的价格上升。在计划经济时期，把能源、基础产品的价格压得很低，而一旦计划经济体制解体，转向市场价格，这类产品的价格必然会呈现大幅度的上升，或者说，价格结构必然发生变动。由于价格结构的剧烈变动而引起的价格水平的上升，不能称为通货膨胀。虽然这种价格上升不能称为通货膨胀，但是它却包含在价格指数之中。这样，我国的价格指数自然要比西方的高。所以，经济学界把我国的通货膨胀的界限一再放宽。

困难在于如何在实践中区分两种价格上升。实际工作部门一般把国家有计划调整价格的额度同上年的商品流转额相比而求出的指数，称为价格结构变动而引起的价格上升；而把放开的价格由市场供求关系变化而引起的上升，称为通货膨胀的价格上升。世界银行的一份研究报告认为，1981—1987 年间，中国价格上涨中有 50% 以上是纯属通货膨胀引起的。据有关部门计算，近二年以来，纯由通货膨胀因素引起的价格上升所占比重明显上升，可能在 70% 左右。

二

　　为什么会出现通货膨胀？回答这个问题相当困难。各派经济学说都有各自的说法，至今没有一致的结论。

　　在西方，对于通货膨胀的起源有诸多学说。其一，"垄断说"。在自由资本主义阶段尚无通货膨胀。19 世纪末到 20 世纪初，资本主义由自由竞争阶段过渡到垄断阶段之后出现了通货膨胀。通货膨胀是垄断资本主义的现象，是由垄断造成的。垄断价格居高不下，必然形成通货膨胀。其二，"货币制度说"。在金属货币制度下，不可能发生通货膨胀，过多的货币可沉淀下来，成为贮藏手段。金属货币制度转变成纸币制度后，过多的纸币必然造成通货膨胀。其三，"政府行为说"或称凯恩斯学说。凯恩斯曾经大力倡导政府干预经济，而政府干预时又好大喜功，去办那些力不胜任的事，因而不得不多发货币，造成通货膨胀。其四，"需求拉动说"。由于需求过旺（包括生产需求与生活需求两方面的过旺），远远超过商品的供应能力，因而价格水平持续上升，最终也会形成通货膨胀。其五，"成本推进说"。产品成本是商品价格的基础和主要组成部分。成本的上升，自然引发价格的上涨，进而导致通货膨胀。其六，"混成说"。通货膨胀是社会经济的综合征，是由众多机制综合作用的结果，绝不单是哪一种因素造成的。以上几种学说，从不同的视角探索了通货膨胀的起源，都含有一定的真理成分，或者说，在一定条件下都是相对真理。但是，任何一种学说，都没有穷尽真理。所以，不少经济学家仍在探索通货膨胀的奥秘。

　　在我国，过去相当长的时间内认为通货膨胀只是资本主义特有的现象，社会主义条件下不可能出现，因而没有去探讨社会主义条件下的通货膨胀问题。改革开放以后，尤其 1985 年以来，人们逐渐认识到了社会主义也有通货膨胀，并且通货膨胀的现实一再呈现在人们面前。于是，理论界开始探讨我国通货膨胀的起源问题。在这方面，除了同西方类似的所谓成本推进、需求拉动等学说外，还有几种新的说法。其一，"体制转轨说"。通货膨胀是由传统的旧体制向市场经济新体制转轨而引起的。在旧体制下，通货膨胀被压抑着，人们看不见摸不着，似乎不存在。一旦旧体制解体，新体制问世，通货膨胀也就露出地面，来到了人间。其二，"结构说"。我国存在着二元结构。虽然不是某些非洲国家的"城市繁荣、农村偏枯"，但是农业明显落后于工业，农村明显落后于城市。要改变这种状况，必然有一个农村大变动、农业大发展的过程。这个发展和变动中，农产品价格上升引发的通货膨胀在所难免。其三，"人口说"。我国人口众多，每人平均的资源相对较少，尤其土地资源更加稀缺，这就会引起价格的上升，进而出现通货膨胀。其四，"效益说"。经济效益不高造成通货膨胀。生产者和经营者的资金被废品、次品、滞销品占用了，被"胡子工程"、"钓鱼工程"吞吃了，没有资金就向市长要钱，向银行贷款，逼银行多发票子。这就引发过多的货币、过高的价格，通货膨胀也就随之而生。以上这几种分析，的确是从我国实际情况出发的，具有当前中国特色，它们也都含有相对真理。但是，也还有些问题仍然有待于我们共同探索。

关于通货膨胀起源的以上诸种学说，都是从深层次提出和论证问题的。如果从浅层次来看，通货膨胀的直接原因是货币过多，即流通中的货币量超过了客观需要量。在市场上，价格不过是商品与货币关系的指数；商品过多，而货币较少，价格下降；反之，商品较少，货币过多，价格上升。通货膨胀之所以发生，是货币相对于商品来说是过多了。按照货币学说的理论，通货膨胀纯粹是一种货币现象。只要货币适量，价格就不会上升，通货膨胀也就不可能发生。我国近二三年来通货膨胀之所以又重新出现，同货币过多有密切的关系。我国流通中的货币（MO），1978 年 212.0亿元，1985 年 987.8 亿元，1990 年 2644.4 亿元，1994 年 7500 亿元。1994 年比 1978 年增长 34.4 倍，平均每年增长 25.0%。分阶段观察，情况各有不同。1985 年比 1978 年增长 3.6 倍，平均每年增长 24.5%；1990年比 1985 年增长 1.7 倍，平均每年增长 21.8%；1994 年比 1990 年增长 1.8 倍，平均每年增长 29.8%。由此可见，进入 90 年代以后，我国流通中的货币量迅速增长，年均增长量达 1200 亿元以上。流通中如此大量的货币，必然引发价格上升和通货膨胀。

如果说货币过多是造成通货膨胀的直接原因，那么衡量货币过多、过少或适度的标准又是什么呢？对这个问题，我国经济学界进行了广泛的深人的探索，提出了不同的标准。有的学者主张，货币量的增长速度应是经济发展速度（国民生产总值增长速度）与价格上升速度之和；还有的学者主张，货币量的增长速度应是经济发展速度（国民生产总值增长速度）的二倍；近来也有的学者主张，在 2010 年之前，我国货币增长速度应当超过经济发展速度（国民生产总值增长速度）15 个百分点左右。这些观点各有其根据，大多依据现有的统计数字，因而属于经验统计型的。这对于指导今后的实践，掌握货币发行量的多少，自然有重要的参考意义。但是，仅此还不够，还有必要进行更深入的探讨。因为我国正处于由计划经济向市场经济转轨之中，由粗放型经济向集约型经济转轨之中，由二元经济向现代经济转轨之中，货币量与各种经济参数之间的关系尚处于混沌的状态，至今尚不明晰，因而难以从理性上把握，从科学上说明。所以，摆在经济理论界面前的一个重要任务，就是从不同的学科入手，探索货币量的适度标准。一旦这个科学的标准树立起来，也就易于判断和治理通货膨胀了。

以上分析表明，不论在国外，还是在我国，引起通货膨胀的原因是多方面的、复杂的。也就是说，通货膨胀是在诸多极其复杂的条件下发生的。只要这些条件存在，通货膨胀就在所难免。而消灭这些条件，创造新的条件，将是长期的。因此，通货膨胀问题不仅是一种全球现象，也是一种长期的历史现象。我国在今后几十年内，恐怕难以根除通货膨胀问题。我们要有长期准备，长期预测。当然，通货膨胀也是起伏的，可能浮浮沉沉几十年。从这种情况出发，当通货膨胀暂时沉下去时，不要高枕无忧，要居安思危；当通货膨胀浮上来时，又不要惊慌失措，应沉着应对。一句话，我们要准备同通货膨胀问题作长期的不懈的斗争。在这方面，宁肯把时间想得长点，努力把工作做扎实，切莫侥幸。

三

当前如何治理通货膨胀？

要继续清除所谓通货膨胀有益论。这种理论在我国出现于 80 年代中期，对于 80 年代两次通货膨胀曾经起了推波助澜的作用，对于从 1993 年起的这次通货膨胀也有不可忽视的火上浇油的作用。能否抑制住通货膨胀，关键在于对它是否有统一的认识。如果缺乏一致的认识，很难采取行动。通货膨胀有益论，不论在学术理论界，还是在经济工作部门中，目前都还有一定的市场，有的制造，有的传播，有的相信，有的接受，并影响着有关的决策行为。不从理论和认识上清除通货膨胀有益论，就难以抑制1995 年的通货膨胀。主张通货膨胀论者无不认为它是积累资金的法宝，是解决资金困难的有效手段。的确，企业或国家借助于通货膨胀可以筹集资金，按西方某些经济学家的说法，这是一种普遍的征税，当然会增加国家或企业的收入。问题在于，我们为什么要采用这种"暗拿"、"偷盗"的方式，而不采用"明拿"的方式。解决资金困难，既可提倡储蓄，又可公开征税，办法很多，为什么一定要采用通货膨胀的办法呢？通货膨胀是一种饮鸩止渴的自杀行动，它会打乱经济关系，干扰经济体制改革的进程，阻碍经济发展，也不利于对外开放。外国政府和投资者都十分关注目前中国的通货膨胀问题，他们通过这个问题来检验中国政府宏观调控的能力，也把通货膨胀率的高低视为投资环境优劣的重要标志。从改革开放的高度看，对通货膨胀有益论决不能等闲视之，而要加速破除。

为了抑制1995 年的通货膨胀，一定要加快农业生产的发展，增加有效供给。当前的这次通货膨胀带有浓厚的农业色彩，或者称为农业滞后型的通货膨胀。据有关部门分析，在1994 年通货膨胀率的21 个百分点中，由于农产品价格上升而造成的占60%，达到12.6 个百分点。也就是说，如果农产品价格不涨，我国的通货膨胀率尚不足10%。由于粮食、棉花、蔬菜和肉的价格大幅度上升，必然加大所有行业的工资成本，进而推动所有行业产品价格的上升。1995 年的通货膨胀率会有多高，在很大程度上取决于1995 年的农业状况。为了抑制农业滞后型的通货膨胀，必须加快农业的发展，加快建设"菜篮子"工程和"米袋子"工程。对于农业，过去说得多做得少。要把全民全党大抓农业落实到行动上，除了要从技术、流通体制和生产规模方面解决问题外，当务之急是解决农业资金问题。为此，建议设立农业发展基金。要从一切单位的基建投资中提取3% 左右作为专项基金，用于发展农业。过去设立的能源、交通基金对于解决能源、交通问题，确实起到了很大作用。如果设立农业发展专用基金，一定会有助于农业基础地位的加强和巩固。

为了抑制 1995 年的通货膨胀，要加大国有企业改革的力度。国有企业有好的、比较好的和差的三种情况。相当一部分国有企业，由于历史与现实的种种复杂原因，经济效益不好，投入产出比例不佳，不少产品质量次，销售率不高，积压严重。这是诱发通货膨胀的重要原因之一。商品具有二重形态，即价值形态与使用价值形态。这二重形态既有联系，又各具有相对的独立性，按照不同的渠道在国民经济中运行。当废品、次品、滞销品等躺在仓库里睡大觉时，其价值形态却在按照一定的渠道和轨迹运行。这样，在市场上必然出现相对较少的使用价值量代表相对较多的价值量，使单位商品的价格上升。针对这种情况，要抑制通货膨胀，把价格降下来，必须提高经济活动效益，尤其是提高生产过程中的产出质量，减少消耗，增加效益。为此，就要加快企业体制改革。同时，要大力加强企业管理。改革出效益，管理也出效益。在当前，管理比改革能够更快见效。所以，加强企业管理也是抑制通货膨胀的重要举措。

为了抑制 1995 年的通货膨胀，必须严格控制货币发行和信贷规模，控制基本建设投资规模。近三年来，每年新增货币量都在 1200 亿元以上，信贷规模更是急速扩大。这必然形成通货膨胀的强大压力。货币过量发行和信贷膨胀的根源在于建设规模过大，固定资产投资规模过大，超过了国家的力量。中央已决定 1995 年将放慢速度，这是明智之举，也是抑制通货膨胀的根本措施。

抑制通货膨胀不仅是中央政府的事情，也是各级地方政府的事情，是企业的事情。有些地方和企业曾经责备中央多发货币，形成通货膨胀。他们不了解中央多发货币的原因。中央为什么要过量发行货币？说穿了，这是被逼出来的不得已的行动。有些地方和企业并没有钱，但是却要大搞建设，多发工资。资金从何而来？向银行贷款。靠银行贷款搞建设，靠银行贷款发工资，目前相当不少。各地区、各企业都逼着银行扩大信贷；各地区银行又伸手向中央银行要钱。这样，由下而上的"倒逼机制"是形成货币过多、信贷膨胀的根源。为了控制货币发行，控制信贷规模，抑制通货膨胀，不仅中央政府要严格约束自己，量力而行，而且各级地方政府和企业要从自己的实际情况出发，遵循量入为出的原则，不搞无资金保证的建设，不靠信贷发工资，不向农民打白条，不开各种空头支票。只有全国上下共同努力，宏观与微观一致行动，各种措施协调一致，才能有效地抑制1995 年的通货膨胀。

（原载《现代财经》1995 年第 1 期）

对建立铁路运价与社会物价
联动机制问题的探讨

一　联动机制形成的基础

在市场经济中，国民经济的价格体系本来是一架自行运转的灵敏的机器。铁路运价不过是其中的一组部件。它与整个国民经济价格体系相互制约、相互促进，因而，在本质上存在着联动关系。

首先，铁路运价与社会物价大体同步联动前进。然而，在我国很长的一段时间内，却人为地割裂了铁路运价与国民经济价格体系的联动关系。据有关部门统计：1955 年至 1994 年的 40 年间，全国零售物价总指数年均上升了 3.29%，货运成本费用指数年均上升了 3.63%，而货运价格指数年均仅上升了 1.37%（不含基金，含基金为 3.15%）。同期，全国城镇居民消费价格总指数年均上升 3.82%，客运成本费用指数年均上升 4.25%，而旅客运价指数年均仅上升 3.04%。由于运价提高的速度明显低于运输成本的增长幅度，致使铁路运输入不敷出，发生亏损，阻碍了铁路运输业的发展。为了使铁路运输发展有可靠的资金保障，必须增强铁路自身的资金积累能力。要做到这一点，铁路运价就不能长期冻结，也不能长期滞后于社会物价水平，至少要使铁路运价与社会物价大体同步联动前进，以保证铁路方面的投资获得社会平均利润。只有如此，铁路才具有自我积累、自我发展的能力。

其次，铁路运价上升的幅度应略高于社会物价上升幅度。其原因主要在于铁路运输业的劳动生产率的提高速度一般低于整个社会劳动生产率平均提高速度。这种差距所形成的利益损失，如果政府不给予补贴，那就必须靠价格手段给予补偿。马克思在《资本论》中早已指出，商品的价值量与生产商品所消耗的劳动量成正比，与劳动生产率成反比。也就是说，价值量越小，价格水平也就越低；反之，劳动生产率越低，价值量越大，价格水平也就越高。因此，就整个国民经济总体来说，随着社会劳动生产率的提高，价格总水平呈现出下降的趋势。① 具体到社会生产的各个行业和部门又有差别，大体划分为三种类型。第一种类型：以高科技、先进技术装备为代表的高新技术产业群体，由于其劳动生产率提高速度一般高于社会劳动生产率提高的平均速度，其产品和服务的价格有迅速下降的趋势；第二种类型：以种植业、采掘业以及运输、电力、煤气、自来水等基础产业为代表的产业群体，由于其劳动生产率提高甚慢，一般低于社会劳动生产率提高的平均速度，其产品和服务的价格有上升的趋势，而且上升幅度一般都高于社会物价的上升幅度；第三种类型，介于上述二者之间的以一般加工业为代表的产业群体，由于它们的劳动生产率提高的速度一般都保持在社会平均速度上，所以其产品和服务的价格变动趋势和幅度与社会物价变动的趋势和幅度大体相同。在上述三种类型的产业群体中，铁路运输属于第二种类型。铁路运输是基础产业部门，其劳动生产率提高速度很慢，一般低于社会劳动生产率提高的平均速度，由此决定了其价格水平有上升的趋势，这种上升的幅度一般都高于社会物价上升的幅度。只有这样，才能使铁路运输业因劳动生产率提高相对缓慢而造成的经济损失，由价格机制给予补足，以保持铁路运输与整个国民经济协调发展。

二 联动方式的多样性

铁路运价与社会物价联动的方式，也不是随意确定的，必须与铁路运输管理体制相适应。准确地说，有什么样的管理体制，就有什么样的联动

---

① 当然，决定和影响价格的因素除劳动生产率外，还有供求关系，货币政策以及自然环境等因素。由于多种因素综合作用，价格总水平在近五十多年来有上升的趋势。能否永远上升？何时再下降？这是值得经济学家探讨的问题。

方式。经过近二十年的改革，铁路运输业的管理体制已经多样化，除了国有铁路外，还出现了中外合资铁路、股份制铁路以及地方铁路、民营铁路等不同的管理主体。为适应这种情况，铁路运价与社会物价联动的方式也必须多样化。

1. 市场自行联动方式。过去，人们总以为铁路运输业是垄断行业，不存在自由竞争，因而其价格要由政府或政府的代理者直接或间接地加以规定，运输企业只是价格的执行者，既没有定价权，又没有调价权。但是，政府的价格行为往往是滞后的，由于价格不能及时到位，运输成本难以补足，必然亏损，导致铁路运输业萎缩。美、英、日等发达国家自 70 年代后放弃国家对铁路的垄断制度，使铁路逐渐实现私有化或民营化，并引入市场机制，形成铁路运输业的市场价格制度。在这种制度下，企业拥有自主定价权，并根据运输业的供求关系变化自行调整价格。这些成功的做法值得我们借鉴。在我国近二十年的改革中，虽然铁路运输业的改革滞后，但也或多或少地改革了管理体制，程度不同地引入了市场机制，使企业拥有了一定的定价权。例如，新型空调客车优质优价、新路新价、春节期间浮动票价，以及广深铁路浮动运价等，这表明铁路运价中已出现了市场因素。随着社会主义市场经济的发展，铁路运输的市场化程度将逐步提高，铁路运输市场价格机制将逐步确立。而一旦实现这一要求，铁路运输的市场价格与国民经济其他部门的市场价格融为一体，就将形成良性的循环联动。

2. 政府自觉联动方式。铁路运输业走向市场化是个长期历史过程，绝不可能一蹴而就。在这个过程没有完成以前，铁路运输业的管理体制必然是局部垄断与局部竞争并存的"双轨制"。与之相适应，铁路运输的价格体制也是垄断价格与市场价格并存的"双轨制"。然而，这种双轨制可以有不同的具体形式。例如，主干线上的政府定价与支线上的市场价并行、客运上的政府定价与货运上的市场价并行、老少边贫地区的政府定价与富裕地区的市场定价并行、某一类运输货物的政府定价与另一类货物的市场价并行等。当然，随着客观情况的变化，在双轨制中，谁的比重高谁的比重低等问题会有所变化。在价格双轨制存在的前提下，市场运输业垄断价格（或政府定价）如何与社会物价联动呢？这就要靠政府的自觉行动。中央政府和省市区政府必须经常关注铁路运输状况及社会物价水平的变化，经常调整铁路运输价格。只要对铁路运价不断地进行局部或全局性地微调，小步走，不停步，积少成多，就能使铁路价格的经常"调"与社会物价的全面"放"协调起来。以往的教训在于，当社会物价全面上涨时，政府为了控制物价上涨，首先压住由政府定价的公共产品和半公共产品的价格（其中包括铁路运输），其结果必然造成这部分价格偏低。解决这类顾此失彼问题，关键在于提高政府的全面均衡能力，也在于有关部门抓住机遇，主动争取。

3. 政府被迫联动方式。当政府不自觉地采取联动方式时，那就要被迫联动。政府在客观经济规律面前，也不能随心所欲。当铁路运价严重低于其价值时，或者说，当政府严重违背价值规律的客观要求时，就要遭受惩罚，其结果就是铁路运输难以发展，并成为制约整个国民经济的"瓶颈"。这种情况一经出现，政府就被迫或变相地使铁路运价与社会物价联动起来。在这方面可以采取多种方式。例如，政府给铁路运输业一定的补贴；政府允许铁路运输业短期不提或少提固定资产折旧；政府减少铁路运输的税收任务；政府设立铁路运输专项建设基金等。总之，在铁路运输价格不作调整的情况下，政府将被迫采取不同的方式，弥补铁路运输业因价格过低而造成的经济损失。近几年来，我国政府主要采取两种方式，一种是允许少提固定资产折旧；二是财政给铁路专门的建设基金。这两种被迫的联动方式，不符合市场经济的要求，造成的恶果是企业少提折旧，久而久之，缺乏固定资产更新资金；至于所谓专项建设资金，就更不能久长。铁路发展要靠自身积累。没有铁路的自我积累，自我发展，光靠政府，包袱会越背越大，总有一天会背不动。而且，建设基金与铁路运价是两张皮，各有其主，难以拧成一体，也不可能长久并存下去。

4. 铁路部门机械联动方式。这种方式是指铁路运价指数与社会物价指数挂钩的方式。具体地说，就是政府允许铁路部门根据上年社会物价指数不经批准自行调整下一年的铁路运输价格。这种方式的实质是将定价权全部放给铁路运输部门。实现这个要求的基本条件，是社会经济生活的全面市场化，而今天我国并不具备这一条件。有的同志在文章中写道："现行的铁路运价没有完全和社会物价挂钩，铁路运价的调整在时间上大大滞后于社会物价的变动，致使铁路运营连续几年发生亏损。这就说明挂钩原则是价值规律的基本要求，是铁路运价必须遵循的基本原则。"① 其实，挂钩原则是违背价值规律的。道理很简单，社会经济生活的各个不同部门、不同行业，因受各种因素的制约，不可能同步前进或后退，总是参差不齐的，其价格上升或下降的幅度不可能相同，而按一个标准去衡量和要求它们，那是完全脱离实际的。况且，机械地挂上钩，长江后浪推前浪，一浪更比一浪高，最终把铁路运价和整个国民经济价格水平推向绝顶。"挂钩"已被西方国家实践证明是不可取的，我们不应重蹈覆辙。

从以上分析的四种方式可以看出，铁路运价改革的目标模式是第一种，过渡模式是第二种，现行模式是第三种，而第四种模式则不可取。

三　实现铁路运价与社会物价联动的对策建议

为了从上述的第三种模式过渡到第二种模式，并最终达到第一种模式，我们提出以下主要建议：

1. 大力推进市场取向改革。我国近二十年改革实践反复证明，铁路运输行业必须摒弃垄断的传统观念，真正投入到市场竞争中去。铁路运价与社会物价联动的根本方式是市场机制。所以，市场取向的改革是解决铁路运价问题的根本出路。我国铁路运输改革的出路不在于将国有铁路私有化，而在于国有民营，即坚持在国有为主、多种经济成分共同发展的前提下，经营实现市场化、企业化。在这种体制下，铁路运输企业按照市场供求关系自行决定运价。这样，铁路运价与社会物价将有机地联系在一起，实现自动"挂钩"。这虽然是我国的远景目标，但是，千里之行始于足下，当前就应当尽快扩大铁路运输中的市场成分，组建按市场原则经营的公司，越快越好，早组建比晚组建好。

2. 政府价格行为的规范化。在我国铁路运输价格市场化一时难以兑现之前，将是政府定价与市场调节价并行的"双轨制"。在这种体制下，关键在于二者有机协调，不能相互脱节，更不能互相掣肘。如何实现这一目

---

① 虞怀平：《对铁路运价改革取向的探讨》，《价格理论与实践》1996年第7期。

标？这就要求政府在制定铁路运价时，一定要以铁路运输投入品的市场价格为参照系，根据铁路运输成本变动情况，及时调整铁路运输价格。为了提高决策的科学性，建议成立隶属于政府价格主管部门之下的铁路运输价格咨询委员会。这个委员会，每年至少向政府提交一份有关价格问题的论证报告和政策建议。鉴于铁路运输自 1993 年后连续多年亏损，有必要在今年内将铁路运价总水平每吨公里上调 2 分钱。这样做，既不会对社会物价总水平造成太大影响，也是有关产业部门可以消化或承受的。根据国家统计局提供的"1992 年国民经济投入产出模型"分析，铁路运价每吨公里提高 1 分钱，影响社会零售物价指数上升 0.25 个百分点，居民消费价格指数上升 0.24 个百分点；对其他产业部门成本影响均不超过 1%，超过或接近 0.5% 的仅 5 个部门。按此计算，上述调价方案影响社会零售价格指数上升不足一个百分点，对 5 个紧密相关产业部门的成本影响也不过1%—2%。这样的影响在目前低通货膨胀时期是完全可以接受的。因此，调整铁路运价的决策宜早不宜迟，目前是解决铁路运价问题的大好时机。

3. 提足折旧，理顺铁路运输成本与运价的关系。我国传统计划体制下，有两大欠账：一是低工资造成对劳动者的欠账；二是低折旧造成对各种固定资产设备的欠账。而这二者在铁路运输中都相当严重。改革开放以来，铁路折旧率有所提高，但距发达国家的折旧率还有相当距离。即使如此，我国的铁路运输目前仍然不能按政策兑现折旧。其原因在于运价太低。由于运输价格太低，如果提足折旧，增加成本，亏损更为严重。为了减少账面上的亏损，少提折旧当然是一项权宜之计。但是，这会造成严重后果。提足折旧本来是维持简单再生产的起码条件，是维持现有技术水平的起码要求。如果这一点做不到，那就谈不上什么扩大再生产、技术进步、铁路的现代化了。所以，从长计议，应从铁路运输低价格上找症结。低折旧是复制古董的传统老路，而提高折旧，兑现折旧，则是铁路现代化的必由之路。随着铁路运价的提高，铁路的折旧率必须逐步提高。这对铁路的现代化有重要作用。

4. 将建设基金纳入运价。由于运价太低，铁路运输缺乏自我积累扩大再生产的能力，从 1991 年起，国家增设铁路建设基金，主要用于新建铁路。但是，这项基金的支配权不在铁路部门，更不在铁路企业，而在财政部。这与铁路运输的企业化、市场化的改革方向相悖。从改革的方向上考虑，应尽早将建设基金纳入运价之内，使铁路运价不仅能保证铁路运输的简单再生产，而且能保证铁路运输的扩大再生产。否则，铁路部门或铁路企业管简单再生产，而财政部管扩大再生产，这样的社会分工，在当今世界上可能是绝无仅有的。所以，理顺建设基金与铁路运价的关系，也应包含在当前铁路运价改革的议题之中。

（原载《价格理论与实践》1998 年第 4 期）

当前物价上涨的新特点

当前，我国面临着较大的物价上涨压力。这次物价上涨有什么新特点？应该怎样应对呢？

全球性。这次物价较快上涨不是我国特有的，也不限于新兴市场经济国家，美国、欧盟等发达国家也陷入了通货膨胀的阴影之中，因而具有全球性。随着经济全球化的深入发展，多数国家的生产和消费都成了世界性的。在这种环境下，既有输入型通货膨胀，也有输出型通货膨胀。

复杂性。这次物价上涨不仅仅是粮食和石油大幅度涨价，而是以这两种基础产品为中心的大多数商品全面涨价。其中，既有实体产品价格上涨，又有虚拟产品价格上涨。就我国来说，目前面临着粮价、油价、房价、股价、汇价五大价格问题，且纵横交错、异常复杂。

深源性。这次物价上涨的原因是极其复杂的。对于通货膨胀的起因，有众多学说。在西方，有垄断说、货币制度说、政府行为说、需求拉动说、成本推动说以及混成说等。在我国，还有体制转轨说、结构变动说、人口众多说、低效益说等。现在看来，不论哪一种学说，都难以真正说清当前物价上涨的原因。通货膨胀在本质上是一种货币现象，它是由于货币过多而引起的价格水平的全面大幅度持续上升。价格是商品与货币关系的指数。价格之所以上升，不外乎三种类型：不是由于货币太多，就是由于商品太少，或兼而有之。关键在于，对具体商品应作具体分析，并采取不同对策。应当指出，汇率是不同货币之间数量关系的指数。当前，美元在全球的过量发行及其大幅度贬值，已经造成美元泛滥，成为推动全球通货膨胀的重要因素。

针对当前物价上涨的特点，应妥善解决好以下几个问题：

密切关注通胀效应的国际传递。我国经济已深深融入经济全球化之中，外贸进出口额高达 2 万多亿美元，外汇储备高达 1.8 万亿美元，引进外资 8000 多亿美元，对外直接投资超千亿美元。在这种情况下，国外的通胀会通过明的暗的、合法的非法的各种渠道传进我国。通货膨胀有极大的财富转移效应，国内如此，国际也不例外。美国次贷危机影响广泛而深远，对此应高度关注。要加强金融监管，增强我国货币政策的独立性和自主性，提高汇率机制的弹性，以防止外部冲击，保持经济平稳较快发展的良好势头。

处理好控制物价与价格改革的关系。为抑制价格过快上涨，我国对一些重要商品生产给予了补贴。补贴有助于减缓价格上涨速度，保证低收入者生活水平，但却割裂了价格的横向与纵向关系，容易导致经济关系扭曲。因此，应力争少用价格补贴。不得已时，可直接对低收入者或消费进行补贴。随着经济发展，应适时对价格体制进行改革，理顺价格关系，用正常的价格信号和市场机制调控社会经济行为。

控制国内总需求尤其是投资需求。这是抑制物价过快上涨的主要途径。发展是硬道理。只有发展，才能为我们应对各种困难和风险打下坚实的物质基础。但发展不仅要有较快的速度，更要有良好的结构、质量和效益，绝不能为了片面追求速度而盲目投资。现在的问题是，该投资的地方和项目投资不足，该控制的地方和项目又有强烈的投资冲动。因此，必须切实解决投资方向问题，通过合理的投资，既解决物价过快上涨问题，又保证经济社会持续快速协调健康发展。

谨慎对待人民币升值问题。货币的币值变化反映着国家经济实力的升降，它具有双重效应。随着我国经济实力增强，人民币币值必将呈上升趋势，这是毫无疑问的。但升值要适度，过快或过慢都可能出现问题。有人曾设想，如果人民币与美元的汇率达到 2∶1，我国就会马上成为世界上数一数二的经济大国。这只是一种幻想。可以肯定，人民币升值过快或者美元贬值过多，对我国利少弊多。而且，人民币升值既不是解决我国对美贸易顺差问题的有效办法，也不是解决我国物价过快上涨的明智之举。

（原载《人民日报》2008 年 7 月 2 日）

当前我国通货膨胀的特点与治理

改革开放以来，我国零售物价水平显著上升已有四次。第一次，1980年上涨 6%；第二次，1985 年上涨 8.8%；第三次，1988 年和 1989 年分别上涨 18.5% 和 17.8%；第四次，1993 年、1994 年和 1995 年分别上涨 13.2%、21.7% 和 14.8%。对这四次零售物价总水平的上升，有人统称为通货膨胀。本人认为前两次不属于通货膨胀，那是由于价格体制改革和价格结构的调整而形成的价格水平上升，只有后两次才称得上通货膨胀，主要是由于货币发行过多、商品相对不足而形成的。

1995 年我国处于通货膨胀的高峰之时，我曾经写道："通货膨胀问题不仅是一种全球的现象，也是一种长期的历史现象。我国在今后几十年内，恐怕都难以根除通货膨胀问题。我们要有这样的长期准备、长期预期。当然，通货膨胀也是起伏的，可能是浮浮沉沉几十年。从这种情况出发，当通货膨胀暂时沉下去时，不要高枕无忧，要居安思危；当通货膨胀浮上来时，又不要惊慌失措，应沉着应对。一句话，我们要准备同通货膨胀问题作长期的不懈的斗争。"今天，通货膨胀又来到我们面前，怎么应对呢？要从认识它的新特点入手，找出对策。

同改革开放以来我国已经出现过的几次通胀相比，这次通货膨胀有什么新特点？我觉得，似乎有这样几个：

其一，全球性。这次通货膨胀不是中国特有的，也不是新兴市场经济国家（如印度、越南、俄罗斯、巴西、墨西哥等）独有的，即使美国、欧盟等发达国家也陷入通货膨胀的阴影之中。这是一次真正意义上的全球通货膨胀。它的出现不是偶然的，不过是经济全球化"双刃剑"的再现，集中反映出经济全球化中积累的诸多问题。近二十年来，尤其进入 21 世纪之后，经济全球化迅猛发展，生产和消费都成了世界性的，多数国家已经深深地融入全球化之中。在这种环境中，既有输入型通货膨胀，也有输出型通货膨胀。对此，诺贝尔经济学奖得主约瑟夫·斯蒂格利茨最近指出："既不应该让政治家和央行对输入型通货膨胀负责，也不应该在世界经济形势有利的时候将控制通货膨胀的功劳归于他们。"然而，经济学家对这个重要问题应进行深入研究，提出相应的建议。

其二，全面性。这次通货膨胀不仅仅是粮食和石油大幅度涨价，而且是以这两种基础产品为中心的大多数商品同时全面涨价。事实表明，这既不是结构性的通货膨胀，又不是结构性的价格调整。其中既有实体产品的涨价，又有虚拟产品的涨价。目前我国面临粮价、油价、房价、股价、汇价五大价格问题，且纵横交错、异常复杂。像一团乱麻一样，剪不断，理还乱。

其三，深源性。这次通胀形成的原因是极其深刻的。对于通胀的起源有众多学说。在西方，有垄断说、货币制度说、政府行为说、需求拉动说、成本推进说以及混成说等。在我国改革前，不承认社会主义条件下存在通胀。而改革开放后，逐渐承认社会主义市场经济中也会出现通货膨胀，并探讨其根源，形成了一些除上述西方经济学界的那些学说外，还有所谓体制转轨说、结构变动说、人口众多说、低效益说等。现在看来，不论上述哪种学说，都有一定的道理。但是都不能说清当前通货膨胀的原因。通货膨胀本质上是一种货币现象。所谓通胀不过是由于货币过多而引起的价格水平的全面大幅度持续上升。价格是商品与货币关系的指数。价格之所以上升不是由于货币太多，就是由于商品太少，或兼而有之，不外这三种类型。关键在于，对具体商品应作具体分析，并采取不同对策。应当指出，汇率是不同货币之间数量关系的指数。当前，处于霸主地位的美元在全球的过量发行及其大幅度贬值，已经形成美元泛滥，这必然成为推动全球通货膨胀的重要力量。这一点，在国际石油价格和粮食价格大幅度上升中看得十分清楚。美元贬值越快，石油和粮食价格上升越多。

其四，补贴性。我国过去应对几次通货膨胀的对策往往是加快价格改革，尽量减少价格补贴，以理顺价格关系。这次不同，对于出现的许多价格问题，大多采用补贴的办法。如猪肉补贴、粮食补贴、石油补贴、交通补贴等。补贴当然有助于控制价格，减缓价格上升速度，缩小价格指数，但却割裂了价格的横向与纵向的关系，打乱了许多经济关系。因此，应力争少用价格补贴。不得已时，可采取对低收入者的补贴或消费补贴。随着经济发展，要不断地对价格关系进行调整，对价格体制进行改革。在市场经济中，绝不能把价格改革毕其功于一役。

针对当前这次通胀的特点，应妥善解决好以下四个问题：

第一，密切关注通胀效应在国际间的传递，坚决捍卫我国近三十年所取得的巨大成就和良好的经济发展势头。我国已经深深地融入经济全球化之中，外贸进出口额已高达 2 万多亿美元，外汇储备也高达 1.8 万亿美元，引进外资 8000 多亿美元，外向投资 2000 多亿美元。在这种情况下，国外的通胀会通过明的、暗的、合法的与非法的各种渠道传导进我国或使我国在国外遭受损失。据我们最近赴美考察，美国经济已陷入低谷，次贷危机远未见底，其影响广泛而深远，可能出现滞涨。对此应高度关注，有所准备。通货膨胀有极大的财富转移效应。国内如此，国际间也不例外。嫁祸于人是常有的。在这种情况下，要增强我国货币政策的独立性和自主性，提高汇率机制的弹性，以防外部冲击，以防将我国的财富大量转移他人，以防将我国经济发展引入慢轨道。

第二，控制国内总需求尤其是投资需求，防止经济增长过快，仍然是抑制国内通胀的主要途径。目前有一种观点，认为我国面临滞涨危机。为此，应鼓励投资而不是控制投资，应防止停滞而不是防止过快。本文认为，发展仍是硬道理，高速增长仍是第一位的。关键在于结构调整，而不是盲目投资。现在的问题是，该投资的地方和项目而投资不足，应该控制的地方和项目又控制不住。必须切实解决好投资方向问题，把投资真正用在刀刃上。通过合理的投资，既解决好通货膨胀问题，又保证经济高速发展。

第三，人民币升值要适度。货币的币值变化反映着国家经济实力的升降，它具有双重效应。随着我国经济实力增强，人民币币值呈上升趋势，这是毫无疑问的。但是升值要适度，过快过慢都可能出现问题。绝对不要陷入幻想。如果设想，人民币与美元的汇率目前达到 1：1，我国的 GDP 规模就立即超过美国，成为头号世界大国；如果达到 2：1，我国的 CDP 规模将立即超过日本，成为二号世界大国。这样可行吗？不行。这是幻想。现在还有 4：1、5：1、6：1 等诸多论证者。过去 3 年人民币对美元汇率已升值大约 20%，而今后 3 年升值的速度可能会放慢一些，人民币对美元的汇率以不突破 6：1 为宜。可以肯定，目前人民币升值过多，或者说，美元贬值过大，对我国将是利少弊多，甚至有害无利。我们一定要吸取"广场协议"的教训，头脑清醒一些。人民币升值既不是解决中国对美贸易顺差问题的上策（这一点已被事实证明），又不是解决我国通货膨胀的明智之举。不要将它视为包治百病的药方。人民币对美元的汇率究竟多少为宜，事关大局，希望有识之士把真知灼见贡献出来！

第四，切实解决我国能源资源价格低、环境价格低和劳动力价格低的问题。这"三低"是人民币币值偏低的基础。如果不切实解决这"三低"，只在人民币对美元汇率上"升值"，那将冒很大风险，不仅使人民币升值失去国内的基础，还会把升值的好处白白送给他人。汇率是货币的价格，是一切商品的总价格。解决人民币汇率问题，眼睛既要向外，同美、日、欧以及其他发展中国家进行比较，还要着眼于国内。只有把内与外协调起来，人民币才有巩固的基础。国内价格的"三低"是造成人民币汇率偏低的根源。所以要从源头解决问题，尽快主动解决上述国内价格方面的三低问题。这"三低"是我国近十年来（1998—2008 年）经济发展过程中形成的，甚至是 1998—2003 年我国通货紧缩的直接后果。现在的通货膨胀是对以前的通货紧缩的"反动"。必须充分尊重经济规律尤其是价值规律，并切实按照这些规律的要求办事，主动把已经过低的价格调整过来。例如，我国主动提高石油的销售价格，受到国内外普遍好评。应当继续前进，逐步解决上述的三类价格偏低问题。

（原载《中国社会科学院院报》2008 年 7 月 10 日）

广义价格改革势在必行

一　价格改革仍然是"整个经济体制改革成败的关键"

我国经济体制改革起步不久，1984 年 10 月，中共中央关于经济体制改革的决定就明确指出："价格是最有效的调节手段，合理的价格是保证国民经济活而不乱的重要条件，价格体系的改革是整个经济体制改革成败的关键。"这个论断已被我国以往大约三十年的实践证明是正确的，至今，它仍具有很强的现实意义，仍是指导我国今后继续加快经济体制改革尤其价格改革的重要指导方针。

价格改革之所以成为整个经济体制改革成败的关键，主要基于以下两个理由：

其一，从根本上说，这是因为我国实行的是市场经济。而市场经济的基本规律是价值规律。这个规律的作用要通过价格波动而显现出来。只有合理的价格体系，价值规律的作用才能充分发挥出来。还要强调指出，价值规律的作用，绝不限于微观经济领域，更突出地表现在宏观经济中。马克思写道："商品的价值规律决定社会在它所支配的全部劳动时间中能够用多少去生产每一种特殊商品。"[1] 他又写道："价值规律所影响的不是个别商品或物品，而总是各个特殊的因分工而在互相独立的社会生产领域的总产品；因此，不仅在每个商品上只使用必要的劳动时间，而且在社会总劳动时间中，也只把必要的比例量使用在不同类等的商品上。"[2] 显然，马

---

[1] 《马克思恩格斯全集》第 23 卷，人民出版社 1972 年版，第 394 页。
[2] 《马克思恩格斯全集》第 25 卷，人民出版社 1975 年版，第 716 页。

克思认为，价值规律确实具有宏观调节作用。价值规律的宏观调节作用的发挥更加依赖于合理的价格体系。合理的科学的价格体系是价值规律发生作用的基础和前提，而建立科学合理的价格体系则是我国新一轮价格改革的基本任务。

其二，我国的广义价格，即生产要素价格，存在着严重扭曲问题。像劳动力价格（工资）、资本价格（利率）、人民币价格（汇率）、能源价格（煤、油、电、气的价格）以及资源价格（土地价格、水价格）、环保价格等，哪一项不存在问题呢？按照这样的价格，很难评价生产经营者的优劣、好坏，也很难促进经济发展方式的根本转变。在市场经济中，商品的价值既是评价生产经营者先进与落后的社会标准和尺度，又是促进他们前进的动力。他们为了赚钱去冒一个又一个风险，去创造一个又一个奇迹。这是转变经济发展方式的有力杠杆和强大动力。因此，必须大力推进广义价格改革，使生产要素价格基本上符合价值，反映价值。

如果说以往的价格改革主要限于狭义价格，那么今后的新一轮的价格改革的主要任务是解决广义价格的问题。而这项改革必将成为今后整个经济体制改革成败的关键，也将成为转变经济发展方式成败的关键。

二　正确处理广义价格与狭义价格的关系

广义价格与狭义价格的关系实质上是指生产投入品价格与产出品价格的关系。20 世纪 80 年代初，我国的经济体制改革刚起步时，尚处于短缺经济之中，商品供应尤其消费品供应的问题十分突出。这个问题自然成为改革首先关注的重点。因此，那个时期价格改革的重点应放在最终产品的价格改革上，即主要限于狭义价格改革。这项改革经过大约十年的努力基本完成。按理说，紧接着应当开展广义价格改革。当时，有的同志也正式提出了这个任务。例如，张卓元同志在其 1990 年主编的一本书中写道："在 1979—1987 年间，我国价格模式转换以狭义价格为主要内容。所谓狭义价格仅指各种物质产品和劳务的价格。从 1984 年开始，随着银行利率的重大改革，以及工资改革、土地资源价格改革等一系列生产要素价格的逐步显现和改革的深入，标志着我国价格改革已经由狭义价格改革进入广义价格改革阶段。"① 可是，时至今日，我国的广义价格改革并没有真正深入全面展开，只是头痛医头，脚痛医脚，零敲碎打，没有根本解决问题。究其原因，在客观上，20 世纪 90 年代的通货膨胀（1993—1996 年）和东亚金融危机（1997—1998 年）拖了后腿，失去了六七年的时间。在主观上，坐失良机。进入 21 世纪后，中国出现了广义价格改革的大好时机。这一点，从下表的资料可以看出。

中国宏观经济概况表

项目＼年份	1999	2000	2001	2002	2003	2004	2005	2006
国内生产总值指数	107.6	108.4	108.3	109.1	110.0	110.1	110.4	111.6
居民消费价格指数	98.6	100.4	100.7	99.2	101.2	103.9	101.8	101.5
商品零售额价格指数	97.0	98.5	99.2	98.7	99.9	102.8	100.8	101.0
工业品出厂价格指数	97.6	102.8	98.7	97.8	102.3	106.1	104.9	103.0

资料来源：《中国统计摘要》，中国统计出版社 2009 年版，第 22、29 页。

在上表列举的 8 年期间，经济高速发展，价格很稳定，甚至有些年下降。此外，国家财政良好、收入创造了新纪录；国际收支更好，年年都是双顺差；社会稳定，就业形势也不错。在我国像这样好的宏观经济环境不多见。我们本应抓住这个良好时机，进行广义价格改革，从根本上解决这个影响广泛而深远的问题，但是，良机已失。既然如此，必须面对现实，面向未来，痛下决心进行广义价格改革。

广义价格同狭义价格相互联系，彼此制约。比如，消费品价格的上升，将促进工资水平的提高；能源价格，资源价格的提高（煤、电、自来水的价格上升），也会促进工资水平的上升；与此相反，工资水平的提高又会加大产品的生产成本，促进消费品和生产资料价格的上升。鉴于这种情况，推进广义价格改革时，必须关注它对狭义价格的影响。不仅如此，广义价格之内的各种不同生产要素价格之间也存在彼此相互制约的关系。仅以货币的价格，即人民币汇率而言，这种要素价格，同其他的要素价格

---

① 张卓元主编：《中国价格模式转换的理论与实践》，中国社会科学出版社 1990 年版，第 76 页。

存在着紧密联系。这些生产要素价格既是国内各种商品价格的基础，同时
又是人民币汇率的国内价格基础。只有国内的这个基础科学合理，才能使
人民币汇率立足于稳固的国内价格基础之上，才是科学的合理的汇率。然
而，目前有一种趋向，判断人民币汇率仅以美元为标准，忽视人民币汇率
的国内基础。这就不够全面。为了完善人民币汇率形成机制，应当分两步
走。第一步，构建人民币汇率的国内价格基础，即加快推进广义价格改
革，把生产要素价格置于合理的水平之上；第二步，深入研究人民币与美
元、欧元、日元等国际货币的比例关系。应当指出，人民币汇率问题的解
决在很大程度上取决于中国广义价格改革。通过广义价格改革，确定新的
价格形成机制，完善价格结构，肯定会引起价格总水平的某些上升，并进
一步推动产品成本上升。这就可以从根本上解决出口产品的"低价倾销"
问题，并促进外贸企业转型升级，根本转变发展方式。与此相适应，外贸
顺差将显著减少、甚至消失。这样，不仅可以减少人民币汇率"内高外
低"的双重压力，还可以使更多的外贸实惠留在国内，杜绝"肥水流入外
人田"的问题。

三　正确处理价格与成本的关系

成本是价格的基础。一般说来，成本在价格中的比重高达80%以上。
管好成本，是管好价格的基础。目前，我国价格总水平的显著上升，或者
说，出现通货膨胀，主要是由成本上升引起的，故称成本推动型的通货膨
胀。如何才能管好通货膨胀？这就要从管好成本入手。以商品的流通成本
（又称流通费用）来说，它在我国国内生产总值（GDP）中的比重占18%
左右，而美欧日发达国家的比重只有8%—9%，大约相差一倍。2011年
我国流通费用的增速高达12%，显著高于GDP的增长速度，这说明它在
GDP中的比重还在继续上升。至于商品的生产成本，问题就更多。不该计
入成本的东西却大量计入。成本是个筐，什么东西都往里装。当然，为了
显示更大成绩更多利润，出政绩，也有该计入成本的不计入。总之，成本
的混乱已达到难忍的程度。谁来管管成本？各种比赛多得很，为什么没
有比赛降低成本的？所谓降低成本，提高效益，在报刊上说了多少遍？

会上讲了多少次？不过是口号而已，真的措施很少，而真正的效果更差！据本人的记忆，新中国第一届物价局的全称是"成本物价局"。改革开放初期创办的《成本与价格资料》这个刊物早已停办，至于全国成本研究会也已退出了历史舞台。不关心成本，不研究成本，如何管好价格？如何管好通胀？

在价格与成本的关系中，还有个企业对原材料价格上升和工资提高的消化问题。从经济的循环、运行过程考察，前一个环节的商品价格将转入下一环节的成本。比如，棉花的价格成为棉纱成本的组成部分；棉纱的价格又转入棉布，成为棉布成本的组成部分；而棉布的价格又成为衣服成本的组成部分。在这个循环运行过程中，各个环节之间的价格与成本的关系有三种情况：层层照转，不加不减；层层加码，越加越高；层层消化，越消越低。在其他情况不变的条件下，第三种情况最好，价格将呈现下降，第二种情况最差，价格将必然上升；第一种情况一般，价格平稳。应当提倡第三类企业的消化态度，反对第二类企业的转嫁做法，减少第一类企业的不负责的行为。在社会经济的发展过程中，随着科技水平的不断提高和组织管理的逐步科学化，劳动生产率必然呈现上升的趋势。这是社会生产力发展的一般规律。与此相适应，企业对于其产品的生产过程中投入的主要生产要素的消化吸收能力将逐步增强，因而其单位产品成本将相对地甚至绝对地下降。这在大量的制造业和服务业中已经呈现规律性的趋势。我们当前所强调的由粗放为主的发展方式转变为以集约为主的发展方式，之所以能够实现，其根本道理就在于此。基于这一点，可以说，提高企业消化吸收能力，降低成本，提高效益，这是推动广义价格改革的根本之道。

在开放经济中，关注成本问题还有更加特别的意义。当前，在国际贸易中，倾销与反倾销的斗争极其尖锐。所谓倾销主要是指以低于成本的价格出售产品，以此手段将竞争对手打垮后，以便自己占据更大市场甚至垄断市场。列宁曾经指出："卡特尔和金融资本有一套'倾销价格输出'的做法，卡特尔在国内按垄断的高价出卖商品，而在国外却按极低廉的价格销售，以便打倒自己的竞争者，把自己的生产扩大到最大限度等等。"[1] 在

---

① 《列宁全集》第 27 卷，人民出版社 1990 年版，第 462 页。

反倾销斗争中，成本是最锐利的武器。可是，我国对成本的关注程度，以及相应的政策措施又如何呢？我国的企业在外国的反倾销面前不敢应诉，已屡见不鲜。更不敢向外国企业发起反倾销。这说明了什么呢？这难道不是不关心成本心中无数的表现吗？

四　正确处理政府与市场的关系

实践证明，把价格问题完全交给市场去解决是不行的；同样，政府也不可能独自解决好价格问题。政府与市场应当分工协作，有机结合，才能较好地解决价格问题。在价格问题上，政府与市场怎样结合？怎样分工协作？

首先，在价格问题管理的范围上分工协作。一般说来，政府管好宏观价格问题，而企业（市场）负责管好微观价格问题。以往，仅把价格问题归结为微观问题，否定宏观价格问题的存在。本人二十多年前就提出了宏观价格问题。① 所谓宏观价格是指全国的价格总水平、国民经济价格体系、价格结构、比价关系、差价关系、公共产品价格以及全国性物价政策、法规和条例等内容的总称。管好宏观价格问题是政府的责任。而微观价格问题，即竞争性商品的价格问题则主要由市场决定，由企业管理。当然，宏观价格与微观价格都不是孤立的，而是相互联系、相互制约的。这种联系则由价格的中介组织（如价格协会、老板会）负责，进行上情下达或下情上递。总之，政府、企业（市场）、中介三者分工协作，各尽其责，管理好国家的价格问题。

其次，多种价格形式的有机组合。价格形式多种多样。从定价主体不同来说，有国家定价（计划价格）、政府指导价格、市场自由价格等。这些价格形式既可单独起作用，又可结合起来发挥更大更灵活的作用。怎样结合？可采取"板块双轨制"与"比例双轨制"两条腿走路的方式。所谓"板块双轨制"是指在我国全部商品价格中，应划分出两个板块，或称两类价格：一类是政府定价（又称计划价格），另一类是市场定价（又称

---

① 杨圣明：《宏观价格问题探讨》，《中国物价》1988 年第 2 期。

自由价格)。比如,药品价格、公共交通价格、自来水等技术垄断行业的商品价格等,应由政府或政府的代表者制定统一的价格,并由政府调控之;另一类价格,即大部分商品的价格,则由市场(企业)决定。这样的"板块双轨制"在市场经济国家中是共同的,不论东西方哪种市场经济都是如此。另一种双轨制则是指"比例双轨制"。这是实行计划经济的国家,在一定范围内又利用市场机制的作用而形成的特殊价格制度。在这种制度下,一种商品实行两种价格,即政府的计划价格与市场自由价格。例如,钢材这种商品的80%实行计划价格,而20%实行市场价格。粮食价格也是如此,政府合同收购的粮食实行政府定价,而完成合同任务后,多余的粮食则实行市场自由价。这种"比例双轨制"在计划经济时期起到了活跃市场的作用,在改革开放初阶段的生产资料价格改革中也起到了推动改革的作用。现在看来,今后我国的广义价格改革,在一定范围内也可能采用这种双轨制。金融改革在温州展开了试点,资本的价格即利率可能出现多元化或双轨制。劳动力的价格(工资)也可能多元化或双轨制。在这方面,改革的实践将会有创新。

最后,电子商务方兴未艾,网上购物已成潮流。它们已在价格领域提出了新的挑战。电子货币、电子价格中的问题谁来管理,如何管理,正等待回答!

(原载《价格理论与实践》2012年第8期)